全新修订
第4版

酒店管理
制度与表格规范大全

为中国酒店量身定做的行政规范化管理实务全书

赵 涛 李金水◎主编

台海出版社

图书在版编目（CIP）数据

酒店管理制度与表格规范大全 / 赵涛, 李金水主编.
--- 北京：台海出版社, 2017.9
ISBN 978-7-5168-1539-7

Ⅰ.①酒… Ⅱ.①赵… ②李… Ⅲ.①饭店 – 商业企
业管理 Ⅳ.①F719.2

中国版本图书馆CIP数据核字（2017）第221320号

酒店管理制度与表格规范大全

主　　编：赵　涛　李金水	
责任编辑：高惠娟	装帧设计：久品轩
版式设计：曹　敏	责任印制：蔡　旭

出版发行：台海出版社

地　　址：北京市东城区景山东街20号	邮政编码：100009

电　　话：010 – 64041652（发行，邮购）

传　　真：010 – 84045799（总编室）

网　　址：www.taimeng.org.cn/thcbs/default.htm

E – mail：thcbs@126.com

经　　销：全国各地新华书店

印　　刷：天津嘉杰印务有限公司

本书如有破损、缺页、装订错误，请与本社联系调换

开　　本：787×1092　1/16	
字　　数：660千字	印　张：28
版　　次：2018年1月第1版	印　次：2018年1月第1次印刷

书　　号：ISBN 978-7-5168-1539-7

定　　价：68.00元

前言
PREFACE

　　有人曾经这样评论管理的含义:从思想上来说,管理是哲学的;从理论上来说,管理是科学的;从操作上来说,管理是艺术的。然而,不论管理是哲学的、科学的还是艺术的,首先它都需要健全规范的管理制度作为支撑。制度是一切管理运行的标尺与准则。对于现代酒店的管理来说,也是如此。

　　酒店行业是综合性很强的服务行业,它集餐饮、住宿、康乐、商务等多种业务于一体,正是由于这一特征,酒店行业的管理工作显得更加复杂、烦琐,难度系数很大。许多酒店就是因为管理不到位,没有科学的管理制度,使得酒店的经营陷入泥潭,无法自拔。

　　为了使更多的酒店避免出现这些危机,少走弯路,或者在短期内有效地解决管理中所遇到的各种问题,跳出泥潭,建立一套体系完备、规范化的管理制度和操作表格在现代酒店管理实务中就显得尤为重要。为此,我们总结了许多成功酒店的先进管理经验与做法,借鉴了同类书籍的相关知识,在此基础上,编写了本书。

　　本书是一本实用性很强的酒店管理工具书,目的是为酒店经营管理者提供一些基础的理论依据,以及一些简单实用的工具表格。本书可以给使用者提供最直接、最快速的搜索栏目,为其在实际应用中提供一些帮助。读者可以根据具体情况进行适当修改或重新设计,使之更适合自己的企业,从而规范地开展酒店经营与管理工作,提高工作效率。

　　本书摒弃了以往那些空洞的说教及花哨的前沿管理理论,而是以管理实务、管理制度、工作规范、岗位职责与管理表格等实用工具的形式,全面而具体地阐述了酒店规范化管理要点,这使本书具有非常高的实用价值与参考价值,是相关行业从业人员和酒店经营管理人员必不可少的案头参考工具。本书具有如下特点:

1. **实用性、操作性强**。本书内容紧密结合酒店管理各项实际工作。读者可以根据自己企业的实际情况,以本书为参考,进行针对性的学习并灵活运用到管理实践中,以迅速解决和处理各种问题。

2. **使用方便,效果显著**。通过借鉴本书的内容,您无须花大量时间和精力,只要对相关模板和量表直接使用或根据自身情况适当修改,就可以方便快捷地使用。因此本书具有很强的便利性。

3. **随查随用的工具书**。本书所列的各种文书、制度、方案、表格、范本等都与酒店管理的日常工作紧密结合,因此,当您在实际工作中遇到问题时,可以随时查阅本书相关的知识点,以有效、迅速地解决问题。作为实务性工具书,本书具有较高的参考价值。

翻开本书,它将为酒店的日常管理工作提供指引与参考,告诉你如何让复杂的工作变得更有条理,让酒店经营管理变得更有效率。

目　录
CONTENTS

第二篇

现代酒店客房部管理

第三篇

现代酒店餐饮部管理

第四篇

现代酒店康乐部管理

第五篇
现代酒店商场部管理

第六篇
现代酒店洗涤部管理

第七篇

现代酒店保安部管理

第八篇

现代酒店后勤保障管理

第一篇

现代酒店前厅部管理

第1章 酒店前厅管理实务

第一节　酒店礼宾服务标准管理

一、前厅迎宾服务标准管理

前厅迎宾员代表着酒店向所有抵离酒店的客人致意并提供相应的服务。他们的形象也代表着酒店的形象。其服务内容如下：

（1）工作时坚持站立服务、微笑服务和敬语服务，向每一位进店、离店客人致意问候。

（2）为上下车客人开关车门，下雨天要为上下车客人撑伞，并派伞套给客人。

（3）协助行李员装运行李。

（4）为客人指路，认真回答客人的询问，尽量满足客人合理的要求。

（5）配合保安员确保酒店门前交通畅通，做好门前的安全保卫工作。

（6）应始终保持旺盛的服务热情，为酒店树立良好的形象。

二、前厅行李服务标准管理

酒店行李员的服务内容包括以下几点：

（1）为住、离店散客及团队运送行李；

（2）为住店客人办理行李寄存；

（3）为离店客人领取行李；

（4）为客人保管贵重物品；

（5）为 VIP 客人运送行李。

有些酒店在类似这方面的工作内容更广泛一些。例如，广州某著名酒店的行李员还要为住店客人递送包裹、报纸、信件、电报、电传，为其他部门派送文件、报表，升挂酒店旗帜及各种旗，看管行李专梯等。

行李工作可分为散客行李、团体行李、存取行李、派送物品、委托代办、电梯间服务等。

1. 散客进店时的行李服务标准

（1）装卸行李。热情地帮助客人从车上卸下行李；检查行李有无破损，并请客人核对行李件数和状况；然后，按要求装行李车。应注意尽量让客人自己提贵重和易损物品。

（2）引导宾客至前台办手续。请客人先行到前台登记手续，行李员提行李紧跟在客人后面，保持 1.5 米的距离。客人办理登记时，应站在客人身后 2 米处的行李车旁或后面,面对客人。

(3)引导客人进入房间。客人登记完毕后,应主动上前向客人或前台接待员取住房单或钥匙,记住客人房号,然后护送客人进电梯到房间,途中应主动向客人简要介绍酒店的服务设施或服务项目。搭乘电梯时,先将一只手按住电梯门,请客人先进电梯,随后进入电梯,靠控制盘旁站立,面向电梯门。到达该楼层时,行李员先出电梯,并用手挡住电梯门,示意请客人出电梯,然后继续引导客人。到达楼层时,将客人的住房单交给楼层值班员;到达客房时,应先按门铃,再敲门,若房内无反应,才能用钥匙开门入房。开门后将钥匙插入电源孔开灯;将行李放在行李架上或客人指定可以放置行李的地方,请客人清点件数。

(4)简单介绍房间内的设施。入房后,应根据酒店客房设施设备的具体情况向客人介绍房间有关设施(如多功能遥控板、电话、浴盆冷热水调控及淋浴与盆浴转换开关等),并认真回答客人的提问。

(5)离开房间。介绍完毕后,征询客人有无其他吩咐,如没有,则退出客房,轻轻关上房门。退出客房时应面向客人,微笑点头并致意:"祝您住宿愉快!"

(6)记录。在"散客行李入店登记表"上逐项记载并签名。

2. 散客离店时的行李服务标准

(1)前厅内有客人携带行李离店时,应主动提供服务;当派往客房为离店客人运送行李时,应问清楚客人的房间号码、客人姓名、行李件数、离店时间;行李多时,要备行李车。

(2)要准时去客人房间;无论客房门是开还是关,均先按门铃或敲门,经客人准许后再进入房间。进房后应向客人致意,帮助客人清点行李并注意检查行李的破损状况,按要求填写行李寄存卡上下联,下联交客人,然后把行李运送至总台。离开房间前注意提醒客人不要遗留物品在房间。

(3)确认客人结完账并把客房钥匙交还总台后,再随客人将行李送到门前;如客人乘车离店,应按要求帮客人把行李装上车;行李装上车后,请客人验收,随后收回行李寄存卡下联,请客人上车。车开后,行李员应举手向客人致意,送客人离开。

3. 团队抵店时的行李服务标准

(1)由领班与团队行李的送抵人共同清点行李件数,检查行李破损情况,然后填写团队行李进出店登记单,一般是一式三份清单,互相签名,一份交领队,一份交陪同,一份存档(行李如有破损,必须请来人签字证实并通知团队领队或陪同,以免引起误会甚至引起索赔)。

(2)根据分房表在每件行李上贴上酒店行李牌,填写客人姓名、房号,然后把行李分送到客人房间,并确保没有差错;上下使用职工电梯;如果团队行李不需要送到房间,则把行李集中在行李房,用网笼好,注明团队名称,做好登记;如果有几个团队,则把不同团队的行李系不同颜色的行李牌或布带、尼龙带加以区别,以免出错。

4. 团队离店时的行李服务标准

(1)接到团队行李离店的通知后,要把团队的名称、房间号、行李件数、运行李的时间等记录清楚,写在交接本上;按时去客房取出需要托运的行李,与客人确认行李件数(遇到客人不在房间,又没有把行李放在房间中时,要马上报告领班),并检查行李破损情况;

集中行李,请团队领队或陪同核对实际托运行李件数,并重建行李表,互相签字,把行李牌下联交给他们。用行李网把所有行李罩上,别上标签。

(2)行李上车前,请团队领队或陪同核对行李件数,在行李表上签字,并收回行李牌下联,然后帮助装行李。

(3)将行李表存档。

5. 客人行李存取服务标准

(1)行李寄存服务标准

①确定客人身份,请客人出示住房卡。原则上非住店客人不能寄存行李,确有原因需要寄存的,需经过主管同意才能办理手续。

②检查行李。应检查每件行李是否上锁,未上锁的行李原则上不能寄存。如果客人执意要寄存未加锁的行李时,要马上通知领班;应检查每件行李的破损情况;应告知客人行李中不能存放易燃、易爆、化学腐蚀剂、剧毒品、枪支弹药等危险品。

③登记与收存行李。将客人的姓名、房号、行李种类、件数、质量(破损情况)详细登记,填写行李牌,一联系在行李上,另一联交客人。将行李按要求摆放。客人行李较多时,应用绳带串绑好。

(2)行李提取服务标准

客人应该凭行李牌提取行李;要当客人面清点核对行李,确无差错,再将行李交给客人,收回行李牌;把行李牌上下联订在一起,盖上"已取"章,存档。

三、前厅派送服务标准管理

1. 前厅派送员的工作内容

派送工作一般由行李员完成,具体内容是:为商务中心派送住店客人的函件;为住店客人派送留言单;为酒店各部门派送各种报表、通知;协助行李员工作,完成礼宾处领班交办的其他工作。

2. 前厅派送员的工作标准

(1)商务中心函件派送标准

①从 7:00~23:00,派送员每隔半小时到商务中心领取一次函件,无论有无函件,都在"派送签到表"上签名;去时带上"商务中心函件派送文件夹",有函件时,要将函件的房号、类别、数量逐一登记在"商务中心函件派送文件夹"中,派送员签名。

②急件随到随送,一般函件则按由高楼层到低楼层的顺序分别送到各楼层服务台,请楼层值班员签收(途中不得私自拆阅或请他人转送客人函件)。

③送完函件后,迅速返回礼宾部,将"商务中心函件派送文件夹"放回适当位置,并在"派送员抵离表"中注明返回时间。

(2)留言派送标准

每隔一小时到前台或总机房领取留言单,按上述程序派送。

四、前厅行李服务标准管理

1. 酒店行李处领班的工作内容

（1）在行李处主管的领导下，负责督促本组员工严格遵循上述各种服务程序，为抵、离店客人，按时准确安全地装卸、运送和保管行李并提供迎送服务。

（2）确保行李存放地点的整洁。

（3）负责申领行李处需要的各种用品，妥善保管，合理使用。

（4）与接待处、订房处、问询处、收银处密切合作。

（5）安排下属派送报纸、邮件、通知等。

（6）做好各项工作记录。

2. 行李处领班的工作标准

（1）查阅交班日记和有关资料，掌握接待任务和要求。

（2）主持交接班和班前例会，检查员工出勤和仪容仪表，检查劳动工具和营业用品准备情况；布置工作，交代特别注意事项，落实上班移交事项。

（3）安排 VIP 和团队客人入住、迁出的行李运送及存放工作。

（4）检查行李员的楼层服务工作。

（5）同接待处、收银处、商务中心、车队等有关部门保持联系，协调工作。

（6）受理牵涉本部门的客人投诉。

（7）帮助员工解决工作中的疑难问题，自己不能解决则报告上级。

3. 行李处主管的工作内容

（1）制订本部门的月度工作计划和检查计划执行情况。

（2）培训、考核、指导和监督属下员工遵守劳动纪律，执行工作程序。

（3）指导并督促行李员向客人提供行李搬运、代客收取或寄送包裹、行李寄存、派送邮件或报表等服务，防止任何差错和事故的发生。

（4）具体安排员工的工作岗位。

（5）根据工作需要安排员工的班次。

（6）检查属下员工的仪容仪表、工作态度。

（7）严禁员工向客人索取小费或暗示客人付小费。

（8）管理本部门的劳动工具、劳保用品及各种表格。

（9）根据属下员工的表现及时给予奖励或处罚。

（10）关心本部门员工的生活和思想动态，做细致的思想工作。

（11）定期召开员工会，向部门经理报告本部门的工作情况。

（12）与其他部门保持沟通、联系和合作。

（13）收取和管理员工上缴的小费和客人付的行李保管费（非住店客人的行李寄存需要交费）。

4. 行李处主管的工作标准

（1）查阅当日预计到达客人的名单和机场代表的工作日记，做好机场代表当日的接机安排。

(2)根据工作需要和出勤情况,合理调配人力,安排员工及时、准确、安全地运送团队和散客的行李。合理安排员工班次的主要依据是:

①酒店业务的特点。如商务酒店、度假酒店、会议酒店的行李服务就各有特点,旅游旺季与淡季也不一样。

②酒店订房处有关客人预抵的报表及客房处的其他有关报表。

③礼宾部(或前厅部)经理的指令。

(3)监督检查下属的仪容仪表、工人纪律和服务态度,发现问题及时纠正解决。

(4)安排和督促下属将特快专递、邮件和报刊等及时准确地分发到客房和宾馆酒店各部门。

(5)亲自解决或请示上级后处理服务工作中的疑难问题。

(6)与团队联络人员和陪同人员保持密切联系,亲自点验行李,履行交接手续,确保团队客人行李服务工作的及时、准确和安全。

(7)与接待处、收银处、商务中心等有关部门及时沟通,确保部门之间的合作。

(8)及时处理有关本部门员工的投诉。

(9)在需要时亲自从事下属的工作。

(10)检查客人寄存的行李和库房,确保安全;检查本部门的设施设备和工具,定期组织维修,确保设施设备和工具的完好。

5. 行李房的管理标准

(1)行李房是专为保管宾客行李而设置的,禁止存入私人物品和其他物品。

(2)行李房应实施双人进出制度,即必须由主管或领班与行李员一同进出库房。

(3)行李房应实施停留时间限定制度,即员工在库房停留的时间应仅限于存入或提取行李的时间或清点库房的时间,不应在库房内闲留。

(4)行李房应实施清点库房制度,即每天晚班和早班领班要同夜班行李员一起清点库房行李,并在"行李暂存记录"上签字。

(5)进出库房必须做到"人在门开,人走门锁"。

(6)晚班领班必须检查并确信库房的门锁好后才能离开。

第二节 酒店客房预订标准管理

一、现场预订服务管理

(1)注意查看客人所持证件,询问客人想要预订房间的种类、价格及要求等,并查看预订表以确认能否接受预订。

(2)礼貌地请客人填写预订单,要求客人逐项填写清楚。

(3)客人填好订单后,预订员要仔细查看,逐项核对客人所填项目。

(4)预订完毕后,要向客人表示谢意,欢迎下次惠顾。

(5)客人离开后,将订房人证件复印件附在预订单上,填入"预订表"并妥善保管好。

二、电话预订房服务管理

(1)酒店预订人员接到订房电话时,必须热情、礼貌,并告知对方这是订房部。

(2)认真地倾听客人讲话,立即查阅"订房登记表"确定有无空房,再回答客人。

(3)接受订房后,先将资料填入"订房卡"内,如不能接受,亦应请示对方是否可以列为候补,然后依"订房卡"的资料,填入"订房登记表"内。

(4)订房时一定要询问下列项目,并及时填入订房表格内。

◎客人的姓名与国籍;

◎抵离的具体日期、时间;

◎需要房间数、房间类型及房价;

◎来电订房人的姓名、单位名称及电话号码;

◎订房间的保留期限,是否用信用卡或预付订金确保房间。

(5)最后向客人核对一下上述内容。

三、预订客人到达酒店时的情况处理

(1)酒店预订部门应提前一天将客房预订单复印并分发给前台接待处,如有另外接到的预订,前台接待处应再打印一份当日预订情况表。

(2)接待员应在当班前仔细阅读当日预订记录,以便对将抵店客人的姓名有所熟悉,尤其是重要客人的姓名。每个接待员都应检查、修正预订客人表,如有必要,应注明附加的信息。

(3)应按顺序排列预订客人表,并单独打印客人的以下资料:

◎客人姓名

◎所在单位和介绍单位

◎预计离店时间/特殊服务代码、预计抵店时间/航班信息

◎市场分类代码

◎预订客房种类

◎预交订金

◎客房价格

◎客人年龄

◎是否确认

◎是否到店

以上各项一般都使用缩写或特殊代码。预订客人表最后一页是当天预计到店客人的总数及所需客房数。

四、网络、传真、信函订房服务管理

（1）收到客人或旅行社网络、传真或信函要求订房时，了解清楚客人的电传、传真或信函的内容、具体要求等。

（2）把客人的要求写在订房单上。

（3）了解所有费用的支付方式。

（4）如果旅行社要求为客人订餐，要填写订餐单并及时通知餐饮部做好准备。

（5）如果客人资料不详细，要按来件上的地址、电传号码与客人核对。

五、超额预订时的管理办法

（1）酒店若出现超额预订，首先应该告知预订客人因某些特殊原因而使订房暂不能确定，如果客人愿意，可把客人的预订放在酒店的优先等待名单上，如有客人取消预订或提前退房，可以根据前后次序安排宾客入住。

（2）主动帮助客人联系同档次、价格相接近的酒店，第二天出现空房后再把客人接回酒店入住。

（3）在重大节假日和旅游旺季，适当控制 1.5% 左右的客房保留至最后出租，作为应急之用。

六、特殊预订服务管理

（1）客人指定某个房间。接到此种预订，首先通过计算机尽快查清客人要求的居住时间内指定的房间是否可以出租。如果可以则接受客人的预订，并把该房在计算机中锁定，在预订单上注明房号。其他程序同散客预订相同。

（2）免费、折扣、佣金预订。处理此类预订应按要求填写预订单。优惠预订要将优惠房价注明在预订单上，根据酒店规定，由店级领导签字方可接受预订。佣金预订是旅行社代客人预订散客客房，酒店从客人房费中提取一定比例的费用作为佣金付给旅行社。另外，酒店根据与旅行社、商社所签的租房协议中的条款，向其支付一定比例房费的佣金。

（3）预订订金的收取。当客人要求保证其预订时，为避免因客人未到造成经济损失，应请客人预付订金，并引领客人到前台收银处办理交付订金手续，订金收据给客人一份保存。预订单上应注明订金的金额。然后在计算机输入时注明，以保证客人的预订，同时向客人讲明如若取消订金预订，应在抵达日前 24 小时办理取消手续，否则订金不予退还。订金要计入当日营业收入表。

（4）预订客人未到。先根据夜审报表了解未到原因及情况，将未到预订单取出注明"未到"字样并存档，每日统计并计入营业日报表。

七、酒店客房预订取消时的管理

（1）审阅取消预订的信息，保证信息准确。

（2）找出原始预订单，注明"取消"字样。

（3）如果是口头或电话取消预订，一定要记录取消预订人姓名、联系电话和单位地址，最好请对方提供书面证明。

（4）拟写回复函电稿，确认对方取消预订，由预订主管审阅签发。

（5）在计算机上取消有关信息，更改"房态控制表"。

（6）复印个别客人取消预订的函电和原始预订单，交总台收银处，按协议退还订金、预付房费，或取消预付费。

（7）查核取消预订的客人是否有订票、订餐、订车等业务，并及时通知有关部门。

第三节　酒店服务前台标准管理

一、酒店服务前台接待服务

1. 服务前台接待工作的基本内容

（1）正确掌握当日酒店客房的需求及供应状况：了解当日离店客人的名单及其离店时间；根据预订部每天送来的预期到达客人名单，与客房部联系，核对房间状况。

（2）热情接待住店客人，办理入住手续（VIP客人和团队的入住登记要提前安排）；客人办完入住登记后，立即调整房态状况，并通知有关部门客人已经入住。

（3）为客人办理换房手续及提前或延迟离店手续，并把相关更正记录通知有关部门。

（4）处理及更正客人账单，存放客人登记表副本。

（5）陪同客人参观宾馆酒店设备和房间。

（6）制作和处理有关报表、资料。

（7）与相关部门保持联系，努力提高服务质量及客房出租率。

2. 接待散客时的服务流程

（1）欢迎客人抵店。当客人走近前台时，接待员应目视客人并点头微笑致意："先生/女士/小姐，您好！"如当时接待员正在忙碌（正在接听电话、正在处理手头文件、正在接待客人），应目视客人，点头微笑并示意客人稍候；同时，接待员应尽快结束手头工作，接待客人，并致歉："先生/女士/小姐，对不起，让您久等了！"

（2）确认预订，包括以下几点：

①征询客人是否预订。如果客人预订了房间，则查找预订单，与客人核对预订资料并确认客人住宿的要求（客房类型、房价、折扣、离店日期）；确定客房现有情况；还应查找是否有客人留言。

②如果客人没有预订，应询问客人的住宿要求，确定客房现有情况，如有空房，应向客人介绍可租房间的种类、位置、价格，等候客人选择，并回答客人询问；若已无可供出租

的房间,应向客人致歉,并向客人介绍附近酒店的情况,询问是否需要帮助;若客人提出协助要求,应引导其到问询处,由问询员负责帮助客人联络。

③如客人只是问询,并非入住,应耐心解答客人的询问或引领客人到问询处。

(3)填写入住登记表。

①入住登记表的内容包括以下几点:

◎国家法律对中外宾客所规定的登记项目:国籍、姓名(外文姓名)、出生日期、性别、护照和证件号码、签证种类及号码与期限、职业、停留事由、入境时间和地点及接待单位。

◎酒店运行与管理所需的登记项目:房间号码、每日房价、抵离店时间、结算方式、住址、住客签名、接待员签名、宾馆酒店责任声明。

②填写入住登记表的目的:

◎遵守国家法律中有关户籍管理的规定:客人与酒店之间建立正式、合法的租赁居住关系。

◎按照国际惯例,外国人临时住宿必须依照居留国的有关规定办理住宿登记,使酒店掌握住店客人的个人资料。

◎为客人分房、定价,以便尽量满足客人的住宿要求,提供有针对性的服务(如客人来函、来电的转送,遗留物品的处理等),从而有效地保护客人在酒店的安全和合法权益。

◎为酒店制定经营管理政策提供信息和数据(如确定客人预期离店的日期)。

(4)排房。前台服务人员要熟悉掌握客房出租状况,包括房间位置、朝向及房间设施、房价,以便根据客人对住宿的要求,为客人安排合适的客房。

(5)确认付款方式。征询客人付款方式。如客人使用信用卡付款,请客人出示信用卡并核对信用卡的有效期及签字;如客人用现金付款,应按照酒店现金付款的有关规定办理;如客人使用支票付款,应核对支票的有效性;检查客人填写入住登记表的内容,了解和确认客人的最终付款方式,以决定信用限额。

(6)填写住宿卡(房卡)。住宿卡是为住店客人提供的一张住店身份证明卡,客人以此领取房间钥匙,并以此在酒店内消费签单,同时它还为住店客人提供服务指南。

(7)完成入住登记有关事项。在以上各项工作完成后,总台接待服务人员要即刻通知楼层服务台或客房服务中心以做好客人入住准备,还要检查客人在住宿卡上的签名,提示客人寄存贵重物品,填写房间钥匙卡,然后交行李员取钥匙,引领客人去房间。

(8)填写和制作有关报表、单据、资料。在接待工作中还要制作和处理一系列有关报表、单据、资料,为酒店的经营管理工作提供准确的资料。包括以下几点:

①入住资料:将客人预订资料和住宿登记表第一联交计算机录入员录入计算机,将住宿登记表第一联和预订单分类存放。

②客人账单。在账单上应打印客人的姓名、抵达日期、结账日期、房号、房间类型及房费,将账单连同住宿登记表(以信用卡结账者连同信用卡签购单)一起交给前台收款员保存。

③建立客史档案(有些酒店规定客史档案由预订处建立)。

④每日客房统计表即每日营业报表。

⑤调整房间住宿状况表。

⑥填写宾客到达通知单,分送酒店有关部门,使整个酒店工作协调有序。

3. 接待团队的服务程序

(1)准备工作。

①根据实际情况预排房间;同时抵店有两个以上团队时,应先预排级别高的重点团队,再排用房数多的团队;同一团队的客人尽量集中安排,如确有困难也应相对集中;一时无房间预排时,可暂时等候,但最迟应在客人抵达前一小时排出房间,并尽早将该团队领队和陪同人员的房号通知客房服务中心。

②填写团队预订单相关内容;将已排出的房号填在团队预订单中,并和计算机打印的该团预订表订在一起,放入今日团队抵达文件夹里;根据房号和计划提前一天制作钥匙,同一团队的钥匙应统一保存,放入指定的地方,并注明团号、进店日期、离店日期。

(2)迎候客人。当团队抵达时,团队联络员应与宾馆酒店代表一道向团队领队和成员表示欢迎,引领客人到指定的团队登记地点登记;根据该团队预订单与客人核对以下内容:团号、人数、房间数、是否订餐等;特殊情况需要增减房间或加床时,应礼貌征询客人付款方式,并在团队预订单上注明原因,请对方签字,然后电话通知楼层、客房中心及前台收银处,以便做接待及相应变更。

(3)填单、验证、分房。请客人填写住宿登记表,团队有集体户口或集体签证时,可免去每人填单;"B"级以上VIP客人直接入房时,应待客人入住后再请旅行社联络员补填住宿登记表;根据客人有效证件核对住宿登记表各项,看是否完全相符,未填妥之处应补填好;根据领队或陪同的意图分配住房,填写房号,将钥匙和房卡交给领队分给队员值班员在团队预订表上签名。

(4)感谢客人光临,送客人进房。及时将相关信息通知总机、礼宾、收银等处;现付团队,应请领队或陪同在收银处交预付款;对已确认的带有房号的团员名单速交行李员完成行李分送任务;向领队和其他人表示感谢,引领客人入房。

(5)处理有关资料,包括:

①及时将有关信息输入计算机。

②建立账单。团队客人有时需要两种账单:一是团队主账单,用来记录团体费用,该费用由组团单位或接待单位支付;一是分账单,用来记录个人支付的费用。

4. VIP客户接待服务流程

(1)接受任务,制订工作方案,每一个参加接待服务的工作人员需了解宾客(或团体)的基本情况(国籍、身份、国情、政治经济概况、礼节礼貌等)。

(2)落实司机名单,编排礼宾车队行车序号。

(3)介绍宾客活动日程时间表。

(4)检查司机仪容仪表。

(5)检查车容、车况,对参加接待车辆逐一检查,以确保安全。

(6)传达车队接待方案、外事纪律及现场服务要求细节。

(7)接待任务完成后,小结接待全程工作情况,表扬好人好事,并将资料存入管理档案。

二、接待服务具体工作管理

1. 接待处主管的工作内容

(1)在前台经理领导下负责前台接待处的工作,制定接待处的规章制度,健全岗位责任制,督导属下向宾客提供优质、高效的服务。

(2)负责接待处员工的分工、排班、考勤、奖惩及检查员工的仪容仪表、服务态度。

(3)负责接待处员工的业务培训和考核,帮助属下熟悉本酒店客房的特点,了解市场动态,掌握并熟练运用推销技巧,尽量提高酒店客房出租率,使每日平均房价达到最高水平。

(4)解决属下在工作中遇到的疑难问题,处理工作差错与事故。

(5)审核每天上报的各种营业报表。

(6)协调接待处与其他各部门的关系。

(7)管理接待处的工作必备品及设备。

2. 接待处领班的工作标准

(1)负责督查本班员工的仪容仪表、服务态度、服务质量和出勤情况。

(2)负责团队宾客的排房,为 VIP 客人预留或分配房间。

(3)负责定时核对客房显示状况的准确性。

(4)负责做好当班接待工作日志。

(5)督促员工按要求制作有关报表。

(6)负责工作区域的卫生工作。

3. 接待处主管的工作标准

(1)早班主管。

①与夜班工作人员交接好班,交接内容包括:

◎昨晚发生的事情,处理结果及未了的事宜。

◎昨天的开房情况、今天的退房数、今天的客房预订情况、可开房数及客房状况。

◎今天开房客情:有多少 VIP 客人、团体客人、特别客人、一般客人等。

◎今天接待工作必须注意的事项及需要特别说明的事情。

②处理未了的事情和特别交代的工作。

③根据今天的客房情况和客房预订情况做好接待及开房的准备。

④若有 VIP 客人和团体客人,需下达接待计划或通知单给有关部门或岗位,有的要提前一天或几天下达。

⑤早晨是客人离开宾馆酒店较集中的时候,要做好离店客人的接待工作,如介绍客人到总台收款处结账,接收客人的房间钥匙等。

⑥迎接来店开房的客人。开房手续按本章第一节方式办理。

(2)中班主管。

中班主管的工作标准包括:

①按早班与夜班交接班的同样办法与程序,做好交接班工作。

②继续处理未了的事情及特别交代的工作。

③中班时间是客人入住宾馆酒店最多的时候,根据这个规律要充分做好迎接客人的准备。要有条不紊地为客人做好入住手续。

④关照好离店客人结账,接收钥匙。

⑤中班时间来住宾馆酒店的客人最多,要注意大厅的动向,与大厅保安人员、大堂副理配合维护大厅的秩序,避免发生意外。

4. 核对客房

每日三次核对房态,以准确控制可销售的客房。接到客房部的房态报告后,接待员要利用前台指令打印出房态报告,与之核对,如发现不符,就要把有疑问的房号填入"房态偏差表",给大堂经理签阅并进行调查;最后将房态偏差表送客房部一联,另一联留存备查。

5. 客房分配的处理技巧

(1)排房时应该遵循的次序。

①团体客人。团队客人的排房一般分两次。第一次,由酒店排房号并注明团队名称,但不能确定客房的具体客人;第二次,团队到达后由领队或导游将客人具体分配到客房。

②VIP客人和常客。这是树立形象,扩大影响和保持较高回头率的需要。

③改变离店时间,要求延期居住的客人。

④已付订金或其他保证金的预订客人。

⑤普通预订并有准确抵达时间的客人。

⑥无预订的散客。

(2)排房的技巧。

①要给VIP客人、商务客人分配豪华套间或其他高档次房间;给新婚夫妇安排较安静的双人间;老、弱、病、残及带小孩的客人要尽量安排较低的楼层和接近服务台与电梯的房间;对其他有特殊需求的客人,排房时应尽量考虑其要求。

②对团体客人要尽量相对集中地安排"异形房间"。

③内宾和外宾要尽量安排在不同的楼层。

④要注意不同国家、不同地区、不同民族、不同宗教信仰的客人对楼层的房号数字的忌讳。

⑤对常客、国内外旅行社的经理或领队、签约单位的领导等,应给予良好的接待和照顾。

⑥应该学会判断客人的身份和消费能力,分析和掌握客人的心理,在满足客人需求的前提下尽量将高价客房出租。

⑦旺季时,要注意离店客人与到店客人在房间使用上的衔接。

等待客,耐心细致,讲求效率,不偷听电话,保守机密,遵守工作纪律。

(3)掌握电话通信专业知识,了解市话商业网的结构性能及操作方法和业务工作程序,了解国内外电话操作方法及收费标准,国内常用电话号码、区位号码,了解电话机线路布局及有关计算机系统的维修保养应用知识。

(4)协助主管做好市话商业网的管理、正常运作等各个方面的工作,具体指导下属员工在话务工作中礼貌用语,声音清晰,言语准确,反应迅速。

(5)配合主管,对下属员工进行业务培训,纠正发音,讲究礼仪礼节,为客人提供优质的服务。

(6)配合主管解决客人投诉问题,在力所能及的范围内,尽量满足客人的合理要求。

(7)以身作则,参与话务工作,自觉遵守各项规章制度,做好员工的表率作用。

(8)负责宾馆酒店电话机房所有员工的考勤工作。

(9)做好交接班日记,检查各种报表的准确性。

2. 前厅总机室主管的工作标准

(1)负责酒店电话机房的管理工作,直接向前厅部经理负责,努力完成每月计划任务,负责计划、监督和指导总机的运营管理。

(2)全面掌握酒店的服务设施、服务项目和经营情况,了解前厅、楼层的服务程序。

(3)必须具有高度的责任感,精于业务,热爱本职工作,忠于职守,严格管理,团结协作,以身作则。

(4)合理调配下属人员,负责组织制定电话机房的规章制度和员工工作表。

(5)负责组织话务员顺利有效地完成电话接通、国际/国内长途、电话叫醒、电话业务查询等服务项目。

(6)巡视每个接线生是否电话铃一响便接听,留意接线生是否能保持用清晰、友好的声调转接电话,并视情况需要,亲自处理重要客人、酒店领导的电话。

(7)负责组织培训提高电话房员工的专业技能,树立全心全意为宾客服务的良好职业道德。

(8)教育督导接线生爱护各种设备,定期同工程部联系检查电话机线路和有关设备的工作情况,及时保养和维修设备并记录存档。

(9)检查督导接线生严格遵守电子计算机操作程序及注意事项,发现问题及时处理。

(10)负责月末向财务部报"内部长话转账单"和"长话费用月总额表",负责总机所需表格及其他用品的供给。

(11)负责监督、评估和考核下属员工的工作。

①督导接线生在工作中使用礼貌用语,并始终保持优美的语音语调。

②严格检查接线生遵守保密制度和纪律及酒店各项规章制度的情况,发现重大问题及时报告上级。

(12)定期召开会议,交流情况,沟通思想,互相促进,增强业务能力;严于律己,勤奋工作,带领总机房全体员工,努力把工作做好。

(13)在客人完成长话后,及时制单并送前台收银处,以免造成走单。

(14)严格检查和监督电信保密制度的实施,维护客人利益。

（15）努力钻研业务,掌握电信专业知识,了解总机的结构原理,掌握电信操作方法和业务工作程序;了解国内外长途电话操作方法及收费标准、国际时差和国内常用的电话号码;了解电话机线路布局及有关电子计算机系统的维修、保养、管理等应用知识。

（16）对酒店发生的失火、盗窃、急病等重大事件,要迅速通知有关部门妥善处理。

第五节　酒店前厅收银服务标准管理

一、前厅收银工作的基本内容

1. 前厅收银处早班工作标准

（1）主要负责处理宾馆酒店客人退房手续。

（2）接到客人的房间钥匙,认清房号,准确、清楚地电话通知管家部的楼层服务员该房退房,管家部员工接到电话后尽快检查房间。

（3）准备好住客账单,给客人查核是否正确,该步骤完成时,楼层服务员必须知道房间检查结果,如有无客房酒吧消费、短缺物品等,为互相监督,收银员应将楼层服务员的工号记在客人登记表上,楼层服务员也记录下收银员的工号。

（4）客人核对账单无误并在账单上签名确认后,收银处方可收款,收款时做到认真、迅速、不错收、不漏收。

（5）付款、账单附在登记表后面,以备日后查账核对。

（6）核对当班单据是否正确,以及时发现错单、漏单。

（7）下班前打印出客人押金余额报表,检查客人押金余额是否足够,对押金不足的要列出名单以便中班追收押金。

2. 前厅收银处中班工作标准

（1）负责收取新入住客人的押金,注意客人登记表上的入住天数,保证收足押金。

（2）追收早班列出欠款客人的押金,晚上 10 时仍未交押金的交大堂副经理协助追收。

（3）发现信用卡账户上无款的客人,应及时通知客人改以其他方式付款,如不能解决,则交给大堂副经理处理。

（4）下班前打印出客人押金额表,以备核查。

3. 前厅收银处晚班操作标准

（1）负责核对当天的所有单据是否正确,如有错误应立即改正。

（2）应与接待处核对所有出租房间数、房号、房租。

（3）制作报表,包括:

①会计科目活动简表;

②会计科目明细报表;

③房间出租报表;

④夜间核数报表。

（4）制作缴款单,按单缴款,不得长款、短款。

（5）夜间核过房租、清洗计算机后,做好夜间核数。

（6）每次交接班应该交接清楚款账等事项,并在交接簿上做简明的工作情况记录,交办本班未完之事。

二、前厅收银服务管理

1. 散客预付款收取管理

（1）现金预付。一般按预订住房时间每天每间收取 150% 的押金标准计算出预付款总金额;清点要正确,应辨别收取现金的真伪,防止出现不必要的争执。

（2）信用卡预付。信用卡必须核对卡主签名,签名应与卡上原有的签名相同,信用卡上的名字应与卡上原有的签名相同;信用卡上的名字应与身份证明的名字相同;身份证的相片应与持卡人相同。

2. 团队预付款收取管理

接受团队客人预付款的程序和接受散客预付款的程序基本相同。

3. 散客的结账管理

问清客人的房号,收回房卡、钥匙、预付收据(收据如有遗失,请客人填写"预付款收据遗失登记表");电话通知客房中心检查客人小酒吧消费情况,并做记录;取出客人房间档案袋结账。

4. 团队的结账管理

了解当日离店团队情况,将公账、私账分开,提前打印当日离店团队公账明细清单;记住团队离店时间、陪同房号,在团队离店前半小时,主动与团队陪同、领队联系,请求协助收款并在团队公账上签字(注明他所代表的旅行社,以便与该旅行社结账);将结账团队的名称、团号、房号通知客房中心,检查客房酒水使用情况;结清杂费。

5. 缴纳当日营业款

（1）将当日营业款收入分别入账。

①支票入账:将由支票收取的费用按部门准确填入明细账,使之与交款总额相符;如是外币支付,应按当日牌价折算成人民币并注明。

②信用卡入账:将由信用卡收取的费用,分国外信用卡和国内信用卡,按银行规定的折扣率分别扣除费用后,按部门准确填入明细账,使之与交款总额相符。

③现金入账:将由现金收取的费用,按部门准确填入明细账,使之与交款总额相符。

（2）填写交款单,做到字迹清楚,数字准确,无涂改。

（3）交款。将当日营业款封入交款袋,由领班验收签字;采用两人证明的方式,将交款袋投入保险箱;妥善保存交款凭据,以备后查。

6. 客用贵重物品的使用与管理

（1）为客人建立贵重物品保险箱。请客人出示住房卡(只有住店人方可免费使用贵重物品保险箱);请客人逐项填写"贵重物品保险箱登记卡"。

（2）存入物品。由收银员检查"贵重物品保险箱登记卡",无漏填项目后,递给客人保险箱"子钥匙",并将钥匙号码填写在登记卡的右上角,同时签上收银员姓名;用收银员掌管的保险箱母钥匙和客人的子钥匙一起,帮客人打开保险箱,存放物品。

（3）登记。客人存放物品后,收银员在保险箱启用记录登记本上逐项登记日期、保险箱号、客人房间号、客人姓名、开箱时间、员工签字等。

（4）客人取存物品。请客人在"贵重物品保险箱登记卡"的使用栏目中签字;检查客人的签字和登记卡上的签字,两次的笔迹相符方可开箱取物;替客人打开保险箱,收银员在登记卡上签字,注明开箱日期、时间;客人存取物品后,将登记卡放回存档处。

（5）存档。按照客人姓的第一个英文字母顺序存档。

（6）客人取消保险箱。请客人在"贵重物品保险箱登记卡"的背后"结束使用保险箱"处签字认可;核对客人前后签字笔迹是否相符,相符方可开箱;客人取完物品后,收银员锁上保险箱,将保险箱钥匙放回存放框中;在客人取消保险箱的登记卡背后右下角签字,注明日期、时间,并在登记卡中间的余栏目中划上"z",取消其使用空间;在取消保险箱登记本上逐项登记日期、房间号、保险箱号、时间及收银员签名;将登记卡存档;每周一上交计财部门复查。

（7）核查钥匙。每日早班收银员根据当日空余保险箱号码报表核查存放柜中的子钥匙,要求二者相符。

（8）输入酒店计算机系统。每日早班收银员在计算机系统储存使用贵重物品保险箱客人的信息,以便客人离店前由收银员提醒客人退还保险箱钥匙。

第六节　酒店代办委托服务标准管理

一、酒店代办委托服务的工作范围

1. 查询服务标准

在酒店前厅,客人的主要问题一般有三类:第一类是有关住店客人的询问,如是否有某客人住在酒店,某客人的房间号码等;第二类是有关酒店服务和设施设备的询问,如餐厅、酒吧、商场、健身、娱乐、票务中心等场所的位置和服务时间,收费标准等;第三类是其他询问,主要是有关酒店所在地的各种情况的询问,如旅游景点、商业购物地点、交通情况、政府部门或有关工商企业的位置、国内外航班或火车班次时间等。

2. 留言服务标准

留言是指来探访住客的访问者未见到客人,或同一起来的住客,因不同时出入,相互之间用口信或纸条留下的说明。

（1）探访者留下的口信或纸条待客人返回酒店时要及时转告或转交。口信要记清,不可传错。

（2）对复杂的口信,应由捎口信人留下姓名、住址、电话号码,待客人返回宾馆酒店后转告他直接挂电话或与捎口信者联系。

3. 文书服务标准

（1）下达 VIP 接待计划。VIP 客人来酒店前,无论哪个部门先接到消息,都要归到客房预订部门。然后由客房预订部按酒店或接待单位的要求制订接待计划,再由服务台下达到各有关部门。如房间需摆鲜花的计划要下达到管理部;房间要摆水果,或安排宴会厅房的计划要下达到饮食部。还有总经理、总经理室、保安、动力工程部等。

(2)送报刊。为住房客人提供的中外文报刊必须按时分送到住客的房间,每天送到各楼层,再由各楼层服务员将报刊分到各住客房间。住客若要求提供其他报刊,若能办到,应尽力满足客人的要求,若办不到,可向客人解释。

(3)分送资料。指前厅部送出的文件,如预订报告、每天开房日报表、房间状况报告、除 VIP 客人以外的接待计划等,这些资料有的要送总经理,有的要送各有关部门,以便相互配合,更好地完成接待任务。

4. 客房钥匙管理标准

(1)钥匙的种类:钥匙的种类有两种,一种是机械钥匙,这种钥匙多用金属制作。房间号码固定刻制在钥匙上,专房专用。一种是计算机钥匙,客人开房时,根据租房期将房号打到钥匙磁卡上,租房期内有效,过期无效,这是一种安全钥匙。

(2)交给住客钥匙时,一定要小心慎重,绝不可漫不经心地将客人的钥匙交错,引起客人的反感或造成意外。

(3)住客来总服务台取钥匙时服务人员要热情迎接,向客人致问候,若能主动、准确地将住客的钥匙拿给客人,客人会感到你的业务熟练、记忆力好,感到你对他们的尊重。

(4)非住客要取住客的钥匙一定要经住客的同意。非住客如有特殊情况一定要进客人房间时,一定要有保安人员和经理在场。

(5)若某房间钥匙丢失,最好能为这个房间换一把新锁,以保证这个房间住客的安全。

(6)住客结账离开酒店时,总台服务员要提醒客人交还钥匙。

5. 物品转交服务标准

送给客人物品的一般是客人的亲戚、朋友、接待单位或有关单位和人士。送的物品有吃的、用的、玩的和样品,或在酒店买好后由商店送来,有时也有文件和资料。送物品的人一般因见不到客人又不能久等,才委托总服务台或有关单位和个人转交物品给客人。

(1)服务员接受转交物品时一定要办理转交物品登记手续,在登记表上说明收受物品客人的姓名、房号,物品的名称、质地、件数、重量,送来的时间,赠送人或单位的名称。表格一式三份,登记好后交收双方签名。一份交赠送者,两份留下为转交物品手续。将物品贴上标记存放好,妥为保管。

(2)受理的物品一定要认真检查,注意客人的安全。

(3)代客收存物品后,若客人不在房间,要在客人房间做上标记,如在房间内亮上红灯或用纸条写上:"某某先生,小姐,您有物品在总服务台。"纸条从门下缝插进去,露一个小角在门外。

(4)有些物品(如鲜花、水果等)可以先送到客人房间摆好,将赠送者的名片夹在上面。

(5)客人回到房间时,要先用电话告诉客人,若要送到房间,则即刻送到房间转交给客人。进客人房间时要经客人允许,要注意礼貌,并对客人说:"某某先生或小姐,这是某某先生或单位送给您的东西,请您验收。"办理交接手续时要注明交接时间,并在"交接表"上签名。

(6)若住客转交物品给其亲戚、朋友或有关单位,要按上述同样方法办理转交手续。

6. 酒店外代办服务标准管理

(1)代购车、船、机票服务。

①接受客人订票时必须问清楚并登记好住客的姓名(全称)、房号、需要订的交通工具类别、所乘日期、班次、时间等。

②确定了上述内容后,要按客人的要求及时与民航、铁路、轮船公司或汽车公司联系订票或订车。若客人所订时间的车、船、机票已售完,或没有机票有火车票,或没有客人要求的班次而有另外的班次,要及时征询客人的意见,客人同意改订时即向有关交通部门确定。

③票确定后,再通知客人到时凭证件(护照、身份证、出差证明或工作证)和钱到委托代办处取票。

④客人取票时,要将客人的证件审查清楚,看是否有到所去国家或地区的签证,证件是不是在有效期内。均符合要求再帮客人取票。

⑤接收客人的票款和手续费时一定要点清。交给客人票和余款时要请客人当面点清。票的班次、时间不可搞错。

⑥若有的客人要求将票送到房间时,即可将票送到房间面交客人,按上述方法点清钱票。

(2)代购代邮物品、信件服务。

①代购物品。这是一项很重要而又细致的工作,代购物品前一定要问清物品的名称、品牌型号、款式、规格、颜色、价钱或是出售的编号等,在确认无差错和问题的前提下可为客人代买,可收取一定的手续费或免收。若这些物品需面交或邮寄,要按客人的委托办理。面交时要请客人签收,邮寄要请客人回条。

②代取物件。住客在本地购买了某物品或邮寄来某邮件,因某种原因不能自取而委托代取时,服务员代取前要问清取物件的地址、单位名称并要携带客人的有关证件,前去代客人领取。交给客人时,应将证件与物件一齐交,并请客人签收。代取物件要注意安全。

③代邮送物品。若接受住客委托,代客送或邮寄物品,要问清送、寄收件的单位或个人的地址、收件人姓名、邮政编码、电话号码等。运费、邮费及其服务费需向客人收取。送到后要有签收,邮寄到后要有回条。对易燃品、危险品、服务员要拒绝运送和邮寄。

④代客邮寄信函、发电报、电话、电传等。

二、酒店留言服务标准管理

1. 客人留言管理

客人需要留言时,应询问客人房号,并与计算机核对,确认后请客人填写"住客留言单";如以电话留言,应向客人复述留言内容,确认无误后,值班员注明留言时间并签名;

征询客人是否需要在其他服务点留言,如果需要,按客人要求请各服务点同时留言;留言单应注明留言内容的有效时间,过了有效期,如未接到留言者新的通知,留言即可取消。

2. 访客留言管理

接受访客留言时,经计算机核实查对房号无误,即开启被访者客房留言灯。将访客留言单的第一联放入钥匙邮件架,第二联送电话总机,第三联交行李员送客房(从门底塞入客房),使客人能够通过几条途径获得留言信息;当客人获悉留言后,应关闭留言灯;每晚当班问询员要检查钥匙邮件架,如发现还有留言,且留言灯未关,则应立即用电话与客人联系,告知留言信息;如客人不在房间,则要继续开启留言灯,保留留言单,等候客人回来。

对不能确认是否住在本酒店的客人或已结账离店又没有委托的客人,一般不能接受对他的留言。

 酒店前厅部规范化管理制度与表格

第一节　前厅部各岗位职责与工作规范

一、酒店前厅部经理岗位职责

1. 负责前厅部的全面工作,向上对总经理负责。

2. 对员工素质、工作效率、服务水准等负有管理和培训的责任。

3. 负责本部门的财政预算,对部门的工作策划、督导等负有直接责任。

4. 工作计划

(1)负责计划本部门的工作。

(2)制定本部门的财务预算。

(3)主持部门业务会议,进行业务沟通。

(4)向部属下达工作指标和工作任务,并指导工作。

(5)负责与酒店管理系统进行业务联系与沟通。

(6)协调与纠正部门之间出现的工作矛盾和偏差。

5. 工作检查

(1)检查总服务台各部员工的仪表、仪态和工作质量,检查总台设施是否布置有序、整洁美观。

(2)检查前厅、门前迎宾员和行李员的仪容、仪表、仪态及工作程序,是否对宾客服务周到、热情有礼,爱惜客人的行李物品。

(3)检查房间预订情况,了解和掌握房态。

(4)检查电话接线员的语音语气、声调是否清晰、柔和、有礼貌,服务是否周到及是否爱惜工作设备。

(5)检查工作人员是否周到细致地为客人服务,客人交办的事是否办妥,是否能帮助客人解决疑难问题。

(6)检查其他人员,如分送报纸、报表接待计划等员工,是否尽职尽责、保质保量地完成工作。

6. 日常工作

(1)参加部务会议、业务会议、例会等,提出工作疑难、工作建议、工作计划等,请总监决策。

(2)审阅部属各部门的工作报告和工作日志、报表。

(3)制订和实施培训计划,对部属员工进行思想教育和工作培训。

(4)负责门前迎送 VIP 客人的工作督导和指挥。

(5)抓好本部门的安全、卫生管理。

(6)向总经理、客务总监汇报工作。

二、酒店前厅部值班经理岗位职责

1. 处理当班时前厅部工作和营业中随时出现的问题。

2. 检查部属员工的仪容、仪表和仪态。

3. 检查各部门的工作质量和工作进度。

4. 检查门前迎宾员工作情况,检查行李员的工作情况及团体行李到达情况。

5. 检查对 VIP 客人的接待准备及落实情况,检查酒店公关代表的工作情况。

6. 检查总服务台、大堂、前门的清洁及店容情况。

7. 了解和掌握当日的房间状况,检查分房情况。

8. 分析房间状态,积极进行推销,力争使当天的开房率达到最高水平。

9. 审阅各部门工作日志和工作记录,及时处理发现的问题和意外事件。

10. 审阅各种报表和日报表,从中发现问题和了解情况,并及时处理或向上级报告。

11. 沟通和协调各部门之间的业务工作。

12. 向总经理汇报工作。

三、酒店前厅部副经理岗位职责

1. 协助前厅部经理的工作,保证前厅工作的顺利进行。

2. 督导前台各部门主管工作,深入了解员工的服务态度及工作质量,及时同前厅部经理商议,解决各种问题。

3. 检查和指导大堂副经理的日常工作。

4. 直接参与每天的日常接待工作。

5. 制订本部门的物资设备供应计划。

6. 掌握当天的客情及客房预订情况。

7. 参加主管例会,了解员工的思想情况。

8. 负责工会的各种活动。

9. 检查、负责本部的安全、防火工作。

10. 完成上级交给的其他任务。

四、前厅部大堂经理岗位职责

1. 代表酒店迎送 VIP 客人,处理主要事件及记录特别贵宾、值得注意的客人的有关事项。

2. 迎接及带领 VIP 客人到指定的房间,并介绍房间设施和酒店情况。

3. 做 VIP 客人离店记录,落实贵宾接待的每一个细节。

4. 决定是否受理客人的支票及处理关于客人结账时的问题及其他询问,并根据酒店的有关规定和授权加以处理。

5. 记录和处理换锁、换钥匙的工作。

6. 处理客房部报房表上与接待处有误差的房间,并亲自锁定房间。

7. 处理客人投诉,针对客人心理正确解决问题。

8. 了解当天及以后房间状态走势,尽量参与接待处工作。

9. 巡查酒店内外以保证各项功能运行正常,及时排除可防范的弊端。

10. 与客人谈话时可适当介绍宾馆酒店设施。

11. 与保安部及接待处紧密联系,取得资料,做出"意外""病客"报告。

12. 与保安人员及工程部人员一起检查发出警报的房间。

13. 与财务部人员配合,追收仍在酒店住宿客人拖欠的账款。

14. 发生紧急事件时,必须做出正确的指示。

15. 遇危险事故而没有领导可请示时,应果断做出决定,视情况需要疏散客人。

16. 为生病或发生意外事故的客人安排送护或送院事宜。

17. 负责贵重物品遗失和寻获的处理工作。

18. 检查大堂范围内需维修项目,并督促有关部门及时维修。

19. 做好本组范围内的防火防盗工作。

20. 向领导反映有关员工的表现和客人意见。

21. 每天坚持在值班记录本上记录当天发生的事件及投诉处理情况,并向前厅部经理汇报。

22. 做好领导交给的其他工作。

五、前厅部大堂副经理岗位职责

1. 代表酒店饭店迎送 VIP 客人,熟记贵宾姓名,处理主要事件及记录贵宾、值得注意客人的有关事项。

2. 决定是否受理客人支票及处理关于客人结账时的问题和其他询问,根据酒店的有关规定和授权处理。

3. 负责迎接及带领 VIP 客人到指定的房间,并介绍房间设施,做 VIP 客人离店记录,落实贵宾接待的每一个细节。

4. 负责处理换锁、换钥匙的工作并做好记录。

5. 负责处理客房部报房表上与接待处有误差的房间,并亲自锁定该房间。

6. 负责处理客人投诉,用本人对酒店的认识及针对客人心理解决问题;替生病或发生意外事故的客人安排护理或送院事宜。

7. 发生紧急事件时,必须(在没有向上司请示时)做出主动决断的指示,与保安部及接待处联系,取得资料做出"意外"或"病客"紧急报告。

8. 应尽量参与接待处工作,了解当天及以后房间状况,巡查酒店内外部以保证各项功能正常运行,及时排除隐患。

9. 与客人谈话的过程中可适当推广酒店设施。

10. 服从管理人员(如总经理、副总、助总及直属上司)的安排。

11. 与保安人员及工程部人员一起检视发出警报的房间区域。

12. 与财务人员配合,追收仍在酒店住宿客人拖欠的账款,必要时可以指挥其他部门人员协助工作。

13. 遇危险事故(如火警、匪警等)而没有高层管理人员可请示时,应做出适当决定,需要视情况疏散客人。

六、酒店前台主管岗位职责

1. 协助前厅部经理做好日常接待工作,主持前台班次全面工作,创造良好的工作氛围。

2. 参加主管例会,及时了解员工的思想动态并报部门经理,检查督导本部门员工的仪表仪容、组织纪律、礼貌用语及工作效率。

3. 负责编制员工工作表,合理安排属下的工作,管理、调配本部门使用的各项消耗品,严格控制成本,及时传达上级的指示。

4. 掌握预订情况和当天客情,根据当天到达及离店房客名单,最大限度地销售即时客房。

5. 检查负责本部门的安全、消防工作,负责安排重点宾客的接待工作和重要留言的落实、检查。

6. 督导迎送服务,贯彻执行服务程序,督导问询应接服务的进行,满足客人合理的要求。

7. 参与前厅接待工作,有效地解决客人投诉和本部门的有关问题,搞好与有关部门的协调及联系。

8. 制订并组织实施培训计划,正确地评估下属工作,做好工作日记。

9. 负责对部属员工的考核工作。

10. 与大堂副经理和收银处保持密切的联系。

七、前厅部总台接待员岗位职责

1. 首先要熟悉总台接待与问询的工作程序。

2. 负责办理客人入住登记手续,耐心回答客人的询问。

3. 掌握当天及未来一段时间内的房间供应情况,主动为客人提供服务。

4. 做好接待贵宾的准备工作,把散客和团体订房按日期排列好,并做好记录。

5. 了解当天在酒店举办的各项重要活动和宴会,以便做好针对性服务。

6. 制作前厅有关统计报表,及时与有关部门沟通情况。

7. 阅读并填写交班日志,认真做好交接班。

8. 将客人的资料存档,做好客人档案的建立工作。

9. 做好工作区域内的卫生,保持工作台上、台下整齐、井然有序。

10. 完成上级交给的其他任务。

八、前厅迎宾主管岗位职责

1. 向酒店迎宾组领班布置每日的具体工作任务,在酒店接待特殊客人时,亲自指挥门前服务工作,保证客人满意、称心。

2. 确保工作无误,认真检查行李的合理存放、分配、运送。

3. 管理行李员和门童,督导其按照规定的工作程序操作,疏导大门前的车辆。

4. 合理编排员工班次,组织本部培训工作,做好工作日记和行李部大事记。

5. 检查下属人员的仪表、仪容,了解员工思想动态及个人生活情况,帮助员工解决工作和生活中的困难。

6. 处理来自酒店内、外的各类与本部业务有关的投诉,管理本部内劳动服务工具及各种业务报表。

7. 制作各类有关统计报告和资料。

九、前厅迎宾员岗位职责

1. 当客人到达酒店时,迎宾员应该主动、热情、面带微笑向客人点头致意,并致问候或欢迎语,同时用手势示意方向,为客人拉开大门。若行李员距离较远,应使用手势示意,切忌大声喊叫,以免扰乱前厅安静的气氛。若客人乘车,迎宾员应使用规范手势,示意司机停在指定地点或客人容易下车的地点。车停稳后,为客人拉开车门,主动向客人热情问候,对常客和贵宾应能礼貌、准确地称呼客人姓名。拉门时要站在前、后门中间,用左手拉开车门,右手则挡在车门框上沿,防止客人碰伤头部。若无法判断客人的身份,可以将手抬起而不护顶,注意保护客人,防止发生磕碰现象。

2. 开门时,原则上要先女宾后男宾、先外宾后内宾、先老人后小孩,若无法判断,则先开靠近台阶的后门。

3. 客人行动不便或遇到残疾客人时,立即上前搀扶,并提示行李员为残疾客人准备轮椅。

4. 及时为客人拉开酒店的正门,如果客人行李物品较多,应主动帮助提拿,并提醒客人清点件数,带好个人物品,进入大厅时立即交给行李员。

5. 团体客人到店时,待客车停稳后,迎宾员站立在车门一侧,迎接客人下车,主动点头致意、问候,接过行李物品,搀扶行动不便的客人、老人或儿童下车,最后示意司机将车开走或停放在指定地点。

6. 如果遇到下雨天,应主动打伞接应客人下车进店,并提醒客人可以将雨伞锁在门口的伞架上。

7. 住店客人进出酒店时,应同样热情地招呼致意。

十、前厅总服务台收银员岗位职责

1. 负责接收和受理客人在店消费凭证、单据,准确地将客人的各种消费输入计算机。
2. 负责客人消费的入账工作,准确、快捷地打印收费账单,及时完成客人的消费结算。
3. 按规定妥善受理现金、支票、信用卡及转账,并与报表、账单保持一致。
4. 完成当班营业日报表、账务报表,并按规定上交。
5. 保管好账单、发票,并按规定使用、登记。
6. 认真解答客人提出的有关结账方面的问题,如是自己不清楚的问题,应及时向上级主管报告处理。
7. 掌握客人消费情况,发现欠费时应及时通知有关人员。
8. 做好收银设备清洁保养工作和收银处的卫生工作。
9. 在每天工作结束后,应将当班报表、账单、现金、支票上报财务。

十一、酒店前台文员岗位职责

1. 负责接转前台电话。
2. 负责传真收发与登记。
3. 负责前台接待、登记。
4. 引见、招待、接送来宾。
5. 负责监督打卡和汇总考勤。
6. 负责请假及加班申报单的保管、汇总、造表。
7. 负责锁门,管理电梯,检查灯光、门窗。
8. 收发前台的报刊函件及整理保管报纸。

十二、前厅总台值班人员岗位职责

1. 总台值班人员上班须着工作装、化淡妆。
2. 总台值班人员要按以下程序工作:
(1)8:15 到酒店,穿上工作服,检查打卡机,挂值班牌;
(2)8:20 站立迎候员工上班,主动递送卡片;
(3)8:30 收卡。由酒店派车接送上班的员工,因堵车或其他非主观原因不能准时上班的,不以迟到论,但要注明原因。
3. 工作人员对待其他员工或客人,要礼貌大方,热情周到,对来找高层领导的客人,要问清事先有无预约,并通知被找领导。
4. 客人到领导办公室后,应主动递送茶水;客人离开后,应及时收拾茶杯。
5. 应视本楼层的具体情况,参照总台的工作程序做好工作。工作人员要保持会议室的整洁,早晚各检查一次。

6. 会议开会时,应事先做好清洁工作,并主动给参加会议的人员倒茶水。会议结束后,立即清理会议室。

7. 应推迟30分钟下班,各楼层工作人员下班前应先关好空调,并检查各办公室,发现里面没有人时,应锁门关灯,做到人离灯灭。

8. 如有员工确因工作需要需加班时,要告知其离开时通知总台。当天值班的工作人员,也应在员工下班后巡逻楼层,确保安全后,方可离开。

9. 违反本制度或其他与其本职工作相关制度的人员,视情节给予其批评或罚款处理,屡教不改的,扣除当月工资、奖金,直至予以辞退处理。

十三、前厅商务中心主管岗位职责

1. 为顾客提供电话、传真、复印、打字等服务,力求保证商务中心的工作能按酒店有关要求正常地进行,努力完成每月的各项任务。

2. 根据本中心的具体情况和不同时期的特点,制订有效的工作计划,经总经理审批后实施。

3. 保持与本中心业务往来部门的联系,与酒店有关部门保持密切联系,以保证电信业务的顺利进行。

4. 负责制作各种报表及工作设备和环境的保养及清洁,保证各种设备的正常运行。

5. 熟悉酒店的各种规章制度,熟悉电信业务及工作程序,对业务质量进行把关。

6. 遇有重要客人住店,适当调配上班人员,以便在商业服务方面更大限度地配合宾馆酒店的接待工作。

7. 负责本中心员工的培训工作,包括业务培训、操作技巧培训、思想素质提高等,并定期进行考核。

8. 负责所属员工的班次安排,监督员工的考勤,了解员工的思想动态、工作情况,帮助员工解决工作上的难题。

9. 督促领班、服务员履行各自的职责,并指导他们的工作,根据下属的工作表现给予奖罚。

10. 检查下属的礼貌服务、工作态度及自觉执行"工作规程""员工守则"的情况,在商务中心的工作范围内,妥善解决客人的投诉。

11. 检查当班工作记录,妥善完成上级交给的其他任务。

十四、前厅商务中心领班岗位职责

1. 负责商务中心各项服务的工作,服从上级指挥,服从工作安排,努力完成本职工作,直接向商务中心主管负责。

2. 熟悉商务中心的各种程序和业务,对服务员的工作态度、服务质量及工作进程进行细致的管理。

3. 负责检查下属工作人员的仪容仪表,了解组员的思想动态和工作情况,安排及监督组员按规范程序工作,定期或不定期地向主管汇报。

4. 当班期间,管理营业室的一切营业性服务工作,安排组织员工的具体工作,负责对计算机单据底稿进行细致核对。

5. 负责检查下属员工的工作质量,负责制作各种报表,保证工作设备和环境的清洁。

6. 做好当天当班的工作记录,包括:

(1)员工遵守纪律、考勤情况。

(2)有关电传、传真的服务质量把关,业务通知、来函致电的收发等情况。

(3)机器设备的使用及故障维修情况。

7. 以身作则,全面执行酒店的各项规章制度。

8. 按时完成领导交给的其他各项任务。

十五、前厅商务中心服务员岗位职责

1. 严格要求自己,工作积极主动,文明礼貌服务,努力提高服务质量,忠于职守,讲究效率,秉公办事,不利用工作之便干私活、谋私利。

2. 为酒店宾客提供长途电话、电传、传真、打字、复印等服务工作。

3. 服从上级指挥和安排,努力完成交办的每一项业务工作,力求保质保量地提供各项服务。

4. 具备外语知识和打字技术,熟悉和掌握所用仪器设备的性能、保养和简单维修,以便迅速、准确地为客人提供服务。

5. 熟悉电报、电传、复印等各项业务,工作中严格按照规程操作。

6. 微笑服务,对客人热情有礼,有问必答,尽量满足客人的要求,耐心解释客人的各种疑问。

7. 刻苦钻研业务,对技术精益求精,努力提高业务工作水平,提高整体的服务质量。

8. 自觉遵守酒店的各项规章制度,并认真做好交接班工作。

十六、前厅预订部主管岗位职责

1. 按照前厅部经理的指示认真完成本职工作。

2. 全面负责酒店的预订工作,掌握每天的客人预订情况,对具体工作做出妥当的安排。

3. 掌握预订情况,做出科学的预订分析及预测,准确制作有关预订报表,及时向前厅部经理反映酒店订房情况和房间状态。

4. 建立一套完整科学的预订档案系统,负责预订部的档案资料管理。

5. 检查、督导下属工作,并负责对员工进行培训,保证预订工作质量。

十七、前厅预订员岗位职责

1. 服从预订处主管的指示与安排。

2. 接受和处理电话、传真和文件,处理散客和团体订房,如有变更,及时按规定进行相应的更改。

3. 将散客和团体订房单按日期顺序排列好。

4. 准备第二天 VIP 客人的接待工作,备好熟客登记卡、团体资料。

5. 打印和处理由前厅部送来的团体订房单或变更单。

6. 随时完成主管或领班临时委派的其他任务。

十八、前厅行李员岗位职责

1. 在领班的领导下,负责酒店宾客行李的搬运、清点工作。

2. 服从安排,迅速接受带房任务。

3. 向客人介绍酒店客房设施,推荐酒店各项服务。

4. 负责将住店客人的物品、邮件、报纸、留言单及前厅通知发送的邮件等物品分送到客房、楼面或有关部门。

5. 回答客人提出的有关询问,尽量满足客人的要求。

6. 协助维持大堂秩序,负责来访客人登记,控制大堂灯光。

7. 受理委托保管、寄存行李物品、办理登记等有关手续。

8. 自觉遵守酒店各项规章制度,努力学习,积极工作,圆满完成本职工作和领导交派的其他工作。

十九、前厅电信服务员岗位职责

1. 保密职责

(1)在受理电话、电报、传真业务过程中,凡涉及机密信息的内容要注意保密,对涉及党政机关在政治、经济、科技信息方面未公开的信息、未发表的新闻等方面的通信内容和通信地址,也需严守保密制度,不得向其他人泄露。

(2)妥善处理好客人的电文底稿,维护电报、电话、电传用户的通信自由和权益,不得和他人谈论客人的通信内容。

(3)收报人名、房号或收报人地址必须反复核对,防止错投或错发电报及电传。

(4)遵守保密规定,应做到"四不",即不该问的不问,不该说的不说,不该看的不看,不该听的不听。

(5)如发现有泄密的现象,应尽力挽救、制止,并及时汇报,不得隐瞒不报或擅自处理。

(6)对酒店有关情况,如营业情况、市场情况、客源情况、协议情况、与外界的通信内容等,要注意保密,不得向外泄露。

2. 维护设备职责

(1)熟悉各种通信设备的机械性能,熟练掌握它们的使用方法,不得随便使用。

(2)爱护通信设施,保持机械性能良好,通信畅通,使通信工作顺利进行。

(3)若机械设备发生故障,要尽快请技术人员检查修理,绝不可不懂装懂、乱动设备或随意处理。

3. 日常工作职责

(1)工作人员必须语言亲切,讲究礼貌,主动为客人提供服务。

(2)客人进入营业厅,营业员必须站立为客人服务,不得怠慢客人,即使忙于工作,客人进来时也要向客人示意,表示欢迎。

(3)不得在工作间、营业厅内梳头、化妆,上班时间办理个人私事,不得有不文明的动作和不礼貌的行为。

(4)严禁拍发私人电报,不得私自伪造电报、篡改电报内容、有意制造差错和藏匿、毁弃电报。

(5)如实反映情况,出现问题不得擅自处理或隐瞒不报。

(6)不得在发报机上练习发报。

(7)不得在工作场所接听私人电话,如有特殊情况须经领导批准。

(8)服从领导的安排,听从工作指挥和调度,工作时间不得擅离岗位或中断工作。

(9)与客人保持友好关系,但不可长时间与客人聊天。

(10)严格执行财会制度及资费收费标准,严格遵守财经纪律。

(11)严禁闲杂人员进入工作间,特别是电话总机房,即使经批准可参观或检查工作及设备,也要经过严格的卫生处理方可入内。

(12)营业厅、工作间均不准放与工作无关的东西,如水杯、报纸杂志、书籍、手提包、杂物等。

(13)保持环境的整洁,地毯要每天吸尘一次、每三天清洗一次,桌、椅、台、柜、玻璃、门窗框等每天早、晚班人员要抹净。

(14)用脏的电报、传真纸及其他杂物,要放在废纸桶内,定时送垃圾房处理,不得随意乱丢。

(15)交班:

①按时交班,当班时间内未完成而又无法清楚地交由下一班人员去完成的工作,仍由上一班来完成;

②查看各种流水、营业号是否与报底相同;

③营业员核准当班的营业收入,并将营业收入的现款、手续费做好报表上交财务部;

④填写日报表和交班本。

(16)接班:

①身着工作制服,整理好仪容,准时上班;

②检查机器是否有故障;

③准备好足够的电报纸、笔、挂号单等物品;

④检查日戳是否已调准确;

⑤查看电报、电传机上的流水号、原来号是否与报底相同;

⑥检查发报机内的纸张、纸带是否用完,如果已经用完应立即更换;

⑦签阅交班本,有疑问的地方要主动询问上一班工作人员。

二十、前厅总机领班岗位职责

1. 具体负责酒店的话务服务工作,直接对电话总机主管负责。

2. 以"宾客至上,服务第一"为服务宗旨,全心全意为客人服务,做到礼貌应答、平等待客、耐心细致、讲求效率、不偷听电话、保守机密、遵守工作纪律。

3. 掌握电话通信专业知识,了解市话商业网的结构性能及操作方法和业务工作程序,了解国内外电话操作方法及收费标准、国内常用电话号码、区位号码,了解电话机线路布局及有关计算机系统的维修保养应用知识。

4. 协助主管做好市话商业网的管理、正常运作等各方面的工作,具体指导下属员工在话务工作中礼貌用语,声音清晰,言语准确,反应迅速。

5. 配合主管,对下属员工进行业务培训,纠正发音,讲究礼仪礼节,为客人提供优质的服务。

6. 配合主管解决客人投诉问题,在力所能及的范围内尽量满足客人的合理要求。

7. 以身作则,参与话务工作,自觉遵守各项规章制度,起到表率作用。

8. 负责酒店电话机房所有员工的考勤工作。

9. 做好交班日记,检查各种报表的准确性。

第二节 前厅部管理制度

一、酒店前台交接班管理制度

1. 只要是与整个部门或各个分支部门的相关信息,都要记录在交班本上。

2. 所有记入交班本的信息必须注明日期、时间及记录接待员和执行接待员的姓名,如有必要,要将执行结果记录下来,签上日期及时间。

3. 前厅部不同部门的员工在当班前应仔细阅读上班的交班记录,为紧接的工作做好准备。

4. 接班人阅读后要签名,并由交班人监管,如无接班人签名,应追查交班人的责任。

二、酒店前台管理制度

1. 当班时应保持良好的个人形象,仪容仪表整洁,热情礼貌地为客人服务。

2. 工作时间不得吃零食、吸烟,不得与客人高声谈笑,不得在当班时间睡觉、看小说或听收音机。

3. 不得随便进入总台办公室,当班时不得让朋友或其他无关人员进入工作台闲谈。

4. 不得做不道德的交易,不得向客人索取小费和其他报酬。

5. 不得私自使用酒店电话处理私人事务。

6. 当客人入住时,接待员必须要在登记表上签名,以便工作检查,转房、转租手续须办理完善。

7. 遵守酒店客房折扣政策,房价填写需认真准确,不得私自减免房费。

8. 电话铃响第二次前必须接听,并用规范化服务用语作问候,声调须亲切、友好。

9. 电话房员工不得漏叫或迟叫"叫醒服务",漏报电话单或订单者除扣奖金外,还应赔偿损失。

10. 电话房员工应按时开关酒店背景音乐。

11. 商务中心员工收到传真后应立即通知前台接待处,及时通知客人,避免造成对方不必要的损失。

三、前厅受理特殊预订管理制度

1. 客人指定房间。接到这种预订,首先通过计算机尽快查清客人要求的居住时间内指定的房间是否可以出租。如果可以,则接受客人的预订,并把该房在计算机中锁定,在预订单上注明房号。其他程序同散客预订相同。

2. 优惠、佣金预订。处理此类预订应按要求填写预订单。优惠预订要将优惠房价注明在预订单上,根据酒店规定,由店级领导签字方可接受预订。佣金预订是旅行社、商社代客人预订客房,酒店根据与旅行社、商社所签的租房协议中的条款,向其支付一定比例房费的佣金。

3. 预订订金的收取。当客人要求保证其预订时,为避免因客人未到造成经济损失,应请客人预付订金,并引领客人到前台收银处办理交付订金手续,订金收据给客人一份保存。预订单上应注明订金的金额。然后在计算机输入时注明,以保证客人的预订,同时向客人讲明如若取消订金预订,应在抵达日前24小时办理取消手续,否则订金不予退还。订金要计入当日营业收入。

4. 预订未到。先根据夜审报表了解未到原因及情况,将未到预订单取出注明"未到"字样并存档,每日统计并计入营业日报表。

四、核对和确定客人预订管理制度

1. 在客人入住前应三次核对该项预订。第一次核对是在客人进店前半个月进行,预订员用传真或电话直接与订房人联系,核实预订人数、房间类型、入住和离店时间、航班号等。如有变更,要把计算机中和档案中的信息更改过来。

2. 第二次核对可安排在客人进店前一周进行。对没有明确的抵达时间和航班的预订,要尽快致电询问;检查第一次核对过的预订内容是否已齐全;查看是否可以给"等待"预订转正;检查所有的重要客人和有特殊要求的预订是否已锁好房间。

3. 第三次核对在客人进店前一天进行。在前两次核对的基础上,进行如下核对工作:

(1)挑出所有的未保证预订,主动联系客户,确认客人的名字、房间数、人数、客房种类、价格、抵离店时间、抵达航班、付款方式等内容,使每个预订清楚、准确、完整、可靠;

(2)核对所有的来往函电与预订单内容是否一致,避免客人入住登记时提出疑问;

(3)再一次检查重要客人和有特殊要求的客人房间;

(4)团队预订的核对工作要进行三次以上,要核对团队的房间数、人数、抵离日期、是否如期收到住房名单、是否按协议支付房费等内容。

五、前厅取消预订管理制度

1. 审阅取消预订的函电,以保证信息的准确。

2. 找出原始预订单,注明"取消"字样。

3. 如果是口头或电话取消预订,一定要记录取消预订人姓名、联系电话和单位地址,最好请对方提供书面证明。

4. 拟写回复函电稿,确认对方取消预订,由预订主管审阅签发。

5. 在计算机上取消有关信息,更改"房态控制表"。

6. 复印个别客人取消预订函电和原始预订单,交总台收银处,按协议退还订金、预付房费或预付费。

7. 核查取消预订的客人是否有订票、订餐、订车等业务,并及时通知有关部门。

六、前厅预防超额预订管理制度

1. 每日统计次日预计抵达客人的名单。

2. 核对次日预期抵达的团队和散客预订,并准确统计出住房数,预计将要入住的客房数。

3. 星期预报住房状况:

(1)星期预报由预订部主管负责完成。

(2)准确地统计出后一周或今后几天住店客人的人数和占用的客房数。

(3)统计出下一周或今后几天内每天离店的人数、空出的间数,同时要考虑客人延迟离店的规律。

(4)统计一周或今后几日内预期抵达客人的用房数。

(5)综合以上统计数字,凭借过去的档案资料,制作出"星期预报房间状况"。

(6)报表抄送前厅部、客房部、销售部等业务部门。

(7)星期预报每天下午制作,周一制作周二至下周一的用房数预报,周二制作周三至下周二的用房数预报,以此类推。

七、预计抵店客人情况报告制度

1. 预订部门应提前一天将客房预订单复印并分发给前台接待处,如有另外接到的预订,前台接待处应再打印一份当日预订情况表。

2. 接待员应在当班前仔细阅读当日预订记录,以便对将抵店客人的姓名有所熟悉,尤其是重要客人的姓名。每个接待员都应检查、修正预订客人表,如有必要,应注明附加的信息。

3. 应按顺序排列预订客人表,并单独打印客人的以下资料:

(1)客人姓名;

(2)所在单位和介绍单位;

(3)预计离店时间/特殊服务代码、预计抵店时间/航班信息;

(4)市场分类代码;

(5)预订客房种类;

(6)预交订金;

(7)客房价格;

(8)客人年龄;

(9)是否确认;

(10)是否到店。

以上各项一般都使用缩写或特殊代码。预订客人表最后一页是当天预计到店客人的总数及所需客房数。

八、酒店电话订房管理制度

1. 预订员在接到订房电话或传真等时,应该热情、礼貌,并告知对方这是订房部。

2. 认真地倾听客人讲话,立即查阅"订房登记表"确定有无空房,再回答客人。

3. 接受订房后,先将资料填入"订房卡"内,如不能接受,应请示对方是否可以列为候补,然后依"订房卡"的资料,填入"订房登记表"内。

4. 订房时一定要询问下列项目,并及时填入订房表格内:

(1)客人的姓名和国籍;

(2)抵离的具体日期、时间;

(3)需要房间数、房间类型及房价;

(4)来电(函)订房人的姓名、单位名称及电话号码;

(5)订房间的保留期限,是否用信用卡或预付订金确保房间。

5. 复述上面内容,向客人核对。

6. 收到客人或旅行社电话、传真或信函要求订房时,了解清楚客人的电话、传真或信函的内容、具体要求等。

7. 把客人的要求写在订房单上。

8. 了解所有费用的支付方式。

9. 如果旅行社要求为客人订餐,要填写订餐单并及时通知餐饮部做好准备。

10. 如果客人资料不详细,要按来件上的地址、电传号码与客人核对。

九、现场预订管理制度

1. 查看客人的相关证件,询问客人想要预订房间的种类、价格以及要求等,并查看预订表确认能否接受预订。

2. 礼貌地请客人填写预订单,要求客人逐项填写清楚。

3. 客人填好后,预订员要仔细查看,逐项核对客人所填项目。

4. 预订完毕后,要向客人表示谢意,欢迎下次惠顾。

5. 客人离开后,将订房人证件复印件附在预订单上,填入"预订表"并妥善保管好。

十、前厅接待处管理制度

1. 交接班

工作人员应该详细了解酒店房间开房情况及需要跟办的事项,检查各项设施、物品是否正常、整洁。核实报表,准确无误后分派给有关部门。

2. 迎接、问候客人

向客人介绍酒店的各项服务情况,包括客房的分类、等级、价格,娱乐设施等,此外还要热情有礼地回答客人的咨询。

3. 办理住房登记手续

将入住登记表交给客人填写,填妥客人的个人资料、住客人数、入住和退房的时间、付款方式等,根据客人的要求分配房间。将房间入住卡等交给客人(或行李员),由行李员引客人入房。

4. 建立客人在酒店的费用总账卡

办妥客人入住手续后,就要建立客人在酒店的费用总账卡,记录客人的每项费用,每天累计转到前台收银处汇总。

5. 处理客人资料

将住客的详细资料输入计算机,有特殊情况须作记录。

6. 保管客人物品

如果客人有贵重物品需要保管,则将贵重物品保管登记表交客人填写并签名,服务员核对准确后,当着客人的面将客人物品锁入保险柜,客人在保管单上签名后,服务员将底单及保险柜钥匙交给客人保管。

7. 客人调换房间

客人提出要调换房间时,由客人到前台接待处办理有关手续,通知楼层服务员检查客人原来房间情况,收回客人的入住卡和房间钥匙,根据客人的要求重新分配房间,发给新的入住卡。

8. 办理客人退房手续

十一、前厅文员服务管理制度

1. 分派资料。前厅部送出的文件,如预订报告、每天开房日报表、房间状况报告和除 VIP 客人以外的接待计划等,要正确、及时地送到各个部门,以便于相互配合,完成接待工作。

2. 分送报纸杂志。为住房客人提供的各种报纸杂志必须准时分送到住客的房间,每天先送到各楼层,再由各楼层服务员将报刊准确分到各住客房间。如住客若要求提供其他报刊,应尽力满足。

十二、客人接送服务管理制度

1. 迎接客人服务

(1)了解并获取第二天抵达酒店的客人名单,了解是否有 VIP 客人或需照顾的客人。了解除了预订的房间外还有多少房间可接散客。

(2)掌握次日抵达酒店客人的姓名、所乘交通工具、班次和抵达时间。

(3)做好接待准备工作,按每批抵达客人的人数、情况和要求,向车务部定好车。

(4)当天要与车务部联系,掌握客人到达的准确时间,并转告交通服务部门。一般提前 15 分钟左右到达场站,做好迎接客人的准备。

(5)客人到达时,主动迎上去向客人表示欢迎。若需过边防海关,应请客人先过边防、海关;若不需过,则引领客人到车上就座等候行李。

(6)行李领出后要请客人清点行李。如果客人自领行李,领出后要帮客人提运,客人表示行李无差错时,即可送客人到酒店。

(7)若是一人或两人迎接多批客人,办好一批先走一批;若是两人迎接的,一人先跟第一批客人的车走;若有 VIP 客人的,先跟 VIP 客人的车走;若无人跟车,则要交代司机照料客人,第二人跟最后一批客人的车走。到达酒店时,交代前厅和总台工作人员照料好客人,送客人到房间。

(8)场站若有未预订房间的客人想入住本酒店,如果酒店还有房间,则要安排客人乘酒店专接零散客人的车辆回酒店。

(9)若有团体客人抵达,迎宾员接到客人后,要安排客人先上车,将客人的行李牌收齐,让客人先乘车回酒店,然后帮客人领取行李,运回酒店送到客人房间。若客人要求行李跟客人的,可按客人要求办理。接待团体客人时,必须要点齐人数,行李上车后要点齐行李件数后方可开车。

(10)照顾好老人、伤残者、小孩等。

2. 送客人服务

(1)到总服务台了解次日需要送走的客人名单,需要乘坐的交通工具、班次等情况。

(2)向交通服务部门订车,了解机、车、船准确出发的时间,并与客人商定离开酒店的时间。清点行李,照顾重点客人、老年人、伤残者、小孩等。

(3)送客路上应征求客人对酒店的意见,并欢迎他们下次惠顾。

3. 接送人员注意事项

(1)要注意自己的仪容、仪表,礼貌待客。

(2)接送人员着制服要整齐,要洗净熨平,保持干净。

(3)迎客和送客时不可误接、误送或误时。

(4)要熟知酒店的情况,注意向客人介绍和宣传酒店。掌握酒店开房和空房情况,并抓住机会多招徕客人。

(5)要与各交通场人员搞好关系,争取他们对酒店工作的支持和帮助。

(6)掌握最新的交通信息、交通情况、交通时间表等,并转告酒店有关部门,便于为宾客提供服务。

十三、前厅总机服务管理制度

1. 话务员必须了解相关机器设备的结构、性能及操作方法,熟悉酒店业务及各种服务项目、业务范围等情况,以便随时为客人提供咨询服务。

2. 保持与服务台的联系,掌握住店客人的情况,尤其是重要客人人数、所住房号、逗留时间、活动安排等,以提供特别服务。

3. 转接电话必须使用礼貌用语,声调柔和,回答简明清晰,转接要准确快速。

4. 话务员严禁偷听客人电话,操作时,偶尔听到一些内容要为客人保守机密。

5. 遇有 VIP 客人需要打长途电话或有重要事情需要打长途的用户,主动与长途台联系接通。

十四、前厅投诉管理制度

1. 接到客人的投诉

(1)接到任何投诉,接待人员都需保持冷静,仔细倾听他们的诉说,与客人目光接触,并致歉意,表明理解客人;

(2)安慰客人,无论客人对错,接待人员都要先向客人道歉,及时通知当班管理人员或经理帮助解决。

2. 解决客人的投诉

(1)如果客人投诉其他部门,应及时向其他部门转述客人的投诉;

(2)将解决办法告知客人,并征求客人意见;

(3)随时关注其他相关部门对客人投诉问题的处理。

3. 将处理结果及时通知客人

(1)处理完毕客人的投诉事项,应及时将结果通知客人本人,以表示酒店对客人的重视;

(2)向客人致谢,表示欢迎客人的投诉,使酒店在其心目中留下美好的印象。

十五、酒店散客入住登记管理制度

1. 在前厅部设专人负责接待客人的入住登记工作,24 小时不间断值班。

2. 凡在本酒店入住的客人,一律凭护照、身份证、旅行证等有效证件登记入住。

3. 先由住客本人填写"入住登记表",然后由负责接待的服务员验证无误后填写完表内所列内容,收取住宿押金后再将入住房间的钥匙交给客人。

4. 对于那些没有证件或证件有问题的旅客,要问明情况和原因,先安排入住,并立即报告保安部、值班经理处理。

5. 长包房的客人,须在租房协议上注明住客的人数及其基本情况,第一次入住要在前台接待处办理入住登记手续,并建档管理。

6. 旅行团客人的入住手续,统一由代理人代办,并负责发钥匙。

7. 对 VIP 客人可由接待单位、大堂副经理先行引带进房,然后再由接待单位工作人员代为办理。

十六、酒店团体入住管理制度

1. 当酒店订房员接到团体订房时,先要请旅行社将相关资料传真到酒店,然后将资料交给客房部经理,由客房部经理决定是否接待此团。

2. 确认团体订房之后,应了解清楚旅行社团体确实的房间数、付款方式、是否需要订餐、是否需要在酒店适当场所举办一些欢迎仪式等。

3. 团体到达的前一天,将资料再复查一次,落实有关部门准备工作的落实,避免团体到达后酒店产生混乱。

4. 团体到达的当天,酒店接待员应预先将有关资料整理好,用塑料袋装起来,以便团体领队分配房间。

5. 团体领队预先到酒店分配团体用房时,由接待员将入住卡交给领队,领队可在车上或餐厅帮助办理入住手续。

6. 团体上楼层前,行李员最好使用一部专用电梯疏通团体的团员。

7. 团体入住后,接待员要向团体领队获取一份团体名单及对应房号,送交电话房及管家部,同时将团体"叫醒服务"写上,以便电话总机及管家部帮团体做"叫醒服务"。

十七、酒店接待预订房客人入住管理制度

1. 带着热情而诚恳的笑容欢迎并招呼客人。

2. 如果不知道客人的姓名,可以有礼貌地问一下:"先生/小姐,您是否有预订房间?"

3. 仔细检查一下计算机中的信息或预订客人的名单,以确认客人是否有预订。

4. 将登记表递给客人,请客人填写入住登记表。

5. 检查是否所有的内容已填写清楚,如果有遗漏未填的,应礼貌地让客人补填上。

6. 将填好的登记表再检查一遍,看客人的姓名拼写是否清楚,其他内容的书写是否清楚,如有疑问或不明白的地方,应有礼貌地再向客人核对一下。

7. 因有关治安管理部门对客人登记表的检查需要,该表必须正确地填写完整,同时有礼貌地告知客人仔细填好每一项内容的重要性。

8. 所有登记入住的客人都应出示有效护照或其他有效证件,接待员应仔细检查客人的证件。

9. 应仔细地按顺序填写客人的姓名,客人的出生年、月、日也应正确地填写清楚。

10. 填写国籍时应填全称而不能用缩写。

11. 护照签证号码要填写清楚,接待员应仔细检查签证的有效日期,如果客人所居住的日期超过了签证的有效期限,应有礼貌地告知客人去有关部门办理延长有效期的相关手续。

12. 再次确认客房类型、房价及离店日期是否准确。

13. 有礼貌地询问客人的支付方式,如果客人用信用卡付款,应有礼貌地请客人刷卡。

14. 仔细检查信用卡的有效期、真伪,并对照其背面的签名是否与登记单上签名相同。

15. 如果客人要求公司、旅行社或机场转账,应做确认。

16. 有礼貌地询问客人如何结算他(她)的其余费用或杂费。

17. 将房间钥匙、欢迎卡交行李员带上房。

18. 将所有登记本上的客人入住信息输入计算机。

十八、前厅受理客房加床服务制度

1. 酒店客房加床的业务由接待处负责控制、安排加床数量。

2. 客人办理入住登记时,如果要求加床,接待员应在其入住登记上注明加床数量,同时在登记表及欢迎卡上注明加床费用。

3. 如果客人入住登记之后再提出加床要求,接待员应该与客人确认加床费用,再发出"接待处通知书",由前台收银处相应的更改房租,并为客人更换欢迎卡,证明已交加床费用。

4. 接待员在确认某房间需要加床后,应将加床标记输入客人入住资料,并立即发出"加床通知单"(一式四份),总机、前台收银处、接待处各一份,最后一份由管家部文员签收后送回接待处存档。

5. 如果接到客人要求取消加床或接到管家部通知某房间取消加床的信息时,接待员应发出"接待处通知书",到管家部和前台收银处注明取消加床、住店客人姓名及更改房租,同时计算机中的客人资料也要由接待处及收银处做相应更改。

十九、客人转房处理制度

1. 接待员为客人安排转房时,应按其具体要求安排令客人满意的房间。

2. 如果是客人提出要求转房,应询问客人转房的原因,如果是因为客人原住房间出现问题,应在"接待通知书"上注明,以便通知管家部及时解决。

3. 与客人落实转房的时间。

4. 如果转至不同类型房间,必须预先与客人商议转房之后的房价。

5. 准备将要转至房间的钥匙及欢迎卡,然后交行李部安排行李员为客人转房,如客人不在房间而又需搬移客人物品时,需通知管家部当班主管及当班客房主管作为转房监护人。

6. 将客人的转房情况电话通知管家部、电话房。

7. 清楚地填写"接待通知书"上有关转房的内容,并将副联发至前台接待处、管家部和电话房等。

8. 在行李员为客人转房的同时,接待员必须更改有关(客人名单)计算机资料及钥匙架上客人登记表的房间号码,并向该行李员收回客人原住房间的钥匙及欢迎卡。

9. 每天由夜班接待员核对当日的"接待通知书",将每一次转房事宜详细记录在当日的"转房报表"上,完成后派发至管家部、前台收银、总机、行李部。

10. 夜班接待员负责在每晚交接班前对当日转房的房租做例行检查,以避免出现错误。

二十、酒店故障客房及无法分配房管理制度

1. 故障客房

(1)当酒店客房发生故障,如空调及暖气设备故障、抽水马桶或淋浴设备故障,或地毯破损、房门故障、墙壁及家具上有划痕、漏水、潮湿、控制板失调等,客房部将其定为坏房或待维修房。

(2)划定为坏房的应及时按程序房号输入计算机,坏房必须在当天停止入住。

(3)坏房的维修如需要一天以上的时间,这期间需要由客房部将该房锁定信息输入计算机,作为不出租的房间。

2. 无法分配的房间

(1)客人提前抵店而所需的客房尚无法出租,客人登记入住时,要马上告知房态及可使用的时间,以便于客房部为出租客房做好准备,并请客人在酒店的大堂等待。

(2)打印登记卡的入住时间及行李标签,让大堂服务处尽快将行李按客人要求送上房间,电话询问客人的具体要求,并及时将登记单内容输入计算机。

(3)若客房已经准备好而客人还没有在总台登记,应通知客房主管告知客人,可以让行李员将行李送入房,客人离开大堂抵客房后,通知总机如有电话及留言直接转入客人所在房间。

3. 告知客人需要等待的时间

(1)向客房部电话询问清扫该房间所需的时间。

(2)将清扫房间所需时间再加上 10 分钟,所得的时间数为客人需等待的时间。

二十一、酒店申报住宿登记管理制度

1. 由专门的接待员专职负责申报酒店住客登记的工作,该接待员有责任保证所填写资料的准确性和真实性。

2. 接待员从钥匙架中取出住店客人的入住登记表,并将所住客人的详细资料分别填写在当天旅客住宿名单登记表中,填写完毕后签名,并将入住登记表放回架中。

3. 申报酒店客人住宿登记的工作应在次日早班完成,并将登记表交至票务台。

4. 通知当班的经理及保安副经理就有关内容检查一遍,并签名认可,以加强对此项工作的管理,及时发现可疑情况并采取进一步行动。

5. 由票务代办处在次日 10:00 时前将当天旅客住宿名单登记表送至有关部门。

二十二、酒店客房钥匙管理制度

1. 等客人办理入住登记手续后,接待员负责把客人将要入住的房间钥匙交给行李员,由其带领客人到房间,在没有行李员带客人的情况下,接待员需把房间钥匙亲手交给客人并指引客人自行到客房。

2. 客人若在外出时将房间钥匙存在接待处,接待员应该马上接过房间钥匙并与客人确认,提醒客人返回时来取,然后把房间钥匙存放在相应的钥匙架中。

3. 客人若到接待处要求取回房间钥匙,接待员应该礼貌地请客人出示其宾馆酒店欢迎卡或有效的身份证件,并与计算机中的客人资料核对无误后方可把房间钥匙交给客人。

4. 当前台收银员负责把已退房的房间钥匙交至接待处时,接待员应该把房间钥匙准确地放回钥匙架中,并利用前台收银交退房钥匙的登记簿核对计算机资料,检查该房间是否退房,同时检查房钥匙在钥匙架中的位置是否正确,然后由接待员在登记本上签名,以便查证。

5. 客人在办理退房手续时,如果报称房间钥匙遗失,前台收银员经查证后负责通知大堂副经理更换房间钥匙;如果退房客人是将房间钥匙遗留在房间内,前台收银处应负责通知管家部收回该钥匙,由管家部负责将房间钥匙交至接待处。

6. 每天晚上夜班接待员必须打印住客的名单,核对钥匙架中的房间钥匙存放情况是否与客人入住情况一致。

7. 在接待过程中或核对钥匙过程中,如果更改某空置房间而未有钥匙存于接待处,接待员应该立即停止出租该房间并循有关途径查找,如经查找后未能发现房间钥匙,应该马上把查找情况向客房主任、管家部当班经理反映,并由管家部当班经理更换房间钥匙。

8. 每天凌晨 3:00 前由夜班接待员打印出住客的名单,核对钥匙架中钥匙存放情况,如果发现入住当时还有房间钥匙存于钥匙架中,应把该房间号码记录下来并立即通知当班大堂副经理更换房间钥匙。

9. 接待员应保证存在接待处的每一房间钥匙都完好无损地交给客人,若房间钥匙有所损坏,应立即报告当班大堂副经理。

二十三、酒店团体、长包房结账管理制度

1. 长住房、团体的费用结算工作,必须严格按合同办事,并做好各旅行社合同的保密工作。

2. 在工作上要做好部门之间的协调,不得推卸责任,有问题及时处理。

3. 根据追收表所列离店时间,在每一个团队离店前半个小时完成团队结账工作,留待接待单位付账。

4. 根据总台交来的团体订单,分清各旅行社的陪同人员,根据合同计算房租,所有团队都要具备充分的报账资料,以开房数的资料为标准。

5. 按夜班人员列出的追收表,逐一在计算机上检查每一个有欠费用的团队,看清是否已结账,追收时弄清每个团队的陪同,并告诉陪同所带团的消费情况,用便条写清房号、消费内容及金额交给该团陪同,请其协助追收。

6. 团队客人交钥匙时应检查收款表,如表上有该房号的,立即进行计算机核对,如未付款项,应立即手工开单向客人收款。

7. 夜班要求每天打出第二天离店的团体统计报表和追收表输入到计算机,到稽核处接收团体转账单收据并附在订单上,打出当天所有班次收入的消费单,填写稽查报告,并做追收表(一式两份),一份交团体收款员追收,一份留存备结账,按时间先后排列,根据房间号及费用列在相应的团体登记本内,准备追收。

8. 在为常住客人和长包客人结账时,应在账单上注明结账结至的日期,以便客人核对。

9. 在为团体、关系单位结账时,应将客人所有费用项目和金额审核后告知对方,待得到客人确认无误后,再用计算机输入所有信息。

10. 对宾馆酒店常住客人,应根据宾馆酒店规定每周向客人结出账单,并通知其及时结算,对逾期不缴纳房租的客人,收银员应及时报告领导。

二十四、客人遗失物品管理制度

1. 客人离开客房后,服务员应立即进房检查,如发现有客人遗留的物品,应马上通知主管或前台。

2. 如客人已离开酒店,应将遗留品登记在失物招领登记本上,并写明客人的姓名、房号、物品名称,还要写上拾物人姓名,然后交领班送管家部保管。

3. 失物一般保存半年,过期将认领单和失物一齐上交处理。

4. 客人来信或来电索取遗失物品时,应在管家部办理认领手续;在认领时,应请客人签收,遗失物品的客人不在,也可由总台经手人代为签收。

二十五、客人入店行李服务管理制度

1. 接收行李

（1）当团队行李送到酒店饭店时，应尽快推出行李车；

（2）点清行李件数，检查行李有无破损，如遇损坏，需请团队行李管理人员签字证明，并通知团队陪同及领队；

（3）客人下车后，要上车检查是否有遗留物品；

（4）统计行李件数，请领队签名确认，并确定团队名称和入住楼层；

（5）整齐码放行李，全部系上有酒店饭店标志的行李牌，并用网子罩住，以防止丢失、错拿。

2. 分拣行李

（1）根据前台分配的房号，分拣行李，并将分好的房号清晰地写在行李牌上；

（2）与前台联系，问明分配的房间是否有变动，如有变动，须及时更改；

（3）迅速将已知房号的行李送至房间；

（4）如遇姓名卡丢失的行李，应由领队帮助确认。

3. 把行李送到房间

（1）将行李平稳地摆放在行李车上，在推车入店时，注意不要损坏客人和酒店饭店的财物；

（2）在进入楼层后，应将行李放在门左侧，轻敲门三下，报出"行李员服务"；

（3）客人开门后行李员应主动向客人问好，然后把行李送入房间，待客人确认后方可离开；

（4）如果客人不在房间，可按照房号将行李放在房内行李架上；

（5）对于破损和无人认领的行李，要立即同领队或陪同取得联系以便及时解决。

4. 行李登记

（1）送完行李后要将每间房间的行李件数准确地登记在"团队入住登记单"上，开门直接送的行李应注明"开门"字样，并核对总数是否同刚入店时一致；

（2）按照"团队入住登记单"上的时间存档。

5. 迎接客人

（1）行李员应主动迎接抵达酒店饭店要求行李服务的客人，并致以亲切问候；

（2）取出行李并确认件数，检查有无破损，贵重物品、易提物品尽量请客人自提；

（3）迅速引导客人入店登记。

6. 等候客人入店登记

（1）客人登记时，行李员应在离前台4米以外的地方等候；

（2）对于 VIP 客人，应请其落座，并站立等候。

7. 引导客人去房间

（1）接过房间钥匙并将房号记在行李牌上；

（2）引导客人上电梯，并主动介绍酒店饭店的主要服务项目；

（3）上电梯时应请客人先入,行李要放在不碍他人的地方。如果电梯内客人较多,可将钥匙交给客人,并告诉客人可能迟些时候将行李送进房间。

8. 房间服务

（1）引导客人到房间,介绍紧急出口;

（2）按规范开门,同时介绍钥匙的用法;

（3）介绍房间其他物品的用法;

（4）向客人道别,面向客人退出房间,并将门轻轻关上。

9. 登记

（1）送完客人后,登记房号、行李件数和时间;

（2）如果客人没进房,由行李员直接送行李进房间,须注明"开门"。

二十六、客人离店行李服务制度

1. 准备

（1）仔细审阅前台送来的团队离店通知;

（2）将第二天预离团队的团名、团号、房间号、人数与计算机内档案核实;

（3）与团队入店时填写的行李表核对,并重建新表;

（4）夜班领班将核实后的表格交下一班领班。

2. 收取行李

（1）依照团号、团名及房间号码到楼层收取行李;

（2）与客人确认行李件数,如客人不在房间,则检查行李牌号及姓名;

（3）如客人不在房间,又未将行李放在房间,则要及时报告领班;

（4）按指定位置摆放行李,并用网子罩好,以免丢失。

3. 核对

（1）统计行李件数的实数是否与登记数相吻合;

（2）请陪同或领队一起过目,签字确认;

（3）从前台得到该团队行李放行卡后,方可让该团队离开。

4. 行李放行及存档

（1）团队行李员确认完毕行李件数、团号和团名后,请其在"离店单"上签名及记录车牌号;

（2）将"团队离店登记单"存档。

5. 接到通知后收取客人行李

当接到客人要求收取行李的电话时,应问清房号、行李件数和收行李时间。

6. 登记

将上述内容登记在"散客离店登记单"上。

7. 收取行李

（1）推行李车,3分钟内到达客人房间;

（2）问候过客人后,同客人一起点清行李件数,检查有无破损,并确认有无遗留物品;

(3)将客人引导至大堂。

8. 帮助客人离店

(1)确认客人已结清账目，帮客人提行李出店上车；

(2)必要时通知门卫为客人要出租车；

(3)礼貌告别。

二十七、酒店订票服务管理制度

1. 住店客人提出预订机票、火车票，或提出修改航班、车次等要求时，服务员应询问清楚客人的要求，按酒店规定的受理票务规程办理。

2. 填写订票委托单时，要写明客人姓名、房号、预订票的日期、班次、等级、目的地等，并当面向客人说明，如果不能订到指定日期的票，可否改买其他日期航班或车次。

3. 预收订票款，留下客人的身份证件、护照，并在订票委托单上注明"已收订票款"，同时向客人说明是否收取手续费。

二十八、酒店客人延迟退房管理制度

1. 酒店客人退房时间规定为中午 12:00 之前。

2. 延迟退房时间以超过 1.5 小时（即 13:30）开始计，通常延迟退房时间至晚上 6 时前应加收半晚房租，延至晚上 6 时后退房应加收全晚房租。

3. 如客人因故要求延迟退房时间又要求免收房租时，可根据不同实际情况和具体退房时间给予考虑。延迟退房时间免收日租须经大堂副经理或前台主管以上人员同意并在"接待处通告书"上签字认可。

4. 以下客人应予优先考虑给予减免房租：

(1)重要客人(VIP)；

(2)酒店常客；

(3)酒店协议价客人；

(4)由酒店行政人员介绍的客人。

5. 客人需延迟退房时间，一律由接待处发出"接待通知书"（"房租更改单"），第一联由接待处存档，第二联送前台收银处，第三联送前厅部办公室，以便该部及时掌握客人退房情况以安排工作。

第三节 前厅部常用管理表格

一、前厅总台检查表

序号	检查内容	领班	主管	部门经理	时间
1	工作日志是否有确认措施				
2	是否提供免费客房				
3	客房使用是否得当				
4	特别客房使用是否得当				
5	特别费用适用状态是否得当				
6	客房日报表填报是否完备				
7	是否了解上下班及当班人员的情况				
8	服装、仪表是否端庄				
9	对贵宾馆预约的准备是否完备				
10	贵宾客房是否进行过检查				
11	以前的贵宾是否正常到达				
12	团体的客房分配是否正常				
13	是否有丢失的客房钥匙				
14	邮件、报纸的送达状态是否完全				
15	宾馆服务指南是否摆放好				
16	服务台周围整洁状态是否良好				
17	优惠明细明确确认与否				
18	各种文件、表格及服务指南的库存是否充足				
19	有无未确定事项				
20	客房月报表的填写是否完善				
21	贵宾住宿时,业务分工状态如何				
22	业务指示是否及时得到执行				

注:评定标准:A. 较好　B. 一般　C. 较差

二、前厅预订部门检查表

序号	检查内容	领班	主管	部门经理	时间
1	对套房预约状况的掌握情况				
2	对贵宾房预约状况的掌握情况				
3	对预约后没有住宿及取消住宿状况的掌握				
4	对电话及电传、传真业务接转状况的掌握				

序号	检查内容	领班	主管	部门经理	时间
5	对预约客房保留状况的掌握				
6	通过海外预约网的业务处理是否顺利				
7	对排好客房预约顺序状况的掌握				
8	对团体预约业务的处理是否正常				
9	对次日预约入住状况的掌握与最终确认				
10	对保留预约客房变动的确认与掌握情况				
11	对一周内客房预约情况的确认与掌握情况				
12	对现在客房管理状况的确认与掌握情况				
13	对特殊团体用房与掌握情况				
14	对各种所需表格及文件的库存状况的掌握				
15	对预约动态总体变化的掌握情况				
16	对月业务计划执行状况的掌握情况				
17	对月预约计划制订状况的掌握情况				
18	对优惠客房预约状况的掌握情况				

注:评定标准:A. 较好   B. 一般   C. 较差

三、前厅保安部门检查表

序号	检查内容	领班	主管	部门经理	时间
1	工作时间表的确认情况				
2	事故处理程序的核实情况				
3	事故通报栏内各内容的核实				
4	确认宾馆灯的开闭情况				
5	保安员着装的核实情况				
6	保安员卫生状况的核实情况				
7	保安员电话记录表的核实情况				
8	是否携带笔、记事纸等物品				
9	是否谢绝客人的小费				
10	行李的保管状态是否正常				
11	复印机状态是否正常				
12	是否正确熟知宾馆商品				
13	是否及时掌握各种库存情况				
14	结账房间的清扫状态如何				

序号	检查内容	领班	主管	部门经理	时间
15	是否掌握在岗人员及上下班情况				
16	是否熟知贵宾情况				
17	是否有未确定事项				
18	业务指标的执行情况				

注：评定标准：A. 较好　B. 一般　C. 较差

四、前厅经理工作日报表

发生部门：	
责任人：	
内　容：	
原　因：	
改正措施：	
处理意见：	
报告人：	
日　期：	

五、交接班登记表

营业情况	已住房		空房	
特殊顾客情况				
到店团体情况	编号	团体名称	到店情况	欠办事项
外出房间门匙				

49

续表

交班人	接待处		接班人	接待处	
	询问处			询问处	

预订情况						

顾客留言情况	姓名	房号	接留言人	留言时间	保留时间	交办情况

房间特殊情况	无行李房间					
	无办续住房间					
	特殊房间					

其他情况						

六、客人订房确认表

姓名	性别	国籍	房类	入住日期	来店方式	退房日期

注:本店设有豪华双人房非吸烟楼层,如需入住请说明。

结算办法	房租	餐饮	客房饮料	洗衣	长途电话	康乐	其他
现金							
支票							
其他							
订房人							
特殊要求							
公司及持卡人编号	电 话		传 真			挂账签章	
酒店回复意见							
备 注	1. 订房保留到今天 点 分。 2. 如有更改请立即通知酒店订房部。						

七、前厅经理工作月报表

表扬事件		件	事故差错		件		投诉		件
简要内容：									
备　注：									
大堂经理									

八、酒店给客人的致歉信

本酒店对以下日期内不能接受您的订房要求,深表歉意。

感谢您对本酒店的关照,希望以后能有机会为您服务。

_____酒店

订房部

九、客人档案登记表

姓　名		性　别		国　籍	
出生日期		身份证号			
职　业		职　务			
工作单位					
单位地址		单位电话			
家庭地址		家庭电话			
其　他					

序号	住宿期间	房号	房价	消费金额	习惯爱好特殊要求	建议、投诉及处理	预订方式	付款情况	备　注
1									
2									
3									
4									
5									

十、预计抵店顾客登记表

序　号	姓　名	房　号	人　数	房　数	交通工具	抵店时间	订房人

十一、预计离店客人登记表

日　期	房　号	姓　名	预计离店日期	备　注

十二、境外顾客登记表

序号	姓名	性别	入境目的	国籍	护照号码	签证号码	签证机关	签证类别	签证期限	房号	备注
1											
2											
3											
4											
5											

十三、VIP 客人接待通知单

客人名称			人　数		
抵店时间					
离店时间					
房间种类	单人间	双人间	普通套间		总统套间
	标准间			豪华套间	
特殊要求	客房：		娱乐、餐饮：		其他：
备　注					
付款方式				有无折扣	
接待部门		联系人		电　话	

十四、鲜花果品出入日报表

类 别	昨日存量		本日进货		本日出货		本日存货	
	数 量	金 额	数 量	金 额	数 量	金 额	数 量	金 额

十五、物品流向记录表

序号	时间	房号	客人姓名	数量	持物人	持物人电话	收件人签名	取物时间	备注

十六、临时加床通知单

加床通知单

房　　号：

价　　格：

加床日期：

顾客签名：

服务人员签名：

主管签名：

时　　间：

前　　台：

备　　注：

十七、延长退房通知单

延长退房通知单

房　　号：

顾客姓名：

可延长至：

服务人员：

部门主管：

时　　间：

前厅经理

签名：

十八、顾客退房登记表

序　号	房　号	客人姓名	收银人员	备　注

十九、逾期未离店顾客催办交接表

房　号	姓　名	入住时间	预计离开时间	接待处催办记录	备　注

二十、房间钥匙跟踪表

序号	房号	顾客姓名	领取时间	办理人	离店日期	交回时间	办理人	备　注

二十一、保险箱或房门反锁申请表

住客姓名	房　号	相关证件	日　期

开箱/反锁原因：

<table>
<tr><td colspan="4" align="center">以下由酒店工作人员填写</td></tr>
<tr><td>开箱/门时间</td><td></td><td>前厅经理</td><td></td></tr>
<tr><td>开箱/门时间</td><td></td><td>安全部</td><td></td></tr>
</table>

备　注：

二十二、房间检查报告

序　号	房　号	客房部显示信息	前厅部显示信息	有无欠账	调查结果	备　注

二十三、散客行李登记表

房　号	客人姓名	数　量	迎接行李员	出行李时间	离店行李员	号　码	备　注

二十四、团体客人行李登记表

序号	日期	房号	数量	存单号码	行李员	领回日期	时间	行李员	备　注

二十五、换房客人行李登记表

序　号	日　期	原房号	新房号	件　数	行李员	楼层服务员	备　注

二十六、委托代办事项登记表

房　号		客人姓名		日　期	
委托代办事宜：					
备　注：					
委托人联系方式			办理人签字		

二十七、邮件转送登记表

序号	日期	房号	姓名	种类	号码	办理人	收件人签字	收件时间	备　注

二十八、行李员工作任务记录表

房　号	日　期	行李员	服务项目	时　间		备　注
				离　开	返　回	

二十九、行李服务台交代事项记录表

序　号	日　期	待办事项内容	交代人	处理结果	时　间	办理人	备　注

三十、酒店补配(增配)钥匙申请记录表

序　号	部　门	配制原因	数　量	原钥匙号码	配制人姓名	备　注

部门正、副经理签字						
客房部 经理签字		保安部 经理签字		工程部 经理签字		日　期	

三十一、贵宾情况登记表

序　号	房　号	客人姓名	职　务	抵店时间	离店时间	接待人员	备　注

三十二、贵宾接待规格申请表

贵宾姓名		时　间	
情况简介			
审批内容	房　费： 用　餐： 房内要求： 迎送规格： 其　他：		
呈报部门		经办人	部门主管	
总经理签字：			

三十三、贵宾接待账务部门审批表

顾客姓名		人 数	
客人身份		抵店日期	
优惠理由		离店日期	
请将下列费用做内部转账处理			
客 房			
用 餐			
洗 衣			
国际长途电话 电传/传真			
本地电话 电传/传真			
在高级行政人员餐厅用餐			
其他事项			
申请部门负责人：			
批准人：			
备注：			

三十四、贵宾预订礼品登记表

姓 名		到达时间		航班/时间	
日 期		离店时间		航班/时间	
身 份				房间类型	
电 话				房 价	
到达前厅的通知 机场接（　　）　　机场送（　　）					
序 号	预 订 项 目				价 格
特殊要求					
申请人			部门主管		
批准人	部门经理：		总经理：		

三十五、顾客意见处理登记表

顾客姓名		房 号	
投诉时间		处理时间	
客人投诉原因:			
处理情况:			
部门处理情况:			
前厅经理处理意见:			
总经理批示:			
备 注:			

三十六、顾客物品遗失登记表

序 号	客人姓名	房 号	客人电话	报失时间	记录人	遗失物品	处理情况	备 注

三十七、失物招领表

失主姓名		房 号		电话、地址	
失物描述:					
发现日期		邮寄日期		处理日期	
经办部门		经办人		日 期	

第3章 酒店前厅部员工礼仪礼貌服务标准

第一节 酒店前厅部员工素质要求

1. 品行端庄

前厅部的工作比较复杂,有些甚至会涉及价格、金钱及酒店的经营秘密,如果员工没有较好的修养、端正的品行,就很容易发现并利用酒店管理中的某些漏洞,利用岗位职责之便,为个人牟取私利,会损害客人和酒店的利益,从而直接影响酒店的服务质量、形象和声誉。因此,前厅部的员工必须自觉加强品行修养。

2. 一流的服务意识

前厅部员工应该随时通过自己的精心体验,并经过自己的不懈努力,在本职岗位上为客人提供优质服务。

3. 爱岗敬业

酒店前厅部的员工对于前厅部的工作任务、目标、地位、范围、岗位职责等要有较为全面正确的认识,对本职工作要有责任心。

对客人的要求要在第一时间迅速做出反应,及时向上级或同事准确地传达信息。

在服从统一指挥的前提下,还要有一定的灵活性和创造性。

自觉维护自身和酒店的正当利益。

4. 出色的语言表达能力

前厅部员工应该以说普通话为标准,发音要准确、音调要适中、音质要好、表达要流畅,并具有相应的理解能力外,还应学习一至两门外语。

5. 良好的精神面貌

酒店前厅部员工出于工作上的需要,要熟练掌握一些服务的基本功,在工作岗位上,要注意自己的仪表仪容,并按照酒店的规定着装时要干净整齐。在岗时,整体形象要给人以清新、自然、大方、亲切的感觉。

6. 有幽默感

酒店前厅部的员工在接待宾客时,语言不要生硬呆板,而应该充满幽默。与客人谈话时,不能只局限于机械地一问一答。前厅部员工在与客人交谈时,如果适当地运用生动幽默的语言,不仅能打破僵局、缓和气氛、便于处理问题,而且能让客人觉得酒店的员工有较高的文化素质与修养,从而有利于感情的融洽。

第二节 前厅部员工礼仪礼貌服务标准

一、前厅大堂助理服务礼仪标准

1. 明确自己的职责

酒店大堂助理是代表酒店全权处理客人投诉、客人生命安全及财产安全等复杂事项的管理人员。大堂助理应该以维护酒店利益作为自己的基本立场,机智、果断、敏捷地处理问题。大堂助理在前厅部经理不在现场的情况下,要主动地行使前厅部经理职权,每天 24 小时当班,在夜间,大堂助理是酒店的最高权力执行者,是酒店的指挥者,他必须熟知酒店对一些有争议的问题的政策,明白自己在遇到客人特殊要求时有多少回旋余地。

2. 处理客人投诉

(1)要以冷静的态度对待客人的投诉

一般来告状的客人都有些火气,因为他们感到劣质的服务戏弄了他们,是不公道的,甚至是不能容忍的。当他们怒气冲冲地来到大堂助理面前告状时,大堂助理应该在态度上保持冷静,这样才能较好地缓和客人的情绪,并将矛盾控制在一定的范围之内。

(2)尽量满足客人的要求

我们应该知道大多数客人都是通情达理的,即使遇到个别爱挑剔的客人,也应该本着宾客至上的原则尽量满足他们的要求。

(3)倾听客人的投诉要有足够的耐心

在遇到投诉的情况下,首先必须要做到诚恳耐心地倾听,对于顾客的倾诉要不断表示同情,以争取在感情上和心理上与投诉者保持一致,千万不要在对方的话还没说完的情况下就开始解释或辩解,这样很容易引起投诉者的反感。

(4)尽量维护客人的自尊心

在处理顾客投诉的过程中,应该尽量维护客人的自尊心,多说"很抱歉,让您遇到这种事",这类话语可以表示大堂助理对客人问题的关切。

二、酒店前厅迎宾服务礼仪标准

1. 热情欢迎宾客

(1)对于光临本店的宾客,千万不要以貌取人,而应该一视同仁,无论接待什么人,都要主动地与对方打招呼,笑脸相迎,热情接待,不可有不耐烦的表情和勉强的态度,要使人感到你是耐心友好的。

对客人的询问要认真倾听,能及时答复的要当场给予圆满的答复。不能及时答复的,要将客人提出的问题记录下来并向客人解释:"不好意思,这个问题我暂时也弄不清楚,等我了解清楚后再告诉您!请您留下姓名、房号或者电话号码。"

(2)要注意疏导客人的车辆,以保持酒店大门前的交通畅通。当宾客乘坐的车辆抵达酒店门前时,不要置之不理,而应该热情相迎。等车辆停稳后,如果是大客车,应主动上前招呼,并站在车门一侧负责维持交通秩序。如果是出租车,应待客人付完车款后,协助拉开车门,必要时用另一只手遮住车门框。

(3)如客人属于老、弱、病、残、幼之列的,应该先表示问候,在得到对方的同意后给以必要的扶助,以示特别的关照。但如果遇到有的客人不愿接受特殊关照,也不必过分勉强。

(4)对于宾客的行李物品要轻拿轻放,对于团队行李要集中摆放,以免丢失或错拿。

(5)当团体宾客抵店时,应主动向每一位宾客或是点头致意,或是躬身施礼,不要形成为了省事只顾前不顾后的场面,容易给人造成厚此薄彼的印象。遇到有的宾客先致意时,不要坦然接受,无动于衷,应及时还礼。

(6)为表达对每一位宾客的诚意,要不厌其烦地对同行的每一位宾客都致问候语。问候时精力要集中,要注视宾客,不要左顾右盼。

(7)如遇气候不好,逢值下雨、下雪时,应主动为客人撑伞遮挡。

2. 带领宾客入店

(1)在引导宾客到总服务台办理住宿手续时,如果不是特殊情况,接待人员尽量不要在客人身边指指点点,而应该站立在客人的一旁,随时准备提供服务。

(2)行李员在陪送客人乘电梯时,如是自动电梯,应先侍立一旁,以手挡住电梯门边框,以免夹住客人,并礼貌地先让客人进入电梯。在电梯内,行李员应尽量靠边侧站立,并将行李尽量靠边放置,以免碰撞客人或妨碍客人通行。到达所需楼层时,应示意请客人先走出电梯,千万不要抢先或与客人并肩挤出。

(3)如果需要陪同客人进入楼层时,应首先与楼层服务人员打好招呼。在引领客人时,应走在客人斜前方一边2~3步处,将中间位置让给客人。如果对面来人时,应该停下脚步,侧身礼让对方先行,而不可与客人争先抢行。进入客房时,应先打开房间内的灯,并扫视一下房内,等确认房间没有问题后,再请客人入内。进入客房,将行李物品按规程摆放在行李架上并予以核对行李件数。交代清楚并告知客人有事可再找后,不要借故逗留与客人聊天,或暗示或硬性向客人索取小费,而应道别后及时退出。离开房间时,应轻轻将房门带上,要避免因用力过猛而发出大的声响。

3. 送宾客离开

(1)询问宾客行李物品的数量并认真清点后,及时稳妥地交还给宾客或直接放进宾客所乘车辆的后备厢里。如是团队行李,应按客人入房时的分房名单收取,行李员应核对每个房间、入出店行李件数,装车后应与陪同核对行李数量,并在团体行李进出店登记簿上签名备查。

(2)对于散客的行李物品,在安置好后,也不要急于离去,而应向客人作一交代。

在宾客准备离开的时候,应礼貌地说"祝您旅途愉快""欢迎再次光临"等欢送词与宾客道别,并将车门以适度的力量关好,注意不要夹住客人的衣、裙等物品。等车辆启动时,应该面带微笑向客人挥手告别,目送客人离去。

三、酒店门卫迎送客人服务礼仪标准

1. 工作班次

酒店门卫迎送员一般分为两班轮流工作,每班大概三人,一人站于外车道负责车辆的接待服务;一人站于客人候车处负责离酒店车辆接待服务;一人在内休息,随时待命。

2. 岗位

门卫在岗时,着装要整齐,站立要挺直,不要叉腰、弯腰、靠物,走路要自然、稳重,目光要自信。

3. 迎接宾客

(1)欢迎。宾客的汽车到达酒店时,负责外车道的迎送员应迅速走向汽车,微笑着为客人打开车门,向客人表示欢迎。

(2)开门。如果宾客的车辆停靠在酒店正门时,应该趋前开启车门,迎接客人下车。一般先开启右车门,用手挡住车门的上方,提醒客人不要碰头。对老弱病残及女客人应予助臂,并注意门口台阶。

(3)行李。如果车上装有行李,应该迅速招呼门口的行李员为客人搬运行李,协助行李员装卸行李,并注意有无遗漏的行李物品。如果暂时没有行李员,应亲自动手帮助客人将行李卸下车,并携带行李引导客人到接待处办理登记手续,行李放好后即向客人交接及解释,并迅速到行李领班处报告后返回岗位。

(4)记住车牌号和颜色。门卫要牢记常来本店客人的车辆号码和颜色,以便提供快捷准确的服务。

4. 下雨天

遇到雨天,要主动为客人打伞。

5. 客人进店

要为客人开启大门,把客人迎进大厅,并说:"您好,欢迎光临。"

6. 客人离开时

(1)送客人离开

客人离开时,负责送客人的门卫应主动上前向客人打招呼问候并代客人叫车。待车停稳后,替客人打开车门,请客人上车,如客人有行李,应主动帮客人将行李放上车,并与客人核实行李件数。

待客人坐好后,为客人关上车门,但不可用力过猛,不可夹住客人手脚。

在宾客的车辆即将开动时,门卫应该躬身立正,站在车的斜前方大概 1 米远的位置,上身前倾15°,双眼注视客人,挥手致意,微笑道别。

(2)送团队客人离开

当团队客人、大型会议、宴会的与会者集中抵达或离开时,要提高自己的工作效率,尽量减少客人的等候时间。

在客人离开时,对重点客人的车辆要先行安排,重点照顾。遇到外宾的时候,如果司机不懂外语,门卫应协助翻译,但切忌一知半解,实在不懂得话要请示经理,以避免惹出不必要的麻烦。

(3)特殊情况

当等候的客人很多却又没有车辆车时,应有礼貌地请客人按先后次序排队等车。载客的车多而人少时,应按汽车到达的先后顺序安排客人乘车。

四、前厅电话服务人员服务礼仪标准

1. 总机人员的服务标准

（1）从事电话总机服务的工作人员应该会一至两门的外语，会说标准的普通话和一些常见的地方话。

（2）话务员的声音要清晰，吐字要清楚，还要注意语音语调，尽量做到悦耳动听。

（3）话务员接听电话与客人谈话时，要注意态度诚恳，温文尔雅，使对方感到你是乐意为他服务的。每当电话铃响，接听电话时均要向客人致问候。

（4）熟练掌握电话总机的性能和操作方式。

（5）熟知酒店所有的内线电话号码。

（6）熟悉酒店总经理、各部门经理的所有公开联系方式。熟悉经理的声音和讲话习惯。

（7）熟悉各大机关、公司、交通部门、海关、公安局、医院、自来水公司、供电局、各大酒店总机、大专院校总机等单位的电话号码。

（8）熟悉世界各地的国际时间与北京时间的时差。

（9）熟悉各地长途电话的资费标准。

（10）每一位员工应该严格遵守《员工守则》和话务室的制度，不得利用工作之便与客人拉关系，不得在电话中与客人谈与工作无关的话，不得利用工作之便与客人交朋友，上房间，泄露酒店秘密，违反有关外事纪律。

2. 电话接转服务标准

（1）内部电话转接

是指由外部打进酒店的电话，话务员在接转这些电话时必须注意以下几点：

①打给住客的电话必须问清来电人的姓名及打电话的事项，然后核实住客是否是打电话人要找的，若是，则征求住客意见，是否可转给他，客人表示可以时才转给他，若客人表示不接时，可向打电话人婉拒。

②如果是打电话查询住房时，也要征询客人意见，经同意后才告诉打电话者。住客及其房号要保密，一般不告诉外人。

③若客人不在房间或表示不听电话时，可将来电人的姓名及电话内容记下来转告客人。打给总经理的电话也可按上述方法处理。

④员工工作时间外面打来给员工的电话，一般不转，若有急事可转有关部门办公室或其顶头上司代职工接听。

（2）长途电话转接

①话务员受理客人接打长途电话时，必须先问清客人的姓名、房号，接打电话单位的名称或接话人的姓名、电话号码。

②电话接通后，要迅速接到客人房间告诉客人，请客人讲话，客人讲完话后，要告诉客人通话时间。酒店长途电话应该装有自动记账器。

③客人通话后，话务员要及时将电话收费单转交给总服务台收款处，为客人记账。

④一家酒店可能同时有许多人要挂长途电话,对此都要仔细地登记好,在线路比较忙的情况下妥善安排。

(3)电话咨询服务

①如果客人通过电话询问要在酒店开房时,话务员要及时与空房预订处或总服务台联系,并及时答复客人。

②若客人询问酒店可以提供的服务设施及项目时,话务员要向客人热情介绍。

③若客人想了解本地区的游览胜地、商业中心、单位地址、电话号码等情况时,话务员要尽可能向客人介绍。

(4)电话叫醒服务

①凡是客人申请叫醒的,话务员均要将客人的房号、叫醒时间登记好,记录在相关的表格上。夜班和早班人员要交接好班,根据住客叫醒时间表上的时间准时叫醒客人。

②话务员在叫醒客人的时候,要有礼貌地说:"早晨好,现在的时间是早上(几)点钟。"要不停地叫,连续地叫,如果在一段时间(例如五分钟或十分钟)无人听电话,要请楼层值班人员去敲门,直到叫醒客人为止。对晚醒的客人要告诉他:"先生(或小姐),按叫醒时间,您已晚起了多少分钟。"

③将客人晚起的时间记入档案,日后客人投诉时,可以此作为解释。

3. 电话交谈礼仪标准

(1)如何委婉地结束电话

在通话的时候,一般情况下是由发话人选择结束谈话,如果对方话还没有讲完,自己便挂断电话,就显得有失礼貌。如果电话来得不是时候,自己正忙着办理其他要紧的事,而对方又没有挂断电话的意思,而自己又有急事需要马上去处理,这种情况下可用十分委婉的方式告诉对方:"对不起,我真想和你多谈谈,可真是不凑巧,现在有件急事需要去处理,等会我再打电话给你,好吗?"

(2)如果自己不是对方所找的人

这种情况下应该说:"请稍等,我去叫",但不能话筒尚未放下,就大声喊叫,这样会显得缺乏教养。如果要找的人正忙着,则应该拿起电话礼貌地告诉实情并请对方再稍等片刻,或记下对方的姓名、电话号码,交给受话人。如果自己既非受话人而受话人又不在,不能简单地讲"不在",随即把电话一挂了之。而应该征求对方的意见,是否需要转告,如需则要问清对方姓名和电话号码即可。

(3)对于打错的电话

电话拨错以后,作为发话人,按礼节应当向接电话者表示歉意,说:"对不起。"而作为酒店总机接线员,应该礼貌地告诉对方:"对不起,这里是××酒店,您可能打错了。"切忌粗声粗气地讲"错了",并用力将电话狠狠地挂断。

五、酒店电梯服务礼仪标准

1. 热情礼貌

上班时,应该穿整齐清洁的工作服,站在电梯门外以笑脸迎客,先请客人进入,自己最后一个进入电梯。如遇客人多时,应估量人数,及时、有礼地劝说后到的客人稍候片刻,以免超载。

2. 规范操作

在电梯内要按客人的需要准确地进行操作,在必要的时候打开风扇以免气闷,劝止客人在电梯内吸烟。

3. 主动招呼

尽量记住客人的脸谱,如遇常住客人及熟客时应主动打招呼问好,并准确地称呼对方。

4. 注意安全

注意形迹可疑的人,协助保安人员进行工作,提高警惕,保证安全。

5. 保持卫生

不可在电梯内乱扔杂物及随地吐痰,经常打扫,保持清洁卫生的环境。

6. 熟知电梯性能

应该熟知电梯的性能,以便在遇到紧急情况时能够及时处理,密切与保养维修人员的联系,坚持定期对电梯进行保养。

六、前厅总服务台接待服务礼仪标准

1. 接待礼仪标准

(1)有序接待。总服务台是接待客人的第一个环节,工作要有序,讲究效率,做到办理第一位,询问第二位,同时招呼第三位客人,并向对方说:"对不起,请稍候。"如果登记时的人很多,开房时一定要保持镇静,有条不紊,做好解释,提高效率,必要时要增加人数,以免让客人等得太久。

(2)态度要和蔼。接待客人时候的态度要和蔼,语气轻柔,注视客人,口齿清楚。

(3)热情迅速。酒店的总服务台人员的接待工作一般都是非常繁忙的,来到总服务台的客人形形色色,又有不同的需求,因此,总服务台的工作总要保持热心快捷、热情好客、文雅礼貌,这将有助于影响和决定客人在酒店内下榻和停留的时间。

(4)姿态优雅。总服务台一般是站立服务,凌晨以后才可以坐下,如有客人来,必须站立,姿势要优雅,不吸烟,不失态,更不能摇摇晃晃、东倒西歪。

(5)精力集中。工作时要全神贯注,不要出差错。客人的姓名必须要弄清楚,将客人的名字搞错或读错是一种失礼行为,不能一边为客人服务一边接电话。在岗位上,不能只与一位熟悉的客人交谈太长的时间。不要同时办理几件事,以免精神不集中出现差错。

(6)仔细观察。酒店内的人来人往,名人、娱乐界人士、政治家都是经常光顾酒店的客人,总服务台的员工要学会观察,记录好客人的个人资料,作为备用。

(7)一视同仁。对待客人要一视同仁,对重要的客人或熟悉的客人可以不露声色暗中给予照顾,让他感到与众不同,有一种优越感。其实,每一位客人都盼望和期待着自己能受到一种私人或者可以说是一种个别的单独的接待。

（8）履行承诺。要履行对客人的一切承诺，遇到办不成的事，要直接、真诚地相告，表示自己没有办法，同时最好介绍客人到能满足其要求的别的地方。

（9）处理投诉。对入住客人的投诉，要及时处理。具体的操作方法是：将客人投诉的内容记录在投诉簿上或是向经理报告，以便酒店能够采取必要的行动，纠正问题，防止同类问题的再次发生。如果客人对于投诉的处理结果仍不满意，应该向上司回报，尽量圆满地解决客人的问题。

（10）灵活应变。总服务台员工应随机应变，善于处事。客人住在酒店里，经常会出现一些意想不到的事情。因此，总台员工要具备应变能力，随时准备应付各种意外，充分运用自己的智慧，得体地处理，做到临乱不慌，临危不惊，处事有方。

2. 接受预订时的礼仪标准

（1）态度文明

在接受预订时，相关服务人员所表现出来的友好热情及对酒店的全面了解和知识程度，会给客人留下一个良好的印象。

（2）报价规范

预订人员在报价的时候，第一，要说明收费标准；第二，要解释一些额外服务应增补的费用；第三，要核实酒店是否有最低限宽的下榻时间规定，如果是这样是否会影响客人的时间要求；第四，要核实酒店是否有特殊的销售广告活动会影响客人的下榻时间；第五，要解释合理的外汇兑换汇率比价。

（3）接受或拒绝预订

在预订登记表填好以后，预订人员就可将预订要求与预订到达那天的可供房情况进行对照，决定是否接受客人的预订。如果接受预订，预订员随后就要确认预定。如果无法接受对方的预订，要用友好、遗憾和理解的态度向客人解释。首先称呼客人的姓，然后讲述由于房间订满而无法安排，争取客人的理解。客人表示理解后，下一步预订中就会根据不同的情况建议客人做些更改，如房间的种类、日期、房数等，即使不能满足客人当初的预订要求，最终也要使客人满意，并使酒店及时租出可提供的客房。

（4）预订的确认

接受预订后须加以确认。通过确认，一方面使酒店进一步明确客人的预订要求，另一方面也使酒店与客人之间达成协议。

（5）修改预订

预订被接受或确认后，客人在抵达酒店前还可能对预订内容作较多更改，如到达或离开酒店时间、房间数、人数、住房人姓名及预订种类的变更，甚至可能取消预订。每当需要更改时，就要填写更改表，并将有关预订登记工作相应改动，使之保持正确。

（6）取消预订

处理取消预订必须十分谨慎，因为如果把账错算在已经取消预订的客人身上，酒店就会处于被动的地位，同时也会使客人感到不满。

（7）预订容易出现的失误

①记录错误：包括不正确的到达或离店日期，或将客人的姓名拼错或者是姓名颠倒，这是很失礼的，遇到这种情况应立即道歉。

②一次性记录:从客人预订单上获取一些信息记录后,预订员应该向客人复述一遍。

3. 住宿登记礼仪标准

(1)VIP客人入住登记

VIP客人入住酒店一般都会事先预订。因此,分房员要在宾客入住酒店前填好相应的资料登记表,并将客人房间的钥匙装在钥匙袋或信封里。等客人抵达酒店时,将钥匙袋交给他或随行的礼宾人员,不必再办理登记手续,这样既节省了时间,方便了客人,也提高了接待规格,客人可以直接进房休息。

(2)零散客人入住登记

①客人抵达酒店到总服务台办理入住登记手续时,服务员要表示热烈欢迎。对熟客和已预订房间的客人讲:"您好,某某先生、小姐,我们一直在恭候您的光临!"对一般客人同样讲:"您好,尊敬的先生、小姐,欢迎您光临,请问您尊姓大名。"

②将登记表递给客人,请客人按表的栏目填写清楚。

③在客人登记表上注明房间号,并将登记表复核一次,避免出现错漏。

④将房间的钥匙交给客人或行李员,带领客人进房。

⑤若客人已经预订了房间,应事先登记好,并将钥匙准备好。客人若有邮件、电报、留言,在客人抵达酒店时,应该将它们连同钥匙一起交给客人,并请客人在移交物品单上签字。

⑥安排给客人的房间要当着客人的面讲清楚房间特点、房租和折扣率。

(3)团体客人入住登记

①团体客人均有接待计划,而且大都预订了房间。团体客人抵达酒店当天或前一天需控制好房间。将钥匙按房间号装进钥匙袋或信封,提前做好准备。

②团体客人抵达时,要将钥匙袋交给陪同或领队,并请他填好相关的登记表。表填好后,要请填表人签名。

③团体客人提出要增加单人房时,在酒店有房间的情况下要给予满足。房租向客人或接待单位另收。

④重要VIP团体客人抵达酒店时,为保证住客安全,可以由陪同逐个办理住房登记手续。

⑤不过夜的团体客人也按上述手续办理住店手续,房租按双方协商或酒店规定计收。

4. 酒店委托代办服务

委托代办服务是为了方便住客而设立的一个服务项目,其主要任务是代客订购车、船、机票,代购或代邮物品,办理宾客所需要协助办理的事宜等。

(1)代购车、船、机票

①接受客人委托订票时,必须问清楚并登记好住客的姓名、房号、需要订的交通工具类别、所乘日期、班次、时间等。

②确定了上述内容后,要按客人的要求及时向民航、铁路、轮船公司或汽车公司联系订票或订车。如果客人所订时间的车、船、机票已经售完,要及时征询客人的意见,客人同意改订时再向有关交通部门确定。

③订票成功后,通知客人到时凭证件(护照、身份证、出差证明或工作证)到委托代办

处取票。

④客人取票时,要将客人的证件审查清楚,看是否有到所去国家或地区的签证,证件是不是在有效期内。均符合要求再帮客人取票。

⑤接收客人的票款和手续费时一定要点清。交给客人票和余款时要请客人当面点清。票的班次、时间不可搞错。

⑥若有的客人要求将票送到房间时,即可将票送到房间面交客人,按上述方法点清钱票。

（2）代购代邮物品、信件

①代购物品。代购物品前一定要问清物品的名称、品牌型号、款式、规格、颜色、价钱或出售的相关编号等,在确认无差错的前提下可以为客人代买,并要酌情收取一定的手续费或免收。若这些物品需面交或邮寄,要按客人的委托办理。面交时要请客人签收,邮寄要请客人回条。

②代取物件。住客在本地购买了某物品或邮寄来某邮件,因某种原因不能亲自去取而委托代取时,服务员代取前要问清代取物件所在地址、单位名称并要携带客人的有关证件,前去代客人领取。交给客人时,应将证件与物件一齐交还,并请客人签收。代取物件要注意安全。

③代邮送物品。若接受住客委托,代客送或邮寄物品,要问清送、寄收件的单位或个人的地址,收件人姓名、邮政编码、电话号码等。运费、邮费及其服务费需向客人收取。送到后要有签收,邮寄到后要有回条。对易燃品、危险品,服务员要拒绝运送和邮寄。

④代客邮寄信函、打电报、电话、电传等。

5. 客人接送服务礼仪标准

客人接送服务是指在机场、火车站、长途汽车客运站、客运船码头接送客人的一项服务工作,它是争取住客的一项重要工作。

（1）接客服务

①每天晚上在客房预订处了解和取到第二天抵达酒店客人的名单,了解他们中有否VIP客人或需照顾的客人,了解除了预订的房间外还有多少房间可接散客。

②掌握第二天抵达酒店客人姓名,以及所乘交通工具、班次、抵达时间。

③充分做好接待准备工作,按每批抵达客人的情况与要求和人数,向交通服务部门定好车,如大客车、旅行车、小车、货车等。

④当天要与交通部门联系,掌握客人到达的准确时间,并转告交通服务部门。接待人员一般要提前二十分钟左右到达场站,做好迎接客人的充分准备。需进入站台迎接的,要到站台迎接;需要在场站服务台迎接的,即在服务台迎接。许多酒店在机场、车站、码头设有接送客人服务台,服务设计要新颖,有特点,并有酒店的标志,引人注目,便于客人了解和吸引客人。

⑤在客人抵达时,要主动迎上去,并对客人说:"您是某某先生或小姐吗？我是某某酒店的迎宾员,我叫××,欢迎您光临！您有托运行李吗？请将行李牌给我,我们帮您领取。"若需过边防海关的,请客人先过边防、海关;若不需过的,要先引领客人到车上就座,等候行李;若客人要自领取,可随客人意愿。

⑥客人行李领出后要请客人清点行李是否到齐;客人自领行李,领出后要帮客人提运;客人表示行李已到齐无差错时,可关好车门,送客人到酒店。

⑦若是一人或两人迎接多批客人,手续办好一批先走一批,若是两人迎接的,一人先跟第一批客人的车走;若有 VIP 客人的,先跟 VIP 客人的车走;无人跟客人的车,要交代司机照料客人;第二人跟最后一批客人车走。到达酒店时,交代前厅和总台工作人员照料好客人,送客人到房间。

⑧照顾好客人中的老年人、伤残者、小孩等。

⑨场站若有未预订房间的客人想入住本酒店,如果酒店还有房间,要安排客人乘酒店专接零散客人的车辆回酒店。

⑩若有团体客人抵达,迎宾员接到客人后,要安排客人先上车,将客人的行李牌收齐,让客人先乘车回酒店,然后帮客人领取行李,用行李车运回酒店送到客人房间。若客人要求行李跟客人的,可按客人要求办理。注意,接待团体客人时,客人上车后要点齐人数,行李上车后要点齐行李件数后方可开车。

(2)送客服务

①到总服务台了解明天需要送走的客人名单,所乘交通工具班次等情况。

②向交通服务部门订车,了解机、车、船准确离开的时间,与客人商订离开酒店的时间;清点行李,照顾重点客人、老年人、伤残者、小孩。需要到站台欢送的,要到站台欢送。

③送客路上征求客人对酒店的意见,欢迎他们下次光临。

(3)接送人员时的注意事项

①接送人员是酒店的代表,要注意自己的仪容、仪表、礼貌、语言。

②接送人员制服的颜色、式样都很重要,要对客人有吸引力。着制服要讲究,要洗净熨平,保持整洁。

③迎客和送客要注意不可误接、误送或误时。

④要了解和熟悉酒店的情况,注意向客人介绍和宣传。对酒店开房和空房情况要掌握,有机会时要多招徕客人。

⑤要与各交通场、站人员搞好关系,争取他们对酒店工作的支持和帮助。

⑥了解和掌握最新的交通消息、交通情况、交通时间表等,并转告酒店有关部门,便于为宾客提供服务。

七、商务中心文员服务礼仪标准

1. 注重个人形象

商务中心文员在工作岗位上,要注意仪表的整洁,仪容要端庄,仪态要大方。工作时间精神要饱满,精力要集中,在客户面前,要注意自己的坐立、行走姿势,要符合酒店员工守则中有关规定的要求。

2. 主动热情

商务中心文员在接待客户时,要主动热情,微笑问候,敬语当先,尊重客户的意愿。在同时接待数位客户时,应按先后次序一一受理,同时向各位打招呼致意。要忙而不乱,有条有理。要讲究职业道德,注重信誉,确保质量,按规定收费,代客保密。

3. 高效认真

商务中心文员在承办传真、打字、复印、翻译、快递等业务时,要做到准确、快捷、细心、周到,防止出现差错。

第二篇

现代酒店客房部管理

第4章 酒店客房用品与设备管理

第一节 客房设备的摆放标准管理

一、酒店客房设备的摆放标准

1. 标准房间

（1）门

①在门正面上方三分之一处的正中间设置房号牌；

②在门的背面上方三分之一处的正中间贴防火位置图一张，防火位置图用有机玻璃、铜板或不锈钢板制作；

③门背后铜把手上挂"请勿打扰"和"请打扫卫生"的牌子；

④门的正中心安装防盗眼；

⑤门背后铜把手上方安装防盗链，链头钩挂在卡位上；

⑥门框外墙的一边安装呼叫铃开关及"请勿打扰"指示灯。

（2）衣服柜

①挂衣横杆上备置有酒店标志的衣架；

②横杆上方有放物架，架上可放置叠好的棉被或备用毛毯；

③梳妆台下面放置叠放好的洗衣袋、小购物袋、大购物袋，袋的数目按床位数计，每位一个，每个洗衣袋放上干、湿洗衣单各一份，有的酒店将袋放在梳妆台的抽屉里。

（3）综合柜

①梳妆台：一头放电视，一头放台灯，电视机也可以放在特制的电视机柜上；

②梳妆台的中间放文具夹；

③梳妆台下的中间放凳子，一边放垃圾桶；

④梳妆台上面的抽屉里放擦鞋布或纸两块，针线包两个；

⑤电冰箱放在冰箱柜里，冰箱里放各种罐装软饮料及一个冰水瓶，冰箱柜的上方设小酒吧，放各种小包装的酒类，吧前放饮料及酒类价目牌。

（4）咖啡桌

①咖啡桌面放带封套冷水杯两个，热水瓶一个，有盖茶杯两个，烟灰缸、茶叶盒各一个，这些物品最好放在漆盘或不锈钢盘里；热水瓶摆中间，水杯与茶杯以热水瓶为中心呈"八"字形向外摆，茶叶盒、烟灰缸呈"一"字形与热水瓶成垂直摆放，凡有酒店标志的都要求面向客人；茶叶盒里放红茶、绿茶各两包；烟灰缸的右上角放火柴一盒，店徽向上。

②扶手椅摆在咖啡桌两边，不要靠墙摆放。

（5）灯具

①床头灯装在床头柜上方的两侧,单床房视床及床头柜的位置而定;

②夜灯一个装在床头柜下,一个装在房间通道的天花板正中间;

③落地灯摆在咖啡桌后边。

（6）床

①枕头连套两个;

②床单一张;

③软垫保护垫一张;

④毛毯一张;

⑤毛毯托布一张。

（7）床头柜

①床头灯开关装在床头柜两边,向里,一边装夜灯、电视机、"请勿打扰"开关,一边装音响音量调节及选台调节钮;

②床头柜表面一边放电话机,一边放烟灰缸;

③酒店电话指南一份放在电话机下面,电话簿一本、电话记录便条纸一本,放在柜里一侧,电话簿在下,记录纸上放圆珠笔一支。

（8）装饰品

①题材:有人物、花鸟、山水等;

②类别:有国画、漆画、水印版画、油画、陶瓷挂盘等;

③装饰位置:一般装饰在床头的上方墙面或卫生间墙面。

2. 酒店套房

（1）卧室设备用品的摆设标准与标准房间相同。

（2）客厅

①门的设计标准同标准房间;

②房间的一边放一套沙发,一长两短,长沙发的前面摆放一个玻璃面茶几,茶几上放置烟灰缸一个,缸的一角摆放火柴盒,店徽向上;

③房间的另一头摆一张小圆台,圆台两边摆扶手椅,摆放要对称;

④墙面的一边摆一个长条台或柜,上面放彩色电视机一部、台灯一盏、花瓶一个;

⑤墙的一角摆落地灯一盏,靠近门的一角摆鲜花一盆。

3. 客房卫生间设备的摆设标准

（1）梳妆台的摆设标准

①两个带封套的漱口杯并列斜放在台角的一边,两个带封套盒的浴帽并列斜放在杯前,并与杯平行;

②浴液和洗发液各两瓶或两包,"一"字形排列斜放在另一边台角;

③小香皂两块放在香皂碟里,香皂碟摆在浴液和洗发液前的中间;

④若有化妆品并列摆在右手玻璃边的台面上;

⑤上述物品若是用盘或篮盛放的,应整齐地排放在盘或篮里,盘或篮摆放在化妆台靠镜子的一角;

⑥大香皂一块,应摆放在浴盆正面墙的皂盒内。

(2)毛巾的摆设标准

①毛巾两条,三折成长条形,店徽向外,并列挂在化妆台上的毛巾挂杆上,面巾下沿平齐;

②方巾两条,三折成长方形,店徽向外,并平放挂在面巾上;

③地巾一条,全打开,平铺在浴盆外边沿上,店徽向外;

④浴巾两条,先三折成长条形,然后三折成长方形,店徽向外,并列平放在浴盆架上。

(3)纸巾与卫生纸

①卫生纸一卷打开包装纸装进马桶边墙上的纸架盒里,拉出纸端折成梯形露出压在盒盖下;

②纸巾装进化妆台上、毛巾挂杆下、墙面的纸巾盒里。打开封口,拉一张纸巾折成梯形露出盒封口外。

(4)女宾客清洁袋袋口向右,标志向上,放在马桶水箱盖面的中间、卫生卷纸下。

(5)浴帘一张,挂在浴帘杆上拉到一端,下部吊在浴盆外。

(6)垃圾桶一个,放在化妆台下一侧的墙边,桶外沿与梳妆台平行。

二、客房物品、设备管理

1. 客房常用设备与物品

客房用品与设备主要包括以下几种:

(1)电器和机械设备,包括空调、音响设备、电视、冰箱、传真机等。

(2)家具,如床、写字台、沙发、衣柜等。

(3)清洁工具,如吸尘器、饮水机、洗衣机、烘干机等。

(4)客人用品,客房免费赠品、客房用品(包括床单等布草、衣架、烟茶具等)及宾客租借用品(吹风机、熨斗、熨衣板)等。

(5)建筑修饰品,如地毯、墙纸、地面材料等。

以上设备基本上可分为两大类,即客房设备和清洁设备。加强对客房设施设备的管理工作,对于提高客房服务质量,降低客房经营成本和费用,具有重要意义。

2. 客房物品与设备管理

(1)编制采购计划

客房用品与设备的选购应遵循以下四条基本原则:

①协调原则。同一标准、同一类型的客房,照明、安全、电器、冷暖空调设备、家具用具、卫生间设备和门窗等,在造型、规格、型号、质地、色彩上应该保持统一、配套。各种设备安装位置合理,突出室内分区功能,整体布局协调美观,给客人创造一个舒适、典雅的住宿环境。

②实用原则。在采购时,应尽量选择简便、不易损坏的设备,此外,还要考虑其清洁、保养和维修是否方便。

③安全原则。要注意客房电器的安全装置是否完备,家具、饰物的防火阻燃性是否

可靠。

　　④经济原则。客房用品的质量应该根据酒店和客房的等级标准来确定。同一等级、同一类型的客房用品在规格、型号、质量、花纹、质地、造型、柔感、手感上保持一致,成套配备,质量优良,美观适用,同酒店星级标准相适应。

　　(2)设备的审核、登记、领用管理

　　在设备购买以后,相关管理人员必须严格审查。同时,还要设立物品与设备保管员,具体负责物品与设备的审核、登记、领用与保管工作。保管员要建立相应的设备登记簿,按进货时的发票编号,将物品进行详细的分类注册,记录好品种、规格、型号、数量、价值及分配到哪个部门、班组。低值易耗品也要分类注册,来库房领取物品都要登记,每个使用单位一本账,以便控制物品的使用情况。

　　(3)归类分级管理

　　客房物品与设备应该实行归类分级管理,并由专人负责,同时还要将物品与设备的管理与部门的岗位职责结合起来,在确保服务质量的情况下,尽量奉行节约的原则。

　　客房设备的分级归类管理要注意以下几点:

　　①账面要落实,各级各类管理的物品与设备数量、品种、价值量要一清二楚,有据可查;

　　②制定相关的规章制度,如岗位责任制、维修保养制和安全技术操作制等规章制度;

　　③要将分类管理与经济利益挂起钩来。

　　(4)设备的日常管理

　　酒店客房的物品与设备归类以后,在日常使用中,要注意严格遵守相应的维修保养制度,以尽量提高各种设施设备的完好率。

　　客房设备在使用中要尽量避免事故的发生,一旦发生事故,要立即通知工程部门及时修理或采取相应的应急措施,使设备尽快恢复使用价值。事故如果是由于个别员工的工作失误造成的,要严肃处理。如果是由于客人的原因造成的,必要时,应该让客人赔偿。

　　(5)及时补充客房的物品与设备

　　对于床单、毛巾、浴巾、枕套等棉纺织品,应该以床位配备标准为基础,一般不少于4套。客房和卫生间的茶叶、纸巾、卫生纸、浴液、洗发液等客用一次性物品,要确保每天更新,其他客用多次性的消耗性物品,客房部要保持一定的库存储备。

第二节　客房设备的使用与维护管理

一、酒店客房门窗、装饰、灯具设备的使用与维护

1. 门窗的选择与维护

　　要选用耐磨、抗裂、耐用、防擦伤材料,经过阻燃处理,表面光洁、明亮、色彩柔和。玻璃宽大,有装饰窗帘和幕帘。阻燃性能良好。门窗无缝隙,遮阳保温效果好。开启方便,无杂音,手感轻松自如。

　　在开、关门窗时,平时应养成轻开轻关的习惯,这样不仅可以延长门窗的使用寿命,

还能减少干扰,保持客房及楼层的清静。此外,在雷雨天气及刮大风时,应该关好客房窗户,以免雨水溅入客房,防止窗玻璃被破坏。

2. 墙面装饰品的选择与维护

墙面要贴上高档的墙纸或墙布,注意物品的耐用、防污、防磨损,不易破旧,色彩、图案的美观舒适,易于更新和保养。保证无开裂、起皮、掉皮现象发生。墙面有壁毯或壁画装饰,安装位置合理,协调美观,尺寸与装饰效果与客房等级相适应。对于墙纸的清洁,应该用比较平的软布拭抹,如有油污,可用汽油、松节油或不易燃的干洗液去擦,而小块油迹则可用白色吸墨水纸压住,用熨斗熨烫几分钟就能去除。

如果发现墙壁潮湿,天花板漏水的现象,应及时报工程部维修,以免墙壁发霉,墙皮脱落,房间漫水。

3. 地毯的选择与维护

客房室内地毯一般有两种类型:一种是羊毛地毯;另一种是化纤地毯。铺设一般要求色彩简洁明快,质地柔软、耐用、耐磨。羊毛地毯高雅华贵,但造价很高,故一般只铺设在豪华客房。而化纤地毯则有易洗涤、色彩丰富和价格低廉的特点,为我国大多数酒店所使用。

一般来说,酒店客房地毯应每年清洗一次。清洗地毯的方法主要有干洗和湿洗两种。干洗的方法是将清洁剂均匀地洒在地毯上,然后用长柄刷将清洁剂刷进地毯里,一小时后,再用吸尘器彻底吸尘,地毯即被清洗干净。

另一种方法就是湿洗(即水洗)。水洗时先将清洁剂溶于水中,然后使用喷水器均匀地将溶液喷洒于地毯表面,再用毛刷刷洗,用抽水机吸去水分。最后,等地毯完全干了以后,再彻底吸尘。另外要注意,在一些重要通道,如建筑物入口、进楼梯的地方及客房卫生间门口等放置尘垫,防止污物进入地毯组织,同时,要注意经常将地毯使用的位置转移,使磨损的地方变得均匀。

4. 灯具设备的选用与维护

室内壁灯、台灯、落地灯、夜灯等各种灯具的选择要合理,造型要美观,安装位置适当,具有装饰效果,插头处线路隐蔽;光线柔和。床头柜上有灯具控制开关,可自由调节亮度。室内灯光照明具有舒适、恬静的温馨气氛。照明设备主要指门灯、顶灯、台灯、吊灯、床头灯等。这些设备的保养,首先针对电源,周围要防潮,插座要牢固,以防跑电漏电;擦拭灯罩,尤其是灯泡、灯管时要断电,且只能用干布擦,绝不能用湿布擦。

二、酒店客房陶瓷、玻璃器皿的使用与维护

1. 新购置玻璃器皿和瓷器的消毒

在洗涤干净和消毒后,才可以使用新购进的玻璃器皿和瓷器。上面贴有商标纸的,必须清除干净。

2. 玻璃器皿和瓷器的使用与维护

(1)凡有破损和裂纹的玻璃器皿和瓷器一律不准在客房使用。

(2)玻璃器皿和瓷器在使用时要轻拿轻放。

（3）更换的瓷器和玻璃器皿要分别洗涤，以防止瓷器和玻璃器皿相碰撞而出现损坏，同时，一次放入洗涤槽的器皿应适量，以免互相碰撞破裂。

（4）在擦拭水迹时，应用专用杯布擦拭干净。

（5）摆放在工作车上时要疏密适中，尤其是玻璃器皿，不要叠罗汉式摆放，以免重压碎裂。

3. 玻璃器皿与瓷器的分类保管与维护

要按类别、品种分别存放保管陶瓷、玻璃器皿，同时，还要注意摆放地方的干净和密闭性。

三、电器设备的使用与维护

1. 冰箱的使用与维护

三星级以上的酒店通常在客房内配备有冰箱，以方便客人使用。冰箱应放置在通风性良好、温度适中的地方。一般来说，其背面和侧面应距离墙壁10厘米以上，以保证空气自然流动并使冰箱能够更方便地散热。切忌将冰箱放在靠近暖气管，有热源或阳光直射，或易受水浸、发潮的地方。

冰箱背面的机械装置部分，温度较高，切勿将电源线靠近，此时，电源线应避免卷束使用。

冰箱的门封胶边，尤其是门下面的胶是容易弄脏的部位，要注意经常清洗干净，保持清洁，当冰箱门溅到水或弄污时，应及时用干布抹干，以免金属件生锈。

冰箱在使用一段时间后，要注意定期清理内部，以避免积存污物，滋生细菌。

2. 电视的使用与维护

电视要避免安放在光线直射的位置，不要暴晒，以避免显像管加速老化，机壳开裂。此外电视也不能放在潮湿的地方，要防止酸、碱性液体的侵蚀，从而引起金属配件生锈，产生接触不良等毛病，因此，在雨季，除应注意放置以外，最好每天通电使用一段时间，利用工作时机器自身散发的热量驱潮。

电视在使用时还要注意其使用电压与供电电压是否相符，特别是有些进口电视的使用电压是110伏，因此不能直接用220伏电压，以免烧坏机器。

清扫客房时，每天应用干布擦去电视机外壳上的灰尘，并定期用软毛刷清除机内灰尘。此外，电视长期不用时，最好用布罩罩住，以免灰尘落入，影响收看效果。电视还应尽量避免经常搬动，以减少各种意外事故的发生。

3. 空调的使用与维护

采用中央空调或分离式空调，安装位置要合理，同时还要注意外形的美观。室温可随意调节、开启自如。中央空调由专人负责管理操作，集中供应，按季节供应冷、热风，各房间有送风口，设有强、中、弱、停四个挡次，可按需要调节，要定期对鼓风机和导管进行清扫，此外，每隔2~3个月清洗一次进风过滤网，以保证通风流畅，电机轴承传动部分要定期加注润滑油。

分离式空调有窗式、壁式、吊挂式和立柜式等多种安放形式，但其基本功能可分为制冷和制冷并制热两用两种类型。

分离式空调在使用时要注意不能让水溅到开关上，以免发生漏电，造成触电事故。在使用中如发出异常声音，应关闭电源，通知工程部进行检查修理。

4. 电话的使用与维护

每天用干布擦净电话机表面的灰尘，话筒每周用酒精消毒一次。

四、卫生间的使用与维护

酒店客房卫生间的面积应该不小于 4 平方米。地面铺瓷砖，天花板，墙面、地面光洁明亮。地面防滑、防潮，隐蔽处有地漏。墙角机械通风良好，换气量要不低于 $30m^3/h$。刷洗台采用大理石或水磨石台面，墙上满嵌横镜，宽大、舒适、明亮。抽水马桶、浴盆分区设置合理。高档客房淋浴与浴盆分隔。照明充足，要使用 110/220V 电源插座。

卫生间的设备要注意勤擦洗，对于洗脸盆、浴缸、马桶等设施，在擦洗时要防止破坏其表面的光泽，因此，一般应该选用中性清洁剂。切记不能用强酸或强碱性清洗液，这种性质的清洁液不但会破坏瓷面光泽，对釉质造成损伤，还会腐蚀下水管道。如果使用新一代洗涤剂，有的需要浸泡 10 分钟左右方能生效，因此，必要时，应修改客房清扫程序。

对浴缸、洗脸盆、马桶等卫生设备的保养，还应特别注意防止水龙头或淋浴喷头滴、漏水，如发生类似现象，要及时报工程部维修，否则，会使卫生洁具发黄，难以清洁。

五、家具的使用与维护

1. 床具的使用与维护

（1）要经常检查床架各部件是否安全。检查一下有无声响，若有，应该及时报修。

（2）床架各部分的活动走轮和定向轮由于使用频繁，一旦出现脱落和破损，应及时报修和更换。

（3）床架同其他木质家具一样，需要注意防潮、防蛀、防水、防热，还应注意经常保持清洁光亮。

（4）靠近卫生间的床应注意与墙面保持 4 米左右的距离，这样既可防潮又便于操作。

2. 床垫的使用与维护

（1）加铺一床褥子在床垫上。注意用松紧带将褥子固定在床垫上，否则褥子在铺床时容易滑动，给操作带来困难。褥子脏时更换即可。

（2）经常注意检查床垫弹簧的"固定钮"是否脱落，如果脱落，弹簧会移动，必须及时报修，否则床垫损坏，客人睡眠就会不舒服。

（3）若发现床垫四周边上有积灰，及时用小扫帚清除。

（4）在客房使用率较低时，用吸尘器清洁床垫。

3. 沙发的使用与维护

（1）尽量选用质地好的面料制作沙发罩，以保护沙发表层清洁和不受磨损。

（2）在沙发靠背顶部和两侧的扶手位置放置与沙发比例相称的花垫。花垫可以起到保护和美化沙发的作用,而且便于洗涤。

(3)沙发表层有污点时,及时用清洁剂去迹。

(4)经常翻转沙发坐垫,以保证坐垫受力均匀。

(5)经常对沙发进行吸尘,以保持清洁。

(6)不要在沙发坐垫上踩跳,防止损坏坐垫内的弹簧。

(7)定期对沙发面料进行干洗。

4. 木制家具的使用与维护

(1)注意防潮

木质家具在受潮后很容易变形、开胶和掉漆。因此家具放置一般要距墙面 5～10 厘米左右,并要注意经常通风换气。如果室内长期不通风,特别是潮气较重的房间,家具易发霉、开裂和掉漆。平时要注意不要把受潮的物品,如毛巾、衣服等搭放在木质家具上,擦拭家具的抹布不能带水,只能用软质的干布轻轻擦拭,才能保证家具的光洁度。

(2)注意防水

在清扫客房时,见到水迹要及时擦干,若沾上难以擦拭的污垢,可用抹布蘸少许多功能清洁剂或少许牙膏擦拭,然后用湿润的抹布去除。如果是胶合板制成的家具,沾上污垢可用多功能清洁剂擦拭,严重的污渍还可用掺甘油酯的清洁剂擦除。

(3)注意防热

木质家具在受阳光暴晒后容易收缩,应尽量避免烈日暴晒。

(4)注意防虫蛀

壁柜、抽屉底层内宜放些防虫香或喷洒防虫剂,以防虫蛀。竹制家具常用花椒水擦洗可以防止虫蛀。

(5)注意定期打蜡上光

家具如果使用较长时间不进行维护的话,很容易失去光泽,因此必须定期打蜡上光。保养的办法是将油性家具蜡倒些在家具表面或布上擦拭一遍,约15分钟后重复一次,第一遍在家具表面形成一层保护层,第二遍即可达到上光的效果。

(6)注意家具的轻搬轻放

在移动家具的时候,必须轻搬轻放,切忌硬行拖移。搬动时还要注意不要碰撞到其他物品和墙面。

第三节　客房设备的选用与控制

一、客人用品的选用

客人用品的选择要遵循以下四个原则:

1. 实用性原则

客人用品是为方便客人的生活而提供的,因此,必须要符合方便、实用的原则,所选购的客人用品必须是客人真正需要的,同时,还要保证使用方便。

2. 美观性原则

客人用品的外观应该精致、美观,避免给客人以低档、劣质之感。

3. 适度性原则

适度性原则是指客用品质量和种类必须与酒店的档次相适应,既不要过高,也不要过低。此外,客用品的量也应与客人的实际需要量相适应,避免造成不必要的浪费。

4. 廉价性原则

客用品的选择除了要考虑实用、美观、适度外,还要考虑价格的问题,这是酒店客用品成本控制的关键因素之一。

二、客人用品的控制

1. 消耗额的确认

酒店客房管理人员应按照客房总数、客房类型及利用率,确定各类客人用品的年均消耗额,并以此为依据,对客人用品情况进行考核控制。

另外,团体客人和散客对客用品的消耗量有所不同,所以,也可以根据酒店每年接待的团体客人和散客的比例分别计算出团客和散客的消耗额,然后加总,作为客房部客用品总的消耗定额。

2. 储备额的确认

确定储备额是实施客用品控制的基础之一。应将其列成书面材料,以供日常发放、检查及培训之用。

(1)总库房储备额

客房部应设立一个客房用品中心库房,其储存量应保证能满足客房一个月以上的需求。

(2)楼层储备额

往往需要备有一周的用品。储备量应列出明确的数字,并贴在库房的门后或墙上,以供领料对照。

(3)工作车配备标准

工作车上的配备往往以一个班次的耗用量为基准。

3. 客人用品的日常控制管理

(1)客人用品的发放控制

客人用品的发放应根据楼层的配备额确定一个周期和时间。这样就能方便总库房的工作,同时也能使楼层日常工作具有条理性。

在发放客人用品之前,楼层领班应将其所管辖楼层的库存情况了解清楚,并填写领料单。凭领料单领取货物之后,即将此单留在中心库房,以便统计客用品的需求量。

(2)客人用品的分析统计

①日常统计

服务员在检查客房时,应填写客房服务人员工作日报表,并在检查完房后,对主要客用品的耗用情况加以统计。最后,由宾客服务中心文员对整个客房部所有楼层的客用品耗用量进行汇总,填写每日楼层消耗品汇总表。

②定期分析

一般情况下,客房部应该每月对客房客用品的消耗情况进行一次定期分析。主要包括以下内容:

◎根据每日耗量汇总表制订出月度各楼层耗量汇总表。

◎结合住客率及上月情况,制作每月客用品及物资消耗分析对照表。

◎制定每月客用品盘点及消耗报告。

除了对客用品的消耗情况进行理论上的统计以外,还要以月末对客用品进行盘点,如不符,且差距较大,要分析原因,找出对策。

4. 控制客人用品的流失

(1)要求服务员在清理房间卫生时,将工作车紧靠在房门口停放,以便监督;

(2)加强对服务员的职业道德教育和纪律教育;

(3)要求服务员做好客用品的领取和使用记录,以便考核;

(4)与保安部配合,做好对员工上下班及员工更衣柜的检查工作。

〈第5章〉 酒店客房卫生管理

第一节 清扫客房的基本要求与方法

一、清扫客房的基本要求

客房不同,清扫的要求和程度也应该有所不同。一般来说,对于那些暂时没人居住、但随时可供使用的空房,清洁人员只需要进行简单清扫即可;对于有客人住宿的住客房间及客人刚刚结账离店、尚未清扫的走客房间,需要进行一般性清扫;而对于那些长住客人离店后的客房及将有重要客人光临的客房则要进行彻底的清扫。

二、清扫客房的基本方法

1. 由上到下

应采取由上到下的方法擦洗卫生间和用抹布擦拭物品上的灰尘。

2. 由里到外

应采取由里到外的方法进行地毯吸尘和擦拭卫生间的地面。

3. 圆形清理

即在擦拭和打扫卫生间及卧室的设备用品时,采用从左到右或从右到左的圆形清理方法。

4. 干、湿分开

擦拭不同的家具设备及物品的抹布,应该干、湿分开,分开使用。

5. 先卧后卫

即客房的清扫应按照先做卧室再做卫生间。

整理走人房则可先卫生间后卧室。一方面可以让弹簧床垫和毛毯等透气,达到保养的目的,另一方面又无须担忧会有客人突然闯进来。

6. 注意死角

墙角等一些地方是客人最重视的地方。蜘蛛结网和尘土会积存于墙角处,需要留意打扫。

三、清扫客房的基本次序

(1)总台指示要尽快打扫的房间。

(2)门上挂有"请速打扫"牌的房间。

(3)走客房。

(4)重要客人光临的客房。

(5)其他客房。

(6)空房。

四、清扫客房前的准备

1. 清洁员换上工作服

清洁员上班后,应换好工作服,戴上姓名牌,梳理好头发,女清洁员可进行适当的化妆。

2. 根据楼层领班的工作安排,领取"客房服务员工作日报表"。

房间设备若有损坏,地毯、墙面若有污迹,应报告台班或领班,并在"工作日报表"上详细注明。

3. 房间钥匙的领取

清洁员拿到一把钥匙就可以打开他所负责清扫客房的所有房门。为了楼层客房的安全,领取钥匙时,一定要做好钥匙的交接记录。客房的钥匙不要随便交给他人,不能带回家,特别是通匙更要注意,上下班必须交接清楚。

4. 了解客房的状态

清洁员在开始工作前,还应了解房间状态,以决定清扫房间的顺序,避免随便敲门,惊动宾客。

在酒店里,需要清洁整理的客房有以下几种状态:

(1)住人房,表示客人正在住用的房间;

(2)走人房,表示客人结账并已经离开客房;

(3)空房,前一天暂时无人住的房间;

(4)未清扫房,表示该客房是没有经过打扫的空房;

(5)外宿房,表示该客房已被订下,但住客昨夜未归的客房;

(6)继续房,也称病房,表示该客房因设施设备发生故障,暂不能出租;

(7)已清扫房间,表示该客房已清扫完毕,可以重新使用;

(8)请勿打扰房,表示该客房的客人因睡眠或其他原因而不愿服务人员打扰;

(9)贵宾房,表示该客房住的是饭店的重要客人;

(10)常住房,表示长期由客人包租的房间;

(11)请即打扫房,表示客人因会客或其他原因需要服务员立即打扫的房间。

5. 清扫顺序的确定

酒店客房的一般清扫顺序如下:

(1)带有"Make Up Room"的房间或客人口头上提出要求打扫的房间;

(2)总服务台或领班指示要清理的房间;

(3)VIP 房间;

(4)走人房;

（5）普通住人房；

（6）空房。

6. 准备客房备用品

客房每天的毛巾、浴巾、床单、枕套、桌布等物品消耗量很大,应该有一定数量的库存以备急用。

五、确定客房是否可以清洁

1. 进房前先考虑

清洁人员在进房门前,要尽量替客人着想,揣摩客人的生活习惯,不要因为清洁卫生工作或其他事情打扰了客人的休息和起居习惯。

2. 注意观察

对那些在门外把手上挂有"请勿打扰"牌子或反锁的,以及房门侧面的墙上亮有"请勿打扰"指示灯的,不要敲门进房。如果到了下午2点左右,仍未见客人离开房间,里面又无动静,可先打电话到该客房,若仍无反应,说明客人可能生病或发生其他意外,服务员应该立即报告主管。

（1）站在距房门40厘米远的地方,不要靠门太近。

（2）用食指或中指轻敲门面三下（或按门铃）,敲门时要有节奏,以便引起房内客人的注意。

（3）等待客人的反应,同时眼望窥视镜,以利于客人观察。

（4）如果客人没有反应,再敲门表面三下,等待客人的反应。

（5）如果仍然没有反应,将钥匙插在门锁内轻轻转动,用另一只手按住门锁手柄。

（6）开门后应清楚地观察房间内的情况。如果发现客人正在睡觉,应该马上离开,并轻轻将门关上。

（7）敲门后,房内客人如果有应声,服务员就要立即通报自己的目的,等待客人允许清扫后,再进行客房的清扫。

六、客房卫生间的清洁

卫生间的清扫顺序如下:

（1）将卫生间的灯打开,打开换气扇,将清洁工具放进卫生间。

（2）放水冲净坐便器,然后在抽水马桶的清水中倒入适量的马桶清洁剂,以彻底清洁马桶。

（3）取走客人用过的毛巾、浴巾、地巾,放入清洁车的布袋中。

（4）收走卫生间用过的消耗品,清理纸篓垃圾袋,注意收走皂缸内的香皂残头。

（5）将烟灰倒入指定的垃圾桶内,并用海绵块蘸少许清洁剂将烟灰缸上的污迹除掉。

（6）浴缸的清洁。

浴缸应按从上到下的顺序进行,具体操作程序如下:

①将浴缸旋塞关闭,放少量温水和清洁剂,并用抹布从墙面到浴缸里外进行彻底清刷,开启浴缸活塞,放走污水,然后打开水龙头,将温水射向墙壁及浴缸,冲净污水。接着要将浴帘放入浴缸加以清洗。最后把墙面、浴缸、浴帘用干布擦干。

②如果浴缸内放有橡胶防滑垫,应该根据其干净程度用相应浓度清洁剂刷洗,然后用清水洗净,最后可用一块大浴巾裹住垫子卷干。

③擦洗墙面时,也可先将用过的脚巾放进浴缸,然后蘸上中性清洁剂擦洗浴缸侧面的墙壁,随后立即抹干。

④用海绵块蘸少量的中性清洁剂擦除开关、龙头、浴帘杆、晾衣绳盒等镀铬金属件上的污迹,随后用干抹布擦干。在清洁以上金属件时,注意不要使用酸性清洁剂,以防止烧坏金属件。

(7)脸盆和梳妆台的清洁。

①用抹布蘸上清洁剂清洁台面、脸盆,然后用清水刷净,并用抹布擦干。

②如果脸盆、不锈钢件上有污迹,可用棉块蘸少许中性清洁剂去除、擦干。

(8)将毛巾架、浴巾架、卫生间的托盘、吹风机、卫生纸架等擦净,并检查是否有故障。

(9)在镜面上喷少许玻璃清洁剂,然后用干抹布将镜面擦拭干净。

(10)马桶的清洁。

①用马桶刷清洁坐便器内部并用清水冲净,要特别注意对抽水马桶的出水孔和入水孔的清刷。

②用中性清洁剂清洗抽水马桶水箱、座沿盖子的内外及外侧底座等。

③用专用的干布将抽水马桶擦干。

④严格将浴缸、马桶的干湿抹布区别使用。

(11)对卫生间进行全方位消毒。

①客人退房后,服务员的首项工作就是卫生消毒。

②擦拭完卫生洁具后,将消毒剂装在高压喷罐中,进行彻底消毒。

③在清洁剂中加入适量的消毒剂,或者采用杀菌去污剂,以达到清洁消毒的目的。

(12)及时补充卫生间的用品。按规定的位置摆放好毛巾和浴皂、香皂、牙具、浴帽、浴液、梳子、卫生纸等日用品,另外,还必须将走人房的客用品全部更新,以便为下一位客人提供全新的设施。

七、空房清扫

空房是指在客人离开酒店后已经进行过清扫,只是尚未再次入住的房间。一般只需简单打扫一下即可,其具体程序如下:

(1)在房门锁上挂上"正在清洁"的牌子。

(2)用一湿一干两块抹布清洁家具。

(3)将卫生间的座厕放水,地面冲水排出异味,清洁卫生间浮座,淋浴水阀每过两三天就应该放一次锈水,并注意清洗抹干。

(4)如果房间连续几天空置,则要用吸尘器吸尘一次。

（5）检查浴室内毛巾是否已经因为干燥而失去弹性和柔软度，如果不能达到要求，要在客人入住前更换。

（6）检查房间的规格、设备情况，检查天花板是否有蜘蛛网、地面有无爬虫，把空调调至适当位置，熄灯关门，最后取回清洁标牌。

第二节　清扫客房时需要注意的问题

一、客房卫生间清洁时应该注意的细节问题

（1）清洗洗脸盆和浴缸的排水管，倒入清洁剂时，应使用小漏斗以免清洁剂碰上瓷盆面。

（2）每过一段时间后，需要将旋塞取出来进行清洁。

（3）注意瓷砖之间的渣滓，避免形成霉点或严重的石灰沉淀物，可用漂白剂进行清洁。

（4）特殊用途卫生间的清洁。比如为残疾人和其他行为不便的客人安装的特殊设施。

（5）特殊浴缸的清洁，如下陷式浴缸的清洁步骤为：

①擦拭墙上的大镜子。

②清洁金属配件、瓷砖墙面和浴缸边角以外的瓷砖表面。

③在浴缸的底部垫上一块毛巾或浴巾，将脚伸进浴缸，踩在垫子上以免滑倒，然后再从另一端开始，环绕着清洁浴缸内部，等退到浴缸外时再清洁浴缸底部。

④在自己腹部垫上扁平物，清洁浴缸内原先站立过的地方。

（6）若发生堵塞，可用气压枪发射出冲击波疏通水管、坐厕、淋浴间、浴缸、洗脸盆和其他液体容器。

（7）水龙头如果出现漏水，要立即报告，防止沾染相连部件。

（8）避免经常性使用漂白水和氨水，否则会损坏部件的表面。

二、客房清洁时应该注意的问题

（1）敲门时，声音要大小适中，不可过急，力度过大。

清洁人员不要敲一下门就进房，更不要从门缝往里瞅，这些都是不礼貌、缺乏教养的表现。另外，如果客人在房间，需要问明客人是否可以整理房间，在得到客人的同意后，才可以开始清扫。

（2）整理房间时，要打开房门。

在清理房间的时候，房门要打开，直到工作完毕；如果风大，不宜开门，可以在门上挂"整理房间"的字牌。

（3）坚持卫生工作经常化、标准化，为保持文明、整洁的酒店而努力工作。

（4）不得使用客房内的物品、设施。

清洁人员不得使用房内厕所;不得接听客人电话,也不得使用客房内的电话与外界通话。

(5)在清理卫生间时准备一个脚垫。

清洁员在清理卫生间时,由于进出频繁,卫生间门前的地毯特别容易潮湿、发霉,这样下去,这一部位很可能会提前损坏,会破坏客房地毯的整体美观。因此,清洁员在清扫客房时,应带上一小块踏脚垫,在工作的时候,将其铺在卫生间的门前,工作后收起带出客房,以保护房内地毯。

三、住客房清洁时应注意的问题

1. 房间有客人

(1)应礼貌地主动向客人问好,并询问客人是否可以清扫房间。

(2)动作要轻,不要与客人长谈。

(3)若遇到有来访客人,应询问是否可以继续进行清洁工作。

(4)清洁完毕,应询问客人是否还有其他的事要做,然后再退出房间,并轻轻地关上房门。

2. 客人突然回房

在清洁的过程中,遇到客人回房时,要主动向客人打招呼问好,并征求客人的意见是否可以继续打扫,如果客人反对,应立即离开,待客人外出后再继续进行清扫。

3. 客房电话铃响

房间电话是客人专用的通信工具,使用权属于客人,为了避免出现误会和不必要的麻烦,在清洁过程中,不要去接听客房中的电话。

4. 客人的物品被损坏

进行客房清扫工作时要小心谨慎,不要随意翻动客人的物品。对客人的物品,应该尽量轻拿轻放,清扫完毕要放回原位。如果万一不小心弄坏了客人的物品,应该尽快向上级主管反映,并主动向客人赔礼道歉,如属贵重物品,应有主管陪同前往,并征求意见,若对方要求赔偿时,应根据具体情况,由客房部出面给予适当的赔偿。

在清扫住客房时,以下问题也应该加以注意:

(1)客人的文件、书报等不要擅自合上,不要移动它们的位置,更不准翻看。

(2)除放在垃圾桶里的东西外,其他任何物品都不能擅自丢掉。

(3)不要触碰客人的手机、手提计算机、钱包等贵重物品。但放在椅子上或乱堆在床上的衣服,要帮助客人整理好。

(4)查看一下房间内是否有待洗的衣物。清扫住客房时,要查看一下客人是否有衣物等待清洗,如果有,要仔细查看洗衣单上填写的内容和所交付的衣服,然后将这些衣物装进洗衣袋,放在清洁车上,以集中起来送交洗衣房清洗。

(5)对于一些长住房,清扫时应注意客人物品的摆放习惯。

(6)在离开房间时,关门的动作要轻。

第三节 客房卫生计划的制订与管理

一、计划清洁

客房的计划清洁指在日常整理客房的清洁卫生的基础上,拟订周期性的清洁计划,采取定期循环的方式,对客房中平时不易做到或无法彻底清理的项目进行清洁。例如地板打蜡、地毯吸尘、擦窗、家具除尘及打蜡、清扫墙面、卫生间清洁消毒等。

1. 制订计划

(1)每日计划清洁。每日计划清洁指在完成日常的清扫整理工作外,每日都有计划地对客房某一领域或部位进行彻底的清理。

(2)季节性及年度性计划清洁。清洁范围较大的是季节性年度性的计划清洁,不仅包括客房家具,还包括各项设备及床上用品。由于目标较大,时间较长,所以季节性与年度性的计划清洁一般在淡季进行,而且必须与前厅部与工程部密切合作,以便对某一楼层实行封房,由维修人员进行设备检查。

2. 落实计划及进行检查

客房部拟订计划后,要落实和检查计划清洁的工作。一般由领班负责督促清洁员完成当天的计划卫生任务,并进行检查。

3. 安排清洁用品

清洁计划一定要事先安排并准备好清洁所需的设备和用品,否则可能导致浪费清洁剂及降低清洁保养效果。

二、客房卫生计划的内容与周期

对于不同的项目,客房的计划卫生应按照不同的周期进行。

如地毯、墙纸上的污迹应该每天清洗;壁画应该每3天清洁一次;卫生间的排风扇机罩则应该在5天左右清洁一次。

三、计划卫生的方法

客房的计划卫生通常有如下三种方法:

1. 制定客房清洁人员的详细工作任务

例如,要求客房清洁员在其负责的10间客房中,每天彻底大扫除1间客房,10天即可对其负责的所有客房做一次计划卫生。

2. 规定让清洁人员每天对客房的某一部分或区域进行彻底的清洁

除日常的清洁工作外,可以规定客房清洁人员每天对客房的某一部分进行彻底清洁。这样,经过若干天对不同部分和区域的彻底清扫,经过一段时间后,就可完成全部房间的大扫除。

3. 季节性清洁或年度清洁

季节性清洁或年度清洁是指在一定时间集中对所有客房分楼层进行全面的清扫,一个楼层的清扫工作通常要进行一个星期,必要时,可以配合前厅部对该楼层实行封房,并与工程部联系,请维修人员利用这段时间对设备进行定期的检查和维修保养。

四、计划卫生管理

1. 卫生计划的安排

客房管理人员可将客房的周期性清洁计划表公开出来,也可以让楼层领班在服务员客房报告表上每天写上卫生计划的项目,并监督服务员完成当天的卫生任务。

2. 计划卫生的核查

服务员每完成一个卫生项目或房间后,要立即填上完成的日期和本人的签名。

3. 计划卫生应该注意的安全问题

在卫生清洁工作中,有不少是需要高空作业的,如通风口、玻璃窗、天花板等,具有一定的危险性。因此,在做计划卫生时,一定要特别注意安全,防止出现各种事故。

第 6 章 酒店客房安全管理

第一节 客房部安全管理的基本常识

一、客房部安全管理的要点

(1)注意做好防火、防盗工作,如发现异常情况或闻到异味,必须立即查找处理并及时报告有关部门,切实消除一切隐患。

(2)认真检查各区域,消除安全隐患,确保酒店及客人生命财产安全。

(3)如果发现有形迹可疑或有不法行为的人或事,应及时报告保安部或领导。

(4)发现客人的小孩玩水、玩火等,要加以劝阻,避免意外事故发生。

(5)不得将亲友或无关人员带入工作场所,不得在值班室内或员工宿舍留宿客人。

(6)遇到意外事件发生,应视情况分别通知大堂经理或相关部门进行酌情处理,并通知电话总机转告值班经理及有关人员,同时加设标志,保护现场,警告其余人员勿进入危险区。

(7)发生火灾时要保持镇静,不要惊慌失措,应向附近的同事寻求援助,及时通知电话总机、消防中心,清楚地说出火灾地点、火势情况及本人的姓名、工号,并报告总经理及有关人员。

(8)在注意安全的情况下,利用就近的灭火器材尽量控制火势,如火势不受控制而蔓延,必须引导客人从防火通道、楼梯撤离火灾现场,切忌搭乘电梯。

(9)服从总经理或上级的指挥,全力保护酒店财产及客人的生命财产安全,保证酒店业务正常进行。

(10)未经批准,员工不得向外界传播或泄露有关酒店机密的资料,酒店的一切有关文件及资料不得交给无关人员,如有人查询,可请查询者到总经理室或有关部门查询。

(11)坚守工作岗位,不要做与工作无关的事情。

二、客房安全管理的基本要求

1. 安全制度

客房部设立安全小组,班组设置安全员。分工要明确,权责要清晰。安全制度健全,内容明确,岗位责任清晰。客房员工应该熟知安全知识、防火知识和相关的安全操作规程,掌握安全设施与安全器材的使用方法。保证无违反安全管理制度的现象发生。

2. 安全设备

客房烟雾感应装置、自动喷淋灭火装置、房门窥镜孔、防盗装置、防火通道、紧急疏散图、消防装置、报警装置、防火标志、楼道监控装置等安全设备、器材要保证完好，并随时可以投入使用。另外，要确保安装位置的合理，始终处于正常运转状态。

3. 安全操作要求

客房员工严格遵守安全操作的规定，在检查客房、清扫卫生间、提供日常服务中随时注意烟头、电器设备等一些容易引起火灾的隐患。在进行高空作业时要系好安全带，要保证有 2 人以上在场，以便在登高作业时有人扶梯。未经许可，不要进行带有明火的作业。带电作业要严格遵守操作规程。整个客房操作服务中无违反安全操作规程现象发生。

4. 钥匙管理要求

客房钥匙管理制度必须要严格。客人进出、收取、发放、保管过程中的钥匙管理要准确及时，无乱丢乱放现象发生。客人钥匙忘在客房内请求开门，需要凭前厅出具的开门条开启。客人钥匙如果丢失，要报告保安部按酒店钥匙丢失规章处理。客房万能钥匙如果丢失，请示保安部、工程部和总经理处理。服务员清扫房间，坚持开一间清理一间，逐门开启、逐门锁好。

5. 安全防患处理

在客房服务中，要时刻掌握客人的会客动态，禁止无关人员进入客房楼层。随时注意住客的情况，发现客人携带或使用电热毯、电烤箱等大功率的电热器具，或装卸客房线路时，应迅速报告主管与保安部门及时做出处理。如果发现客人携带武器、凶器或炸药、爆竹等易燃易爆危险物品，更应该及时报告，并按酒店的安全制度进行处理。客人酗酒或在床上吸烟，也要及时进行劝阻。遇有残疾人士住店，要随时注意客人的动向。客房服务人员在查房的时候，如果发现设备损坏或物品丢失时，应及时报告。

6. 意外事故处理

遇到火灾隐患、自然事故和盗窃事故发生时，应该严格按照酒店的相关制度处理。火灾隐患要做到及时发现，及时有效地疏散客人，尽量将事故消灭在萌芽状态。如果需报警，应先请示总经理。发生盗窃事故，主管应及时赶到现场，保护现场，迅速做出处理。发现事故应及时报告主管，根据事故发生原因和情况处理。所有事故处理应做到快速、准确，方法适当。

三、火灾的预防及处理程序

(1)员工抽烟时，应该在指定的地点，并在安全的位置弃置烟灰、烟头，发现客人房间有未熄灭的烟头、火种，应立即处理。

(2)经常检查防火通道，保证其畅通无阻，一切易燃液体都要放入特制容器内，并适当地放置于远离火种的地方。

(3)不得使用易燃液体作为清洁剂，留意及警惕电器漏电现象，并时刻注意那些因使用不正确而造成的火灾隐患。

(4)经常检查用电线路，如发现有接触不良、电线磨损或发现客人超负荷使用电器时，应立即向上级主管报告。

（5）所有酒店员工都必须了解酒店的火警系统，应该清楚地知道灭火器、警钟或其他灭火用具的位置。

（6）当发生火灾或其他紧急事故时，应保持头脑的冷静，在确定地点的同时，应立即打电话通知消防中心及部门经理或主管。

（7）报告火警时，应清楚说出火警发生的正确位置、火情及自己的姓名，同时迅速将灭火器材取出，立即进行灭火。

（8）着火后要注意先切断电源，采取一切可能采取的措施尽量在初期扑灭火势。

（9）火势越来越大时，应打开就近的报警器，火势不受控制时，应关掉一切电器用具开关，离开前把门窗关闭，撤离现场时切勿搭乘电梯。

第二节　客房安全管理的基本制度

一、客人来访登记制度

（1）对于进入客房的来访人员，服务人员应该认真检查来访者的身份，并填写"来访人员登记表"，在征得被访人的同意后，准予进入客房会客。没有有效身份证明的，不要允许他们进入客房会客。

（2）来访人一天内多次来拜访同一住客，在查验证件没有错误的情况下，无须重新填写"来访人员登记表"，但应在其第一次来访登记表的备注栏内注明来访次数和来访、离开的时间。

（3）来访人员离开时，要在"来访人员登记表"的来访时间栏内填写准确的离开时间，来访人员离访时，住客没送行的，服务员应及时查看被访问过的客房。

（4）当不同楼层的住客互访时，经查验持有本店住宿凭证的，可以免填来访登记，但服务员必须做好相关记录。

（5）举行会议的时候，如果主办单位有相应安全防范措施并征得酒店保安部门同意，来访人员可不需要登记。

（6）晚上23时至次日7时，来访人员不得进入客房访问客人。

二、酒店楼层安全管理制度

（1）工作人员值班期间要全心全意保护酒店财物、客人生命财产安全，不要为任何不认识的客人开门，除非接到前台部的通知及证明。在房间清洁的过程中，遇到有客人进入时，应礼貌地向客人查看钥匙牌与房号是否相符，防止他人误入房间。

（2）如客人忘记带钥匙而服务人员又不认识者应与前台联系，待前台证实身份、通知后方可开门；如发现有可疑的陌生人在走廊徘徊或在客房附近出现，或客房房间有异常情况，如房内发现有动物或违禁品，客人情绪出现变化、生病或做出一些异常行动，应该立即报告领导。

（3）饮用的开水一定要经过煮沸。水壶内的水不得过满，应留一些空间，这样可以较长时间保持水温。一次不要拿太多的水壶。

(4)清倒垃圾桶内的垃圾时要注意桶内有没有客人的物品,不要用手到垃圾桶内检查垃圾,以防止桶内留有玻璃碎片或刀片类而伤及手部。关门时要拉住把手关门,不可随意拉住门边便关门,避免夹伤自己的手。高空挂物或清洁时要用梯子,挂浴帘时也要站在浴缸边缘,湿手未擦干者不可触动电器。要小心保存总钥匙,匙不离身,下班前应安全地交给接班人,钥匙不准带离酒店,弄断了的钥匙亦要整体交回。

(5)知道各楼层消防系统的位置及用法,当火警发生时,应保持冷静,并在第一时间通知电话房和消防中心,清楚地说明起火地点。工作人员应保护客人的安全,及时通知所有客人离开现场,负责带离或指明最近的防火通道,如向下走的通道被火包围,应该想别的办法,切记不能乘坐电梯。在安全的情况下,利用就近的灭火器材控制火势。

(6)托物体进入房间应以左手托东西,右手开门,转弯时注意慢行;搬动过重的物体时要尽量小心。

三、失窃处理制度

(1)接到客人报失后,应该立即通知部门经理及保安部。

(2)由部门经理协同保安人员到现场了解情况并保护现场,不得擅自移动任何东西,不得让外人进入,防止破坏现场。

(3)请客人填写财物丢失报告单,询问客人是否有相关的线索,如需要,在客人在场及同意的情况下,由保安人员检查房间。

(4)如果客人需要报警,则应该由保安部负责联系,经过部门经理同意后向总经理报告。

四、客人疾病、紧急情况处理制度

(1)客房服务人员发现客人生病后,应以最快的速度通知领班或部门值班经理,并负责在现场照看客人。

(2)领班或部门值班经理在接到通知后,应该在第一时间赶到现场,并及时通知大堂副经理联系急救工作。

(3)如有可能,应及时通知客人的单位和家属。

(4)领班或部门经理应适时探访生病的客人。

(5)部门经理要做好相关记录。

第7章 酒店客房部规范化管理制度与表格

第一节 客房部各岗位职责与工作规范

一、客房部经理岗位职责

（1）负责客房部的日常管理工作，向总经理负责，并接受总经理的督导。

（2）负责客房部各项工作的计划、组织与指挥，带领客房部全体员工完成总经理下达的各项任务、指标。

（3）制定客房部的各项营业目标和经营管理制度，组织和推动其各项计划的实施，组织编制和审定客房部工作程序及工作考评。

（4）主持部门日常业务和经理、领班的例会，参加总经理主持的每周部门经理例会，并负责本部门主管以上人员的聘用、培训及工作考评。

（5）制定客房部经营预算，控制各项支出，审查各项工作报表及重要档案资料的填报、分析和归档工作。

（6）制定客房的价格政策，制订和落实客房推销计划，监督客房价格执行情况。

（7）检查客房部的设施和管理，抽查本部工作质量及工作效率。

（8）巡查本部所属区域并做好记录，发现问题及时解决，不断完善各项操作规程。

（9）定期约见与酒店有密切关系的重要客人，虚心听取他们的意见，不断改进和完善工作。

（10）对客房部的清洁卫生、设备折旧、维修保养、成本控制（预算）安全等负有管理的责任。

（11）检查消防器具，做好安全和防火防盗工作，以及协查通缉犯的工作。

（12）检查、考核主管的工作情况并做出评估。

（13）负责解答客人的询问，向客人提供必要的帮助和服务。

（14）保证客人安全，制止吸毒、嫖娼、卖淫、赌博、酗酒及客人之间的纠纷处理等。

（15）维护酒店利益，负责索赔、催收各类欠费账务。

（16）完成总经理及部门经理临时委派的其他工作。

二、客房部值班经理岗位职责

（1）负责当日楼面的人员安排和调配。

（2）有效地控制成本，掌握客情房态，负责本部门设备保养。

(3)主持部门主管例会,总结前阶段工作,布置下阶段任务。

(4)监督员工执行各种操作规程,确保楼层的安全。

(5)负责楼层的服务水准、卫生质量的检查与控制。

(6)定期对主管进行培训,以不断提高工作水平和业务水平。

(7)处理客人的投诉及员工失误。

三、客房部早班主管岗位职责

(1)督导所管辖区域班次台班、卫生班、楼层杂役的工作,对客房部经理负责。

(2)检查管辖区域所有房间,对本辖区卫生、服务质量和完成效率负责。

(3)查看房间的维修保养事宜,严格控制维修房、坏房的数量。

(4)了解掌握客情、核查房间状态。

(5)负责报告住客遗失和报失等事项。

(6)严格执行各项工作规程,对违反工作规定的员工做出处理,并向上汇报,负责评定本部门员工的浮动工资。

(7)对下属员工进行不定期的业务、操作培训,不断提高员工的素质、业务水准和操作技能。

(8)负责本部门三个班组范围内员工的思想政治工作,掌握好员工的思想动态,及时帮助员工解决困难,建立良好的人际关系和工作气氛。

(9)对管辖区域的卫生工作安排负完全责任。

(10)处理客人投诉并向部门经理和大堂经理助理及客房部经理助理汇报。

(11)定期征询长住客人的意见,处理好长住客人与服务员的关系。

(12)做好本管辖区域范围内的防火、防盗和其他安全工作,以及协查通缉犯的工作。

(13)解决本管辖区域因工作关系产生的各类纠纷和内部投诉,如遇重大问题必须向部门经理报告。

(14)积极向部门经理提出一些可行性建议。

(15)填写工作报告并参加部门例会。

(16)努力完成领导交办的其他任务。

四、客房部中班主管岗位职责

(1)对客房部经理负责,督促和评定员工的工作表现,对中台、中服务班的工作负管理责任,并及时把其表现反映到早班主管处,监督员工的出勤。

(2)负责中班的卫生清洁、服务规程的完成。

(3)负责楼层的安静、安全。

(4)按部门要求和实际情况对下属人员进行培训,以提高员工素质、业务水准和操作技能。

(5)检查VIP客房,监督重要团体到达的接待工作。

(6)处理客人的投诉,注意与有关部门特别是大堂副理的沟通联系。

(7)及时解决楼层报告的困难和一些突发性事件。

(8)负责处理并解决与其他部门之间发生的信息传递、情况反馈。

(9)对本部所发生问题的起因始末和处理结果负责,对解决方式要做详细记录并交代给下一班。

(10)与前厅部接待组紧密配合,核准有疑问的客房。

(11)检查本班组对客情的掌握,发现非法留宿或住客有异常举动时,要立即报告大堂副经理、客房部值班经理与保安部。

(12)做好本区域范围内的防火、防盗及其他安全工作。

五、客房部楼层主管岗位职责

(1)按照部门的计划,在客房部经理的领导下,具体负责酒店客房区域的管理与日常工作。

(2)编制领班上班轮值表,制订工作计划与员工的每月评估,负责服务员人力调配和具体工作的安排。

(3)监督和指导楼层服务人员的工作,确保其工作的标准化、规范化,督促落实岗位责任制执行情况,对客房工作人员进行业务培训和工作考核。

(4)掌握每天客人的抵达、离开情况,组织迎客前客房准备工作和送客检查工作,尤其是贵宾客人入住前应巡视所有贵宾房间是否按要求做好接待准备。

(5)负责规定区域客房设施、安全卫生、服务质量的检查,负责所管辖楼层的物资、设备和用品的管理。

(6)监督楼层和前厅的协调问题,处理员工报告与客人投诉。

(7)定期检查长住客人的房间卫生,征求长住客人的意见并做好详细的记录,以做出适当的改进。

(8)填写客房检查报告和交接班记录。

六、客房部楼层领班岗位职责

(1)负责属下员工的工作安排与调配,督导客房服务员及清洁杂工的工作。

(2)巡视管辖区,检查清洁卫生及客房服务的质量。

(3)检查房间的维修保养事宜,安排客房的大清洁计划。

(4)检查各类物品的储存及消耗量。

(5)随时留意客人的动态,处理一般性的住客投诉,有重大事故时须及时向部门经理报告。

(6)掌握并报告所管辖客房的状态。

(7)对属下员工工作提出具体意见。

(8)亲自招待贵宾,以表示酒店对贵宾的礼遇与尊重。

（9）领导本班全体员工积极工作，不断攻关，以创造出新的佳绩。

（10）填写领班工作日志，完成部门经理安排的其他工作。

七、白班楼层服务员岗位职责

（1）领取楼层的万能钥匙，并准确填写钥匙领用单。

（2）服从领班的安排，清扫客房，详细填写服务员工作报告中的各项内容。

（3）按照规定的消毒程序，对客人使用的用具进行及时、有效的消毒。

（4）及时清理客房内的餐具，放置在本楼层电梯厅内，并通知送餐部及时收回。

（5）确保房间内各项设施和物品的完好，如果有损坏立即向领班报告。

（6）检查房间内小酒吧饮品的消耗情况，准确做出清点、开账并及时补充；如发现客人有遗留物，应立即报告领班。

（7）报告住店客人的患病情况及特殊情况，如果遇到紧急事件，可越级向有关部门汇报。

（8）客人离店后，及时查看房间内的设备物品是否齐全，看有无损坏，发现问题应及时向领班和前台报告。

（9）保持工作间、工作车及各类物品的整齐、清洁，正确使用各种清洁设备和用具。

（10）对所辖区域内的设备、设施应及时准确地报修，并陪同工程部的维修人员进房维修，并负责检查修复质量。

（11）协助洗衣厂定期清点布巾，收发、核对客人送洗的衣物。

（12）及时给住店客人补充相关的用品。

（13）垃圾袋装满后，贴上楼层号，然后送至楼层的货梯厅。

（14）及时核准房态，迅速清理客人已经离开的房间，经领班检查后报服务中心。

八、中班楼层服务员岗位职责

（1）及时清理客人的房间与卫生间，并积极做好送开水、开夜床的工作；清扫所辖楼层的公共区域、热水间、制冰间、客梯厅和走廊地毯等。

（2）按规定领取楼层万能钥匙，详细填写钥匙领用单。完成白班交接的一些未完成的工作，认真填写服务员工作报告的各项内容。

（3）确保房间内各项设施、设备和物品的完好无损，发现问题应该立即向领班和服务中心报告，并陪同工程维修人员进房间维修。

（4）留意住店客人的特殊行为与患病情况。

（5）及时清理客房内的餐具，并通知送餐部，协助洗涤部分送客人的衣物。

（6）按照消毒程序，对客人使用过的用具进行严格消毒。

（7）客人离店后及时检查客房，发现问题和客人遗留物，立即报告领班，并将客人遗留物交服务中心登记。

（8）及时核准房态，迅速清理空房，经过领班核准后，报告服务中心。

(9)及时补充客人用品,并合理使用、保管设备和清洁用具。

(10)检查房间内的酒水,填写楼层酒水饮用记录和酒水单,补充缺少的酒水。

九、洁净部经理岗位职责

(1)在客房部经理的领导下,全面负责酒店公共区域的卫生清洁工作。

(2)制订工作计划并部署部门每周的工作,合理安排人力、物力,确保计划顺利实施。

(3)领导属下员工进行重点部位的清洁工作和日常工作。

(4)制订卫生工作的计划,并组织实施,确保卫生清洁工作的经常化与高标准。

(5)安排卫生清洁班次与时间,公共区域的卫生清洁要避开营业高峰期,并注意回避客人。

(6)检查各班组的清洁卫生工作,掌握工作进程,检查工作质量,并提出改进意见,以保证酒店有一个整洁的环境。

(7)负责申领和控制清洁用品与用具,尽量减少费用开支。

(8)月底前做好本部清洁消耗费用的结算,并上报客房部经理和财务部。

(9)负责属下员工的教育培训及每月的考勤、考核与效益工资的发放。

十、洁净部领班岗位职责

(1)在部门经理和主管的领导下开展工作。

(2)每天检查员工的出勤情况,检查属下员工的仪容仪表、工作质量和工作效率。

(3)根据员工的能力,合理安排工作。

(4)负责清洁卫生专用工具的发放、使用、保管,认真填写领料单并控制物品的消耗。

(5)经常巡查酒店各个区域,发现问题及时解决,以确保酒店卫生情况始终处于最佳状态。

(6)指导下属员工正确使用有关的化学清洁剂,正确操作、保养各种清洁机器与用具。

(7)将需要保养和维修的事项及时填报维修通知单,如遇到紧急情况需及时处理。

(8)总结每月的工作,并填写每月工作报告。

十一、洗手间值班员岗位职责

(1)热爱本职工作,遵守员工纪律,注意仪表仪容,按规定着装。

(2)每天上班后和下班前对卫生间进行一次大清洁。

(3)保持洗手间干净无异味,灯明镜亮,保证手纸、卷纸及皂液及时供应。

(4)对客人要彬彬有礼,"请"字当头,"谢"字不离口。

(5)敬业乐业,按时完成本职工作。

十二、客房清洁员岗位职责

（1）签到后接受上级的工作安排。

（2）领取房间的通用钥匙，补充器具物品，做好准备工作。

（3）对房间、卫生间进行全面的清扫与整理。

（4）清洁完毕一间客房要填写相应的工作日报表。

（5）对已经离店客人房间的餐具等，应撤出收好放在门口一边。

（6）房间设备若有损坏，地毯、墙面若有污迹应及时报告前台领班，并在工作日报表上详细注明。

（7）接受上级临时下达的工作任务与检查，但必须将正在清理的房间清理完毕。

（8）接受领班、经理对工作程序与质量的检查、指导，对不符合要求的工作必须重做。

（9）定期对房间进行灭鼠与杀虫处理。

（10）房间用具的处理：

◎将房间换出的床单、器皿、枕套及时送洗；

◎将房间换出的茶杯、水杯、水壶等送到工作间洗净；

◎处理好房间清出的垃圾、废品。

（11）清洁、整理工作专用车，抹布等也要定期清洗。

（12）把通用钥匙交还给领班。

（13）总结当日的工作，填写工作日志，并及时向领班汇报。

十三、客房勤杂工岗位职责

（1）热爱卫生清洁工作，工作勤勉，尽职尽责，坚持卫生工作的经常化、标准化、制度化，为保持文明、整洁的酒店而努力工作。

（2）严格遵守酒店的各项规章制度，按时上下班，不得擅离职守、不串岗、不干私事，尽自己最大的努力把工作做好。

（3）负责卫生清洁工作，保证分管的卫生区域达到一定的卫生标准和要求。

（4）对负责的卫生区域除按规定进行清洁外，还要及时清理杂物，出现脏乱即随时清扫，保持最佳的环境卫生。

（5）将垃圾、废物倒放在指定地点，清洁完毕后将卫生工具、用品放到指定地点，不得乱堆乱放。

（6）爱护卫生工具，正确使用卫生工具设备，并能够进行简单的维修。

（7）合理使用卫生清洁用品，尽量降低各种清洁用品的消耗。

（8）掌握正确的卫生操作方法与程序，防止在清洁中造成环境、食品等污染。

（9）按照主管的安排，定期进行灭鼠、灭蚊蝇工作。认真完成领导交办的各项工作，虚心接受有关领导对卫生工作的检查。

十四、夜班主管岗位职责

（1）负责夜班期间客房的一切工作。

（2）检查夜班员工的仪表仪容、精神面貌，并对他们的工作做出合理的安排。

（3）重点楼层要派人值班，行李到达或团体到达时，要派人到楼层交接和迎候。

（4）记录客人的电话，及时向服务员传达客人的要求。

（5）安排夜班的计划卫生。

（6）及时与前厅部核准房态。

（7）检查有关楼层方金钥匙的回收情况。

（8）留意非法留宿或有异常举动的客人，并与保安部、大堂副经理及值班经理联系。

（9）完成夜班工作，核对酒水单，统计开房数；抄写维修报表、稽查单，做好酒水日报表。

（10）每晚必须在适当时间对所管辖区域安排人员进行一次集中巡查，检查设备的情况、安全情况、防火情况及夜班服务员的工作情况。

（11）合理分配第二天卫生班所需要清洁的房间，并安排一些机动人员。

（12）合理安排夜班服务人员的查房工作。

（13）监督员工的考勤情况，填写夜班交班记录。

（14）参加部门早晨的例会，并向楼面值班经理汇报工作情况。

十五、服务中心领班岗位职责

（1）编制本部门员工的工作表，详细记录考勤情况，检查所属员工的仪表、礼节礼貌、工作态度与工作质量。

（2）建立失物招领档案，保管客人的遗留物品，监督遗留物品处理程序的具体实施。

（3）统计客房酒水的消耗量，并及时通报有关部门。

（4）填写服务中心物品需求的提货单，并到仓库领取；对服务中心的物品、设备进行编号建档，并定期做出核对；检查为客人提供特殊服务的物品的完好率与数量。

（5）随时掌握客房状态的变化，及时向前厅、财务提供准确的房态资料。

（6）向楼层主管报告贵宾的房号、到店时间及要求等。

（7）定期召开班组会，传达店内、部门内的指示和决议。

（8）准确无误地接听电话，并详细记录客人的事务，立即通知有关部门办理，内部事务按程序办理。

（9）监督万能钥匙收发工作，严格执行客房万能钥匙的相关管理制度。

（10）联系工程部，解决客房的维修事宜，并建立工程维修档案；向客房楼层主管和工程部提供每日维修房的房号。

（11）培训员工，定期进行业务考核，督导员工为住店的客人提供各项服务，并负责考评员的工作情况。

（12）编写工作日记，记录好特殊事项，做好交接工作，办理物品外借手续。

十六、服务中心服务员岗位职责

(1)准确无误地接听电话,并做好详细记录。

(2)保持与其他部门的紧密联系,传送有关表格和报告,严格执行钥匙的领用制度。

(3)对外借物品进行登记,并及时收回。

(4)统计客房酒吧的消耗量,填写酒水的补充报告单,并负责保存;按规定时间到前台收银处收取反馈单,送交酒水消耗统计表。

(5)保管各种设备和用具,并编写建档,定期进行清点。

(6)掌握客房的状态,并将信息准确无误地输入计算机,并与前台保持密切联系,遇有特殊情况,及时向领班报告。

(7)及时通知楼层领班那些即将抵店或离店的贵宾、旅行团的房号。

(8)每日做好24小时的维修统计工作,及时更改和填写维修房的情况和客房加床的记录。

(9)负责楼层服务员的考勤记录与病、事假条的保存,准确无误地做好各班次的交接记录,并向领班转达汇报交接记录内容。

(10)每日早班服务员负责向白班楼层领班提供楼层客房的出租情况。

(11)保管好客人的待洗衣物,适时将已洗好的衣物送交客人;未能送交的洗衣,应做好交接记录,同时接收店外客人的洗衣服务,并与洗衣厂做好洗衣的交接记录。

(12)将前厅部的换房通知单转交给领班,落实具体工作;并将贵宾通知单转交领班,落实各项接待工作。

(13)认真登记遗留物品,并妥善分类保管。

(14)结账房号应及时通知当班服务员,并将下午5点以后结账房号通知中班主管和领班,以便及时安排清扫。

(15)负责楼层服务员布巾的发放和收回,负责有关楼层急修项目,与工程部联系,送交客房维修单。

(16)及时向领班和楼层主管汇报客人的投诉,并做好记录。

(17)负责服务中心的卫生与安全工作,填写服务员工作报告表、楼层酒水控制表。

(18)认真完成好上级指派的其他工作。

十七、服务中心夜班服务员岗位职责

(1)迅速整理已经结账的房间。

(2)更新服务人员工作报告表及楼层酒水控制表。

(3)通知送餐部收回客房的餐具,收集挂在客房门上的洗衣袋及客房挂出的早餐牌。

(4)向工程部报告所管辖区内的维修事项,并及时检查维修结果。

(5)夜间巡视楼层时,清扫防火通道的墙壁、扶手与消防栓,清扫所有楼层的工作电梯。

(6)配合保安人员巡察所有的楼层、走廊,做好客房保安工作,协助值班经理处理一些突发事件。

(7)完成中班移交的各项工作,并编写相关的大事记录和工作日记。

第二节　客房部管理制度

一、客人入住管理制度

1. 准备阶段

(1)接到总台通知后,要做好接待准备。

(2)给房间送去开水,并认真巡视,检查房间是否处于完好状态。

(3)准备好与客人位数相等的茶杯和方巾,要有冲茶的开水。

(4)各项准备工作做好后,接待人员应站立于电梯口,面带微笑,迎接客人的到来。

2. 迎接引导

(1)当客人到达楼层后,值台员应主动上前问候客人,欢迎客人的到来,并礼貌地核实房号。

(2)引领客人到房间时,行走在客人左前方 1 米左右,并随客人步伐的节奏调整步速,带领客人到房间门口。

3. 进房

(1)按规定程序开门。

(2)开门后,服务员后退一步站在门外左边,以方便客人进房,并使用礼貌用语询问客人的需要。

4. 提供服务

(1)将准备好的茶水与方巾送到房间,为客人提供一流的服务,服务时间不应超过 3 分钟。

(2)按门铃,待客人允许后,进入房间,并礼貌地向对方表示歉意:"对不起,让您久等了,请用茶水和方巾。"

5. 介绍房间

为客人简单介绍一下房间设施的使用方法。如电器的开关在床头柜的控制板上,电话的使用方法,房间 24 小时提供冷热水,服务总台提供送开水、送报纸、擦皮鞋、洗衣等代办服务。如客人抽烟,请客人注意要将烟头熄灭在烟缸内,以避免烧坏地毯。最后祝客人入住愉快,退出房间。

二、客房清扫管理制度

1. 进入房间

(1)把工作车推至房门口,用车堵住房门口。

(2)按敲门进房的程序和标准进入房间。

（3）在服务工作单上填写进房的时间。

（4）拉开窗帘，同时检查窗帘拉动是否灵活，将空调风速调至高挡。

2. 倒掉垃圾

（1）将房内的垃圾倒入垃圾桶内，同时注意将烟缸内未熄灭的烟头熄灭，将亮着的灯具（除床头灯外）关闭，将垃圾袋口缚紧放在行李架旁。

（2）撤枕套、被套，逐层撤床单，检查是否有客人遗留下的物品，将枕芯和棉被放在行李架或沙发上。

（3）将垃圾和脏布具分别放入工作车上的垃圾袋和布具袋内，同时将客人用过的一次性用具撤到工作车上，用过的烟缸和垃圾桶放到卫生间待刷洗。

（4）如房内有餐具、水果盘等应立即通知客房服务中心来取。

（5）如有退房客人遗留的物品应立即送到客房服务中心。

3. 铺床

（1）从工作车上取出一定数量的干净布具和杯具，同时带上清洁抹布（用于擦拭杯具、镜面、家具各一块），放在行李或桌面上。

（2）按铺床程序要求铺床。

4. 去尘

按房间去尘程序擦去灰尘。

5. 补充物品

从工作车上取出房间内所缺的客人用品，并在服务工作单上做好记录，按照物品配备的标准放置好。

6. 吸尘

将吸尘器推入房间并打开电源，从里向外，以后退的顺序吸净房间的地毯和卫生间的地面，注意不要忽略家具底部和房间边角。吸尘完毕后要关闭电源，收好电线。

7. 再次检查

（1）环视房间，并喷洒空气清新剂，同时检查物品是否配齐、到位，有否还有遗漏的部位。

（2）锁好房门，在服务工作单上填写出房时间。

三、客房酒水饮料服务管理制度

（1）所有房间应该按规定配备、摆放酒水，各班次要记录好使用情况，做好交接。

（2）每天早班服务人员检查房间时，应注意检查酒水的消耗情况，如有消耗应将客人填写或服务员代为填写的酒水单送至客房中心，由客房中心及时补充到房间内。

（3）服务员在接到某房间的结账通知后，应该立即检查房间酒水，如有出现空缺，要马上通知房务中心，房务中心再通知前厅收银处，前厅收银处填写酒水单，并将其中的一联送交房务中心以备领用酒水。

（4）库管员要做出当日的"客房酒水销售总表"，并做好账目记录。

（5）库管员每月定期进行盘点，核查实际的消耗量，以及走单总金额，做出报表，上报部门经理。

(6)如因工作疏忽而造成酒水丢失,均要由责任人按酒水进价赔偿。如有非人为报损情况,按酒店有关规定处理。

(7)根据库管员的要求,楼层清洁员要定期检查酒水的保质期限,到保质期前3个月及时撤出,按酒店有关规定处理。

(8)团队、会议或其他客人提出不需要酒水时,应该提前将酒水撤出,锁好,等退房后再补入房间。

四、卫生间清洁制度

(1)卫生间的清洁工作要按照自上而下的顺序进行。

(2)清除垃圾杂物,用清水洗净垃圾桶并用抹布擦干。

(3)用除渍剂清除地胶垫与下水道口,清除掉缸圈上的污垢。

(4)用清洁桶装上低浓度的碱性清洁剂彻底清洁地胶垫,切不可在浴缸里或脸盆里洗,桶里用过的水可在打扫下一卫生间前倒入下水道。

(5)在镜面上喷上清洁剂,并用抹布擦净。

(6)用清水洗净烟缸,并用专备的擦杯布擦干,烟灰缸上如有污渍,可用海绵块蘸少许除渍剂清洁。

(7)清洁脸盆与化妆台时,如果客人有物品放在台上,应小心移开,待将台面抹净后将其复位。

(8)用海绵块蘸少许中性清洁剂擦拭脸盆镀锌件上的皂垢、水斑,并随即用干抹布擦亮,禁止用毛巾当作抹布。

(9)若客人在浴缸里用了橡胶防滑垫,则要视其脏污程度用相应浓度的清洁剂刷洗并用清水洗净,然后可用一块大浴巾裹住垫子卷干。

(10)将用过的脚垫巾放入浴缸,以便可以站在上面清洁浴缸内侧的墙面,一般情况下,只需用中性清洁剂即可,过后随即擦干。

(11)用海绵蘸上中性清洁剂洗浴帘内侧,要特别注意浴帘的下沿,且两面都要清洁干净,抹净浴帘杆、晾衣绳盒等。

(12)拿出浴缸里的脚垫巾,站在浴缸外侧清洁水暖器件和墙面、浴缸里面。

(13)清洁并擦干净墙面与浴缸接缝处、浴缸外侧。

(14)用中性清洁剂清洁座厕水箱、座沿盖及外侧底座等。

五、开夜床操作管理制度

(1)在确认没有挂"请勿打扰"标志牌或房门反锁的情况下,轻敲房门,并报称客房服务员,再轻轻把门打开。

(2)进入房间后,见到客人应征询可否进来整理清洁房间,如果客人拒绝服务,应在服务员工作记录表上记录下来。

（3）检查灯具、开关,确定是否可以正常使用,将空调开到指定刻度上,整理客房内的物品设备。

（4）轻轻拉上窗帘,若客人在场时,应征询客人的意见后才可进行操作。

（5）执行开床服务程序,将床罩从床头拉下并按规定的要求折好,将床罩置于衣柜或行李架上,打开床具的一角,将盖单连毛毯一起折成一个三角形,在其上面放上早餐牌和晚安卡。

（6）清洁烟灰缸和桌面,给水壶加注热水、冰块,放当天报纸于文具夹旁边。

（7）整理卫生间,主要是擦洗脸盆、冲坐厕、浴缸、换洗杯子。

（8）更换用过的毛巾,确保毛巾的整洁;遇客人要求加床要补充客用品。

（9）检查一遍卫生间及房间,除床头灯外,将灯都熄灭并关上房门。

（10）开床时,如一人住单间,则开有电话的床头柜一侧,一人住双床间,则一般开临近卫生间靠床头柜一侧;如两人住大床间,则两边都开,两人住双床间,则各自开靠床头柜的一侧。

六、清洁客人用品管理制度

1. 衣物

（1）把客人的零乱外衣挂入衣柜内,摆放整齐。

（2）内衣或睡衣要叠整齐,放在枕头上。

（3）在枕头下存放的衣物和晾干的衣物不要乱放,应叠整齐放在原处。

2. 书刊

（1）书刊要整理好并摆放整齐。

（2）对文件等纸张类物品,擦完尘后,放回原处,不要随便移动位置。

3. 贵重物品

（1）经过认真考虑后,再决定是否移动。

（2）清扫后尽可能地放回原处,不要放错位置。

（3）移动贵重物品时一定要谨慎小心。

（4）现金或贵重首饰要放回原处,不要随意乱动。

4. 箱子

（1）不得随意打开客人的箱子。

（2）如果因为妨碍清扫而移动箱子,清扫完毕要放回原处。

（3）不得翻动客人行李、书包等任何物品。

5. 鞋、袜

（1）将鞋摆放整齐放在桌子下边或床头柜下方。

（2）将袜子挂入衣柜内的衣架上。

七、客房检查管理制度

1. 制定检查制度

(1)服务人员检查:服务人员在整理完客房后,最后应该对客房设备的完整、环境的洁净、物品的布置等进行再次检查。

(2)领班检查:早班领班要对每间客房都进行检查并保证质量的合格。鉴于领班的工作量较重,要求其对各客房、空房及贵宾房进行普查,而对住客房则实施抽查。领班是继服务员检查之后的最后一关,所以责任重大,因此领班应该有高度的责任心。

(3)主管检查:主管除保证每天抽查数十间以上的客房外,还必须仔细检查所有的贵宾房和抽查住客房。主管通过查房,将会为管理工作的改进和调整、实施员工培训和人事调动等提供有价值的信息。

(4)经理检查:管家部经理通过查房可以加强与基层员工的联系,也能更多地了解客人的需求与意见,能为改善管理和服务提供依据。客房部经理每年应定期对客房家具设备的状况进行检查。

2. 客房的检查标准

(1)检查客房时应有规律地环绕客房一周,注意从天花板到地面的每一个角落,发现问题应当记录在案,并及时解决,要防止出现耽搁和疏漏。

(2)房间的检查标准:

◎房门。门锁与安全指示图等完好齐全,请勿打扰牌及餐牌完好齐全,安全键、防盗眼、把手等完好,正反面没有污迹;

◎墙面和天花板。无斑迹、无蜘蛛网、无油漆脱落和墙纸起翘等;

◎护墙板、地脚线。整洁完好;

◎地毯。清洁,无斑迹、烟痕、纸屑等;

◎床。床罩干净,放置正确,床下无垃圾,床垫要按期翻转;

◎硬家具。干净明亮,没有划伤痕迹,位置正确;

◎软家具。无尘土、无痕迹无杂物;

◎抽屉。干净,使用灵活自如,把手完好无损;

◎电话机。功能正常,无尘土无痕迹,显示屏清晰完好,话筒无异味;

◎镜子与书柜。框架无灰尘,镜面明亮,位置端正;

◎灯具。灯泡清洁,功能正常,灯罩清洁,能够正常使用;

◎垃圾桶。清洁,状态完好;

◎电视与音响。使用正常,频道应设在播出时间最长的一挡,音量调到一个偏低的位置,画面与音响效果良好;

◎壁柜。衣架的数量、品种正确且干净无污,门、柜底、柜壁和搁架等清洁完好;

◎窗户。清洁明亮,窗台与窗柜干净,能灵活开启;

◎窗帘。干净,完好,使用自如;

◎空调。滤网清洁,运作正常,温控符合要求;

◎酒水。清洁无异味,物品齐全。

(3)卫生间的检查标准:

◎门。前后两面外表干净,状态完好;

◎墙面。清洁,无污迹;

◎天花板。无灰尘、无痕迹、完好无损;

◎地面。清洁无灰尘,无毛发,接缝处完好;

◎浴缸。内外清洁,干净明亮,肥皂缸干净,浴缸塞、淋浴器、排水阀和水管开关等清洁完好,接缝处干净无斑迹,浴帘干净完好,浴帘扣齐全,晾衣绳使用自如;

◎脸盆及梳妆台。干净,明亮,水阀使用正常,镜面明亮干净,灯具完好;

◎坐厕。里外清洁,使用状态良好,无损坏,冲水流畅;

◎排风扇。清洁,运转正常,噪声低、室内无异味;

◎客用品。品种、数量齐全,状态完好。

八、客人衣物洗涤服务管理制度

为了更好地为住店客人提供衣物洗涤服务,特制定本制度。

1. 接收信息

(1)每天上午 9:00～10:30 接听楼层服务员的相关电话,并记录好需洗衣的楼层;

(2)快速洗衣或 VIP 客人的衣物随接随收。

2. 收取客人衣物

(1)根据接听的电话记录,准备好装衣袋或装衣车,按记录楼层由高至低的顺序收取客人衣物;

(2)在收取客人衣物的时候应核对衣物的数量与洗衣单是否相符,在楼层客衣交收本上签收。

3. 号衣打码

(1)核对衣物的数量、种类与洗衣单是否相符;

(2)检查衣物有无破损、褪色现象等,如有此现象应填写"洗衣服务卡"说明衣物的情况,连同有关衣物送还给客人,等客人认同签字后再进行洗涤;

(3)检查衣物的口袋里是否装有物品,将遗留物品用信封装好,并做好记录,在衣物送返时一并交还客人,如果是重要证件、现金、贵重物品时,则应立即送交客房部,送还客人;

(4)对检查后的衣物应在洗衣单上注明件数、种类、颜色等,然后进行打码或号衣,并将客人的特别要求在打码或号衣时做出特别的标注。

4. 洗涤

将已打码的衣物分别进行水洗、干洗或熨烫。

5. 收费

(1)整理洗衣单,按规定标准进行计价、收费;对酒店的长住客人、商务客人或 VIP 客人等,可根据酒店的相关规定与客人进行单独计费;

(2)登记"洗衣日报表",将洗衣单的消费金额、折扣、额外费用、服务费用和总金额详

细记录,并进行汇总;

（3）将"洗衣日报表"与洗衣单的财务联送到收银处。

6. 核对、包装

（1）仔细检查每一件洗熨好的衣物,发现问题及时送回并请有关人员处理;

（2）将衣物按规定的标准进行包装,把衣物放入相应洗衣单的客衣格上,逐一核对数量、种类和其他事项,在确定准确无误的情况下,将吊挂的衣物套上塑料罩袋;

（3）将小件衣物和折叠好的衬衣等放进洗衣包装袋内,并附加上洗衣单的客人联;

（4）核对客人遗留物品的记录,与洗好的衣物一起交还客人。

7. 送回衣物

（1）将已核对好的衣物送回楼层,按照由高层至低层的顺序进行;

（2）由楼层服务人员核对衣物签收后送入客人房间;

（3）在收送洗衣时不要为了自己的方便而用物件阻隔电梯门,以免妨碍电梯的正常运行。

九、客房部防火管理制度

（1）员工应该在指定地点吸烟并在安全的地方弃置烟灰、烟头,发现客人房间有未熄灭的烟头、火种,应立即进行处理。

（2）经常检查防火通道,使其畅通无阻,一切易燃液体应放入特制的容器内,并适当地放置于远离火种及阴凉的地方。

（3）不使用易燃液体做清洁剂,留意并警惕电器漏电或使用不正确而造成的火灾隐患。

（4）经常检查用电线路,如果发现接触不良、电线磨损或发现客人超负荷使用电器时,应立即向上级主管报告,以便及时做出处理。

（5）所有酒店员工都必须了解酒店的火警系统,明确知道灭火器、警钟或其他灭火用具的位置。

（6）当发生火灾或其他紧急事故时,应保持冷静,在确定出事地点的同时,应立即打电话通知消防中心及部门经理或主管。

（7）报告火警时,应清楚地说出火警发生的准确位置、火情并报上自己的姓名,同时将灭火器材取出拿到着火部位进行灭火。

（8）着火时注意要先切断电源,采取一切可能的措施扑灭火灾于初时。

（9）火势增大时,应打破就近的消防报警器的玻璃。

（10）火势控制不住时,应关掉一切电器用具开关,离开前把门窗关闭,撤离现场,切勿搭乘电梯。

十、客房设施维护保养管理制度

1. 地毯的维护保养

地毯是客房设施中比较容易损坏的物品之一,因此,应该特别注意对地毯的日常维护与保养。

（1）坚持每天吸尘，保持地毯的清洁。

（2）对地毯进行定期清洗，特别是地毯上出现了污渍时，应及时进行清除，否则时间一长会很难除去。

（3）每年对地毯进行一次彻底清洗。可以采取干洗和湿洗两种不同的方式对地毯进行清洗，但不论哪一种方式，都要注意不能对地毯造成损坏，要选用正确的清洁剂。

2. 空调的维护保养

（1）一般空调要注意在使用时不让水溅到开关上，否则会导致漏电，造成触电事故。另外，如果空调在使用的过程中发出了异常的声响，应立即关闭电源，并通知工程部进行检查和维修。

（2）中央空调则应由专人负责管理与操作。应定期对空调的鼓风机和导管进行清扫，每隔3个月左右对进风过滤网进行一次大清洗，定期对电机轴承传动部分加注润滑油。

3. 木制家具的维护保养要点

（1）防潮。木制家具受潮后容易变形、腐烂，因此客房一定要经常通风，保持干燥。

（2）防水。客房的木制家具也要注意防水，否则会使家具的漆面起包，甚至会发霉。因此，应格外小心不能让水溅到家具表面，如果不慎溅到了，应该立即进行清除。

（3）防蛀。放置樟脑丸或喷洒药剂以防止蛀虫在木制家具中的繁殖。

（4）防热。阳光的照射会导致木制家具的颜色减退，因此，房间内的窗帘在一般情况下都要拉上。

4. 卫生设备的维护保养

对客房内的卫生设备，要勤洗勤擦，以保持其表面的清洁与光泽。在清洗时，要注意选择正确的清洁剂，一般要选用中性的清洁剂，不要使用强酸或强碱等，后者会对浴缸、洗脸盆等设施的釉质造成损伤，会破坏瓷面的光泽，另外还会腐蚀下水道。

5. 门窗的维护保养要点

（1）在雷雨天或刮风时应注意关好客房的窗户，以防止吹坏玻璃或雨水进入房内。

（2）平常在开关窗户的时候应养成轻开轻关的习惯。

6. 墙面的维护保养

（1）为了保证墙面的清洁，要经常对墙面进行吸尘。

（2）在对墙面进行大清洁时，应在清洁之前先用湿布在墙纸上擦一下，查看墙纸是否掉色，而后再确定应该使用何种类型与性质的清洁剂。

（3）如果出现天花板漏水等现象，应及时通知工程部前来维修，以防止墙面脱落或发霉。

7. 清洁设备的维护保养

客房清洁设备的价格很高，并且要经常性使用，因此，其保养就显得特别的重要与必要，保养工作做得好，可以节省客房的经营费用。因此在进行客房清洁设备的保养时，要注意以下几点：

（1）使用清洁设备时必须严格按照有关的操作规定来进行，不能因为违规操作而导致设备受损。

（2）用完清洁设备以后，应对其进行及时、全面的清洁，并进行必需的保养。

（3）应定期检查清洁设备的状况，确认其是否完好，发现问题后应及时做出处理。

第三节　客房部常用管理表格

一、客房部人员排班表

员工代号	星期一	星期二	星期三	星期四	星期五	星期六	星期日
01							
02							
03							
04							
05							

二、客人进出客房核对表

序　号	房　号	客人姓名	进房时间	离房时间	签　名	备　注

三、客房情况报告表

楼　层：　　　　服务员：　　　　领　班：　　　　时　间：　　　　日　期：

房　间	房间状况	人　数	时　间 进	时　间 出	是否查房	备　注	维修情况：
01							1.
02							2.
03							3.
04							4.
05							5.
06							6.
07							7.
08							8.
09							9.
							10.

四、客房状况报告表

楼 层：		服务人员：		领 班：		时 间：	
空 房□		住客房□		无行李□		客外宿□	
坏 房□		离客房□		有行李□		勿打扰□	

房 号	房间状况	入住人数	房间设备情况	客人行李情况	备 注
1					
2					
3					
4					
5					

五、客房用品库存清单

品 名	数 量	使用中	库 存	损 坏	丢失合计	总 量	时 间	备 注
衣帽架								
烟灰缸								
文具夹								
浴室垃圾桶								
卫生纸盒								
请勿打扰卡								
废纸篓								
备忘录								
衣 挂								
刷 子								
便 笺								
橡皮垫								
电话指南								
鞋 架								
热水瓶								
枕 头								
枕 套								
浴 巾								
毛 巾								
毛 毯								
床 罩								

品　名	数　量	使用中	库　存	损　坏	丢失合计	总　量	时　间	备　注
床　单								
拖　鞋								
电　视								
音　响								
报　刊								

六、客房用品报告表

序　号	项　目	库房存货	房号	房号	房号	房号	房号	房号	房号	房号	回收数量

七、客房物品借用登记表

序　号	日　期	房　号	客人姓名	借用物品	客人签名	服务员	归还情况	备　注

八、客人遗留物品登记表

序号	房号	客人姓名	离店时间	物品名称	拾获人	客人领回时间	办理人	客人签名	备注

九、客房装饰情况登记表

项　目	日　期	房　号	规　格	生产商	维修情况	备　注
装饰窗						
遮光帘						
窗　帘						
床　罩						
躺　椅						
书桌椅						
沙　发						
行李架						
地毯、小地毯						
浴帘、浴垫						
其　他						

十、客房建筑维修情况登记表

项　目	日　期	房　号	规　格	生产商	维修情况	备　注
天花板						
空调饰板和吊顶						
墙　壁						
地板踢脚线						
窗　架						
房　门						
卫生间门						
壁橱门						
门　框						
其　他						

十一、客房卫生间装饰情况登记表

项　目	日　期	房　号	规　格	生产商	维修情况	备　注
地砖						
墙砖						
墙壁						
天花板						
梳妆台						
镜　子						
其　他						

十二、工程维修登记单

维修单位：	维修人：	工程部签收：

维修地点：　　　　　　　　维修内容：

维修员：　　　　　　　　　派工时间：　　月　　日　　时

　　　　　　　　　　　　　完工时间：　　月　　日　　时

故障房号	开始日期	维修时间	完工时间

消耗材料：

报修部门验收：

工程部：

报修部门主管：

备　注：

十三、客房仓库客用消耗品盘存记录

月　份：　　　　　　　　　　　　填写人：

序　号	类　别	单　位	上月剩余	本月进货	本月发出	结　存	经办人	备　注

十四、客房用品消耗统计月报表

日期 ＼ 品名数量				
合　计				

十五、楼层工作日报表

日　期：　　　　　　　　　　　　　楼　层：

员　工		主　管	
主要事项：			
			签　字：
中班	员工	主　管	
主要事项：			
			签　字：
晚班	员工	主　管	
主要事项：			
			签　字：
备　注：			

十六、楼层客房情况登记表

序　号	房　号	日　期	客房情况说明	值班人员	备　注

十七、房态检查报告表

日　期：　　　　　　　　　　　　　检查人员：

序　号	重　锁	勿打扰	有　客	外　出	离　店	空　房	待　修	备　注

十八、客房情况登记表

日　期：　　　　　　　　　　　　　　服务人员：

房号	空房	住房	客外出入住	行李	走客房	故障房	再次入住			夜床服务情况	备注
							住客	时间	行李		

十九、客房做夜床检查记录表

日　期：　　　　　　　　　　　　　　检查人员：

房号＼项目						
签　字						

二十、来访客人登记表

序号	来访者姓名	性别	年龄	联系方式	证件号码	欲访问房号

二十一、顾客离店情况登记表

日期	房号	付款方式	离店时间	检查时间	酒水情况	金额	客房设备情况	付款情况	检查人员	备注

二十二、钥匙领用表

序　号	钥匙类别	领用人	领用时间	归还人	归还时间	备　注

二十三、取交钥匙记录表

序　号	日　期	钥匙名称	用　途	领取时间	签　名	交回时间	签　名	备　注

二十四、酒水提取单

序　号	日　期	酒水名称	数　量	已发出	成　本	预计收入	经办人	备　注

二十五、楼层物品盘存表

盘点人员：　　　　　　　　　　　　　楼　层：

物品代号	物品名称	规　格	单　价	盘点数		账面数		超出情况		亏空情况		备　注
				数量	金额	数量	金额	数量	金额	数量	金额	

二十六、顾客退房登记表

序　号	日　期	房　号	退房原因	客房情况	备　注

第8章 酒店客房部员工礼仪礼貌服务标准

第一节 客房部员工素质与业务要求

一、客房部员工的素质要求与标准

1. 具有较高的自我控制力

客房服务人员在岗时,应自觉按照酒店的有关规定,不得拨打私人电话;不得与同事闲谈;不得翻阅客人的书刊、信件等材料;不得借整理房间之名私自乱翻客人使用的抽屉、衣橱;不得在客人的房间看电视、听广播;不得用客房的卫生间洗澡;不能拿取客人的食物去品尝等。这些都是服务工作的最基本常识,也是客房部工作中的基本纪律。

2. 较强的责任心与合作精神

客房部的服务工作具有很大的特殊性,在很多情况下,它的劳动强度很大,与客人直接接触的机会并不多,这就需要客房部的员工要有踏实苦干的精神,在面对每天要做的大量琐碎的工作中,能够保持一种良好的心态,不与别人进行盲目的攀比,要以高度的责任感来从事自己的工作。

另外,很多酒店按照服务规程,规定员工清扫客房时应该结伴同行、互相帮助。这就要求客房部的员工具备善于与同事合作的能力。并以各自的努力,营造出一个和睦相处、分工明确、配合默契、氛围愉快的小范围工作场景,以此来提高工作的效率,同时也有利于自己本职工作的顺利完成。

3. 要有旺盛的精力和较强的操作能力

客房部服务工作的内容相对来说比较繁杂,且会消耗很大的体力,另外,客人的要求标准也比较高,因此,就要求客房部的员工反应要灵敏,动作要迅速,充沛的精力和较强的操作能力是十分重要的。

客人对客房的最基本要求是舒适、清洁、安全。而要做到舒适清洁,首先必须搞好清洁卫生工作。特别是房间与卫生间的卫生,这也是客人对客房最基本的要求,也是客人最喜欢挑剔、最为讲究的区域。

客房一定要保证做到无害虫、无水迹、无锈蚀、无异味、无污迹;地面、墙面要无灰尘、无碎屑、无污痕;灯具和一些电器设备、镜子、卫生用具等要光亮洁净;卫生设备每天都要进行消毒;床单、枕套等卧室用品必须按照规定的时间及时进行更换;房间内的装饰布置要高雅清新;酒店物品的放置要按一定的标准做到整齐划一;中式铺床应该使床单的折痕居中,平整自然,毛毯、枕、被子的放置应该统一,被子四角要整齐,外观无塌陷,枕口朝里;西式铺床应该使床单、被单、毛毯三条中折线相重合,床罩要平整,四角保证整齐,包角无褶皱现象。

要保证客房能够达到上述的高标准,势必要求客房部员工为此付出巨大的努力,在辛勤的劳动中才能提高工作效率,才能换来工作的成就。

二、客房部人员的业务要求与标准

1. 客房部经理的业务要求与标准

(1)要知道并理解酒店的基本理念,熟悉客房部的管理业务,比如房间规格、卫生标准、操作规程等。

(2)有较强的组织能力,能够以身作则,作风要正派,在员工中具有较高的威信。

(3)熟悉和掌握清洁用品、用具的正确使用及保管、保养的方法。

(4)有较高的英语水平和会话能力。

2. 资产经理的业务要求与标准

(1)熟悉并掌握客房设备、用具、物品的产地、名称、规格、质量、品牌、性能与价格等情况。

(2)具备基本的财务知识与统计知识,还要了解财产的分类保管知识。

(3)指导客房设备、清洁用具、清洁剂的保管、保养与使用知识。

(4)既要坚持原则,严格遵守酒店的制度,同时又要尽量方便酒店的运作。

3. 客房部领班的业务要求与标准

(1)熟悉并掌握各类房间的规格、设施用品的布置标准。

(2)熟悉并掌握客房整理的操作流程、卫生标准、各班次的工作程序。

(3)要有良好的工作意识与组织能力,善于团结员工,作风要正派。

4. 易耗品保管员的业务要求与标准

(1)牢固树立为酒店服务的思想,保证楼层需求量,严格遵守物品的发放制度。

(2)与采购供应及财产部门保持紧密联系,经常进行业务沟通,定期报计划,并给予必要的补充。

(3)不断提高仓库管理技能与记账的业务知识,熟悉易耗品类的用途、价值、使用寿命与周期。

第二节 客房部员工礼仪礼貌服务标准

一、客房部员工的行为礼仪规范

1. 主动问好

在遇见客人的时候应该主动向客人打招呼,遇见同事和各级管理人员的时候同样需要以礼相待,相互打招呼问好。

2. 不得先伸手和客人握手

除非是客人先伸手,否则员工不得先伸手与客人握手。在握手的时候,态度要自然大方,不要双手叉腰、插入口袋或指手画脚。

3. 昂首挺胸

站立时应昂首挺胸,不得弯腰驼背,以精神饱满、微笑的面容与客人接触。

4. 沿墙边行走

服务人员应该在楼面沿墙边地带行走。在进行服务或等候工作时,如果遇到客人迎面而来时,应该放慢行走速度,在距离客人 3 米左右的距离时,应该自动停止行走,站立一边并向客人微笑问好。

5. 留意物品

注意行走路线上的设备、物品,看有无损坏,地上有无纸屑和有无积水杂物,积水应及时擦去。

6. 方便客人

客房是客人外出时临时的家,要使客人感到处处方便、舒适、卫生、安静,不要在楼层大声喧哗、追逐、打闹,搬运物品要轻拿轻放,保持肃静。

7. 卫生清洁

为客人打扫卫生或者其他服务时应打开客房的房门,但不能同时打开几个房间的房门。

在客房部员工下班前,客房必须打扫干净并为抵店的客人预备好一切干净齐全的用品。

进行清洁时要注意抹布的区分使用,干的、湿的、脏的、干净的要分开,不要拿脏的抹布擦桌子。

清扫房间时应尽量避免干扰客人,最好在客人外出的时候进行打扫或在客人提出要求的时候才去做,但必须把握好时间,尽量在客人未回来之前整理好。长住客人的房间要按照客人的需要去打扫。

8. 不得随意处置客人的东西

在整理客人的房间时,不可随意扔掉客人的书报杂志,即使是花束、纸条等,在未经客人吩咐与允许的情况下,也不得随便扔掉,以免引起不必要的麻烦。

9. 不要随便打开客房房门

在没有问明和证实来客是某房间的客人以前,不得将客房钥匙随便交给他人。在客人出示证件,并与客人情况登记表上的内容核对以后,才能将房门打开。

10. 不要议论客人

服务员不得聚在一起议论某个客人。

11. 详细填写值班记录

服务员要详细填写值班记录,凡未办完之事要交代清楚,不得因交接班而使服务中断或脱节,以免引起客人的不满与抱怨。

二、接送客人时的服务礼仪规范

1. 迎接客人

在接到服务前台的开房通知后,即可顺便了解客人的个人情况,并在电梯厅做好迎接客人的准备。客人赶到时要热情主动地迎上去,并礼貌地称呼客人名字,欢迎他们的到来,并帮助有行李的客人提李。在客人下电梯时,要帮助客人按电梯钮。

对于首次到酒店住宿的客人,应简明地向他们介绍房间设备的使用方法与注意事项,还可简要地介绍酒店的各项设施和特点,将餐厅、酒吧、咖啡厅、商品部、娱乐设施等位置与开放时间告知客人。在问清客人暂时没有其他需求后,不要再做逗留,而应及时退出房间,以免打扰客人。

2. 房间清理

配合客房服务人员清理房间,清理完毕后要将房门锁好。

3. 带客进入房间

与行李员一起走在客人的左前方,要与客人保持一定的距离,并伴随着客人的步速向前慢行;到客人住房前要轻敲房门,在房间里没人回应的情况下再帮助客人开门,先请客人进入房间,然后再跟进并放置好行李,向客人介绍客房内一些常用设备的使用方法,客人表示不用介绍时就可以免去介绍。

4. 倒、送茶水

根据客人各自的生活习惯与个人喜好,为客人送去不同的饮品。送茶水进入客人房间时要先敲门,在得到客人的允许后才可开门进入客人的房间。在倒茶水时应先放好杯垫,然后再将茶水杯放在杯垫上。在茶水送到房间后,简要向客人做一下自我介绍,并介绍一下房间的设备,告诉客人有事的时候可以随时召唤。

5. 做好客房的安全性工作

(1)客房服务人员应尽量记住客人的姓名、外貌特征等,要注意替客人保守秘密,不得将客人的房号、个人情况、活动规律等告诉其他无关人员;不要将客人不熟悉的人员引见给他们;未经客人允许,不要将来访者带入客人的房间;晚上应留意客房的住宿人数。

(2)服务人员要严格控制客房房间的钥匙。客房服务员所掌管的房间钥匙应该随身携带。客房服务员在楼层工作时,如果遇到有人称忘记带钥匙并要求代为打开门时,除能确认该客人所住的房间外,一般应委婉地请他们去服务前台领钥匙,而不要轻易地为其打开房门,以免引起不必要的麻烦。

(3)客房部不仅面对日常经营中的各种安全问题,还必须随时准备应对突发性火灾等一些紧急事故。

6. 送客人服务

在接到客人的退房通知后,应该记住客人的房号,在了解客人离开房间的准确时间后,即开始准备送别客人的工作。客人离开时,要提醒客人仔细检查一下自己携带的随身物品,不要将物品遗留在房间,然后再送客人到电梯厅。帮客人按下楼的电梯钮,并让客人先上电梯。

三、客房送餐时的服务礼仪规范

(1)客人用电话预约订餐时,要详细记下客人的姓名、用餐人数、房间号码、点餐的品种、规格、数量、送餐时间,然后再向客人复述一遍,避免出现差错。

(2)送餐前要根据客人点的食品、饮料的特点,首先准备好用餐的相关器具,另外,食品在运送的过程中一定要注意安全。

（3）厨房制作出的食品，一定要按客人预约的时间准时送到客人住房，保证食物在送达客人房间时应处于最佳状态。

（4）进房时要先按门铃，在经过客人的允许后才可以进入房间，并礼貌地向客人说明自己的来意，在客人表示同意后，即给客人开台摆位，按照餐厅服务方式为客人服务。

（5）一切工作就绪后再将账单拿给客人签字。客人签字或付现金后要向客人表示感谢，离开房间时要礼貌地向客人道别并将房门轻轻关上。

（6）客人用完餐后，要与客房服务员配合，及时将餐具收回，交给洗涤部进行清洗。

四、客房部洗衣服务礼仪规范

（1）衣物的洗涤方法一般有三种，即干洗、湿洗、烫洗；从时间上来讲，有快洗、普通洗两种；快洗一般需要 4 小时左右，普通洗一般需要 24 小时。客人送洗的衣物必须由客人在洗衣表上填写清楚，并注明洗涤的方法与时间，选择快洗还是普通洗。

（2）服务员在收到客人送洗的衣物时，必须仔细检查客人的衣物是否有破损、污点、褪色等情况，检查一下衣袋里面是否有东西，衣物的扣子有无脱落的情况。如果有上述情况，则必须与客人当面讲明，并当着客人的面核对件数。

（3）送洗衣物时要与承接洗涤的部门将上述情况讲明，并提出相应的要求。洗涤前和洗涤后都要交接清楚，以免发生差错。

（4）送洗的衣物必须按时保质保量地送交给客人。若有缺损，在客人执意要求的情况下，应该向客人做出赔偿。

五、遗失物招领时的服务礼仪规范

（1）服务人员应该详细记录遗失物品的详细情况，以及拾获人的姓名。若是在房间拾获的，还要记录房号、离开客人的姓名。

（2）服务人员应该将拾获客人遗留物品的情况，及时向值班经理汇报。

（3）服务人员若已知遗留物品主人的姓名、住址或工作单位，应通知物主领回物品或邮寄给他本人；对查不到失主的遗留物品，应将物品的详细情况报告大堂经理、总台询问处、保安部等有关人员和部门，以便于客人的查询、核对和转交工作的进行。

（4）酒店内所有拾获的遗留物品均应交保安部妥善保管，并由保安部负责移交给客人，移交手续要完善。按国际通用惯例，客人遗留物品一般要由酒店方面保管一年，随后即可见机自行处置。

（5）对于拾获客人的遗留物品而不交出者，经查出，若是酒店的内部员工，要进行严肃的处理。

第三篇

现代酒店餐饮部管理

 餐饮部原料采购与储存管理

第一节 酒店餐饮部采购概述

一、餐饮采购的意义与目标

采购乃是以金钱换取物品或服务的行为,它的重要性在于能在适当的时间内将物品或服务提供给使用单位,使之能产生高效率的生产成果。故对采购人员来说,低的采购价格、高的进货品质与好的售后服务,将是其永无休止的追求目标。

假设一个公司其赢利目标定为5%,也就是每销售100元需赚取5元的利润,此时其采购效益每增加1%(降低1%的进货成本),则相当于增加20%的营业额所获利润。处在目前高度竞争下的餐饮业,要想增加20%的营业额是非常困难的。

由此可以看出正确的采购策略与优秀的采购人才对餐厅经营有举足轻重的作用。

二、餐饮采购的组织

酒店餐饮采购部门的规模通常依餐厅经营规模大小(或为单一经营或为连锁式经营)决定。采购部门可由一个主管和数名采购人员组成。若公司为连锁性餐饮的经营形态时,采购部门则常与仓储、配送部门合并成一个更大且完善的后勤物料管理部门,其功能从厂商的选定、货品的议价、订货工作的进行、统一验收质检、仓储管理、配送服务到提供财务部门完整的物料成本资料,都是其工作职责范围。公司总经理直接管理采购主管。

酒店下属的中小型或单一餐厅经营方式,其采购工作常由使用单位执行,其优点为机动性高、弹性与变化大,而且若能配合厨师的开发,常可推出极具创意的餐点,缺点则是经济效益低,成本较难控制,且采购与使用合一,将无法达到核查功能,极易产生人为操守的问题。

酒店下属的大型餐厅,其采购工作则由专业采购部门或专职人员来执行。采购人员业务中最重要的一环,是充当供应商与使用者之间的桥梁,将有关货品之规格、功能、技术知识,从供应商转达给使用人员,并将使用单位使用后的效益加以分析评估,作为下次采购时的依据。

三、采购人员的主要任务

为使酒店的物料供应来源不致匮乏,而且在费用成本、品质条件、售后服务上获取最

大的效益,采购人员需担负下列一般性的工作任务。

1. 选定供应商

采购的基本责任就是替酒店采买物品,不论采购的项目是什么,必定得有供应商,选择一个信誉良好、配合意愿高的供应商,对于相当讲究"新鲜""时令"的餐饮业来说,是非常关键的一环。尤其在现今餐饮业上由于供应系统尚不够成熟,采购品质复杂度高,且经济规模多嫌不足的情况下,供应商的选择更显重要。

执行订货工作也是采购工作之一,当供应商选定、采购物品确定、供货条件签订后,买方即会对卖方执行订货行为,此即所谓合约性采购。订货工作执行得正确与否,将直接影响营运部门的运作与酒店成本的负担,可以说是一项专业性很高的工作。

2. 确保品质

对采购人员来说,采购酒店物品,以获取最高的供货品质、最低的成本负担与最好的售后服务,是其永无休止的追求目标。对于餐饮业务量较大的酒店,如果分工较细,在整个材料管理系统中可能规划有独立的单位,对原物料的采购、验收、配送、储存与使用进行稽核工作,以确保顾客吃得放心。

因此,采购工作也就是从货品交到使用单位经使用后才算开始,因物品经使用后才算是一个完整的物料流程,也才能确认采购者的绩效,以作为下次采购时的参考依据,这也是采购品质管理工作的精髓所在。

3. 控制成本

企业以赢利为目的,酒店的餐饮部门自不例外,追求更高的利润是所有从业人员努力的目标。利润的获取不外乎业务的开展与成本的控制,正是所谓的开源与节流,而采购属于后勤单位,餐饮部门从食材、用品到设备器材,采购人员所经手的可能是超过50%以上的营业支出,在竞争激烈的情况下,谁能有效地控制成本,就会胜算一半。

四、货源选择与采购要点

在货源选择上有很大的差异性,如中餐、西餐、速食等,所贩售的菜式都不尽相同,故其所需的货源、规格、品种也各有其特殊的要求,以下谨将货源区分为 5 大类,就其共性加以分析。

1. 机具设备类

科技不断进步,酒店餐饮业也是如此。现在有很多性能不错的储存或操作机具,可有效地提高产能、减少耗损,餐饮经营者应多加利用。但这类采购因单笔采购金额很高,购入后的使用期限很长,故采购前多方打听及了解极为必要。在选择上需考虑其效率、耐用度、操作方便性、安全性及供应商的售后维修能力。价格的高低虽然重要,但售后维修更重要。

2. 食品生鲜类

此类物品包括各种肉类、海鲜、蔬菜、水果等,除了西式速食业外,此类原料多为餐饮业最主要的采购商品,也是采购人员最大的挑战所在。食品生鲜类物品的供应选择,除了要把握住采购三要素:价钱低、品质高、服务好,更必须注意市场的动向、供应商即时供货的能力及新鲜度的确保。

3. 冷冻食品类

此类物品与生鲜食品类大致相同,但因其储存方式不同,而在供货来源上也不相同。近年来随着经济的高度发展,冷冻食品因具有方便性,普及率愈来愈高,餐饮业也大量使用,尤其是西式速食业,此类物料更是其食材的大宗物品。

冷冻食品的方便性,在于其保存期限较长,且多经过初级加工。然而此类食品因需经过工厂加工,故在选择此项物料时,除就物品本身品质加以考虑外,对其工厂的生产流程,甚至对其储存及配送的设备与作业流程,都应仔细比较,再决定是否采购。

4. 调味品类

此类物料指的是油、盐、酱油、糖、南北货配料等,因其非生鲜物料,保存期限较长,且多有品牌规格可依循,在货源的选择上,可就厨房使用者的需求,再依一般采购原则处理即可。

5. 非食品类

此类物品指的是如筷子、刀叉、餐巾纸等各种营业上需要用到的物品,此类货品种类繁杂,但用量多半不大,在选择货源时,市场上有一种专门集合各类餐饮用品的专业公司可供参考选择。

当然采购人员也可自行评估本身各项用品的用量,可考虑直接向上游的厂商采购,以达到节省成本的目的。

第二节 餐饮部采购中的订货管理

在酒店餐饮部门的采购作业流程中,实际订货工作比与供应商洽谈采购条件显得更为重要,当采购人员与供应商签订或协商好买卖条件后,即开始进行订货的工作。因餐饮采购的商品力求新鲜,有效期限的控制就成为物料管理上的重点,因此如何达成有效率的订货工作,也成为对采购人员的要求。

一、订货目标

正确执行订货工作,可使营运顺畅,而安全库存的维持与物品储存周转率的提高,则为订货的目标。也就是说,采购人员必须在为维持存量所获得的好处和因储存所付出的代价之间,谋求最佳的平衡点。适当的存量可获得营业顺畅、增加销售、给顾客良好的印象等好处;但因储存而来的库存成本、因采购过多导致积压资金的风险、货品储存过久而致腐坏等,也都是在订货时必须考虑的因素。

二、订货对象

1. 对外订货
依照采购单位认可谈定的条件,向指定的供商订货。

2. 对内订货

对于一些餐饮部规模较大的酒店,为集中采购或强化采购条件,常有配销中心或中央仓储的设置,此时各营业单位只需面对一个订货对象,而由配销中心去面对众多的供应商,如此可减轻营业单位管理上的负担,若再加上计算机化管理,则更能有效达成物料管理的绩效。

3. 厂商自行供货

有些供应商的配销能力非常强,会自行固定到餐厅检视存货、补货。

三、如何确定订货数量

订货数量的确认,必须经过订货人员审慎考虑与计算过各种因素,才可下单给供应商。确认订货数量的方法,一般有以下几种。

1. 按照预计的营业额

营业额的高低,直接影响到物品的使用量。所以在订货时,首要考虑的因素,就是打算做什么生意,也就是预估营业额,以此来反推需准备多少原物料。计算时,可以每万元或一固定金额之营业所耗用之物料的平均数,作为参考依据,再算出要达成预估营业达成时的物料需求量。

2. 按照物品储存的有效期

酒店餐饮部门对食品类有效期限的控制,是确保品质的重要方法之一,所以订货时,其储存有效期限也不可轻忽,也就是订货量的可耗用期限不可超过储存的有效期限。

3. 按照原材料使用状况

一个餐厅的各项原物料过去的使用情形,也可作为订货的一项重要参考资料。在一般情形下,可以前一期使用量作为下一期订货的依据。可以长期性地累积记录各项物料的耗用情形,这显得非常重要。

4. 按照盘点结果

盘点的结果可让采购人员清楚了解现在店内还剩余多少物料;有哪些需要订货。所以盘点的正确与否是影响订货准确性的重要因素之一。

5. 按照促销广告

为了提高营运绩效,或增强竞争能力,或刺激消费等特定的原因,现今餐饮业越来越重视广告促销。由于促销常常会打破原有物品耗用的正常比例,因此订货人员需对促销的内容、对象及企业部门的预期目标详加了解,并适度调整订货量,以配合促销活动的进行。

6. 按照地区特点

对于连锁经营的餐饮业来说,每家分店曾因为据地点商圈特点的不同,作为预估、订货的依据,或作为管理上的指标。然而不可控制性永远是存在的,许多情况的发生事前是无法预知的,因此一个好的订货人员对异常情况必须具有高度的警觉性。

每日检查短效期及重要原物料的盘存量、使用量与进量,确定进货的频度。

异常发生后需尽量了解原因、追踪后果,并加以记录,作为未来参考的依据。

7. 按照季节变化

季节的更迭、天气的变化,往往会影响菜式及原物料使用量的不同,同时更重要的是,这些变化是生鲜食品供应时间、产量多寡、品质好坏与价钱高低的最主要指标,订货人员应与采购及使用人员密切配合,以期达到采购的最高效益。

8. 按照供货期长短

订货时,也须考虑供货商供货时间的长短,即接受订单后要多久才能将货品送到;下一次送货是什么时候;因为各供应商提供物品的到货时间或送货期间不尽相同,因此订货时必须依据供货时间订足够的量。

9. 按照食品的包装数量和规格

已决定要订多少数量时,最后要注意的是,订货量必须考虑此项物品的包装内容量,而做适当的调整。

并非所有商品的采购都直接由采购人员主导,有些商品限于专业或其他原因,曾由使用单位或仓库依其需要量与安全库存量提出请购单,经过总经理或指定的主管核准其请购单,最后才由采购人员直接办理订货。

对酒店餐饮部而言,由于季节、气候、产量多寡、价格变动、促销等因素的影响,有些食材确实无法套用公式来计算采购量,不过一般仍可根据公式得出最佳订购量:

$$采购量(含安全库存量) = 每日用量 \times 进货天数 \times 12$$

至于采购周期,理论上是愈短愈好,但考虑到鲜度、耗用量、供货期间及库存空间等,各种原材料的采购周期不尽相同,以下为一般餐厅普遍采用的采购周期:

①生鲜肉品、蔬果每日采购。

②冷冻食品每周或每 20 天采购。

③一般用品每月采购(单店则为每周采购)。

四、订货的方法

订货方法即订货数量参考因素的运用,可以预估营业额中各项原物料所占之比率,计算使用量,或者以盘点结果的上期使用量减去盘存数量后,参考上列因素计算出需求数量,再依订货物品的包装数量来调整。

酒店餐饮经营必须不断努力收集各种资料数据,作为营业额的依据。

餐饮经营所使用的食材和季节有很大的关联,限于当时蔬菜、水果及鱼类等物品的变化,菜式也随之更迭,因此对于采购人员的挑战更大。

采购人员如能充分掌握季节性的变数,必能轻易取得成本低、新鲜度佳的时令食材,提供厨房制作新鲜的精美佳肴,以吸引顾客闻香上门。

结合上面的因素,采购人员应以节约为本,配合其他作业,实现营运绩效。

第三节　酒店餐饮部食品原料采购标准

1. 蔬菜类原料的采购标准

(1)胡萝卜:头尾粗细均匀,色红而坚脆,外皮完整光洁,并具充足水分者。

(2)白萝卜:头尾粗细均匀,色白表皮完整细嫩,用手弹打具结实感。

(3)马铃薯:表皮洁净完整,色微土黄,水分充足无芽眼。

(4)笋:笋身粗短,笋肉肥大,肉质细嫩。

(5)茭白笋:色白,光滑肥嫩,切开后没有黑点。

(6)洋菇:蒂与基部紧锁而未全开放者,呈自然白色,若过分洁白,则可能添加了荧光剂。

(7)洋葱:表皮有土黄色薄膜,质地结实者为佳。

(8)菠菜:叶片呈深绿色、肥厚滑嫩,茎部粗大硬挺,基部肥满而呈红色者。

(9)丝瓜:表皮瓜刺挺立而带绒毛,瓜身粗细均匀、硬挺且重量重者为佳。

(10)小黄瓜:头尾粗细均匀,表皮瓜刺挺直、坚实、碧绿而带有绒毛,瓜肉肥厚。

(11)大黄瓜:头尾粗细均匀,表皮光洁平滑,瓜肉肥厚、坚脆、水分充足。

(12)青椒:外观平整均匀,表皮滑亮,色绿而坚挺。

(13)茄子:表皮光滑呈深紫色,茄身粗细均匀、瘦小、坚挺,而蒂小者为佳。

(14)包心菜:外层翠绿,里层纯白,叶片明亮滑嫩而硬挺,包里较宽松。

(15)莴苣:叶片肥厚、嫩滑、硬挺但完整而无虫害。

(16)空心菜:茎部要短,叶片肥厚、完整而无虫害。

(17)芋头:表皮完整丰厚肥嫩,头部以小刀切开呈白色粉质物质佳。

(18)香菇:茎小而肥厚,菇背有白线纹为上品菇,里侧越白越新鲜。

(19)甘蓝菜:叶片呈暗绿色、肥厚嫩滑而无虫害,茎部肥嫩者为佳。

(20)豇豆:粗细均匀而肥嫩。

(21)四季豆:粗细均匀而滑嫩。

(22)豌豆:肥嫩坚挺而完整。

(23)芹菜:茎部肥胖而色白为佳。

(24)苋菜:叶片肥厚而无虫害。

(25)大葱:茎部粗肥而长者为佳。

2. 大米的选购标准

(1)米粒均匀饱满、完整、坚实。

(2)光洁明亮,无发霉、石粉、砂粒、虫等异物。

(3)米粒愈精白,维生素B愈少,故宜选用胚芽米,其营养价值高。

3. 面粉的选购标准

(1)粉质干松、细柔而无异味者。

(2)依蛋白质含量的不同,而区分如下。

◎低筋:蛋白质含量低,颜色最洁白,紧握后较易成团,宜做小西点及蛋糕之用。

◎中筋:蛋白质介于高、低筋之间,宜做面条之用。

◎高筋:蛋白质含量最高,其色微黄,紧握不易成团,专做面包之用。

4. 肉类的选购标准

(1)家畜肉类(牛、猪肉)

◎品质好的猪肉其瘦肉部分为粉红色,肥肉部分为白色且清新,硬度适中,无不良颗粒存在,肉质结实,肉层分明,质纹细嫩,指压有弹性,表面无出水现象。

◎牛肉则瘦肉部位为桃红色,肥肉呈白色,但牛筋则为浅黄色。

◎病畜肉上常有不良颗粒,瘦肉颜色苍白;死畜肉呈暗黑色或放血不清有瘀血现象;肉皮上未盖检验章者为私宰牲畜,较无保障。

(2)家禽类

◎活的家禽类,头冠鲜红挺立,羽毛光洁明亮,眼睛灵活有神,腹部肉质丰厚而结实,肛门洁净而无污物黏液。

◎杀好的家禽类,外皮完整光滑,整体型肥圆丰满者为佳。

(3)内脏

◎肝应选灰红色、筋少、有弹性、无斑点者。

◎猪肚应选肥厚、色白、表面光亮、无积水者。

5. 乳类的选购标准

(1)乳粉类

奶粉宜选择乳白色不成块状的粉末,并选罐制或不透明袋装的产品,勿购买透明、塑胶袋装的不合法产品,外观必须标示清楚。

(2)罐头类

◎标示说明清楚,包括容量、厂牌、厂址及制造日期等。

◎包装精美完整,两头齐整不向外凸出。

(3)鲜奶类

◎奶味鲜美,且有乳香,色白。

◎乳水油腻而不结块者。

◎注意制造日期、厂商销售期间的存放方式与冷藏温度的控制等情形。

◎须经卫生检疫机构检验合格者。

6. 蛋类的选购标准

(1)鲜蛋类

◎新鲜蛋外壳粗糙,并且清洁无破损,形状圆滑。

◎以灯光照射,其内应透明,无混浊或黑色。

◎蛋气量要小,用手摇之而无震荡的感觉。

◎放入盐水中会沉下去。

◎蛋打开后,蛋黄丰圆隆挺,蛋白透明坚挺包围于蛋黄四周而不流散。

(2)皮蛋类

◎外壳干净无黑点,手拿两端轻敲时,有弹性震动感。

7. 海产类的选购标准

（1）鱼类

◎鳞片整齐而完整。

◎眼睛明亮而呈水晶状。

◎鱼鳃鲜红，鱼肚坚挺而不下陷，鱼身结实而富弹性。

◎只有正常的鱼腥味而无腐臭味。

（2）虾类

◎鲜虾种类繁多，依其种类各有其应有的色泽。

◎虾身硬挺、光滑、明亮而饱满。

◎虾身完整。

◎只有自然的虾腥味而无腐臭味。

（3）蟹类

◎蟹身丰满肥圆。

◎蟹眼明亮、肢腿坚挺、胸背甲壳结实而坚硬。

◎腹白而背壳内有蟹黄。

（4）蛤蚌螺类

◎外壳滑亮洁净。

◎外壳互敲时，声音清脆，而无腐臭味。

（5）海参类

◎肉身坚挺而富弹性者。

◎洁净而无杂质及腐臭味者。

（6）牡蛎类

◎选择肉质肥圆丰满者。

◎无腐臭味者。

（7）墨鱼

其身洁白、明亮、坚挺而富弹性者。

（8）鱼翅

翅多，并且光洁滑亮。

8. 水果的选购标准

（1）苹果：表皮完整无虫害及斑点，具自然颜色、光泽及香味，质重而清脆。

（2）橘子：皮细而薄、质重且具有橘味者为佳。

（3）柠檬：皮细而薄，质重多汁为佳。

（4）阳桃：每瓣果肉肥厚、滑柔、光亮、色泽为佳。

（5）柚子：皮细而薄、质重且头部宽广为佳。

（6）枇杷：表皮呈金黄、有绒毛为佳。

（7）木瓜：表皮均匀无斑点，肉质肥厚者为佳。

（8）香瓜：皮薄且具光泽，底部平整宽广，轻压时稍软，摇动时无声响，并具香味者
为佳。

(9)番茄:表皮均匀完整,皮薄、具光泽、色泽鲜艳。

(10)番石榴:表皮有光泽,果肉肥厚,颜色越浅者为上品。

(11)香蕉:以肥满熟透,而具香味者为佳。

(12)凤梨:表皮凤眼越大越好,以手弹之有结实感,质要重,具芳香味,而表皮无汁液流出。

(13)西瓜:表皮翠绿、纹路均匀、皮薄、质重、多汁、以手敲之有清脆声者为佳。

(14)葡萄:果蒂新鲜硬挺、色浓而多汁者佳。

(15)梨子:皮细、质重、光滑、多汁者佳。

(16)桃子:表皮完整而有绒毛者较新鲜,果肉则要肥厚颜色浅。

(17)李子:表皮有光泽,大而多汁者为佳,红李则色泽越深越好。

9. 调味品的选购标准

(1)食用油类

◎固体猪油以白色、无杂质且具有浓厚香味者为上品。

◎液体油则以清澈、无杂质及异味者为佳。

(2)酱油类

有品牌、经卫生检验有明显标示、具有豆香味、无杂质及发霉者。

(3)食盐

色泽光洁、无杂质、干松为佳。

(4)味精

色泽光洁、无杂质、干松为佳,用火烘烤会溶化者,即属真品。

(5)食醋

种类繁多,有清纯如水者,也有略带微黄者,选购时以光洁、清澈、无杂质为佳。

(6)酒类

调理用酒大多以黄酒、高粱酒、米酒居多,宜选用清澈、无杂质者。

(7)糖类

以干松而无杂质为佳。

第四节　酒店餐饮原料采购的审核与验收

采购到食品原材料和其他物品后要进行验收,作业要点简言之为"择优汰劣",以确保原材料的品质。

原材料存货管理则在管制原材料的数量,作业要点简言之为"先进先出",以确保原材料的最佳使用效率。

餐厅使用的原材料经采购人员下单采买后,紧接着便是验收及储存管理。

由于餐饮业对鱼肉蔬果的鲜度、品质、保存期限要求极严,因此物料在进入时,验收作业的把关功能轻视不得。

而验收完后,因应原材料不同的物性,及早施以正确的储存,并确实进行原材料存货管理,以管制原材料数量及进出,都是餐厅确保原材料品质的重要工作。

以下针对验收、坏品、退货、储存、存货管理等各项作业要点,逐一分析。

一、验收目标

确保交货的数量符合订货数量,也就是说,除了所有的进货必须确实过磅或点数外,与订货人员所下的订单是否相符,也是非常重要的。若有差异,需立即反馈给主管人员,及时处理。

确保交货的品质与采购签订的条件、公司认定的品质规格是一致的,严格品质管制除了能确保品质外,对供应商也是一项约束,同时可增强采购人员未来与供应商谈判的筹码。

确认进货单据上的单价与采购人员所议定的价格相同。

二、验收任务

验收是物料进入前必经的过程,收料工作是否迅速与顺利,对食品烹饪加工的产销效率影响极大,管理部门通常会制定验收程序,指定专人办理,验收的主要任务如下:

◎负责食品原料进货验收工作。

◎核对食品及饮料的进入。

◎如条件不合,依约办理。

◎交料不符,即通知供应商。

◎品质不符,退回或减价。

◎价格不合,更正发票。

◎收料多出,退回或暂收。

◎收料短少,补送或更正。

◎核对数目的准则,如过秤、计件等。

◎填写验收报告单。

三、验收程序

验收工作非常重要,必须注意各单项进货价格,并证实是否为所采购之物料,再视其品质规格与份数是否正确,故而验收是采购与库藏存料及厨房烹饪之间的桥梁。

购得物料如未经仔细、迅速、确实的检验点收,必然形成混乱错误的弊端,势必影响烹饪制作的食品,甚至影响前场的提供销售。

1. 准备工作

收货品质管理人员在工作之前应该先确实了解收货商品的采购规格、交货数量与到货时间,同时准备合格的验收工具,来点收交货的数量与品质。

2. 品质规格检验

厂商到货时,验收人员依订货单确认到货的品质规格确为所需的货品。品质管理验收的检查方式,可分全数检查(重要品物料)或抽样检查(次要物料)。要注意的是,生鲜或冷冻食品的检查需小心且快速进行,以避免因检查费时而发生耗损,反而得不偿失。

3. 数量检验

当品质规格经确定后,依订货需求数量对进货数量加以点收,若无误,则完成单据填收后,即可进行入库或交予使用单位。

4. 填写验收报告表

验收程序完成后,应即填写验收报告,复写一式四份,其主要内容为:来源、编号、订货日期、收货日期、物品名称、订货数量、实收数量、规格、单位、价格、备注及验收员签字各栏。一份给会计用,作为付款依据;另一份给使用单位,作为了解进货与库存情形,以备配餐参考。采购、仓库也各留一份,作为作业的准据。

四、验收程序的相关规定

食物验收的目的就是要确实知道所采购的食物及其价格是否合乎要求,所以除非验收人员对货物的辨别非常熟悉且精确,否则无法担任此项任务。验收人员不见得要限定资格,厨师或经理都可担任。

验收通过时,验收人员便得认可该项账单,并且制作收货记录,上面载明售货人姓名、货物名称、价格、收货日期。如果该项货品需要立即使用,可直接交给厨房,如系储存备用,应将其记入存货清单,运去库存。

验收以箱为单位的物品时,应打开箱子检查内部物品,并记载品种、采购日期、重量等,再在物品上贴上标签,上面载明品名、售货处、收货日期、重量、价格。如购进肉类、鱼类及家禽等,均需附上双联式的签条,其上载明售货厂商、单价、重量、总价、收货时间。一联交厨房,另一联交餐饮管制员(或成本控制员)。

标签或签条对于食材管理的好处是:

◎记有购买时的价格,签条传到餐饮管制员手中时,可作为控制菜肴的成本。

◎记有购买的时间,签条上的日期可作为鲜度管理的凭据,通常是采取先进先出法,避免其储存过久未加使用而过期耗损的弊端。

◎记账时的便利,食材记账有明确的资料可以一目了然,不必常常检查存货。

◎可以迅速施行存货的清点,通常存货每周清点一次,每月还要有一次彻底而完全的清点,使用签条可以简化清点存货的手续,而将重量、价格等迅速转抄到存货清单上。

五、验收过程中需要注意的事项

1. 包装

在所有收货品质管理的动作中,若该项货品有外包装,则首先须确定的是其包装的完整性,例如有无破损、挤压或遭开封过。

2. 口感

某些特定的可食性物料,用其他方式无法确知其品质时,试吃可能是最有效的品管方式。

3. 制造标志

这也是可供验收品质管理人员参考的一个依据,但该项产品必须是出自于较具规模与品牌形象的供应商,才具有参考价值。

4. 气味

正常新鲜的食品都会有其特定的气味,验收时可从气味上判定其品质有无异变。

5. 色泽

这也是判定物品品质的一个方式,验收人员可多吸收这方面的专业知识。

6. 温度

食品类物料对温度差异的敏感度与要求很高,正确良好的低温配送与储存对食品运送过程中的品质维持非常重要,故验收人员绝不可忽略验收时的温度检验。

7. 外观

这是最简单直接的方法,但很有效。观其外表即可大致确认其品质。

8. 有效期

有效期限的控制永远都是食品物料控制品质的重要方法之一,验收时有效期限的确认,必须和订货数量的预估使用期限相配合。

六、验收中的常见问题

验收品质管理人员严格执行其工作,可对餐点品质的提升有直接的帮助,但是当验收过程中发现品质不良或规格数量不符时,也应有一正确的作业规定。

1. 数量不符

数量不符可能是太多了,也有可能是不足。当太多时,则多出的数量应拒收,请送货人员载回。单据上填写实际收货数量;若货量不足时,应即刻通知订货、采购、仓管及使用单位各相关人员做必要的处置。

另外需注意的是,一旦发生验收数量短少时,要确实做到一笔订货单、一次收货动作,再补货时,则需视为另一笔新订单,如此才能确保账面与实际物料的正确性,减少人为错误。

2. 品质不符

当品质不符时,非食品类可采取退货方式处理,若为非适合久贮的物品,可与送货人员确认后请其带回,因为品质不符退回原供应商。而产生数量的不足,可请订货或采购人员重新补订货。

3. 几类货物的品质常用鉴定方法

(1)肉类

◎表皮应盖有政府完税证明章。

◎确定新鲜度及所要的部位。部位不同,价格相差很多。

(2)家禽类

◎越老,味道越差。

◎注意新鲜度。

(3)海鲜

◎鱼类应挑选眼睛明亮、鱼鳃鲜红的,虾类头脱落或贝类打开者均不新鲜。

◎鱼鳞紧,有弹性。

◎除鱼的腥味外,不应有腐败味。

(4)蛋

◎蛋皮略粗,具有光泽。

◎手摇无声。

◎放入水中沉下者为佳。

◎向光线成透明者为佳。

(5)干货类

有特殊品质、特殊香味或味道,包装完整。

(6)罐头食物

凸起或裂开者不宜。

(7)冷冻食物

送来时应保持冰冻状态,若已解冻可拒收。

(8)蔬菜

◎叶绿鲜美完整。

◎茎直无断结实。

◎洋芋无芽为佳。

(9)生奶

◎A级牛奶每立方厘米生菌数不得超过3万个以上。

◎B级牛奶每立方厘米生菌数不得超过5万个以上。

◎政府检验合格者。牛奶为易腐品,应特别注意新鲜。

(10)水果

◎外皮光亮结实。

◎水分多。

◎过生或过熟均不宜,适度即可。

(11)酒类、饮料

◎瓶盖的开瓶线完整无缺。

◎颠倒摇动后,透过玻璃见其产生的水泡大小一致。

◎瓶盖所贴标签完整。

◎葡萄酒类应倾斜保存。

七、退货处理的方式

食材或用品由于品质不良、储存不当、制备过程错误或其他因素,造成腐败、过期、毁损等,致产生坏品,应由各使用单位依事实随时填报,并由所属单位主管负责查证并签名,购入时价由会计组查填,并做相关账务处理。

　　酒店餐饮部由于其采购及验收的程序严谨,在验收过程当中,发现不当或瑕疵品即予拒收,所以退货的情形不多见。

　　由于进货过多或食品原材料的保质期将近,餐厅大都会以推出特餐或改变制备方式来促销。如牛排销路不佳,师傅便可将其蒸熟剁碎做成牛肉浓汤,随餐附予客人,或加强促销牛排特餐,以减低牛排逾期报废的耗损。

　　餐厅对于退货的应对,釜底抽薪之计是,强化采购、验收、储存及损耗管理,杜绝坏品、不良品的产生,自然可以避免退货。

第五节　餐饮部原料的储存管理

一、原料的储存方法

　　1. 谷类食品储存法

　　放在密闭、干燥容器内,置于阴凉处。勿存放太久或潮湿之处,以免虫害及发霉。生薯类如同水果蔬菜,处理整洁后用纸袋或多孔塑胶袋套好放在阴凉处。

　　2. 蔬菜类储存法

　　除去败叶尘土及污物,保持干净,用纸袋或多孔的塑胶袋套好,放在冰箱下层或阴凉处,趁新鲜食用,储存越久,营养损失越多。

　　冷冻蔬菜可按包装上的说明使用,不用时保存于冰冻库,已解冻者不再冷冻。

　　在冷藏室下层柜中整棵未清洗过的,可放 5～7 天,清洗过沥干后,可放 3～5 天。

　　3. 鱼类、肉类储存法

　　(1) 鱼

　　除去鳞鳃内脏,冲洗清洁,沥干水分,以清洁塑胶袋套好,放入冷藏库(箱)冻结层内,但不宜储放太久。

　　(2) 肉

　　肉和内脏应清洗,沥干水分,装于清洁塑胶袋内,放在冻结层内,但也不要储放太久。若要碎肉,应将整块肉清洗沥干后再绞,视需要分装于清洁塑胶袋内,放在冻结层。假若置于冷藏层,时间最好不要超过 24 小时;解冻过的食品,不宜再冻结储存。储存在冰箱的冷冻室与冷藏室的肉类,时间期限如下。

　　①牛肉类:新鲜肉品如内脏,在冷藏室只可放 1 天,绞肉 1～2 天,肉排 2～3 天,大块肉 2～4 天;在冷冻室,内脏可储存 1～2 个月,绞肉 2～3 个月,肉排 6～9 个月,大块肉 6～12 个月。

　　②猪肉类:新鲜猪肉在冷藏室可放 2～3 天,绞肉 1～2 天,大块肉 2～4 天;在冷冻室,绞肉可放 1～2 个月,肉排 2～3 个月,大块肉 3～6 个月。

　　③鸡鸭禽类:鸡鸭肉在冷藏室可储存 2～3 天;在冷冻室可存放 1 年。鸡鸭肝可冷藏 1～2 天;冷冻 3 个月。

　　4. 调料品的储存法

　　储放在阴凉干燥处或冰箱内,不宜储放太久,先购者先用。拆封后尽快用完,若发现品质不良时,即停止使用。

番茄酱未开封的不放冰箱,可保存1年,开封后应放在冷藏室;沙拉酱未开封的不放冰箱,可存放2~3个月,开封后放冰箱冷藏;花生酱放冰箱可延长保存期限。

5. 豆类、乳品和蛋类

(1)豆类

干豆类略为清理保存,青豆类应漂洗后沥干,放在清洁干燥容器内。豆腐、豆干类用冷开水清洗后沥干,放入冰箱下层冷藏,并应尽快用完。

(2)乳品

瓶装乳品最好一次用完,未开瓶的鲜奶若不立即饮用,应放在5℃以下冰箱储藏。未用完之罐装奶,应自罐中倒入有盖的玻璃杯内,再放入冰箱,并尽快饮用。会滚动的罐装或瓶装牛奶,最好不要放在冰箱门架上,乳粉以干净的匙子取用,用后紧密盖好,但仍要尽快使用。奶油可冷藏1~2周,冷冻2个月。

(3)蛋

擦净外壳,钝端向上置于冰箱蛋架上。新鲜鸡蛋可冷藏4~5周,煮过的蛋可放置1周,不可放入冷冻室。

一旦发现有品质不良时,即停使用。豆、蛋和乳制品皆含有大量蛋白质,极易腐败,因此应尽快使用。

6. 油脂类储存法

勿让阳光照射,勿放在火炉边,不用时罐盖盖好,置于阴凉处,不要储存太久,最忌高温与氧化。

用过的油须过滤,不可倒入新油中;颜色变黑,混浊不清而有气泡者,不可再用。

7. 水果类储存法

如同蔬菜类,先除去尘土及外皮污物,保持干净,用纸袋或多孔的塑胶袋套好,放在冰箱下层或阴凉处,趁新鲜食之,储存越久,营养损失越多。

去果皮或切开后,应立即食用,若发现品质不良,即停止使用。

水果打汁,维生素容易被氧化,应尽快饮用。

8. 腌制食品储存法

开封后,如发现变色变味或组织改变者,立即停止使用。

先购入者置于上层,以便于取用。

储放在干燥阴凉通风处或冰箱内,但不要储存太久,并尽快用完。

9. 酱油储存法

应放置于阴凉处,勿受热和光照。

开封使用后,应将瓶盖盖好,以防异物进入,并应尽快用完。

不要储存太久,若发现变质,即停止使用。

10. 软饮料储存方法

一般饮料包括汽水、果汁、咖啡、茶等,储存方法如下:

◎储放在阴凉干燥处或冰箱内,不要受潮及阳光照射。

◎不要储存太多太久,按照保存期限,尽快轮转使用。

◎拆封后尽快用完,若发现品质不良,即停使用。

◎饮料打开后,尽快一次用完,未能用完时,应用盖子盖好,存于冰箱中。

11. 酒类储存方法

(1)一般储存要领

因为酒类极易被空气与细菌侵入,而导致变质,所以买进的酒应适当存放,这可提高与改善酒本身的价值。然而一旦放置不良或保存不当,则变质概率将大增。

凡酒类储存的场所,需注意以下几点:

◎位置:应设各种不同的酒架,常用的酒如啤酒放置于外侧,贵重的酒置于内侧。

◎温度:所有的酒保持在室温适宜的凉爽干燥处。

◎光线:以微弱的能见度为宜。

◎不可与特殊气味物并存,以免破坏酒的味道。

◎尽量避免震荡,以免丧失原味,所以密封箱不要经常搬动。

◎放置于阴凉处,勿使阳光照射到。

(2)各种酒类的储存方法

啤酒为愈新鲜愈好的酒类,购入后不可久藏。生啤未经过杀菌,酒中有活酵母,稳定性差,保存温度在0℃-15℃之间,如存放时间稍长或温度偏高,就容易变质。熟啤酒经过杀菌工序,稳定性较好,贮存期较长,保存温度在5℃-25℃之间,但应避免日光直射,保持干燥和空气流通。

葡萄酒中的白葡萄酒由于皆为冷饮,故放在下层橱架。放置一般为平放,或以瓶口向下成15°斜角,因为葡萄酒瓶均用软木塞,用意在使软木塞为酒浸润,永远膨胀,以免空气侵入。置于10℃的环境下,最能长期保存葡萄酒的品质。

其他种酒类则不必卧置,一方面是较为方便,另一方面是因为空气对它没有太多作用,故不怕其内侵。

虽然酒类的储存期限长短差异极大,有的是愈陈愈香愈珍贵,有的却是耐不住久放。酒对于一般餐厅来说,并非主要产品,但仍需要根据食品卫生法规定,注意其标示的制造日期或保存期限。一般保存期限以出厂日起算,生啤7天、啤酒半年、水果酒类无期限,其他酒类以1年为宜。

二、原料储存时的注意事项

餐厅储存食品的主要目的在于保存足够的食物,以将食物腐坏、质变损失降至最低程度。而且在某种食物最低价格时,可购入较多储备,以降低食物成本、增加利润。

因此,所有食品经验收部门验收后,应立即将其划分为易腐烂食品和不易腐烂食品两类,分开储存于冷冻或冷藏室内。大部分易腐烂食品通常直接送交厨房自行冷藏,或由其当天使用。储存食品时应注意以下几点:

(1)每天发放的食品应当靠近仓库门附近。

(2)所有食品均应分类放置,例如罐装食品、干货等应分开堆置。

(3)食品存取速度需快,避免冷气外泄。

（4）肉、鱼、牛奶等易腐败的食物,不要混在一起摆放,隔离冷冻不得超过必要的时间。

（5）煮熟的食品或高温的食品需放置冷却后,才能冷藏。

（6）水分多或味道浓的食品,需用塑胶袋捆包或容器盖好。

三、食品储存的不当因素

（1）不适当的温度。

（2）储藏的时间不适当,不做轮流调用。如经常把食物大量地堆存,使用时却由外面逐渐取用,因而常使某项物品堆存数月甚或更久,以致变质不能使用。所以每件物品必须注明价格、收货日期,在使用时,可不必翻阅查寻原册、账簿,即可按期先后使用。

（3）储存时间的延误。在物品购进后,应即时分别将易腐烂的食物尽速放入冷藏或冷冻库,按照先鱼肉,后蔬果,最后罐头的顺序,以免延误时间。

（4）储存时堆塞过紧,空气不流通,而使物品产生不必要的损坏。

（5）储藏食物时未做适当的分类,有些食物本身气味外泄,若与他种食物堆放在一起,很容易使他种食物产生异味而变质。

（6）缺乏清洗措施,各种库存应常常清洗干净,应防止食物被污染变质。

四、原料储存与仓管的原则

（1）依物品的特性储存,可分为冷冻（-18℃）、冷藏（4℃）、室温等,而厨房使用单位也可依需要采取盐渍、糖渍等方式储存物料。

（2）先进先出的管制。在存货管理上,先进先出是一般最基本的要求,但往往却因为使用人员的疏忽而造成不必要的损失。若要确实达成先进先出的目的,首先就是仓管人员必须做到进货翻堆,在新货品入库时,就必须调整储位,让使用人员依序取用,就可轻易达成先进先出的原则了。

（3）依盘点顺序储存。盘点工作为存货管理中重要的一环,储存位置与盘点工作相结合,可节省很多管理的时间,并增加盘点的正确性。

（4）储存位置应固定,并标示清楚。最好标明配置图,如此可方便操作人员的工作。

（5）储放货品时,应不接地,不靠墙,不挤压,不妨碍出入及搬运,不阻塞电器开关、急救设备与照明设备,也不可阻塞或影响空调及降温能循环。

（6）依实际需要设立备品库。所谓备品库,是指在主仓库之外,设立一小型可储存当日所需的小仓库。在较大规模经营的餐厅,为方便库存管理,减少作业程序,可在营业现场或厨房设一小型储存空间,每日由使用单位领取一日所需之物料,这样极其方便迅捷。

（7）餐饮业所谓原材料存货管理,也称"财物管理",广泛地来说是指一切生产设备与物料的存管,一般应指派专人担任,加强储存设备物料的控制,使其有效使用并保证安全,以建立良好的处理程序。存货管理的任务包括掌管财物用品及食饮原料储藏;控制核对库存物料的领发;分配统计及存储量的报告;负责协调清点整理的工作。

五、存货管理作业

库存的功能,在于使物料妥善保管,创造"物尽其用,料尽其利"的时间效用;因应餐饮业产销的特质,存货管理区分为"物"与"料"。

"物"即设备,大至桌椅,小至餐巾盘碗,希望回转得愈慢愈佳,以减低折旧防止损耗。

"料"即食品原料,回转得愈快,其获利性愈大,应使"料尽其利",加速调理销售,使"货畅其流"。

整体物料的进出均需加以管制,且对于可能发生损失的各项原因,必须事先加以防范,以减少浪费与败坏,更要求存放安全而整齐有序,便利收发与盘点保管;为使物料不致匮乏,其主要业务有物料收发、账卡处理、料的存管、物的存管、盘点等项目。

1. 物料收发

物料验收时,食品原料干货直接入库保管备用,混合鸡鸭鱼肉、菜果生鲜、原料等发交厨房备用,凡接收进库的每一种物料都应有其单独的料牌、规格、单位及收、发、存的数量,必要时采用三种不同颜色区别之。

按照"先进先出"原则,确保先购先发先使用,以减少存期过久的损坏。在库藏室储存够用量的物料,避免累积陈旧,且大量的存货易积压资金,甚至背负沉重的利息。

最满意的库存为有足够的存量,此称为"基本存量"(Base Stock)。在预防未能意料的餐宴高峰发生时,所保持的最低存量,又称为"安全存量"(Safety Stock)。其主要支应情形有如:第一种情形,在食物原料订购期间,由于季节性的缺货,交货日期发生延迟现象,而需用原料供餐量不减或突然增加,然而在原料未送达前,仍有安全存量可资使用,不致供餐不继;第二种情形,购入的原料如发生瑕疵,设有安全存量,则仍能确保餐食照常的供应。

物料的出库,应由使用单位(如厨房、餐厅、酒吧等)提出出库领料单,并根据各负责主管签署或盖章的出库传票发出,无签盖的申请不能发出。领用手续务必要求齐备,使料账清楚,而发出程序要迅速简化,以适应餐饮业快速生产销售的特性。

发给厨房的新鲜物料一次不要过多,以一天用量为限,尤其是较昂贵的食物原料更应如此。保持"基本存量",货存库量以 5 ~ 10 天为标准。

每日应按类别记载出库物料的价格及单位,予以合计,然后记入单位的消耗额账内,根据差额经常与在库物品的数量核对;每月的最后一日,依据当月的领料申请单实施仓库盘存清点,也可不定期实施盘存清点抽查,以杜绝浪费等流弊。

2. 账卡管理

遵照"凡物必有账"的原则,迅速而确实地按规定填报,以发挥表报功效,减少消耗与浪费,而达成本控制、增加利润的目的。

物料验收时,有验收报告表;发料时,出库必须有填写正确的出库领料单才能放行;物料在各单位间移转时,也应使用移转单,转货并转账,会计也应计算相应实际发生的成本利润。

3. 料的存管

食材的配发系根据出库领料单,然而,领料单上所填报数量的多寡却有赖于标准食谱及标准用量的制定。因此,标准食谱不但有利于采购定量,对于存货管理也具功效。

4. 食品的存管

(1)收集并核对所有的交货通知单、发票、退货单及收货报告。

(2)核对所有文书中出现的数目字。

(3)核对获准的正确折扣。

(4)核对交货通知单并将其放入卡片账簿。

(5)管制周期性的存货。

(6)定期清查装货的空箱,并列账以便回收。

(7)定期清点库存的食品及厨房中的食物,并与存货清单比对。

(8)制作盘存(清点存货)报告及盘存差异报告。

(9)保存现时的食物管制报告。

5. 饮料存货管理

(1)表单核对:核对并结算交货通知单、退货通知单、发票及收货报告表。

(2)数字核对:核对所有书面作业上的数目字。

(3)折扣核对:核对已被容许的正确折扣。

(4)账册登录:交货通知单等文件核对后,分别登记于酒窖账中。

(5)保持永久而连续性的饮料存货账。

(6)保持退瓶回收费用账。

(7)制作可以退费的容器清单,包括空瓶、酒坛、板条箱等。

(8)制作期间性的存货清单,以供定期和永久而连续性的饮料存货账相互比较,并供饮料管制报告。

(9)制作存货清点报告,其内容为货品的种类及价值、存货发出的流动率等。

(10)每天都要制作一份饮料管制报告,写明当天销售量和营业额。

6. 消耗品的存管

消耗品一般体积较小、耐用度低、容易耗损,凡餐厅所用的烹调器具、各式餐具、布巾类、清洁用品、文具等,均属于经常性消耗品。

消耗品的备品补充,应使用备补标准量,依物品性质(如文具、清洁用品)按实际情形补充;如炊膳用具备品补充,需缴旧换新;如布巾类大多设定 3 套,1 套使用中,1 套换洗中,1 套在库存,如此更替使用,汰旧换新,淘汰的改做抹布、拖把,以节约费用。

餐具类或布巾类应设有损耗率的规定,金属餐具一般为 1%,陶瓷器为 35%,玻璃器为 5%,布巾类为 3%。所定比率尚可依情况往下调整,以减少损耗,提高存管效果。

耗损报销手续,先要报请主管核准,缴回旧品换发新品,如超过损耗率者,使用单位或使用负责人应负赔偿责任,才能杜绝物品数量流失。

为防止物品损失,务须加强监督,门柜加锁防盗,门禁管制携出,领物出库凭申请单核发,以建立完善的存管制度。物品领取有账卡,损耗报销有根据,才能养成员工爱护公司财产、保养重于修护、修护重于购置的心态,使财物发生最大的效用。

使用单位负责人职位调动或离职,应办理移交手续,灶具移交清册,以示交接责任分明。

7. 非消耗品的存管

非消耗性物品均属体积较大、坚固耐用度高者,如金属物品、木器家具、电子机具等。

非消耗品因不易损毁,都配属于使用单位负责管理,如厨房中的炊膳笼、锅、电子烹饪机具、冰箱等,一般交由厨师长管理。餐厅中之家具如餐桌、椅、沙发、橱柜、装饰物品等,应责成餐务员负责保管使用。电气设备、空气调节冷暖气机、音响、照明及舞台设备等,一般由服务人员负责照管。凡物均有专人负责管理。

非消耗性物品使用限期,一般设定为 3 年,第 1 年可能外观受损,第 2 年机具有使用程度性的磨损,所以应注重维护保养,平时由使用单位负责洗、擦及整理;每月或每季由专门技术人员进行保养修缮。第 3 年可考虑财产折旧,编列预算,更新设备。不过,物品维护保养得体,养成爱惜物品美德,勤加养护,如家具类的修缮、油漆,机具类的检修装配,可延长物品使用的寿命。

非消耗物品虽分置各单位保管使用,但仍应列入"财产"管理系统,统一登录财产管理账卡,予以编号。该保管卡格式含类别、编号、品名、单位、数量、单位、总价、购置年月日、配置地点、使用保管单位负责人等,一式两份,由使用单位负责人签盖后,一份存使用单位,一份存库列管,作为物账与盘点的根据。

家具、机具切忌外借,餐厅如有桌椅散失,这可能是因外借未能及时收回或归还的失误。所以,外借家具应办理家具外借手续,以免散失。

六、原料盘点作业管理

1. 盘点的主要功能

盘点为仓管人员及使用单位在物料管理上重要的一项工作,盘点后的数据在库存管理上有很大的参考价值。盘点具有下列 3 项主要的功能:

(1)财务部门记账的依据

盘点本为会计作业中的一项工作,它有记账与稽核的双重功能。

(2)投入产出控制的依据

营业单位要了解营运后各项产品或物料的应产率是多少,精确的盘点是必要的。

(3)订货与采购的依据

当采购人员要采购货品或订货时,该项物品过去的耗用情形及现有的库存资料是必要的参考资料之一,而此一资料也必须由盘点之后的数据计算而来。

盘点数据的正确性是盘点工作最重要的一环。不正确的数字会让管理人员做出错误的决策,因此当盘点工作进行时,仔细、耐心、翔实是必备的要件。

2. 盘点作业规定

盘存清点,等于是健康检查,由此方能知道今后的管理对策。所以对盘点工作的要求,一要彻底、迅速、确实;二要追求与分析发生错误的原因,因此在执行上,要求注意的事项有:

(1)物料的编号名称要求与账册相符。

（2）物料的单位与数量要做确实的清点。

（3）物料的品质要求按性质妥善地保护。

（4）物料的规格与存放地位置与账面所注确实相符。

（5）物料存量勿超过最高存量或最低存量的基准。这样做的优点在于能直观地看出当月消耗金额。

进出物料账目要确实，报表要迅速，要有簿记登录货卡及收发日报表，其内容包括收发物料编号、名称、规范、单位、收发数量等。月结盘存明细表的内容为上期结存量、本期收入量、本期发出量、本期结存的数量、单价、金额等。

盘点作业必须在会计部门的监督下进行。每个月底，会计部门应清点实际存货并核对存货清单，同时制作一份超额与缺额存货单送交经理部门。在储藏室内存放过 90 天货品即视为逾期存货，储藏室主管应每月制作一份逾期存货清单送交厨房及餐饮经理，以便他们设法耗用这类滞销的货品，以免长期存放所造成的腐败或损失。

3. 料的盘点

（1）食品的盘点

①确定库存食品的总值，可显示出库存食品是否太多或者太少，以及库存食品的总价值是否符合本店的财务政策要求；是否积压太多资金；以适时调整库存。

②可将某种食品的利用率和它的销售额做分析比较，从而评估其获利的情况。

③可将某一特定时期的实际存货价值和账面存货价值互做比较，这可以明显看出任何差异之处，以及仓库管理员的工作效率。可以防止损失及失窃。

④查出利用率不高的食品，可以提醒采购人员及主厨等注意，并作为淘汰的依据。

⑤确定各种存货的利用率，并适时检查其使用或食用期限是否逾期。

⑥盘点清单应当印制成一种标准格式，而其编排必须和各个储藏室所在的位置顺序相配。这样方可使盘点工作做起来轻松、快速、有效率，而且不致遗漏。

（2）饮料的盘点

①确定仓库中所有饮料的总价值，用以评估储存量是否适当，是否符合本店的财务及营业方针。

②比较某一时期的库存饮料实际价值是否和存货账面价值相符。防止失窃及检查安全管制系统。

③确定存货出入的流动率。查明销售量太低或回转太慢的饮料，并考虑予以淘汰。

④库存饮料的一年中流动率最理想的是 1/6，也就是平均库存量等于两个月的供应量。如果不能达到这个标准，就得进行检查每一品牌饮料的流动率，以便及早发现何种饮料的流动率太低，而采取必要的措施。

4. 物的盘点

（1）消耗品的盘点

应每月实施一次，勤加盘点，追求损失原因与责任，以避免盗窃散失等事情发生。

（2）非消耗品的盘点

每年必须做一次彻底的盘存清点，从而了解该物品的使用情形。

七、酒店餐饮部库房规划

1. 冷冻库

温度在 -18℃ 以下,主要储存肉类、鱼类、冰淇淋、特殊的冷冻蔬菜、冷冻水果。管理冷冻库必须注意的事项:

(1)铁门要随时紧闭,以保持鱼肉冷冻。

(2)走道不可太窄。

(3)室内应有精密的温度计。

(4)设置物架,将物品分类放置。

(5)专人保管钥匙。

2. 储存冰箱

依据餐厅的每日出售量推算应储备的数量,放在厨房内的冰箱。

3. 干藏

主要储存用具、用品、干货类食品、罐头食品、瓶装饮料、被巾类等。干藏应注意的事项:

(1)室内注意通风,尤其设在地下室者。

(2)温度不可太高。

(3)走道要宽,以便领物。

(4)应设置物架,将物品分门别类放好。

(5)防火、防盗、防鼠,专人保管钥匙。

食品的卫生与安全,是餐厅营业的基本要求,除了作业时严格遵守卫生管理有关规定外,验收及储存管理更是稽核把关食品的卫生与安全的第一道关卡。

要做到凡物必有账,物料进出流程一清二楚,物料使用可发挥最大的效益,不致发生坏品,各单位还因成本归属明确,消耗及浪费无所遁形,绩效自然提升。

因此,餐厅的执行验收及储存管理,首先在于确保原材料的品质和不使其匮乏,以利营业的顺畅,最终目的则在于有效控制,以提高餐厅的利润。

餐饮部服务管理

第一节　餐饮服务的基本技能

一、托盘服务技能

1. 托盘的种类

（1）按外形分类

①圆托盘

是餐厅服务最常用的托盘，直径在30～45cm。

②椭圆托盘

在餐厅服务中常见于宴会服务，尺寸大于圆形托盘，常常用于服务菜点较多时。

③长方形托盘

长方形托盘的尺寸非常大，适合一次运送较多的菜点或者是较多的餐具、重物等。

（2）按材料分类

①金属材质托盘

②塑料托盘

2. 托盘的基本方法

托盘的方法，依照托盘的大小及所盛装物品重量的不同，可以分为轻托和重托。在实际的餐饮服务工作中，以轻托为主，较大或较重的物品为了安全起见，一般多用餐车运送。

（1）轻托的操作流程

①清理

将托盘清理干净并擦干，在盘中垫上口布或专用方巾。

②装盘

根据所盛物品的体积、重量、形状及使用顺序进行合理的安排，注意所有物品要平均而且重量平衡地摆放在托盘上，以便安全稳妥，便于运输。摆放的基本原则是，重的、体积大的物品摆放在靠近身体的里侧，轻的、体积小的物品摆放在外侧；注意先用的物品在上、在前摆放，后用的、后上的物品在后、在下摆放。

③用手托盘

将左手弯曲，掌心向上，五指分开，用手指和掌底托住盘底，掌心不与盘底接触，平托于胸前，略微低于胸部。不要用拇指从上方按盘边，并用四个手指托住盘底，这种方法不但不符合操作要求，而且不礼貌。行走时头要摆正，上身保持直立，肩膀要放松，不要紧张，集中精神，步伐稳健。单手托盘时手腕要保持灵活，以随时应对突发情况。手臂不要贴近身体,也不要过于僵硬。行进时应该与前方人员保持一定的距离,并注意左右两侧,不要突然变换行进路线或突然停止。

（2）较重托盘的操作流程

①理盘与装盘

重托是以上肩的方式来托送物品的,所以也称为肩托。重托主要用来托运大型的菜点、酒水、盘碟等。重托利用大型圆形托盘、椭圆形托盘或者长方形托盘,重托的理盘与装盘方法与轻托基本相同。这种服务方式常见于西餐服务与宴会服务,在使用的时候要注意服务人员的手腕所承受的重量、操作技巧及熟练程度、托盘的中心等因素。

②重托操作方式

用双手将盛装物品的托盘往桌边外移,挪出一部分托盘之后,右手扶住托盘的一边,伸出左手,并将掌心朝上,五指分开,手掌全部贴住托盘底部,手掌移动找到托盘的重心,用右手扶住托盘,协助左手弯曲,用力将托盘慢慢托起,转动左手手腕,将托盘悬空托于左肩外上方,托盘底部离左肩 4cm 左右。托盘托稳后,右手自然下摆或者仍扶于托盘前方。

二、餐台的布置技巧

餐台的布置也称为摆台。

1. 台布的铺设

各式各样的餐厅虽然经营的种类与模式不同,所选用的台布在材质、造型、花色等方面也都有所不同,但台布的布置方法基本上是一致的。

（1）圆形台

服务员应站在餐台的一侧,将台布铺好,台布中间的折线要对准主位,十字取中,四面下垂部分要对称并且遮住台脚的大部分,台布自然下垂至餐椅边为最适合。

（2）长方台与方台

方台的铺设方法与圆台基本相同,服务员应站立于朝向餐厅门口的位置,将台布抖开铺好。如果长台过于长,需要两个人协力配合才能完成。台布如果不够长需要拼铺时,应该注意两块台布之间的折缝部分吻合,并且做到折缝居中,平整无皱,两头和左右下垂部分对称。

此外,在一些餐厅除铺设台布外还有一些辅助的布巾需要铺设。例如:

①台心布,用来铺在台布上,与桌面的大小相当,主要是为了减少大型台布更换的频率,每次在一个用餐时间段内只需要更换台心布就行了。

②桌垫,用来直接铺设在桌面上,这样就可以起到保护桌面的作用,同时也能避免台布的滑动,减少放置餐具时发出声音。

③桌裙,主要是为了完全遮挡住桌脚,增加美观,多采用百褶裙式样。

④餐垫,在一些西餐的正式餐厅使用较多,简单的使用一次性纸制的,正规的使用布垫,在上面摆放餐具,一经使用过,立即更换或者丢弃。

2. 中餐餐台的布置

中餐摆台一般分为零点用餐和宴会两种类型,零点摆台主要以小餐桌为主,宴会摆台一般都以大圆桌为主。

（1）餐台布置的用具

①餐碟：又称为骨盘，主要用途是盛装餐后的骨头和碎屑等。

②筷子：按材质可以分为多种，如木筷、银筷、象牙筷等。

③筷架：用来放置筷子，可以有效提高就餐的规格与品位，以保证筷子更加清洁卫生。有瓷制、塑胶、金属等各种材质，造型各异。

④汤匙：一般把瓷制小汤匙放在汤碗中，而金属长把汤匙或者是大瓷汤匙一般用做宴会的公用勺，应该摆放在桌面专用的架子上。

⑤汤碗：专门用来盛汤或者带汤汁菜肴的小碗。

⑥味碟：中餐特有的餐具，用来为客人盛装调味品的小瓷碟。

⑦杯子：包括瓷制的茶杯和玻璃制的酒杯等。

⑧转台：适用于多人就餐的零点餐或者是宴会的桌面，以方便客人食用菜品，一般有玻璃的和木质的。

⑨其他：根据酒店餐饮服务的要求，桌面上可能还会添加其他东西，如烟灰缸、调味瓶、牙签盅、花瓶、台号、菜单等。

（2）中餐便餐摆台的布置

中餐便餐摆台多用于临时性的散客，或者团体包桌，其餐台常使用小方台或者小圆桌，没有主次之分。客人在进餐前要放好各种调味品，按照座位摆好餐具，餐具的多少可以根据当餐的菜单要求而定。

①台布铺设要整洁美观，符合餐厅的要求。

②餐碟摆放于座位正中，距离桌边 1cm 左右，约一指宽。

③汤碗与小汤匙应该一起摆在餐盘前 1cm 左右的地方。

④筷子应该位于餐碟的右侧，距离桌边一指宽。

（3）中餐宴会摆台的布置

①场地布置

酒店宴会的接待规格一般较高，形式比较隆重，中餐的宴会多使用大圆桌。由于宴会的人数较多，所以就存在场地的布置问题，应根据餐厅的形状和大小及赴宴的人数多少来安排场地，桌与桌之间的距离应该以方便服务人员服务为宜。主桌应该位于面向餐厅正门的位置，可以纵观整个餐厅或者宴会厅。一定要将主宾入席和退席的线路设为主行道，应该比其他的通道宽一些。不同桌数的布局方法有所区别，但一定要做到台布铺置一条线，桌腿一条线，花瓶一条线，主桌突出，各桌相互照应。

②座次安排

中餐宴会主桌如果有较多的人就餐，一般情况下应该遵循以下原则来安排座次：餐桌的正面是男主宾、主人、女主人的三个位置。主位对面也摆放三个位置，其中一个是第二主人的，餐桌的其余两面各摆放两个位置。

③餐具摆设

应该左手托盘，右手摆放餐具，从主位开始摆起。摆放餐具的具体顺序是，首先应以餐台上的台布中线为标准线，然后对准中线摆放餐碟。先在中线两端各放一只，再在中线两侧均匀地各放四只餐碟。餐碟右边摆放筷架与筷子;餐碟右上方摆放水杯、红酒杯、白酒杯;餐碟上方和左上方放置调味碟、调羹、汤碗。公用筷与公勺,6 人以下放 2 套,6 人以上放 4 套。菜单每桌两张或者每人一张。餐桌上还应该放置适量调料瓶或者烟灰缸、牙签盅等。折花的口布在每个客人的水杯内应该插一朵。

餐碟下沿与筷子的一端要成一条直线,距离桌边约1cm 宽。个人席位上摆放餐具的宽度不应窄于40cm 或者餐椅宽度。在摆放餐具时如果宴会人数众多,餐具较多,也可以采用多人流水作业的方式摆放餐具,一个人摆一种,依次摆放。

3. 西餐餐台的布置

(1)西餐餐桌摆放用品

①台布:颜色以白色为主。

②餐盘:一般餐厅设计为 12 英寸左右,可以作为摆台的基本定位。

③餐刀:大餐刀正餐使用。小餐刀享用前菜和沙拉时用。鱼刀在享用海鲜或者鱼类时使用,牛排刀前端有小锯齿,在享用牛排时使用。

④餐叉:大餐叉正餐时使用。小餐叉在享用前菜或者沙拉时使用。鱼叉在享用鱼类或海鲜时使用。水果叉在享用水果时使用。蛋糕叉在享用蛋糕时使用。生蚝叉在食用牡蛎时使用。

⑤黄油刀:用来将黄油涂抹在面包上的重要工具,常会与面包盘搭配摆设。

⑥面包盘:用来摆放面包的,个体较小,一般约 6 英寸。

⑦汤匙:浓汤匙喝浓汤时使用,清汤匙喝清汤时使用。甜品匙使用点心和甜品时使用。

⑧水杯:用来盛用饮用水。

⑨葡萄酒杯:分为红酒和白酒杯,一般红酒杯略大于白酒杯。

(2)西餐便餐餐台的布置

西餐便餐一般使用方台和小圆台,餐具摆放比较简单。摆放顺序是:餐盘放在正中,对准椅位中线;口布折花放在餐盘内;餐叉放在餐盘的左边,叉尖向上;餐刀和汤匙放在餐盘上方;面包盘放在餐叉上方或左边,黄油刀横放在餐盘上方,刀口向内;水杯放在餐刀尖的上方,酒杯靠水杯右侧呈直线、三角形或者是弧形;烟灰缸放在餐盘正上方,胡椒瓶和盐瓶放置于烟灰缸左侧,牙签盅放在椒盐瓶左侧;花瓶放在烟灰缸的上方;糖缸和奶缸呈直线放在烟灰缸的右边。

三、斟酒的服务技巧

1. 葡萄酒斟酒服务技巧

(1)接受客人点酒后,将酒品小心送至客人面前,并在客人面前验酒。展示时右手握住瓶口,左手用服务巾拖住酒瓶,将酒瓶商标的正面朝向客人。供客人检查后,将酒标朝向客人,并把酒放置于餐桌上或者酒篮中。

(2)用开瓶器割开瓶口的锡箔封口并取下。

(3)用餐巾擦干净瓶口。

(4)用螺丝钻垂直钻入木塞中央,使螺丝钻深入木塞。

(5)用开瓶器的支撑杆扣住瓶口。

(6)垂直提起开瓶器,将软木塞慢慢提起来。

(7)用手摇松木塞后,从瓶口拔出,再将瓶塞反向拧出来。

(8)再次用餐巾擦净瓶口。

(9)检查木塞的外观,将瓶塞呈现于客人面前供检验。

(10)服务员右手握住酒瓶,酒标朝向客人,先倒一点让客人试酒,得到客人同意后再为客人斟酒,斟酒时应该遵循女士及年长者优先的原则,最后再给点酒的主人倒酒。红酒的量应该是 1/2 杯左右即可,白酒是 1/3 杯左右。

2. 香槟酒斟酒服务技巧

(1)将香槟酒的封口锡纸从瓶口取下。

(2)先用左手紧紧扣住软木塞,右手再将软木塞上的铁丝箍拧开。

(3)用餐巾包住瓶口,以 45°角手持酒瓶,持餐巾的右手紧紧扣住软木塞,瓶口朝向无人的空旷处,用左手旋转酒瓶,依靠瓶内的压力将木塞顶出,开瓶时避免出现较大的声响,因为这样是不礼貌的。

(4)用餐巾擦净瓶口,将瓶塞拿给客人检验。

(5)在倒酒的时候,要用服务巾交叉包住酒瓶,以避免体温影响酒质。香槟酒要分两次倒酒,第一次倒 1/3,待泡沫稍微减少后,再倒 2/3。

3. 啤酒服务技巧

(1)用托盘盛放啤酒及酒杯,酒瓶接近身体内侧。

(2)从客人的右侧靠近客人,注意不要碰到其他餐具,将啤酒杯摆好。

(3)右手持啤酒瓶,注意酒标必须朝向客人,因为啤酒的泡沫较多,所以为客人倒酒时要适当地倾斜,控制酒液慢慢沿着杯壁倒出。倒至一半时改为倒向杯中心冲出适量的泡沫,以八成满为宜。

4. 斟酒服务时的注意事项

(1)斟酒时应站在客人的右后方,进行斟酒时不要左右开弓进行服务。

(2)斟酒的顺序应该从主宾开始按照顺时针的方向进行。

(3)宴会服务中,当主人和客人互相祝酒讲话的时候,服务人员应该停止一切操作,当客人讲话将要结束时用托盘送上备好的酒水。

四、餐巾折花的技巧

1. 餐巾的主要作用

餐巾也叫口布,是酒店餐厅中常备的一种常见用品,又是一种装饰美化餐台的艺术品。它的作用主要体现在以下几个方面。

(1)餐巾是餐饮服务中的卫生用品

客人用餐时,餐厅服务人员要将餐巾放在客人的膝上或胸前,餐巾可用来擦嘴或防止汤汁、酒水弄脏衣物。

（2）餐巾可以起到装饰的作用

不同的餐巾花样，标示着不同的宴会主题。形状各异的餐巾摆放在餐台上，既美化了餐台，又增添了庄重热烈的气氛，给人以美的享受。

（3）可以强化就餐的气氛

如用餐巾折成的喜鹊、和平鸽等形状，就表示欢快、和平、友好，能给人以愉悦之感；如折出比翼齐飞、心心相印的形状送给一对新人，可以表示出永结同心、百年好合的美好祝愿。

（4）餐巾花形的摆放可以显示出主宾的席位

在餐巾折花时应该选择好主宾的花形，主人花形高度应高于其他花形高度，以示尊贵。

2. 餐巾的分类

（1）按质地划分

餐巾可分为棉织品和化纤制品。棉织品餐巾吸水性较好，去污能力强，造型效果较好，但只有经过一次折叠后，效果才最佳。化纤织品色泽艳丽，透明感强，富有弹性，如一次造型不成，可以进行二次造型，但吸水性差，去污力不如棉织品。

（2）按色彩划分

餐巾颜色主要有白色与彩色两种。白色餐巾给人以清洁卫生、干净优雅之感。它可以调节客人的视觉平衡，可以安定人的情绪。彩色餐巾则可以渲染就餐气氛，如大红、粉红餐巾给人以庄重热烈的感觉；橘黄、鹅黄色的餐巾给人以高贵典雅的感觉；湖蓝在夏天能给人以凉爽、舒适之感。

3. 餐巾折花的造型与类别

（1）餐巾折花造型分类

①按摆放方式分为杯花和盘花两种

杯花需插入专用的杯中才能完成造型，出杯后花形会散开。由于折叠成杯花后，在使用时其平整性较差，比较容易造成污染，所以目前杯花已较少使用，但作为一种技能，仍在餐厅服务中存在。

盘花造型完整，成型后一般不会自行散开，可放于盘中或其他容器及桌面上。因盘花简洁大方、美观适用，所以盘花呈现发展趋势。

②按餐巾的外观造型，可分为植物、动物、实物三种花形。植物花形如荷花、水仙等，也有根据植物的叶、茎、果实造型的，如竹笋、玉米等。

动物类花形包括鱼、虫、鸟、兽，其中以飞禽为主，如白鹤、孔雀、鸵鸟。动物类造型有的取其整体，有的取其特征，形态逼真，生动活泼。

实物类花形是指模仿日常生活用品中的各种实物形态折叠而成的，如帽子、折扇、花篮等。

（2）餐巾折花造型的选择

①根据宴会规模的大小选择花形。大型宴会可选择简洁、挺括的花形；可以每桌选两种花形，使每个台面花形不同，台面显得多姿多彩。如果是小型宴会，可以在一桌上使用各种不同的花形，也可以两到三种花形相间搭配，形成既多样又协调的布局。

②根据宴会主题选择花形。主题宴会因主题各异,形式不同,所选择的花形也不同。

③根据季节特征选择花形。选择富有时令的花形以突出季节的特色,也可以有意地选择一套象征美好季节的花形。

④根据宾主的席位选择花形。宴会主宾、主人席位上的花被称为主花。主花一般选用品种名贵、折叠细致、美观醒目的花,以起到突出主人、尊敬主宾的目的。如在接待国际友人的宴会上,和平鸽表示和平,花篮表示欢迎,为女宾叠孔雀表示美丽,为儿童叠小鸟表示活泼可爱,使宾主均感到亲切。

4. 餐巾折花的基本技巧

(1)叠

叠是最基本的餐巾折花技巧,几乎所有的造型都要使用到。叠就是将餐巾一折为二,二折为四,或折成三角形、长方形、菱形、梯形、锯齿形等不同的形状。叠有折叠、分叠两种。叠时要熟悉造型,看准角度一次叠成。如果有反复,就会在餐巾上留下痕迹,影响挺括。叠的基本要领是找好角度一次叠成。

(2)折

折是打褶时常用的一种手法。折就是将餐巾叠面折成褶皱的形状,使花形的层次更丰富、紧凑、美观。打褶时,用双手的拇指和食指分别捏住餐巾两端的第一个褶皱,两个大拇指相对成一线,指面向外。再用两个中指接住餐巾,并控制好下一个褶皱的距离。拇指、食指的指面要握紧餐巾并向前推折至中指外,用食指将推折的褶皱挡住。中指腾出去控制下一个褶皱的距离,三个手指要互相配合。折可分为直线折和斜线折两种方法,两头一样大小的就用直线折,一头大一头小或折半圆形或圆弧形的就用斜线折。折的要领是折出的褶皱均匀整齐。

(3)卷

卷是用大拇指、食指、中指三个手指互相配合,将餐巾卷成圆筒状。卷分为直卷与螺旋卷。直卷有单头卷、双头卷、平头卷。直卷要求餐巾的两头一定要卷平。螺旋卷分两种,一种是先将餐巾叠成三角形,餐巾边会参差不齐;另一种是将餐巾一头固定,卷另一头,或一头多卷,另一头少卷。使卷筒的一头大,一头小。不管是直卷还是螺旋卷,餐巾都要卷得紧凑,否则会因为松软无力、弯曲变形而影响餐巾的造型。卷的要领是卷紧、卷挺。

(4)翻

这种技巧常用于折花鸟造型。操作时,一手拿餐巾,另一只手将下垂的餐巾翻起一只角,翻成花卉或鸟的头颈、翅膀等形状。翻花叶时,要注意叶子的对称,大小要一致,距离要相等。翻鸟的翅膀、尾巴时,一定要翻挺,不要软折。翻的要领是注意大小适宜,自然美观。

(5)拉

拉一般在餐巾花半成形的时候进行。把半成形的餐巾花攥在左手中,用右手拉出一只角或几只角来。拉的要点是大小比例适当,造型挺括。

(6)捏

捏主要是用于折鸟的头部造型。操作时要先将餐巾的一角拉挺做颈部,然后用一只手的大拇指、食指、中指三个指头捏住鸟颈的顶端,食指向下,将巾角的尖端向里压下,用中指与拇指将压下的巾角捏出尖嘴状,作为鸟头。捏的要点是棱角分明,头顶角、嘴尖角到位。

(7)穿

将餐巾先折好后攥在左手掌心内,再用筷子一头穿进餐巾的褶缝里,最后用右手的大拇指和食指将筷子上的餐巾一点一点向后拨,直到把筷子穿出餐巾为止。穿好后先把餐巾花插入杯子内,然后再把筷子抽出来,以免造成插花的松散。

第二节　餐饮服务的主要环节

一、餐前准备阶段

1. 餐厅整理

在餐前,服务员要根据责任要求进行餐厅的整理,其工作要点如下:

(1)准备好整理餐厅的用具,包括干湿抹布、笤帚、干湿拖把、托盘、吸尘器、打蜡机等。

(2)先扫地面,扫完后先用湿拖把拖一遍,再用干拖把拖一遍,以保证地面干净。

(3)必要时木地板要打蜡并注意防潮、防翘边等,地毯则直接用吸尘器进行吸尘。

(4)用干净的抹布将餐厅内的墙壁、门窗等由上到下、由里及外进行抹尘。

(5)餐桌、餐椅要彻底地擦洗,去除油污,同时抹擦服务桌、落菜台、屏风酒橱、托盘等。

(6)检查灯具是否完好,物品放置的位置是否合乎要求,地面卫生是否合格,门窗启闭是否灵活,窗帘、门帘是否干净完好等,如果发现问题应及时报修或调换。

(7)根据需要摆上花草、盆景以调节室内空气,美化餐厅环境。

2. 准备相关用具

(1)餐桌。餐桌的排列不仅要考虑餐厅的使用率,考虑客人的舒适程度和服务员席间服务的方便,同时还要讲究排列的艺术效果。注意在餐厅的中间要纵向留出一条较宽的能供两人并排行走的通道,餐桌间的距离要均匀。一般由餐厅的里端开始向外由大圆台到小方台排列,也可以将小方台靠墙摆成正方形或斜形,中间摆放大圆台。

(2)椅子。椅子一般应选择有靠背而无扶手的。另外,还要准备专为儿童使用的童餐椅。餐椅的质地以气度大方、样式美观、坐着舒适的木制为主。不同风味的中餐厅还可选用折叠式金属框架餐椅或藤编、竹制的餐椅等。

(3)转盘。转盘一般都配在8人以上的圆桌上,它是为了方便客人就餐而配备的。转盘有电动的,插上电源后会不停地徐徐转动,为客人就餐提供了很大方便。餐厅所用转盘有木制的,有不锈钢制的,也有有机玻璃制的,高级的还有景泰蓝制的,使用时可根据需要选择合适的转盘。

(4)工作台。餐厅所用的工作台又称边台、服务台等,工作台有固定式和移动式两种,可存放餐饮用具,也可供上下菜临时摆放菜肴或酒水。工作台的摆放位置取决于餐厅的形状、大小、工作的方便和布局的美观,一般为了便于服务员操作,又不会影响客人就餐,而把工作台置于离厨房门较近的餐厅的边角或靠墙边。

(5)展示柜。展示柜也称酒橱或餐橱,主要用于陈列各式酒水饮料和样品菜,起到陈列、推荐酒水和菜肴的作用。餐厅展示柜一般是立式的,木制或不锈钢框架,玻璃或镜面隔板。展示柜要特别注意干净、卫生,里面陈列的菜品、酒水也要摆放整齐、美观,以免给人杂乱无章和不卫生的印象。

(6)屏风。屏风是用来装饰餐厅的家具,分为结构简单、重量轻、便于搬动的多扇折屏和面宽固定的单扇座屏两类,主要作用是分割空间、增加私密感、遮挡视线、美化环境、增添情趣等。一般单扇座屏放置在餐厅人口,餐厅内使用折屏。还有的餐厅采用可排列的小盆景作为屏障,也有的用不同的灯光分割空间。

3. 餐具、用具的准备

餐具。主要包括瓷质的骨碟、味碟、汤碗、汤勺、饭碗、茶碗、茶碟、小酒杯等;金属类的餐刀、叉、公用匙等;玻璃类的水杯、啤酒杯、红酒杯、白酒杯、黄酒杯;木制或竹制的筷子、筷子套等。餐具配备的数量要根据餐位的数量来决定,较常用的餐具如骨碟、汤碗应该配备的数量是餐位的 6 倍左右,以保证餐厅撤换餐具或翻台时不会出现短缺情况。总的来说,餐具配备的原则是质量高、规格统一、色彩与餐厅装潢特色相协调,在保证使用的前提下有一定的备用数量,并特别注意餐具的干净、卫生,要保证餐具无破口、无毛边、无磨损、无污痕、无手印、无灰尘、无油污、无水渍并消过毒,使客人用着放心。

布件类用具包括台垫、台布、餐巾等。铺台垫的目的是防滑、吸水和防止餐具接触餐台时发出响声,应根据餐台的大小选择合适的台垫。台布一般应大于餐台面积,铺在餐桌上时,台布的边应正好接触到椅子的座面。台布、餐巾的质量以纯棉制品为主,也有涤纶化纤制品,色彩以白色为主,特殊场合也可选用其他颜色,如橘红、粉红、淡蓝等。台布、餐巾在色彩、质地上都应一致,并与餐厅的风格、装饰、环境相协调。

非布件类用具如烟灰缸、牙签筒、调味品架、带有鲜花的花瓶、菜单、酒水单、台号、席次牌、冰桶、烫酒壶、火柴、保温锅、托盘、暖水瓶、茶壶、各类茶叶筒、酒壶、消过毒的香巾、开瓶用的酒钻、启瓶器、点菜单、点菜夹、干净抹布、客人意见簿、服务车等。所有在服务过程中有可能用到的用具都应事先准备好,并保证它们的干净卫生。

4. 摆台

(1)选择合适的台布,将台布一次性甩开铺正,正面朝上,股缝对准正、副主人,四边下垂均匀。

(2)摆放餐具时要注意一些标准要求,如瓷器要拿其边沿,并注意餐厅标志对着客人;玻璃杯要拿其底部和杯脚;刀、叉、勺要拿其把柄等。

(3)摆好餐台后,再检查一下摆放的餐用具是否齐全干净,是否符合标准,如发现不足要立即进行弥补。

5. 其他准备工作

除了以上几项准备工作外,餐厅还应做好室内的绿化、声音、温度的调节等工作。

(1)用花草装饰餐厅,进行绿化布置,能净化室内空气,给餐厅带来四季如春的美感和旺盛的生命力,从而使客人赏心悦目,心情舒畅。

(2)餐厅内播放背景音乐,它对改善用餐环境、提高餐厅档次起着很重要的作用。服务员应掌握本餐厅音响设备的使用方法,并且备具一定的音乐欣赏能力。

(3)现代化的餐厅都装有空调设备,在使用时,应将温度控制在人体感到舒适的范围内。一般使用冷气时,可调节至22~24℃;使用暖气时可调节至18~20℃;也可以随室外温度和客人的要求进行调节。

服务员还要检查个人仪表仪容及精神状态,包括工装、工鞋、工袜的穿着情况;头发是否达到长不及肩、侧不及耳、前不过眉的要求;是否化淡妆,装饰品的佩戴及个人卫生情况等。确认无误后,服务员应精神饱满地站在服务桌边准备开门营业,迎接第一批客人的到来。

二、就餐服务阶段

就餐服务也称台面服务或值台服务,是指安排客人入座,将客人所点的食品、酒水按一定的程序标准送到餐桌,进行服务,并在整个进餐过程中照料客人,最大限度地满足客人需求的过程,这是服务员与客人接触时间最长的环节。就餐服务主要由餐厅值台服务员及辅助人员配合共同完成,具体包括迎客入座、斟茶递巾、点菜、上菜、分菜、席间服务等。

1. 迎宾带位

迎宾服务又称应接服务,专门从事迎宾工作的人员称"迎宾员",南方有些地区也称"咨客"。迎宾员的工作要点是:

(1)当客人进入餐厅时,在餐厅的入口处为客人拉门,向客人问好迎接客人。

(2)在带领客人入座时,迎宾员要注意走在客人左前方或右前方1米左右,并随时回头招呼客人,遇到拐弯,要打手势向客人示意,若是进包房,打开门后应请客人先进,并注意语言与动作相协调。

2. 斟茶递巾

(1)斟茶。迎宾员将客人引领到餐桌后,值台服务员要主动帮领位员为客人拉椅让座;询问客人喝什么茶水,然后按客人所点茶的品种去泡茶、送茶,从主宾或女士开始,顺时针绕台一周,为每位客人斟下第一杯迎客茶,一般以八成满为宜。

(2)递巾。斟完茶,值台服务员要为客人递上香巾。递送香巾时,一般使用香巾托,即将香巾放在竹编的或不锈钢的香巾托中,香巾托放在客人右侧的餐桌上,客人入座后可随意取用。如果没有香巾托,可在客人入座后用香巾盘、香巾夹将香巾从客人右侧递给客人,并注意使用服务语言,请客人用香巾,以示尊重。

3. 点菜

点菜的具体操作如下:

(1)服务员在客人饮茶过程中应主动递上菜单,请客人点菜,以先递给女士或年长者为宜。

(2)点菜前服务员要仔细观察,加以揣摩,对客人的身份、职业、就餐目的、消费水平、就餐缓急及口味特点等有一个大概的了解,以便有针对性地提供服务。

(3)服务员要自然站立在客人身后右侧约半米处,手拿点菜单,客人点一道菜看,服务员要复述一遍并把它记入点菜单内相应的类别处。

（4）为避免发生差错，在客人点完全部菜品后，服务员要向客人复述一遍所点菜品的名称及要求，以便得到客人的确认。

（5）服务员要在客人点完菜后主动递上酒单，询问客人需要什么酒水，同时介绍本餐厅所供应的酒水品种、特点、瓶装容量及价格等供客人选择，或者根据菜肴与酒水的搭配原则，向客人推荐一些合适的酒水。

（6）服务员要字迹清楚地将客人所点酒水填在单独的酒水单上，及时送到吧台，迅速为客人取回所点的酒品。检查酒瓶是否干净，饮料是否过期，包装是否变形，无误后当着客人的面将酒水打开。

（7）斟酒完毕，如有剩余酒水，应将其放在工作台上，随时准备为客人添酒。注意酒瓶盖不能扔掉，以免客人将剩酒带走时没有瓶盖。如果客人面前有不用的酒杯，要及时撤下。客人自带酒水时，如果餐厅有加收开瓶费的规定，需要先向客人讲明。

4. 上菜

（1）餐厅第一道菜的出菜时间都有规定，一般不超过15分钟。如果餐厅确实有困难或就餐人数太多而不能保证正常出菜，服务员应及时向客人打招呼或提供其他免费服务，如奉送餐前小食品等，以取得客人的谅解。

（2）服务员上菜的位置应选在副主人右侧或陪同之间进行，这样有利于陪同向主宾介绍菜点并且不影响客人就餐。

（3）上菜要遵循一定的程序，一般情况下是先冷菜后热菜，先重点菜后一般菜，先咸味菜后甜味菜，先浓味菜后清淡菜，先菜后点心、水果。

（4）服务员要将菜肴上桌后，退后一步，用普通话报菜名或介绍其特色，需要分派的菜要做好分菜前的准备工作。

（5）服务员端上最后一道菜，应轻声向副主人讲明菜已上完，看是否需要再添加菜肴或提供其他服务。

5. 分菜

服务员应根据客人的消费档次和要求，灵活地为客人提供分菜服务。分菜时要选择好合适的分菜方法和分菜工具，从主宾开始，站在客人身后左侧，顺时针绕台一周进行分让。

6. 席间服务

值台服务员在值台过程中要勤巡视桌面及客人的就餐情况，发现问题及时解决。

（1）看到客人酒杯已空或只剩下1/3杯以下的酒水时，服务员要及时为客人添加酒水。

（2）骨碟内食物残渣较多或上甜咸味交叉的菜肴时，及时为客人撤换骨碟。

（3）烟灰缸内烟头超过两个或有其他杂物时，要及时为客人撤换。

在餐厅服务工作中，掌握好服务节奏，提高服务的效率是很重要的。操作中应尽量减少不必要的走动，以免影响客人就餐，给客人造成忙乱之感。另外，服务员为客人服务时要尽量缩短时间，这样不仅可以增加接待客人的人数，提高效率，而且也能使客人更满意。有效的服务还包括上热菜时要趁热上，上冷食时要趁冷冻上，以保持菜肴质量。服务时要尽量避免出差错,以免引起客人抱怨和投诉。

三、就餐结束后的工作

1. 结账

客人所要的菜全部上齐并表示不再需要其他服务,服务员应及时告知收银员准备结账。

在餐厅,客人除用现金付款外,有的还使用支票、信用卡或签单等方式结账,因此,收银员应了解和掌握各种付款方式或操作要点。

(1)现金结账。服务员需看清楚客人所付现金的面额和数量,并轻声报出收到的现金额和应找的余额,点清后代客人到收银台交付,付过现金后由收银员收账、找零并在账单上加盖"付讫"章。找回的余款和发票要用收银盘送给客人并向客人致谢。

(2)信用卡结账。收银员要按操作程序进行划拨,并要随时查阅信用卡发放公司提供的注销名册,以防注销卡、过期卡、被窃卡及恶性透支的黑卡蒙混过关。

(3)签单形式结账。收银员必须记清楚签单人的部门、名字、相貌特征等以免出现错误。

(4)支票结账。服务员要认真查看支票上的各项内容,婉言要求客人出示能证明身份的有效证件,然后向客人致谢,并将支票交至收银台,由收银员处理。

2. 送客

客人就餐完毕起身离座,服务员要做到:

(1)主动上前为客人拉开座椅,并准确地为客人递上衣帽。

(2)提醒客人携带好随身物品,协助客人检查台面和餐椅上、衣架上有无遗漏物品。

(3)根据不同的情况,采取不同的方式与客人热情告别,欢迎客人再次光临。

3. 收拾餐桌

(1)客人离开餐厅,服务员应检查一遍是否有客人遗漏的物品,如有应立即交还给客人。如果客人已走远,则需将物品交给服务台并告知值班经理客人的特征,以免损坏或被其他人冒领。

(2)检查完毕,收拾餐桌。按照先布件类、玻璃器皿类,后瓷器和不锈钢制品的顺序,将台面分类收拾干净。

(3)需自己洗的小件餐具和香巾等,要严格按照卫生部门规定的洗涤方法进行清洗,其余的运送到洗涤间或洗衣房由专人清洗。

4. 分类洗涤

(1)餐桌上收拾下来的物品要及时进行分类清洗,不可隔夜再洗,特别是布件类的台布、餐巾等,更应尽快送到洗衣房,否则很难将油渍、污渍彻底洗净。

(2)玻璃器、瓷质的餐用具要根据餐厅的具体情况处理,或者送到洗涤间由专人用洗碗机清洗,或者自己清洗。

(3)服务员要严格按照卫生部门规定的清洗程序标准(即一刮、二洗、三冲)进行操作。"刮"即刮除盘中残渣,为洗涤打下基础;"洗"即用经卫生监督部门批准使用的洗涤剂洗刷污渍、油渍;"冲"是将洗过的餐具用流动的清水冲洗洗涤剂残迹,三个程序要求三池分开。

5. 餐具消毒

到餐厅就餐的人多而杂,如果餐具不经过严格消毒,污染上的病菌就会传染给客人,危害客人的身体健康。所以,服务员要认真做好餐具的卫生消毒工作。

餐厅较常用的餐具消毒方法有煮沸消毒、蒸汽消毒、化学消毒三种方法。不管使用哪种消毒方法,消过毒的餐用具要保存好,不可再用未消毒的抹布进行擦拭,以免再受污染,也不能图省事在前一天摆好餐台,致使餐用具积上灰尘。

如果第二天的任务量比较重,可提前摆台,但应在关门前的最后时间摆放,并且要将摆好的台面用干净的桌布或其他物品罩好,以防灰尘污染。

6. 打扫厅室卫生

打扫厅室卫生包括清理垃圾桶、痰盂等公共用具,收拾并用干净的湿抹布擦拭公用的餐具和用具,如酱油瓶、醋瓶、胡椒瓶、盐瓶、花瓶、牙签筒等。将餐桌餐椅恢复原位,摆放整齐。

7. 安全检查

为确保餐厅安全,餐厅整理结束,服务员即将离开餐厅前,要仔细、全面、彻底地进行一次安全检查,要注意检查烟头等火源是否彻底熄灭、水龙头是否关紧、其他的电气设备(如空调、排气扇、电视、消毒柜等)是否关闭。

检查无误,再经领班检查通过后,关闭电源,关闭门窗,然后才能离开餐厅。

第三节 餐饮服务指南

一、中餐餐饮服务指南

1. 早餐服务

酒店餐饮部早餐一般供应点心、粥、面和小菜等,由客人自行挑选,服务员记卡结账。由于早餐自身的特点,服务程序主要包括以下五个阶段。

(1)餐前准备阶段

①零点早餐服务在开餐前,应先检查餐厅内部环境及布局是否合理,餐具是否清洁。

②餐位摆放应整齐美观,备好开餐用具并按规定摆放,备好茶叶、开水和各种作料。

③服务人员要检查自己的仪容仪表,搞好个人卫生,包括整洁的工作服、佩戴工作牌、略施淡妆,做好开餐前的一切准备工作。

(2)客人入座

客人步入餐厅,迎宾服务人员接待客人并致问候;领台服务员问清人数,引导客人到适宜的台位;看台服务人员为客人拉椅,让座,递送香巾。以上就绪之后,看台服务人员可以简单地向客人介绍茶叶的品种,由客人选定后帮客人倒茶。倒茶时要做到:

①注意卫生,放入的茶叶量适宜。

②斟茶时右手执壶,左手轻轻放于壶盖上,如用托盘上茶,斟茶时托盘的右手要向外

侧让开。

③茶水斟至八分满,并随时准备为客人添加茶叶和开水。

(3)就餐服务阶段

服务员主动向客人介绍当天供应的点心、小菜及羹汤等食品,按客人要求帮助客人从餐车或点心、菜品供应台上拿取食品。在就餐过程中,服务员要不时巡视客人,随时为客人斟水和清理烟灰缸,撤换骨碟和清理台面,主动帮老、弱、病、残客人拿取食物;满足客人在就餐过程中的一切合理要求。

(4)结账收款

客人就餐完毕,提出结账时,服务员要迅速与收款员联系并报出应收款项,填好账单由服务员用收银盘递给客人。客人付款和找给客人余款时服务员都要向客人道谢,欢迎下次光临;特殊情况下,如有搭台客人应注意分清账单;如客人要求打包,服务员要热情服务。

(5)清理台面

客人离座后,服务员要主动为其拉开座椅并道谢。客人离开餐厅后服务员要检查客人有无遗漏物品,然后迅速清理台面。一般程序是:先收茶壶、香巾和茶杯,后收拾其他餐具。

台面清理后换上干净的台布和清洁的餐具,迎接下一桌客人。

早餐结束后按当天餐厅的安排摆好餐桌椅,准备迎接午餐客人。

2. 午餐、晚餐服务

午餐、晚餐在酒店餐厅被视为正餐。要经过向客人提供菜单,接受客人点菜,饭菜酒水饮料供应到台等过程。根据正餐的特点,服务程序主要包括以下几个阶段。

(1)餐前准备阶段

①观察餐厅席位安排是否合理,餐具是否齐全。

②熟悉当日的菜单,特别要注意当日不能供应的品种。

③备好茶叶、开水、调味品、开胃小食品等。最后,在开餐前 10 分钟时,服务员应就位,准备迎接客人。

(2)接待客人

①客人进入餐厅后,领台服务人员要上前问好,按客人就餐人数将客人带到适宜的餐台。

②看台服务人员为客人扶椅让座并致问候,以表示对客人的尊重。

③客人就座后,看台服务人员递送毛巾,送上热茶,以弥补客人候餐时的空闲。

④在客人饮茶的过程中递上菜单,并收去毛巾为客人脱去筷子套,准备接受客人点菜。

(3)客人点菜

客人看过菜单后,服务人员上前询问是否可以点菜。点菜过程中,服务员可通过观察推荐适合客人的饭菜,注意介绍厨师当日推荐的时令菜或创新菜,客人点完菜,服务员要特别注意复述一遍所点的菜式,以免出现失误。

在接受客人点菜的过程中,餐厅服务人员要从心理学的角度了解客人的心理变化过

程,并针对客人的行为变化提供相适应的服务。客人在点菜时的心理状况一般有以下几方面:

①拿到菜单边看边琢磨,寻找感兴趣或曾经品尝过的品种,不希望服务员有过多的提示和引导。这类客人头脑冷静、自信心强、不受外界干扰、不带有感情色彩,属于理智型客人。服务这种客人,服务人员只要安静地等候客人的点菜就可以了。

②拿到菜单后,迅速点出所需菜名,而且边点边对所点菜肴进行评价,表现得非常内行。这类客人属于冲动型客人。针对这种客人,服务员应给予客人充分的评价时间,并适时推荐特色菜和时令菜。

③拿到菜单后,反复浏览,并主动请服务人员介绍某种菜肴的特点。经介绍后,通过想象去决定是否点菜。这类客人属于想象型客人。他们感情色彩浓厚,点菜时充满细腻的联想或幻想。针对这类客人,服务人员应耐心细致地介绍,并对菜肴的形状和味道做一些比喻性的说明,使客人对菜肴增加感性认识,形成点菜的决心与信心。

(4)上菜

在上菜的环节上,服务人员要做到以下几点:

①酒水、冷盘优先上桌。因为酒能助兴,冷盘能以其色彩的协调、造型的美观活跃餐桌的气氛,同时这也是中国人就餐的传统习惯。

②按序走菜并向客人介绍菜名。一般上菜的顺序是冷荤、热菜、饭菜、汤菜。服务人员在上菜时要清晰地报出菜名,带作料的菜要同时上齐佐料。上汤时,要一一为客人分汤。上带壳的食品时,应跟上毛巾和洗手盅,并向客人说明洗手盅的用途。上菜时,有些菜肴需要分菜时,服务员动作要干净利索。

③服务人员上菜要轻拿轻放。上菜前要先向客人打招呼,然后再从客人右侧的空隙处送上。菜盘不能从客人的头顶上越过。

④摆放菜盘。服务员在摆放菜盘时,如台面没有空位,应争得客人同意,拿走剩菜最少的菜盘。切忌菜盘在桌面上重叠。

⑤询问。所点菜肴全部上齐后应告知客人,并询问还需要什么帮助。

(5)看台

服务人员在服务过程中要做到:

①及时撤换烟灰缸、收拾空瓶空罐。

②及时更换餐碟。

③及时斟添酒水饮料。

④注意客人对菜肴的反应,认真对待客人的意见。

⑤注意餐桌饭菜的消费情况,随时接受客人加菜的要求。

(6)结账送客

客人用餐完毕提出结账时,服务人员应先送上香巾,然后再递送账单。

①客人付款,收银员要唱收唱付并向客人致谢。

②如果找回的余款数量较多,服务员应站在一侧,待客人收妥后方可离去。

③服务员要掌握支票、信用卡、签单等收款方式。

④客人要离开餐厅时,服务人员要礼貌送客并提醒客人带好东西。

（7）清理台面

客人离去后,服务人员要迅速清理台面。此时若有其他客人用餐,切忌出现大声搬动桌椅的现象。台面清理干净,换上清洁的台布和餐具,等待迎接新的客人。

二、西餐餐饮服务指南

西餐服务方式主要有美式服务、法式服务、英式服务。

1. 美式服务

美式服务是西餐服务中最普遍、最有效的服务方式之一,它包括以下要点:

（1）餐桌布置

在美式服务中,从餐巾的折叠到完成餐桌布置都是服务员的职责,服务人员必须熟知本餐厅餐桌布置的原则:

①摆餐桌。在布置餐桌前,服务人员应检查餐桌的位置是否合适、摆放是否平稳、桌面是否清洁等。一些豪华餐厅的餐桌上往往铺有一层桌垫用来吸水,并减少餐具与桌面的碰撞和摩擦。

②铺桌布。在桌垫上面铺上干净、大小合适的桌布,印有商标的一面在下,边缘从桌边垂下至少 30cm,略高于椅子的座面。

③铺面布。在桌布上铺上一层面布,这样在前一批客人用完餐后,只需更换一层面布而不必换上新的桌布就可以为后一批客人提供服务。

④换桌布。在重新布置餐桌时,服务人员应从储藏室取出干净桌布更换。注意桌布应平整无褶。

（2）摆台标准

美式摆台包括餐具、玻璃杯和餐巾等的摆放,具体有如下要求:

①餐巾摆放的位置比较灵活,可放在最后一个餐叉的左侧,或者折成特殊形状放在整套餐具的中央部位。餐巾的开口应在左边,便于客人拿起和展开。

②所有餐具都应整齐地按照先后次序摆在朝向中央底盘的地方,餐具与桌子边缘的距离约是 5cm。

③玻璃杯的放置依次为:水杯放在摆好的餐刀的右前方,咖啡杯或茶杯放在水杯的右方,或者放在汤匙的右方,杯柄朝右下方;葡萄酒杯放在水杯的右侧。美式服务中水杯通常倒立在桌上,倒水前才正立过来。

④黄油碟放于餐叉的叉齿上端约 2.5cm 的位置;黄油刀可以置于黄油碟上,靠近上端与桌边平行;色拉碟或碗放在略低于黄油碟的左侧。

⑤餐桌用品包括烟灰缸、火柴、菜单架、花、吸管、蜡烛;调味品包括盐、胡椒、糖、瓶装酱汁、油、醋等。服务员必须检查它们是否齐全、干净。

⑥在餐桌布置中,客人所需的所有餐饮用具都应事先放置在桌上,当客人入席时,服务人员就应立即把玻璃杯正立并倒入冰水。

（3）服务原则

美式服务的一般原则是:

①所有食品用左手从客人左侧上。

②所有饮料用右手从客人右侧上。

③在送下一道菜之前,必须先撤掉用过的餐具和杯子。

如客人坐在墙角处或小房间里,以上原则可灵活变动。

(4)服务程序

①安置客人入席。当客人进入餐厅时,服务人员领客人入席,并撤走多余餐具,然后将菜单递给客人,把玻璃杯正立后,用右手从客人的右侧倒满冰水。接下来询问客人喜欢何种餐前饮料,在客人研究菜单并考虑点菜时,服务员到酒吧取饮料。

②点菜。服务人员取回饮料后,从客人的右侧供应,然后请客人点菜并做好记录。如果客人示意不再需要饮料,服务人员就把客人所点的菜肴通知厨房准备。

③端菜。用托盘先上汤或开胃品,客人的餐前酒杯要从客人的右侧取走。要注意,除非客人有吩咐,否则在客人饮酒时千万不要急于端出汤或开胃品。

主菜及配菜烹调好之后盛在盘里,并由服务员用托盘端进餐厅,放置于靠近客人餐桌的供应台上面。

用过的汤或开胃品盘碟从客人的右侧撤走,然后从客人左侧供应主菜,并从客人的左侧再度供应面包及黄油。

假如客人需要咖啡,服务人员要从客人的右侧供应。倒咖啡时要防止热咖啡溅出。

④上甜点。当客人用完主菜或表示不再需要其他服务时,服务人员递上甜点菜单,随后用右手从客人的右侧收拾主菜盘碟,再从客人的右侧供应冰水并清除桌上的面包屑,记下客人所点的甜品。然后,用托盘端出点心,并从客人的右侧供应。

⑤结束工作。假如客人不再需要服务时,服务人员可以把账单置于客人左侧桌上不太明显的地方,正面朝下。美式餐桌服务至此结束。

美式服务也有其自身的缺点,主要是这种快速服务不太适合有闲阶层的消费者,客人得到的个人服务较少,餐厅还常常显得忙碌和吵闹。

2. 英式服务

英式服务又称家庭式服务,它包括以下要点:

(1)英式服务的要点

①服务人员分给客人食物或菜肴,以右手拿着一把叉子与一把汤匙,好像用筷子夹东西一样,但并不是真的夹,而是以中指、无名指与小指轻握住汤匙,再以拇指与食指握住叉子,叉尖朝上,给客人分配食物或菜肴时,只要利用这两样餐具像夹东西一样把菜肴夹起分别送到客人的银盘中即可。

②服务人员从大银盘将菜肴夹起放在客人面前的银盘,一定要注意菜肴在各人的银盘中要排列整齐,看起来很好看的样子,这样才能引起客人的食欲,同时还要容易切割取用。

③英式西餐有主菜、装饰菜、蔬菜、马铃薯等,服务人员在服务时应该把主菜放在靠近客人前面的银盘,装饰菜放在主菜上边,蔬菜放在主菜右上方,马铃薯放在主菜的左上方。调味汁可以直接浇在主菜上面,但是一定要先询问客人,征得客人的同意。因为英国人吃餐时习惯用右手拿叉子,所以一般英式餐厅的服务员都将调味汁放在主菜的右上方。

④英式西餐用餐时,服务人员为了要将菜肴排放在餐桌上非常美观,所以有时候菜肴与食物太拥挤时,可以将所有的食物分两次分菜。第一次未分完的菜肴必须端回备菜桌加以保温,以备第二次分菜时仍能保持菜肴的味美好吃。有些菜肴如鱼排、蛋卷等太软易碎,所以服务人员在分菜时可以将叉匙并用当作铲子把食物铲起来,然后再摆在客人的银盘里。有时候要将一块菜肴分成数份分别送给数位客人时,一定要注意所分割的菜肴的大小要均匀,这样才不会引起客人的不满。

（2）英式餐饮服务的优缺点

①优点

英式服务的速度非常快,比起法式西餐服务要快得多,因为由服务人员为每一位客人分菜,让客人觉得有被尊敬的感觉,同时也不会发生意外。它改进了法式西餐服务的缺点,是现在欧洲餐饮界大家一致公认的一流服务方式,因此欧洲很知名的高级餐厅都采用英式服务的方式来服侍客人。

②缺点

因为英式服务的服务人员要为每一位客人分菜,所以在服务的技术方面服务人员必须要很熟练才行。菜分得太慢一定会遭到客人的抱怨,同时菜分到后面也差不多凉了。

目前我国的西餐服务很少用英式服务,因为英式服务每一桌至少要一个专门服务人员服务,在人手不足、成本高涨的今天,已不为一般西餐厅所采用。

3. 法式服务

法式服务是西餐服务中是最高级别的服务,它给予客人的个人照顾较多,会使客人感受到隆重、热情的接待。但法式服务需要使用许多贵重的餐具,投资大,费用高,同时也需要较多的专业服务员,培训费用和人工成本较高。此外,法式服务节奏慢,是一种缓慢的服务方式。

（1）法式服务摆台

摆台的具体要求是:

①在距桌边约3cm处放一个底盘,在底盘上放置一条叠好的餐巾。

②餐叉置于底盘的左侧,叉柄末端紧靠桌边。

③汤匙放在靠近餐刀的右侧;黄油碟置于餐叉的左侧,碟上置黄油刀一把,与餐刀平行。

④在底碟的正前方,放点心叉及点心匙;饮水用的玻璃杯放在餐刀的上端,不能把玻璃杯倒放在餐桌上,这一点与美式服务正好相反。

⑤玻璃杯口朝下,会使欧洲客人感到离用餐还有一段时间。当然如果摆台离营业或客人到还有很长时间,玻璃杯口可以朝下,这样可以预防灰尘落到杯中,但餐厅即将开始营业时,杯口应朝上。

⑥法式服务在客人用正餐时间内不供应咖啡,故通常不用摆茶匙。

（2）法式服务的要求

①法式服务不同于其他服务方式,它要求将所有食品菜肴置于手推车上,在客人面前加热或烹调后给客人。

②手推车高度与餐桌相同,放在靠近客人餐桌的地方,车上放有火炉以保持食品的温度。

③首席服务人员当着客人的面,把厨师在厨房初步烹调过的菜肴完成最后阶段的烹调。

④助理服务人员在厨房将菜肴置于精美、漂亮的大银盘上,端进餐厅并放在火炉上保持温度,然后由首席服务员加工、加调味品及进行必要的装饰。

⑤首席服务员用双手把客人挑选的菜肴从大银盘盛进客人的餐盘,这时助理服务人员应用手端着客人的餐盘,其高度应低于大银盘。

⑥在盛菜肴时,应注意客人的需要量,供应的菜肴太多会降低客人的食欲。

⑦盘碟盛好菜,助理服务人员用右手端盘从客人的右侧端上。

⑧除了面包、黄油碟、色拉碟及其他特殊的盘碟必须从客人的左侧供应外,其余的饮食均应从客人的右侧端上,习惯用左手的服务人员,也可用左手从客人的左侧端上。

(3)法式菜肴服务

①汤

当客人点的汤制好后,服务员用银盘端进餐厅置于火炉上保温。端进来的汤要比需要量多些,剩下的可送回厨房,重新加热后供应给其他客人。汤是由首席服务人员从银盆盛到汤盘里,然后由助理服务人员或首席服务员用右手从客人的右侧端上。

助理服务人员也要端热汤给客人,汤盘应放在客人的底盘之上,其间放一块叠好的餐巾。这块餐巾有两个用途,一是使服务人员端热汤时不至于烫手,二是防止服务人员把大拇指压在汤盘上面。这种服务比起普通的汤盘服务更受欢迎。

②主菜

法式服务中,主菜和其他菜的服务方式一样:

◎首席服务人员负责切肉、烹调或点火烧炙,并将菜肴盛进客人的盘碟,然后由助理服务员端送给客人。

◎给客人供应牛排时,助理服务人员从厨房端出已烹制过的牛肉块、汤、土豆及蔬菜等,然后首席服务人员在客人面前调配佐料,把牛肉加热,切肉并盛盘。服务人员应注意客人对牛排的需要量。

◎色拉和主菜要同时端上,色拉用左手从客人左侧服务,放在黄油碟下。

(4)法式服务结束工作

①采用法式服务的餐厅,应让客人在悠闲的气氛下享受服务。所以不能在客人正在用餐时就收拾餐具,这是一种极不礼貌的行为,这会使一些吃得慢的客人有一种被催促的感觉。

②在供应甜品之前,应先清理餐桌并摆好烟灰缸。客人用完主菜后服务员应把盐瓶和胡椒瓶撤走,因为用点心是不需要盐和胡椒的。

③收拾盘碟要遵守"3S"规则,即刮(Scrap)、堆(Stack)、分(Separate),这是餐厅服务员收拾盘碟的标准程序。具体操作时,先把剩菜拨到一个盘子里,然后将盘碟堆起来,再把陶器、玻璃杯、刀、叉、汤匙分开汇集。这样既不占托盘又整洁,且可以减少盘碟及餐具间碰撞的噪声。

三、酒店宴会服务指南

1. 中餐宴会

（1）宴会服务组织

参与宴会服务工作的餐厅人员首先应掌握宴会通知单的内容：宴请单位、宴请对象；餐别、时间、地点；桌数、人数；宴会规格标准；要格外注意客人的特殊要求（如禁忌、习俗）。

参与宴会服务工作的餐厅人员应同时掌握有关宴会服务的内容：菜单内容，即宴会各菜肴的风味特点；主料配料和烹制方法；上菜次序；宴会服务所需的餐具、用具；宴会服务所用酒类、饮料品种和数量。

以上内容应由餐厅经理或主管在规定时间向服务员进行讲解，或以指令形式通知餐厅服务人员。对大型宴会来说，应指定专人担任总指挥，各项任务必须落实到班组、个人，做到分工明确，任务落实。

（2）环境布置

餐厅经理或主管应及时做出宴会场地环境布置、服务区域分配、服务员分工的合理安排，要让每位服务员上班的第一时间知道其工作任务。

①根据宴会餐别、标准、桌数、特点，设计相应的环境、台形和装饰；中餐宴会通常使用圆桌，高级宴会桌上需有花台装饰。大型宴会主桌应正对入口处，面对众席的是主人席位，其他餐桌可根据桌数做对称排列。主人席位应在主桌上方的正中，其右手为主宾席、左手为副主宾席或主宾夫人席。副主人席安排在餐桌下方正中，正对主人席位。其他宾客安排席位可按身份从右至左，从上到下。

②宴会餐饮和规格标准及桌数人数，准备餐具、用具等要报数。

③根据餐饮内容和规格标准，按照规定或摆台标准进行摆台。餐具必须洁净无垢，完整无损；摆放餐具必须使用托盘搬运传送，西餐餐具及不锈钢、银制餐具须用洁净餐巾包裹，要避免沾上指印，摆台餐具必须位置对称，摆放统一。

④根据宴会规模，决定工作台（落菜台）数量、位置，根据宴会内容、特点布置工作台，补充备齐各种小件餐具和服务用具。

（3）班前例会

环境布置完毕，餐厅经理或主管应作巡视检查，不符合标准处应立即纠正，然后，可召开班前例会。目的在于：强调该宴会的特点、注意事项，检查服务员的仪表仪容和个人卫生情况。

（4）准备开宴

宴会前半小时，应领取宴会用的各种酒类、饮料、水果等物品，酒瓶、饮料瓶应擦拭干净，水果也需擦拭或消毒处理，然后将其在工作台上摆放整齐。

中餐宴会在开宴前15分钟，服务员应开始从厨房端出冷菜，由值台员摆放上桌。冷菜摆放应讲究造型艺术，要注意位置对称、色彩和谐。摆放造型冷盘时应注意将观赏面对准主宾席位，然后应斟妥部分用酒或饮料。

（5）宴会餐间服务

不论何种宴会，餐间服务都应做到热情主动、耐心周到、仪容端庄、干净利索。完成各项准备工作之后，服务员应站立在自己的服务区域内等候宾客，做到精神饱满、仪表大方、态度和蔼、表情自然。当宾客步入宴会厅，走近座位时，值台服务员应微笑相迎，帮助客人拉开座椅，引请宾客入座。若是大型宴会，以下各项服务主桌先行，然后各桌同时跟上。

①递送小毛巾。待宾客坐定，即可为宾客递上小毛巾，从主宾开始，依顺时针方向进行。接着开始替宾客除去筷套，帮助客人围好餐巾。

②斟酒。为宾客斟酒或饮料，左手托盘，从主宾开始，依顺时针方向绕桌进行，要从每位客人的右边斟倒。

③派冷菜。斟酒完毕，如宾客未曾开始用餐，应主动为宾客派冷菜，按先宾后主的顺序进行。宾客开始用餐，值台服务员应示意上菜服务员开始上热菜。

④上菜。宴会上菜应该严格依照宴会菜单程序，掌握上菜时间，要做到恰到好处、不迟不早，正确操作。上菜应从固定位置也就是菜口进行，上菜口应选择在主席位置左侧或右侧90°处，如10人一桌，上菜口应在主席位置两侧隔两个席位处。菜肴摆妥后，应拨动转盘，使菜肴先经主宾面前，并做适当停留，绕桌一周，以便宾客欣赏。

⑤派菜。左手托菜，从主宾开始，按顺时针方向，从宾客左边派菜。派菜时应自然弯腰，动作利索，主动热情，进退有序，避免碰撞宾客，不能使汤汁滴溅。应注意食物色彩、数量、质量的均匀搭配。最后再从上菜口将余下的菜置于转台上。

⑥继续上菜、派菜。上下一道菜前，应先整理转盘，取下空菜盆或剩菜最少的菜盆，上菜前要先腾出空位。遇汤（包括羹），俟宾客欣赏完毕，应端至工作台分妥，然后按规定次序分别从宾客右边端上。

⑦调节间服务。遇有骨或带浓汁的菜食，在上下一道菜前，须从宾客右边，用右手撤下骨碟，同时换上洁净骨碟。并时刻照顾宾客的各种需要，及时添加饮料、酒料。另外要及时地更换烟灰缸，烟灰缸中如已有两个烟蒂，便应给予更换。根据进餐情况，如上完浓汁菜肴或需用手剥吃的菜肴、汤羹等，应再次递送小毛巾。

⑧上甜点、水果。在上甜点水果前，应全面整理一次餐桌，撤下桌上所有餐具，包括菜盆、骨碟、调味品瓶、筷子、公筷、公匙、筷架、汤碗等，只留酒杯、水杯、牙签盅。用折叠整齐的干净餐巾将桌面上食物残渣抹入干净菜盆，再次换上骨碟或水果盆，摆点心叉、上水果刀。从宾客右边放刀，左边放叉。刀叉须用餐巾包裹，置于托盘上。然后，依次端上甜点盘和水果盘。

⑨餐后服务。待宾客进餐将毕时，应再次递送小毛巾。并可根据情况，送上茶水，重换杯盏。

⑩结账送客。根据宴会通知单要求办理结账手续。小宴会一般都当场结清，事后处理的通常是大型宴会。当宴会主人宣布宴会结束，应主动帮助主宾起身离座，并道谢相送。

（6）结束工作

宴会结束之后，服务员尚有少量收尾工作需要完成。

①收捡清理餐具、物品。当宾客散尽之后,方可收拾席面。应由专人负责餐具、物品的分类收拣转移,才能做到快而不乱。

②检查有无宾客遗忘物品,如有发现,应立即设法交还。

③清理桌椅、工作台和环境卫生,同时注意各种电气设备的关闭。

④清点宴会账目,以便及时结算。

2. 西餐宴会

(1)宴会服务形式

西餐宴会服务的具体操作方法取决于所采用的服务形式。英式服务、美式服务及俄式服务都属西式宴会。

英式服务适合家庭式便宴,气氛轻松,较为随便,菜肴盛在大盘中由服务员端上餐桌,然后由宾客自己动手依次传递从中取食。国外某些饭店不为英式宴会服务配备专门的服务员,菜肴等仅由餐厅主管直接端送。

美式服务的特点是速度快、效率高,适合大型西餐宴会。由于美式服务不要求派菜服务,各道菜每客一盘,食物相同,因此,厨房中食物装盘可以采取流水线作业法。餐盘都加以不锈钢盖,因此便于堆叠,一桌菜可以一次端出,绝大多数西餐宴会皆采用美式服务。

俄式服务常见于豪华宴会。由于俄式服务中上菜时服务员需先分派餐盘,然后依次上菜,花时较多,所以,如果宴会规模过大,则有难以保证各桌同步上菜的可能。

(2)宴会服务组织

与中餐宴会的服务相似,宴会指挥或餐厅主管应通过讲解或指令使西餐宴会服务人员熟悉宴会通知单内容,通常包括宴请单位、宴请对象;餐别、时间、地点;桌数、人数;宴会规格标准;所需酒类及饮料品种、数量;宾客特殊要求、饮食禁忌和习俗等方面内容,服务员要熟悉了解菜单内容,掌握宴会主要菜式的风味特点、主料配料及烹调方法,必要时应取得厨师长协助。熟记菜肴上菜顺序和酒菜搭配规定,避免将斟酒和上菜的次序搞乱,根据菜单内容,确定宴会服务所需餐具、用具的种类和数量,然后合理分配工作任务和服务区域。

(3)台面布置

多桌或单桌,并非似一般人认为的那样都采用长方形餐桌,事实上,西餐宴会(西餐散客服务亦然)使用圆形餐桌十分普遍。应根据客户要求及餐厅规模、宾客人数等因素来决定采用何种宴会台形。长方台形变化较多,可根据宾客人数变换,一字形、U 字形、E 字形等形式,大型宴会可采用会场、剧院型布局;宴会主人的席位一般安排在面对餐厅入口处的位置上,副主人席位正对主人;主宾、副主宾席位安排在主人的右、左侧。如使用圆桌,台形布置及席位安排相似于中餐宴会。

西餐宴会摆台一般采用全摆台,但更重要的是必须根据宴会菜单预定的菜肴道数、种类和上菜程序,以及所用酒类、饮料的品种来决定需要哪些餐具和酒杯。不要直接用手去摆餐具,应使用托盘,并以干净餐巾包装摆放。摆放酒杯时应避免手指接触酒杯内壁。摆台结束后,应逐桌检查餐具、酒杯是否齐全、位置是否齐全、位置是否对称、是否与上菜次序相符、各桌餐具是否整齐统一。

西餐宴会摆台还需要烛台及插花。烛台可以单头或多头,插花应用鲜花。一般大型高级宴会才要求餐桌中心有饰物,可选用各种鲜花或水果进行饰物造型。

(4)宴会席间服务

宴会调节间服务的具体内容因宴会规格标准、菜肴道数、花色品种不同而不同,以下为西餐宴会调节间服务一般要点。

大型宴会开宴前5分钟左右,应斟好冰水,摆上面包、黄油。单桌或小型宴会可在宾客入席后斟倒冰水。由于面包黄油碟摆在宾客左手,因此可从宾客左侧摆放黄油面包。客人入席后马上点燃蜡烛,以示欢迎。

宴会佐餐酒一般有香槟酒、白葡萄酒、红葡萄酒、雪利酒等,由于宴会服务节奏快,中间几乎没有间隙,因此凡需要冰镇、冷藏降温的酒类饮料及需要调兑的饮料都必须事先准备好。

由于西餐中佐餐酒与食品有一定的搭配规定,宴会中上什么菜配何种酒也都有定式,因而酒杯摆放也有一定的位置规定。应该严格按照预定的斟酒上菜顺序进行操作,必须严格遵守先斟酒后上菜,酒类、饮料一律从宾客右手斟倒,服务先后次序与西餐散客服务大致相同,即从主宾开始,依逆时针方向,先女宾后男宾依次斟倒。

西餐宴会上菜顺序与西餐散客服务相同,均依照开胃菜、汤、色拉、主菜、水果和乳酪、甜点、餐后饮料的顺序服务。

开胃菜和相应餐具要一起端上,可直接摆放在服务餐盘上。汤类服务方法与开胃菜相同。西餐宴会一般可有4~6道菜,通常有鱼肴、海鲜、蔬菜、猪肉、牛肉、禽肴等。上主菜前应先将服务餐盘撤下,根据桌面的状况略作整理,并根据下一道主菜的内容,先替宾客斟相应的酒类。如采用美式服务,服务员应从宾客左手,用左手上菜;如采用俄式派菜服务,服务员要先为客人发放餐盘,然后从宾客左侧派菜。在上下一道主菜前应将席面上所有宾客的餐盘先行撤下,撤盘从宾客右侧操作,并要等绝大多数宾客餐毕方可进行。如下一道主菜需要特殊餐具,应如何摆放的具体方法详见前述西餐服务规则和程序有关内容。

3. 鸡尾酒会和冷餐酒会

鸡尾酒会和冷餐酒会是两种随便自由、气氛活跃、强调自助的宴会形式。顾名思义,鸡尾酒和饮料是鸡尾酒会的主要内容,而冷餐酒会则在于冷餐食物。二者的服务形式极为相似。

鸡尾酒会通常在大型宴会之前举行,时间一般不超过一个小时,目的是等待宴会宾客,同时使宾客相互认识和交流信息。单独举行的鸡尾酒会一般是为了工程竣工、开幕典礼、新闻发布会等活动。

鸡尾酒会食品简单,如火腿片、红肠、炸大虾、炸鸡腿、酸黄瓜、土豆片、花生米、蛋糕、饼干等,一般没有热菜。食物摆放在拼搭成一定形状的餐台上,备有小餐碟、餐巾纸、食签,供宾客自由取用,服务员提供的服务只是补充食物、收取餐具。

鸡尾酒会的酒类、饮料,一般多由活动酒吧供应,可由宾客自取,也可由服务员托盘端送。由于宾客集中,服务时间较短,供应的鸡尾酒品种不宜太多,一般以2~3种为宜,要事先大批量购置。事实上,鸡尾酒会供应的更多的是其他酒类和饮料,如香槟酒、葡萄酒和软饮料。

鸡尾酒会一般不设席位,仅布置一些小桌供宾客摆放酒杯和餐碟,宾客都站着喝酒、进食,行动自由自在,不受拘束。

与鸡尾酒会相比,冷餐酒会形式更适合大型招待会和庆典等活动,讲究环境布置,气氛非常隆重。根据宾客数和规格要求,餐厅内可设置大型餐台,常有冰雕、花台等中心饰物,餐台两端备有餐盘、刀叉匙等餐具。冷餐酒会一般也不设席位,宾客皆站立吃喝,但餐厅四周为了宾客休息可供沙发小桌等,冷餐酒会作为正餐,食物更加丰盛,除冷菜小吃外,还有热菜,菜肴、点心可达40~50种,热菜应用保温设备保温。冷餐酒会的服务与鸡尾酒会基本相同,食物皆由宾客根据自己的爱好自由取用,服务员只需照看餐台,及时补充食物、餐具,以及收拣用过的餐具。由活动酒吧供应酒类饮料,宾客可自取或由服务员端送。

酒店承办鸡尾酒会和冷餐酒会成功的关键有三个方面。

(1)合理制定标准,估计成本要正确

由于鸡尾酒会和冷餐酒会不限制宾客用餐、用酒数量,因此在与客户洽谈时,应根据客户认可的价格范围合理制定宴会标准,决定食物花式品种、质量规格和餐厅环境布置规格。并根据测定宾客数正确估计用料数量,既要避免出现供不应求、食品准备不足的现象,也要防止成本超过预算导致饭店亏本。

(2)准备工作必须充分

鸡尾酒会和冷餐酒会服务的特点是宴会时间较短、宾客集中、服务速度要求快,因此,除要求服务员操作熟练、反应敏捷、动作灵活、具有应付大批宾客的能力外,会前的各项准备工作必须详细、周密。各种食品烹调制作必须有周密计划,酒类、饮料必须备足,各类餐具、酒杯也应充裕,才能保证不中断供应,以保证服务顺利进行。

(3)着意环境布置和气氛渲染

客户举办鸡尾酒会或冷餐酒会的目的,大多是借此达到某种宣传、公关效果,因而酒店在承办此类宴会时,需要采用一切手段为宴会创造热烈欢快的环境和轻松活跃的气氛。例如,主餐台并非都得一字形布局,其他形状或流线型布局往往显得更加活泼生动;要精心设计花台或中心饰物,可以用鲜花、枝叶或水果摆成图案,高规格的冷餐酒会可以使用冰雕或奶油雕;室内花木布置应高雅宜人,应使带泥的盆花远离餐盘,而灯光、色彩的创造性运用也是美化环境、渲染气氛的必要手段。舒适雅致的环境和热烈欢快的气氛可以提高宴会服务的外围质量,而且,由于酒店一般都具备这方面的物质条件,可以避免过大的额外费用。当然,环境布置和气氛渲染需要丰富的想象力、审美力和创新精神。

第四节 餐饮服务质量控制管理

一、酒店餐饮服务质量控制管理的基础

酒店餐饮服务质量主要由环境质量、菜肴质量和服务水准组成。餐饮质量的控制,主要取决于餐饮部的管理水准。餐厅管理人员必须经常对餐饮工作进行督促、检查、指导,有效地把握餐饮服务工作的方向,促进餐饮服务质量的提高。

1. 确立标准，完善制度

要使餐饮服务达到规范化、程序化、系统化和标准化，保持餐饮质量的稳定性，明确具体的标准和科学完善的制度是基本的保证。所以，必须及时指导和监督餐饮部制定各种餐饮的标准，如餐饮布置标准、摆设标准、接待服务标准、语言标准、仪表仪容标准、清洁卫生标准等。并且督促餐饮部完善各种规章制度，如卫生制度、检查制度、工作制度、考核制度等。餐饮部对这项工作的重视程度往往决定了餐饮部的标准和制度的完善程度。

2. 充当客人，实地检查

标准和制度为员工确立了工作的准则，也为管理者提供了控制的依据，但质量究竟如何，只有通过检查才能知道。要想知道餐饮的服务质量如何，最直接的检查办法就是扮演客人，亲身体验一下。餐饮部为了有效掌握餐饮质量状况，可以通过陪客人吃饭或在不打招呼的情况下突然亲临餐厅点菜吃饭，实地感受就餐的气氛，视察服务水准，品尝菜肴味道。这种方法往往能找到一般检查所不能发现的问题。

3. 深入现场，例行检查

人们对事物的认识步骤一般为：现实→感受→判断。对餐饮服务质量的控制，也必须从服务现场出发。所谓服务现场，就是服务工作的基本活动场所，如餐厅、酒吧等。一般来说，服务现场必须具备三个基本要素：

(1)服务对象——客人。

(2)服务者——服务人员。

(3)服务条件——作为提供服务物质条件的设施、材料和进行服务活动的场所。

这三者结合，共同构成现实的服务现场。因此，餐饮部人员深入现场，进行检查，就离不开这三个方面。当然，为了使检查更加切实可行，可以据此制定检查项目，如营业前的检查就可通过事先拟订的仪表仪容、餐厅规格等检查项目逐条检查，判断其是否合乎标准。至于营业过程中的检查，则可以通过观察和询问来了解情况。比如观察客人的表现和情绪，根据饭店的服务规程，逐一检查服务人员的服务态度、时机及引领、入座、点菜、饮料服务、菜肴服务等服务方式。通过询问，征求客人的意见，了解客人对服务、菜肴质量等方面的意见。

二、酒店餐饮服务质量控制的基本方法

1. 预防控制

所谓预防控制，就是为使服务结果达到预计的目标，在餐饮活动进行前所做的一些管理上的努力。它的目的是防止就餐服务中各种资源在质和量上产生偏差。预防控制的主要内容包括：

(1)人员的预先控制。在开餐前，餐厅就应该对员工的仪容仪表进行一次检查，保证服务人员进入指定的岗位。

(2)物资资源的预先控制。开餐前必须按规格摆好餐台，备好工作台小物件等。

(3)卫生质量的预先控制。开餐前半小时，必须对营业区域内的卫生环境进行一次检查，发现不符合要求的，要迅速安排返工。

（4）事故的预先控制。开餐前，餐厅应与厨房核对客情预报。必须了解当天的菜肴供应情况，避免因缺菜而造成客人的不满意。

2. 服务现场控制

服务现场控制指现场监督正在进行的餐饮服务，尽量使其规范化、程序化，并迅速妥善处理意外事件。现场控制的内容主要包括：

（1）服务程序的控制。

（2）上菜时机的控制。要根据客人用餐的速度、菜肴的烹制时间，掌握好上菜节奏。

（3）意外事件的控制。餐饮服务是面对面的直接服务，非常容易引起客人的投诉。一旦引起投诉，主管一定要迅速采取相应的补救措施，以防止事态的恶化，影响其他客人的用餐情绪。

（4）人员控制。开餐期间，服务人员虽然实行分区看台责任制，在固定区域服务。但是主管应根据客情的变化，进行二次分工，以做到人员的合理运作。

3. 反馈性控制

反馈性控制就是通过服务质量信息的反馈，找出服务工作中需要改进的地方，采取措施用来加强预先控制和现场控制，以提高服务质量。信息反馈系统往往由内部系统和外部系统构成，内部系统是指信息来自于服务人员和经理等有关人员，每餐结束后召开总结性的会议，认真总结缺点与不足，并不断改进服务质量。外部系统指信息来自于客人，为及时得到客人的意见，餐桌上可准备一些客人意见表，直接征求客人的意见。只有建立和健全上述两个方面的信息反馈系统，才能使餐厅的服务质量不断跃上新的台阶，才能更好地满足客人的需求，进而改善酒店的经营情况与收益。

酒店餐饮部规范化管理制度与表格

第一节 餐饮部各岗位职责与工作规范

一、酒店餐饮部经理岗位职责

(1)负责酒店餐饮部的全面工作,向上对总经理负责。

(2)认真执行总经理下达的各种工作任务和指标,对饮食、娱乐的经营情况负有重要的责任。

(3)制订餐饮部的经营政策和营业计划。

(4)制定餐饮部每年的预算方案和营业指标,审阅餐饮部各部门每天的营业报表,进行营业分析,并做出经营决策。

(5)主持餐饮部的日常会议,协调部门内部各班组的工作,使工作能协调一致地顺利进行。

(6)审阅和批示部属各单位和个人呈交的报告及各项申请。

(7)与行政总厨、大厨、宴会部研究如何提高餐饮部食品的质量,创制新的菜色品种;制定或修订年、季、月、周、日的餐牌,制定食品及饮料的成本标准。

(8)参加总经理召开的各部门经理例会及业务协调会议,与各界建立良好的公共关系。

(9)对部属管理人员的工作进行督导,帮助他们不断提高业务能力。

(10)负责督促部属员工的服务情况,使餐饮部的服务档次得以提高。

二、酒店餐饮部副经理岗位职责

(1)协助餐饮部经理督促指导前厅各区、后台厨房及采购的日常工作。

(2)参与制订本部门年度、月度工作计划和经营预算,并协助组织落实。

(3)深入各岗位进行工作检查,控制日用品及餐具的使用,并监督盘点。

(4)负责督促指导、检查各岗位服务质量,广泛征集客人意见,对服务提出改进建议,并组织落实。

(5)负责对所辖岗位的员工进行培训。

(6)做好部门内部各岗位间的协调及与其他部门的沟通合作。

(7)参加餐饮部例会,完成上传下达工作。

(8)定期对下属员工进行绩效评估,提出奖惩建议。

(9)完成餐饮部经理交给的其他工作。

三、餐厅领班岗位职责

(1)负责对下属员工的考勤、考评,根据员工表现的情况做出适当的表扬或批评、奖励或处罚,对餐厅经理负责。

(2)根据每天的工作情况和接待任务安排部属的工作。

(3)登记好部属员工的出勤情况,检查员工的仪容仪表是否符合要求,对不符合要求者督促其改正。

(4)正确处理工作中发生的问题与客人的投诉;处理不了的问题要及时向经理报告。

(5)了解当天宾客订餐情况、宾客的生活习惯和要求。

(6)开餐前集合全体部属,交代订餐情况和客人要求,以及特别注意事项。

(7)检查工作人员的餐前准备工作是否完善,餐厅的布局是否整齐划一,调味品、配料是否备好、备齐,备餐间、台椅、花架、酒吧、餐柜、门窗、灯光等是否整洁明亮,对不符合要求的要督促员工迅速进行调整。

四、餐厅厨师岗位职责

(1)在餐厅总厨的指挥下,负责对各种食品的加工制作,保证食品质量。

(2)服务周到,礼貌待人。

(3)遵守作息时间,准时开餐,不擅离职守,不脱岗、串岗。

(4)服从分配,按质、按量、按时烹制饭菜,做到饭菜可口,保质保鲜。

(5)遵守安全操作规定,正确使用操作工具,合理使用原材料,节约水、电、煤气等。

(6)严格遵守酒店的各项规章制度,做好厨房、餐厅的卫生工作,保证不让客人吃有异味食品,防止食物中毒。

(7)上班前将工作服穿戴整齐,厨房内严禁吸烟,不准另搞标准开小灶。

(8)自觉遵守宾馆酒店各项规章制度,努力钻研业务,提高烹饪技术。

(9)服从主管调动,维护好厨房灶具、设备,协助员工餐厅服务员做好开餐准备工作。

五、中餐厅经理岗位职责

(1)督促指导完成餐厅日常经营工作,编制员工出勤表,检查员工的出勤状况、仪表及个人卫生。

(2)负责制定餐厅经营服务规范、程序和推销策略并组织实施,业务上要求精益求精,不断提高管理水平。

(3)热情待客、态度要谦和,妥善处理客人的投诉,不断提高服务质量。

(4)加强现场管理,营业时间坚持在一线,及时发现和解决服务中出现的问题。

(5)领导餐厅全面质量管理小组对餐厅的服务质量进行严格检查,把好餐厅出品服务的每一关。

（6）加强对餐厅财物的管理，掌握和控制好物品的使用情况，减少费用开支和物品损耗。

（7）负责餐厅的美化工作和餐厅的清洁卫生工作，抓好餐具、用具的清洁消毒工作。

（8）及时检查餐厅设备的情况，建立相应的物资管理制度，并做好维护保养工作，做好餐厅安全和防火工作。

（9）根据季节的差异、客人情况，与厨师商议、制定差异化的菜单。

（10）主动与客人沟通，采取正确方法处理客人投诉，必要时报告餐饮部经理。

（11）定期召开餐厅员工会议，检讨近期服务情况，公布 QC（质量管理）小组活动记录。

（12）重视员工的培训工作，定期组织员工学习服务技能，对员工进行酒店意识、推销意识的训练，定期检查并做好培训记录，并组织好对员工进行考核。

（13）参加餐饮部召开的各种会议，完成餐饮部经理下达的其他各项任务。

六、中餐厅领班岗位职责

（1）负责检查服务员的仪表仪态，凡达不到标准和要求的不能上岗。

（2）监督服务员的工作程序和工作方法，发现问题要及时纠正，保证服务工作符合宾馆酒店标准。

（3）明确餐厅主管所分配的工作，领导本班服务人员做好开餐前的准备工作，着重检查用品，查看物品是否齐备、清洁，有没有破损的情况，检查桌椅的摆放是否规范，菜单、酒具是否干净卫生无破损；要按照领班检查表逐项检查，发现问题及时反映。

（4）开餐后注意观察客人用餐情况，随时满足客人的各种用餐需求。

（5）遇有重要客人或服务人员人手不够时，要亲自进行服务。

（6）督导服务员向客人推荐特别菜点、饮料，并主动推介菜点。

七、中餐厅总厨岗位职责

（1）在中餐部经理、行政总厨的督导下，全面负责中厨厅的组织、指挥和烹饪工作。

（2）了解各岗人员工作特点和技术水平，根据各人专长，合理安排技术岗位。

（3）组织中厨房完成月、季、年度工作计划。

（4）负责组织指挥调度大型酒会、宴会的菜品制作。

（5）熟悉各种原材料的种类、产地、特点、价格及淡旺季，熟悉货源供应情况，与采购部保持良好的联系，保证货源供应及时。

（6）遇到重要宴会，需要亲自与采购部协商，做好货源的采购工作，同时亲自检查；落实货源购进的验收和储存。

（7）定期与中餐部经理、中餐营业部主任一起了解市场行情、竞争形势及客人的意见，不断地研制、创新菜式，在保留餐厅传统菜式、特色不变的基础上，推陈出新，每周出品一至两个新菜式。

（8）在做到稳定和不断提高产品质量的基础上，改进和提高技术水平、烹调方法，与中餐厅营业部、楼面部保持良好联系。

（9）经常与中餐部经理、中餐营业部、采购部一起调查市场，了解货源进出、其他宾馆酒店的饮食价格，做好菜谱的合理定价，以获得较高的利润。

（10）合理使用各种原材料，减少浪费，以控制食品成本。

（11）抓好厨房卫生工作，严格贯彻执行《食品卫生法》。

（12）抓好厨师的技术和管理培训工作，保持宾馆酒店的餐饮特色，提高厨师的技术水平。

（13）负责做好每月的工作计划、材料领用及月工作总结。

（14）严格执行消防操作规程，预防发生事故。

八、酒店西餐厅经理岗位职责

（1）负责酒店西餐部的餐饮产品和服务，以及各项行政管理工作，并接受餐饮部经理的督导。

（2）制订本部门月度、年度的营业计划，领导部门全体员工积极完成各项经营指标和任务，及时分析和总结月度、年度的经营情况。

（3）根据不同时期的需求和市场情况，制订销售计划，包括有特色的食品、时令菜式和饮品的推广计划等。

（4）制定操作流程、服务规则的服务标准，检查管理人员和服务人员的工作质量和服务态度、出品部门的食品质量及各项规章制度的执行情况，发现问题及时解决。

（5）制订服务技能和烹饪技术培训计划和考核制度，定期与总厨研究新菜式及品种。

（6）建立物资管理制度，保管好餐厅的各种用品。

（7）制定餐饮产品的标准、规格和要求，掌握良好的毛利率，抓好成本核算；加强食品原料及物品的管理，降低费用，增加赢利，减少生产中的浪费。

（8）不定期地征求客人的意见，听取客人对餐厅服务和食品的评价，及时进行研究，调整相应对策，以便为客人提供良好的就餐环境。

（9）督导各级业务管理人员进行业务知识及工作业绩的考核，不断提高工作水平和业务能力。

（10）熟悉和掌握员工的思想状况、工作表现和业务水平，抓好员工队伍的建设，开展经常性的礼仪教育和职业道德教育，注意内部人员的培训、考核与选拔，通过组织员工活动，激发员工的工作积极性。

（11）参加酒店经理例会及各种重要的业务协商会议，与酒店各部门建立良好的关系，互相协作，保证营业工作顺利进行。

（12）抓好设备、设施的维修保养，提高设备的完好率，加强日常管理，以提高工作效率。

（13）抓好卫生与安全工作，组织环境、操作方面的卫生检查，贯彻执行餐饮管理的卫生制度,开展经常性的安全保卫、防火教育,确保安全。

九、西餐厅领班岗位职责

(1)在部门经理的领导下,检查部门规章制度的执行情况及各项工作的完成情况。

(2)检查当班服务员的工作着装及个人仪容仪表。

(3)安排、带领、督促、检查员工做好营业前的各项准备工作,及时、如实地向经理反映部门的情况,汇报各员工的工作表现。

(4)做好各项班次物品、单据交接工作。

(5)熟悉业务,在工作中起模范带头作用,并协助经理增强本部门员工的凝聚力。

(6)加强现场管理意识,及时处理突发事件,带领员工不断提高服务质量。

(7)加强公关意识,树立酒店良好的形象。

(8)做好员工的考勤排休工作,并严格把关。

(9)主持每周班务会,听取服务人员的工作汇报,及时总结并充分发挥其主观能动性,对经营管理上的不足之处提出自己的意见、设想,并上报经理。

(10)完成上级领导交办的其他工作。

十、酒水部经理岗位职责

(1)全面负责酒水部的业务与管理,对饮食总监负责。

(2)负责本部门的工作策划,并负责对中西餐宴会、酒会、冷餐会的酒水服务工作的策划。

(3)负责对酒水部员工的素质、服务水准、服务技巧进行培训,以取得不断的提高。

(4)处理本部门的日常工作,正确处理客人的投诉。

(5)督导工作人员按程序热情周到地为宾客服务。

(6)向饮食总监汇报工作情况。

十一、酒店宴会部经理岗位职责

(1)进行行业调查分析,做好客源分析,掌握消费者的心理,进行广泛的宣传工作,组织客源,广交新客户,不断扩大经营范围。

(2)了解食品原材料的价格和货源情况,了解和掌握本酒店各种食品,特别是海鲜、野味等名贵物品的库存、池养情况,并注意宣传和销售。

(3)熟悉并掌握本酒店、其他酒店和各餐饮单位的食品情况和菜色品种,经常与餐饮部经理、行政总厨研究并创新的菜式和花色品种,编制新的菜单,尽量满足客人新的要求。

(4)建立食谱档案,对老客户要注意他们的口味特点,经常变换品种,以使客人感到酒店的食品品种丰富。

（5）注意协调有宴会订单的宴会厅的安排,分派及指导营业员制定宴会菜单,重要的筵席要亲自制定菜单。制定菜单要注意搭配,保证质量,不出现错单、漏单。

（6）接待来订餐的客人,一定要热情友好、服务周到。耐心回答他们的提问,向他们介绍情况时,一定要认真细致,处处为客人着想,使客人感到亲切。

（7）对酒店内部其他部门的人员接待也要热情友好,谦虚谨慎。与各部门的协调与沟通要注意方式的得当,争取得到各部门对宴会部工作的配合、帮助与支持。

（8）负责宴会部工作的组织和安排,加强宴会部工作人员的培训工作,不断提高他们的业务水平与能力。

十二、餐饮服务员岗位职责

（1）服从领班的安排,做好开餐前的准备工作。

（2）开餐后,按照服务程序与标准为客人提供一流的服务,点菜、上菜、派菜、酒水服务、结账。准确了解每日供应的菜式,与传菜组密切配合。

（3）关心特殊客人与儿童,按其相应的标准提供服务。

（4）尽量帮助客人解决就餐过程中产生的各类问题,必要时要将客人的问题与投诉及时反映给领班,寻求解决办法。

（5）客人用餐完毕后,要征询客人意见,做好记录并向上级反映。

十三、餐厅传菜员岗位职责

（1）负责开餐前的传菜准备工作,并协助服务人员布置餐厅和餐桌、摆台及补充各种物品,做好全面准备。

（2）负责将厨房烹制好的菜肴食品准确及时地传送给餐厅值台服务员。

（3）负责将值台服务员开出的并经收款员盖章的饭菜订单传送到厨房内堂口。

（4）严格把好饭菜食品质量关,对不符合质量标准的菜点有权拒绝传送。

（5）严格执行传送菜点服务规范,确保其准确迅速。

（6）与值台服务员和厨房内堂保持良好的联系,搞好前台与后台的关系。

（7）负责协助值台服务员做好客人就餐后的清洁整理工作。

（8）负责传菜用具的清洁卫生工作。

（9）积极参加各种业务培训,提高服务水平,完成上级交办的其他任务。

十四、酒店宴会销售经理岗位职责

（1）制订宴会部的市场营销计划、经营预算与目标,建立并完善宴会部的工作程序和标准,制定宴会各项规章制度并指挥实施。

（2）参加酒店管理人员和餐饮部的例会,完成上传下达工作。

（3）安排并督导日常工作,控制宴会市场销售、服务成本与质量,保证各环节运转正常。

（4）建立完善宴会日志、客户合同、宴会订单和预订单的存档。

（5）与餐饮部经理和总厨师长沟通协调，共同确定宴会的菜单、价格。

（6）定期对下属进行绩效评估。

（7）做好对下属员工的培训工作，提高员工素质。

十五、酒吧领班岗位职责

（1）随时掌握酒水的库存状态，做好酒水控制。

（2）向调酒员和服务人员布置任务，安排班次，并在对客服务过程中进行督导，为客人提供优质酒水服务。

（3）控制酒吧状况，包括卫生状况，服务区域内的餐具和用品的供应状况、硬件设施的完好状况，如发现问题及时解决并向当班经理汇报。

（4）控制服务区域客人状况，及时解决客人提出的问题，适当处理客人的投诉，尽量体谅客人，与客人建立良好的关系。

（5）营业结束后，检查并做好各项善后工作。

（6）每天认真盘点，填写营业报告和各种提货单。

（7）定期对本班组员工进行综合绩效评估，向酒水部经理提出奖惩建议，并组织实施对本班组员工的培训。

十六、调酒师岗位职责

（1）在指定的工作岗位上提供准确无误的产品。

（2）保持与餐厅合作，以求协调一致地为客人提供良好的服务。

（3）做好开餐的准备工作及餐后的收尾工作。

（4）到仓库领取酒水饮料，并送回所有空瓶。

（5）按酒吧的规定及程序布置酒吧、后台酒吧及功能酒吧。

（6）保证本区域酒吧的适当存货及卫生。

（7）学习调制新的鸡尾酒品种。

第二节　餐饮部管理制度

一、酒店餐饮部服务制度

（1）在餐厅中不要大声讲话，不要有不雅之举等。

（2）在服务中不允许背对客人，不允许斜触靠墙或服务台，不要跑步或行动迟缓，不准突然转身或停顿。

（3）要预先了解客人的需要，避免聆听客人的闲聊，在不影响服务的状况下才能与客人聊天、联络感情。

（4）搞好服务现场的清洁工作，但是不要在客人面前做清洁工作；勿将制服当抹布，保持制服的整洁；勿置任何东西在干净的桌布上，以避免造成污损，溢泼出来的食物、饮料应马上清理；上冷餐用冷盘，上热餐用热盘；不可用手接触任何食物；餐厅中所有餐具，需要用盘子盛装拿走，盘中需加餐巾；避免餐具碰撞发出声响。

（5）不准堆积过多的盘碟在服务台上，不准空手离开餐厅到厨房，不准拿超负荷的餐具。

（6）客人进入餐厅就餐时，以微笑迎接客人，根据年龄及具体情况先服务女士，但主人或女主人留在最后才服务；在服务时避免靠在客人身上。

（7）在服务时要尽量避免与客人谈话，如果不得不谈话，则将脸转移到一边，避免正对食物；除非是不可避免，否则不可碰触客人。

（8）在最后一位客人用餐完毕之后，不要马上清理杯盘，除非是客人要求才进行处理。

（9）所有掉在地上的餐具均需更换，但需先送上干净的餐具，然后再拿走弄脏的刀叉。

（10）一般除了面包、奶油、沙拉酱和一些特殊的菜式，所有的食物、饮料均需由右边上；切忌将叉子叉在肉类上。

（11）客人入座时，主动上前协助拉开椅子；用过的烟灰缸一定要换掉；在餐厅中避免与同事说笑打闹。

（12）在上菜服务时，先将菜式呈给客人过目，然后询问客人要何种配菜；确定每道菜需要用的调味酱及佐料；需要用手拿食物时，洗手碗必须马上送上。

（13）保持良好仪容仪表，有礼貌地接待客人，尽量记住常客的习惯与喜好的菜式。

（14）熟悉菜单并仔细研究；口袋中随时携带开罐器、打火机及笔；清除所有不必要的餐皿，但如有需要，则需补齐；确定所有的玻璃器皿与陶瓷器皿没有缺口。

（15）将配菜的调味料备妥；倒满酒杯（红酒半杯，白酒 3/4 杯）；面包与奶油的供应充分；询问客人是否满意；在没经客人同意之前，不可送上账单。

（16）不可在工作区域内抽烟；不得嚼口香糖、槟榔等；不得照镜子或梳头、化妆。

（17）工作时，不得双手交叉抱胸或搔痒；不得在客人面前打呵欠；忍不住打喷嚏或咳嗽时要用手帕或面纸，并事后马上洗手；不得在客人面前算小费或看手表。

（18）不得与客人进行争吵，不得批评客人或强行推销；对待客人中的小孩必须有耐心，不得抱怨或不理睬；如果小孩影响到别桌的客人，应请他的父母加以劝导。

二、酒店餐饮部工作人员管理制度

（1）工作人员上班不准戴戒指、手表等，不准留长发、长指甲，要保持良好的外表仪容。

（2）保鲜柜、冰柜、油烟罩、下水道等应每日清洗，墙面必须保持干净。

（3）蔬菜用流动清水冲洗的时间不少于 10 分钟，海鲜类与肉类必须分别清洗、分别加工、分别存放。

（4）发现蔬菜、肉类或其他副食品有异常，如有异味、变质、霉烂或变色等，应及时报告领班主管或经理，在未得到领导的明确意见之前不准擅自处理。

（5）凡从餐厅带出食品、用具、调料的工作人员，一律按偷窃论处。

（6）下班前必须严格检查各个用火点，保证油、气、电、水、火各个部位关闭，拴好门窗通道后方可下班。

三、酒店餐饮部会议制度

（1）每月底召开一次餐饮部例行工作会议，由餐饮部经理主持、餐厅经理以上人员出席。主要内容为总结本月工作，制订下个月的工作计划。

（2）每月上、下旬各召开一次前后台协调会，由餐饮部经理主持，餐厅经理、酒吧经理、厨师长、宴会预订人员及管事部领班参加。主要内容为：对经营运转过程中由于工作不协调而出现的问题进行及时沟通，提出解决的办法、解决问题的具体时间，并落实到具体人员。

（3）每月召开一次服务质量分析会，前台领班以上职位的人员出席，由餐饮部经理主持，对前台为客人服务中出现的投诉等进行案例分析和讨论，达到培训基层管理者的目的。

（4）每月召开一次餐饮销售分析与营业分析会议，主要分析研究餐饮部营业情况和大型活动促销成功与失败的原因，以便采取对策，促进餐饮推销。

（5）每日例会由餐饮部经理主持，传达总经理室晨会上的指示，并分析餐饮部各部门每日报告，并得出处理意见。

（6）临时会议，即大型活动、重要宾客等接待计划会议，由餐饮部经理主持，有关接待人员的出席、会议地点与时间及出席者由餐饮部临时通知。

（7）餐饮部指定专人负责所有会议的考勤与整理记录工作，包括会议纪要的发放工作。

（8）出席会议人员应了解会议的目的、性质等，提前准备会议所需各种文件。

（9）出席会议的人员必须准时参加，不得无故迟到或缺席。

（10）所有出席会议者应做必要记录，严守会议秩序和纪律。

四、酒店餐饮部设备设施管理制度

1. 空调的使用

（1）早上客人到餐厅时空调可开 1 挡；

（2）中午，可先打开空调 10 分钟左右，然后关掉，在有客人用餐时可根据客人的要求开空调，调整到合适的挡位，客人用完餐离开后，应关闭空调。

2. 灯光、电视的使用

（1）在准备时，灯光开一路，当客人步入餐厅前打开灯光，客人到餐厅后根据客人的需求打开电视或音响，在客人用完餐离开后关掉电视、音响或一部分灯光，下班时关掉所有灯光和电器；

(2)前厅服务员在雅间内停留可开一路灯,不得全开,严禁服务员在雅间内看电视。

3. 设施使用规定

(1)空调的使用:早上 6:00 ~ 9:00,中午 11:00 ~ 14:30,晚上夏季 15:00 ~ 21:30,冬季 17:00 ~ 21:30。

(2)灯光的使用:早班 6:00 打开中间吊灯(当第一位客人步入餐厅时),打开日光灯和一路筒灯,在最后一位客人离开餐厅时,关闭日光灯和筒灯,餐后关闭所有的灯。中午 11:30 开日光灯和一路筒灯。14:30 关闭。晚上(夏季)18:30 或(冬季)17:30 开日光灯和两路筒灯及中间吊灯,最后一位客人离开餐厅时,关掉日光灯,下班后关掉所有的灯。

(3)责任分工:早班由当班领班负责检查,中班、晚班由领班负责。如领班请假,可指定人员负责,同时上报前厅经理。

4. 厨房灯光管理

(1)每天早上由值班经理打开第一、二路灯,其他岗位的由各早班厨师自己打开,在完成各种早餐食品后,由各岗位厨师自行关闭,在下班前由当班人员关闭第一、二路灯;

(2)每天中班由厨师长打开第一、二路灯,其他各岗位的灯光由各岗的厨师自行打开,在用餐结束后,由各岗厨师自行关闭,最后的灯光在值班厨师下班前全部关闭;

(3)每天晚班由厨师长打开第一、二路灯,其他各岗位的灯光由各岗的厨师自己打开,在用餐结束后自行关闭,最后的灯由值班经理全部关闭。

5. 后勤组灯光管理制度

(1)平时库内只开一组灯,在需要使用时可开两组灯,工作完毕后关闭一组灯光,白天一般情况下不使用灯光;

(2)过道内一般不开灯,只在过秤时使用,并在过秤后随手关闭;

(3)办公灯只在晚上工作时使用,并做到人走灯灭。

五、餐饮部服务质量控制制度

(1)酒店餐饮部服务质量控制旨在找出服务工作中存在的问题,并及时采取一定的措施加以解决,以达到提高和改进服务质量的目的。

(2)餐饮部定期组织餐厅经理以上人员对各营业点进行服务质量检查。

(3)餐饮部经理应采取随时或定期抽查的方式对各营业部在开餐过程中的服务质量进行检查。

(4)聘请有关专家对餐饮服务质量进行临时暗访检查。

(5)服务质量检查的内容以餐厅卫生、设备保养、服务态度、仪表仪容、服务技能、服务程序、工作效率等为主。

(6)检查方法以电话询问、口头提问、用餐客人意见反馈等为主。

(7)对检查结果进行记录,对有关严重违纪等事项进行处理并公布处理结果。

(8)对检查出的问题,必须制定切实可行的改进措施并限期改正。

(9)检查者必须认真负责,实事求是,公平合理。

六、餐饮部考核制度

(1)考核目的是为了进一步提高管理水平和服务水平,使餐饮管理和餐饮服务保持规范性,确保向客人提供高效、礼貌、热情、周到和规范化的优质服务。

(2)考核内容:考核内容结合餐饮服务质量标准可以分为工作态度、仪表仪容、礼貌礼节、工作规范、工作纪律、环境卫生等。

(3)考核方法:建立考核标准,设计考核表格,分别对餐厅经理、领班、服务员等进行每日工作情况考核;采用经理考核主管、主管考核领班、领班考核服务员,逐级考核、逐级打分的方法。

(4)考核表的设计包括:

◎餐饮部餐厅经理日考核表。

◎餐饮部领班日考核表。

◎餐饮部服务员日考核表。

(5)考核结果与员工的经济效益直接挂钩,对表现较差的员工必须根据考核的情况进行再次培训,培训合格后再上岗;对各方面表现良好的员工进行适当奖励。

(6)建立严格的考核制度,不断完善考核方法和考核内容,培训考核人员,确保考核工作公正严明。

(7)将员工的考核情况纳入餐饮部质量分析内容,每月在进行服务质量分析的同时要分析评估考核情况,以使考核工作制度化、规范化。

(8)考核评分表由专人进行统计,并于每月写出考核情况分析报告,报餐饮部经理审阅。

七、餐饮部物资发放制度

(1)餐饮部物资领用要根据实际营业情况而定,并以标准储存量为依据。

(2)领物品时必须填写领货单。领货单必须由领货人亲自签字、餐饮部经理签字才生效,发货时由发货人签字,三者缺一不可。

(3)所有申领物品领入餐厅后需由领班清点记账,并根据用途分类存放。

(4)贵重物资领用后要有专人负责保管,严格控制用途。

(5)对物资的使用量要进行科学的预测,保证在规定的领用时间内领货,以增强工作的计划性。

(6)使用物资既要保证规格,又要杜绝浪费,以节约成本、费用。

八、餐饮部交接班制度

(1)餐厅接班人员必须准点到岗,并认真查看值班日志,有不清楚的地方必须及时问清情况。

（2）交班人员对需交接的事宜要做详细文字记录,并口头交代清楚。

（3）接班人员在认真核对交接班记录后要确认签字,并立即着手处理有关事宜。

（4）交接时应对下列事项加以注意：

◎客人的预订。

◎重要客人的情况。

◎客人的投诉。

◎未办完的准备工作。

◎客人的特别要求。

◎餐厅工作上的变化情况。

◎经理交办的其他工作。

九、酒店餐厅收银管理制度

1. 餐厅收银员应该提前到岗,做好收款台的卫生工作,备好找零现金,根据物价员送来的物价通知单,调整好饭菜的价格表,并了解当日预订情况。

2. 餐厅人员必须按标准开列账单收费,每日的结算款及营业款不得拖欠,客离账清。

3. 散客收款

（1）收银员接到服务员送来的"订菜单",留下第一联,经核价加总后即时登记"收入登记表"以备结账。

（2）客人用餐完毕后,由值班服务员通知收银员结账,收银员拿出订单加总后开具"账单"两联,由值班服务员向顾客收款,顾客交款后,服务员持"账单"和票款到收银台交款,收银员点清后在"账单"第二联加盖印章,再连同找款、退款给服务员转给顾客。

（3）收银员应将"账单"第一联与"订单"第一联订在一起,装入"结算凭证专用纸袋"内。

4. 团体客人收款

（1）餐厅服务员根据"团队就餐通知单"在团队就餐时开订单交收银员,收银员在订单二、三、四联上加盖戳记后给服务员,一联留存,并插入账单箱。

（2）就餐结束后值班服务员开账单（注明前厅结账）,请团队领队签字后,及时将团队账单（二联）送前厅收银员代为收款,一联留存和"订单"订在一起,装入结算凭证专用纸袋内。

5. 宴会收款

（1）宴会及包桌酒席,一般都需要提前三个小时以上到餐厅提前预订,预订时须交付预订押金或抵押支票。

（2）预订员按预订要求开具一式四联的宴会订单,并在订单上注明预收押金数额或抵押支票,然后将宴会订单和预订押金或支票一起交收银员,收银员按宴会订单核价加总后在订单上加盖戳记,一联收银员留存,二联交厨房据以备餐,三联交酒吧据以提供酒水,四联交餐厅主管转值班服务员并提供服务。

（3）宴会开始后,客人需增加酒水和饭菜,由值班服务员开具订单交收银员加盖戳记后,一联收银员留存,与宴会订单订在一起,二联交厨房据以增加饭菜或交酒吧据以领取酒水。

（4）宴会结束后，值班服务员通知客人到收款台结账，收款员按宴会订单开具发票，收取现金、签发支票或信用卡。

（5）将发票存根和宴会订单订在一起装入"结算凭证专用袋"内。

6．会议客人收款

（1）会议客人用餐应由负责人提前与餐饮部楼面经理商定就餐标准和结算方式。

（2）餐饮部订餐处填写"会议就餐通知单"，分送厨师长和餐厅收银领班，收银员结算时按通知进行。

（3）客人提出的超标准服务要请负责人签字，开具通知单结算。

7．VIP客人就餐收款

（1）VIP客人到餐厅就餐，一般由经理级的管理人员签批"重要客人接待通知单"和"公共用餐通知单"，提前送给餐厅主管，餐厅主管接到通知后应安排接待。

（2）收银员按通知单规定开具"账单"向客人结算，收银员将"订单""通知单"和"账单"订在一起装入"结算凭证专用袋"内。

8．汇总日结

（1）收银员将当日营业收入整理清点后，填好缴款单并与领班或主管一起再次清点现金，检查票据的填写情况。

（2）确定无误后将营业款装入"专用交款袋"封包，加盖两人印章，同时两人一起放入财务部设置的专用金柜，然后按"服务员收入登记表"填报"餐厅订单汇总表"，一式三份，自留一份，报餐厅经理和财务部成本核算员各一份，并填报"营业日报表"三份，送核算员、统计员各一份，自己留存一份备查。

十、餐饮部点菜服务操作制度

1．了解菜单的内容

了解每日的鲜类，注意烹饪时间，为客人介绍餐厅的特色菜；客人如赶时间，可提醒客人点供应快的菜；如客人要吃便餐，切勿推销名菜。

2．服务酒水的方法

（1）在上酒、饮料后，即将茶杯收回，一般情况下，喝饮料就不需茶水。

（2）倒酒水时，切忌反手倒。

（3）客人的酒水要随时添满，除非客人不需要。

3．小吃部服务、上菜方法

（1）小吃部毛巾最少换三套，客人来时、用餐时、上水果时分别替换一次。

（2）茶在第一次及第三次上毛巾前后送上，毛巾应在客人的左边上下。

（3）第一道菜应放正中间处，第一道菜来时，先将中间空开，第二道菜应摆在靠近年老或贵客、女士面前，往后上菜照此顺序服务，托盘稍有不洁，应马上更新。

（4）不喝酒、饮料的客人，服务员应随时注意添加茶水、添饭。

（5）服务员动作应敏捷，切忌空手往返而降低工作效率。

十一、西餐、自助餐服务制度

(1)餐前搞好清洁卫生,准备好充足的消毒用具。

(2)冷菜、热菜、点心、水果要按顺序摆放,并做好相应的保温设施。

(3)客人进入餐厅时,要进行热情招待,询问其要求,随时撤掉客人用过的餐具,并添加桌上物品,不能出现空盘现象。

(4)准确计算人数,严格开单,防止出现作弊现象。

(5)客人用餐结束后,拉椅送客并表示感谢。

十二、西餐宴会服务制度

(1)接受客人各种方式的预订。

(2)安排服务人员和宴会场地,布置餐厅,摆设餐台,准备工作台。

(3)待主宾到时或宴会开始时请宾客入宴会厅,通知厨房宴会正式开始。

(4)宴会开始时,服务员趁热把菜送入餐厅,并分派给客人,每一道菜上菜时要保持原貌,服务员派菜要正确、适量,主菜要有不同的配菜,并按照服务顺序上菜。

(5)每上一道菜时,应先将用完的餐具撤下,上甜点水果之前撤下除酒之外的餐具,并摆洗手盅、水果刀、叉。

(6)上咖啡或茶前应放好糖缸、奶壶等,依次为客人斟倒。

(7)结账后,收台打扫卫生,了解下餐宴会安排情况,领班记录本宴会情况。

十三、西餐鸡尾酒会服务制度

(1)根据客人的"宴请通知单"的要求摆放各种设备。

(2)酒会开始后服务人员必须保证客人有充足的食品和酒水供应,并搞好餐台卫生。

(3)酒会期间周到地为客人服务,尽量满足客人的要求。

(4)客人结账离去,服务员迅速撤掉所有物品。

十四、西餐送餐服务制度

(1)接受住店客人预订,认真填写订单,并向宾客复述一遍订单。

(2)准备相应餐具,等待出菜。

(3)将送往客房的饭菜整齐地摆放在送餐车上。

(4)送餐到房间并向客人呈上账单,请客人现金付款或经总台同意签单转账。

(5)客人餐毕后,迅速与楼层服务员联系,收回餐具并整理房间。

十五、酒店宴会准备制度

(1)接到订单后,需了解清楚接待对象的名称、国籍、身份、生活习惯、人数、宴会时间及有何特殊要求等。

(2)按具体要求摆置餐位,根据宴会对象设置酒吧。

(3)准备好菜单,客到前 15 分钟上芥酱、酱油等。

(4)整齐地将餐具、食品放好。

(5)大型宴会提前 10 分钟斟上甜酒。

十六、餐饮部员工培训制度

(1)餐饮部员工必须经培训合格后才能上岗。

(2)餐饮部必须制订切实可行的培训计划,让员工清楚培训的时间、内容和目的等。

(3)建立培训制度,具体落实培训计划。

(4)培训的方式:在职培训、上岗培训、换岗培训。

(5)培训的方法:课堂讲授、案例分析、角色扮演等。

(6)培训的内容:服务态度、服务技能、服务知识、职业道德等。

(7)受训者应遵守课堂纪律,认真记录,积极参与。

(8)培训员应认真备课,准备充分,注重培训效果。

(9)任何培训结束后必须有评估,评估成绩记录并存入个人业务档案,对培训成绩优异者给予一定的物质和精神奖励。

十七、餐后清洁管理制度

1. 撤掉脏污的盘碟

(1)将所有剩菜残羹拨到一个盘子里,大盘及大碟置于托盘或手车,再将小件餐具置于大盘的上面;

(2)银制餐具应持其把柄,所有把柄应朝向同一方向,置于托盘一边,以避免玷污手;

(3)勿将盘碟堆叠过高,也勿使托盘装堆过量,小心轻放,以免发出噪声;

(4)玻璃水杯不可套叠,以免分开时割伤手指;

(5)用上菜时相同的方法搬运托盘,平衡持盘,靠右边走,移至洗碗机旁。

2. 清理桌面

(1)使用台布的餐桌,餐后将脏台布向后折半,再将干净台布向前展开一半,铺在桌上,将桌上的物件移于干净的台布上,抽去脏台布,将干净台布慢慢拉至定位;

(2)撤除用过的烟灰缸,换上清洁的烟灰缸;调味品瓶罐有不洁处,均应擦拭好后摆上;

(3)用清洁的托盘搬上干净的餐具,按规定摆设在餐桌上。

3. 清扫地面

(1)清扫地面时,倘有客人还在用餐,应隔开清扫的地方;

(2)清扫完毕,座椅归还原位,如有椅垫布,应将其摆放平整。

十八、餐饮部食品卫生管理制度

(1)环境卫生。

保持酒店餐厅区域的环境整洁,与有毒有害物保持一定的距离。餐厅周围一定范围内不能有排放灰尘、毒物的作业场所,也不能有暴露的垃圾堆和露天的坑式厕所;500 米内不能有粪场,并应在污染源的上风向;消除害虫、蚊蝇等孳生条件;餐厅应当有相应的消毒、更衣、盥洗、采光、照明、通风、防腐、防尘、防蝇、防鼠、存放垃圾等的设施。

(2)采购运输过程中的卫生。

运输食品的车辆、容器要清洁卫生,生熟应分开;装过其他物品的车辆,必须经彻底清洗后方可运输食品;运输过程中必须防尘、防蝇;食品运输要尽量缩短时间,按不同季节、不同品种的要求做好冷藏、防晒、防潮、防冻工作,装卸食品讲卫生,不得将食品直接卸在地上。

(3)食品加工、制作过程卫生。

食品原料新鲜,应具有固有的光泽和颜色,符合国家卫生标准,不得带有污水、泥土和其他异物,不得含有有毒物质,禁止使用腐败、发霉、虫蛀和变质的原料;使用食品添加剂必须符合国家卫生标准。加工过程应严格遵守卫生操作规程。操作人员要穿戴工作服,洗手,不得穿工作服上厕所。冷荤制作应做到"五专":专人、专室、专设备、专冷藏、专消毒。

(4)食品销售的卫生。

做好食品保管、个人卫生和环境卫生;注意防尘、防蝇;出售直接入口食品不用手拿;销售时应注意个人卫生,便后洗手,穿戴工作帽,不吸烟,不面对食品打喷嚏、咳嗽。

(5)食品储存过程的卫生。

食品入库要验收、登记,验收食品用的工具、容器做到生熟分开,库内不能存放变质、有异味、不洁的食品。

十九、餐饮部食品验收管理制度

(1)制定"食品选购及验收标准"。

(2)严格按照程序和手续办理验收,并逐日登记。

(3)各类货品验收合格后,依类交由仓管人员点收,登记入库。

(4)仓管人员对所有进货食品、物品列册管理。

(5)按采购部规定办理付款手续。

第三节　餐饮部厨房安全、卫生管理制度

一、餐饮部厨房重点安全管理制度

1. 防火

"慎防火灾"这句话用在厨房中是最恰当不过的,因厨房烹饪食物,燃烧使用火种频繁,稍有不慎,极易引发火灾。不过引发火灾的因素多种多样,烹饪燃烧、未熄灭的烟蒂、电线漏电、马达机械损坏、瓦斯漏气、油料外泄与罪犯纵火等都会引发火灾。防火注意事项有如下几点:

(1)工作时切勿抽烟,未熄灭的烟蒂不要带入工作间。

(2)易燃、易爆危险物品不可靠近火源附近。酒精、汽油、木柴、煤气钢瓶、火柴等,不可放置于炉具或电源插座附近。

(3)用电烹煮食物,须防止水烧干起火,用电切勿利用分叉或多口插座同时使用多项电器,以免超过负荷,致使电线过载,引发火灾。切勿用水泼散,以防漏电伤人。

(4)电动机动力机器使用过久,常会生热起火,应注意定期检修,维修保养。

(5)所有有关供电工程,都由合格电工完成。

(6)油锅起火时,应立即关闭炉火,除去热源,并将锅盖紧闭,使之缺氧而熄。锅盖不密时,就近将酵粉或食盐倒入,使火焰熄灭。

(7)平日可用肥皂水检查瓦斯管及接头处是否有漏气现象,所用瓦斯管应以金属制品代替橡胶制品,可防虫咬或鼠咬。

(8)抹布尽量不要摆在烤箱、煎板或正在烹煮的锅上烘干。如闻到烟味,应立即查看热源处,并搜寻每一个垃圾桶中是否有未熄灭的烟蒂或火柴。

(9)每日工作结束时,必须清理厨房,检查电源及瓦斯、热源等各种开关是否确实关闭。防火检查不可遗忘,以防万一。

(10)平时要加强员工消防宣传力度,灌输员工救灾常识,实施救灾编组,训练正确使用消防器材方法。

(11)使用的煤气钢瓶不可横放,管线及开关不可有漏气现象。遵守点火及熄火方法,点火之前切忌使过多量瓦斯喷出,否则易产生爆炸的危险。熄火时,关闭管制龙头,千万不可用口吹熄,以致忘记关闭,使其泄漏,引起火灾或中毒。

2. 防盗

每天第一个抵达厨房的员工,应先查看店四周,并检查窗户有无破损,门是否打开,巨型铁质垃圾桶是否开着,以及任何其他可疑的迹象。

(1)防止外人偷窃。

①厨房硬件管理。

◎灯光照明:充足的灯光可以预防店内和店外犯罪行为发生。

◎在阴雨天和天将黑时,要打开外围的灯光。

◎在天黑时,要打开屋顶招牌灯。

◎射灯须能照到走道、后门、前门及外围景观。

◎营业时间用餐区必须打开灯光。

◎坏掉的灯随时更换。

②门窗。

◎厨房后门要加装猫眼,利用猫眼来确认想要从后门进来的任何人,并且后门最好保持锁闭的状态。

◎如果后门没有猫眼装置,则请欲从后门进来的人改从前门进入。

◎后门的门面不要有把手或其他类似零件,勿使后门只能从店内打开。

◎检查门窗有无玻璃破损及任何螺丝脱落的情况,并及时找人修理。

◎控制餐厅钥匙的数量,持有人只限经理、副经理或开店及打烊的人。

◎建立钥匙记录簿,务必要求钥匙持有人签名。

◎当钥匙数量多到无法控制时,应立即换锁。

◎储藏间和巨型铁质垃圾桶:储藏间需上锁,巨型铁质垃圾桶确认维修良好,并保持紧闭。

(2)防止内部人员偷窃。酒店中人多事杂,员工的偷窃行为发生时,其处理通则如下:

◎明令规定贵重物品严禁携至店中,如有必要,则交由柜台保管。

◎发薪日现金或薪资支票锁于保险柜中,下班的员工方可领取,领完钱最好立即离店,勿在店中无事逗留。

◎抓到偷窃者立即开除,绝不宽恕。

3. 防食物中毒

食物中毒对酒店经营有极大的危害性,因此,厨房安全最重要的是防止食物中毒。防患于未然应该成为酒店经营的安全宗旨。根据国外和国内中毒事件的资料说明,食物中毒以其种类来看,以细菌造成的最多,发生的原因多是对食物处理不当所造成,其中以冷藏不当为主要致病原因。从行业来看,大部分发生在饮食业,主要是卫生条件差,没有良好的卫生规范的生产场所。从事故发生的时间来看,大部分在夏秋季节,高温、潮湿的环境易使微生物繁殖生长,造成食物变质。从原料的品种来看,主要是鱼、肉类、家禽、蛋品和乳品等高蛋白食物,因为这些食物最容易产生微生物,因此这些都应作为预防食物中毒的重点。

食物中毒是由于食用了有毒食物而引起的中毒性疾病。造成食物中毒的原因有如下几个:

(1)食物受细菌污染,细菌产生毒素致病。

(2)食物受致病细菌的污染。由于这类细菌在食物中大量繁殖,食用了这样的食物就会引起食物中毒。

(3)另外,食物中毒的原因还有化学物质的污染和食物本身具有致毒素。一般要注意:马铃薯发芽和发青的部位加工时应去除干净;不能食用鲜黄花菜、苦杏仁、未腌透的腌菜和未煮熟的四季豆、扁豆等。

二、餐饮部厨房其他安全管理规范

1. 停电处理规范

（1）查明停电原因和修复时间。

（2）切断总电源及厨房的所有分电源。

（3）停止所有营业项目。

（4）供电恢复后，分次打开灯及其他电源，检视电路、冰箱、冷气、制冰机，处理方式同停水处理。

（5）若在营业时间供电恢复，则各项须预热的机器如烤箱、煎板等，需达到预定温度，才可制备食品，其所需要等候的时间向顾客说明。

（6）洗碗机、收银机善后处理。应将开关置于关闭状态。

2. 停水处理规范

（1）查明原因，区分自来水厂地区性停水或酒店停水或本部停水。

（2）停水后洗碗机、冷气、水冷式冰箱、生饮水系统、制冰机、汽水机、咖啡机、巧克力机等均无法使用，唯独啤酒机、冰红茶、冰咖啡不受影响，可继续使用。

（3）水来后，应检查冷气系统，水塔须先补满，才可开冷气。

（4）水冷式冰箱需重新开机，并设定温度，待气温下降至设定才可开门。

（5）制冰机重新设定，并循环一次后，再开始制冰。

（6）立即处理所有脏碗、碟等。

（7）需将冰箱电源切断并上锁，以防因进出冷气不停外泄，造成菜蔬腐坏。

（8）关掉冷气系统，只留送风。

（9）如可能，所有餐点饮料外带纸盒、纸杯包装，供应顾客，以减少杯盘使用，可避免因无水无法处理脏杯盘的苦恼问题。

三、餐饮部厨房工作人员安全操作规范

1. 防烧伤操作规范

（1）知道灭火设备的详细位置，并熟悉灭火设备的功能与使用方法；

（2）盐或苏打粉必要时用来进行紧急灭火；

（3）使用的工具应避免油腻；

（4）别让热油在锅内加热而无人看管；

（5）工作时不抽烟；

（6）火警警报响时，若时间充裕，要先关掉煤气及电器；

（7）保持逃生通路畅通。

2. 防烫伤操作规范

（1）不要用空手去拿锅；

（2）要用干抹布去拿热锅，因为湿抹布会产生蒸汽伤到手；

（3）持热锅时要远离走道，以免溢出滚烫的东西伤人；

（4）锅内不要装得太满，以免溢出滚烫的东西；

（5）移动太重的容器时，应找人来帮忙；

（6）打开盖子时，要避开蒸汽，特别是压力锅；

（7）先点火，再开煤气；

（8）穿长袖及双层护胸的衣服，以防止东西溅出时被烫伤，禁止穿凉鞋；

（9）油炸时，要先将食物沥干，避免热油溅出，食物应沿锅缘轻轻滑下，不可猛力投掷；

（10）使用热锅或用热盘装食物时，要警告附近的工作人员不要靠近。

3. 防割伤操作规范

（1）保持刀的锋利，这样能够在使用时施力较小，而且不易滑落；

（2）用砧板时可在砧板下垫湿毛巾以避免滑动，

（3）用刀时集中注意力，切勿心不在焉；

（4）不能将刀用于其他用途，如开瓶盖等，

（5）千万不能去接滑落的刀子；

（6）不要将刀放置于水槽或隐秘之处；

（7）清洗刀子时刀锋要朝外；

（8）使用完毕后立即将刀放回刀架上；

（9）将易碎的碗盘、玻璃杯等远离食物准备区；

（10）破碎的玻璃器具要扫起，而非捡起；

（11）扫起的碎片用特殊性物品包装处理，不能直接丢入垃圾袋里；

（12）如果在水槽里打破碗盘，需先将水沥干，然后设法取出碎片。

4. 防跌伤操作规范

（1）有饭菜的汁液溢出滴在地板上时，应立刻进行清理；

（2）地板太滑时可洒一些盐用来防滑；

（3）保持过道及楼梯的干净畅通；

（4）别拿过重或过大的东西；

（5）避免在厨房内奔跑；

（6）取用高处的器物时应用安全梯，不要用纸箱或椅子垫脚。

5. 防扭伤操作规范

（1）用正确的姿势取东西；

（2）搬东西时不要急转或扭动背部，且留意脚步；

（3）搬运过重的东西时，应找助手或利用车子。

6. 防机器伤害操作规范

（1）在不了解详细操作方法的情况下，不要使用不熟悉的机器设备；

（2）使用前详细阅读并了解使用手册，使用后立刻归回原位；

（3）机器正在运转时，不要伸手入内；

（4）清理前记得先拔掉电源插头；

（5）接通电源时，要先关掉机器；

（6）不要用湿手去碰电器设备；

（7）衣服的大小要适中，带子要绑好，避免卷入机器中。

四、餐饮部厨房作业的卫生标准

（1）厨房应与厕所及其他不洁处所有效隔离，所以厨房内不应有厕所，且厨房的门与窗均不得面对厕所。

（2）厨房应有良好的供水系统与排水系统，因厨房烹调食物之前，材料需要用清水洗涤，厨房清理更需大量用水，这些用过的污水皆须迅速排除，否则会使厨房泥泞不堪。

（3）工作台及橱柜以铝质或不锈钢材质为佳，木质较易滋生繁殖蟑螂。

（4）工作台及橱柜下内侧和厨房死角应特别注意清扫，因在冲洗地面时，易将面包碎片、碎肉、菜屑等冲入这些死角，成为虫蚁、老鼠的最佳食物。

（5）食物应在工作台上料理操作，并将生、熟食物分开处理。刀和砧板工具及抹布等，必须保持整洁。

（6）地面、天花板、墙壁门窗应坚固美观，所有孔洞缝隙应予填实密封，并保持整洁。

（7）应装置抽油烟机，且抽油烟机的油垢应定时清理，而所排出的污油及热气也应适当处理，切勿直接喷出干扰邻居。

（8）食物应保持新鲜、清洁、卫生，并于洗净后，分开以塑胶袋包紧，或装在有盖容器内，分别储放冰箱或冷冻室内，鱼肉类取用处理要迅速，也要避免反复解冻。

（9）易腐败的食品应装于容器内冷藏，熟的与生的食物应分开储放，且为防止食物气味在冰箱内扩散，或吸收冰箱内气味（牛乳、乳酪等最易吸收冰箱内气味），应密封储存，并备置脱臭剂或燃过的木炭放入冰箱，可吸净臭味。

（10）调味品应以适当容器装盛，使用后随即加盖，所有的器皿及菜肴，均不得与地面或污物接触。

厨房垃圾应尽快清除，一般不能过夜，否则其异味会影响整个厨房，且易滋生昆虫。

五、餐饮部厨房设备清洁规范

1. 刀

（1）生食及熟食使用的刀具应分开，避免熟食被污染。

（2）磨刀率与日常保养及其锐利颇有关系，磨刀最好每周一次，并至少每个月保养一次。

（3）不常使用的刀宜保持干燥，并涂上橄榄油以防生锈，再用报纸或塑胶纸包裹收藏。

2. 搅拌机、切菜机

（1）搅拌机、切菜机等。

（2）使用后务必立即清洗。

（3）清洗部分包括背部、轴部、拌打轴、基座等，清洗干净后要晾干，每日清洗后，辅助力的轴部洞口应滴入 5～6 滴矿物油润滑保养。

3. 砧板

（1）木质砧板新使用前需涂以水和盐，或浸于盐水中，水烫或暴晒阳光（杀菌作用），最好让砧板两面能接触风，自然干燥。

（2）砧板宜分熟食、生食使用，如果砧板伤痕太多，最好刨平再用。

4. 冰箱

（1）冰箱应按照内部储藏位置绘图，标明食物的位置和购入时间。

（2）应尽量少开，每开一次应将所需物品一起取出，以减少冰箱耗电及故障率。

（3）至少每周清理一次。

（4）各类食物应用塑胶袋包装或加盖冷藏，以防止水分蒸发。

（5）冰箱不是存物箱，食物要待冷凉且加盖后，才能放进冰箱，且要留有空间，使冷气流通。

（6）放入及取出饮料时，避免倾倒在冰箱内，以免冰箱产生异味，有些酸性饮料（如柠檬汁等），不要接触金属避免其腐蚀金属器具。

（7）冰箱内最好置入"冰箱除臭剂"，以消除冰箱内特殊食品的气味，净化冰箱内空气。

5. 冷冻柜

（1）冷冻柜不可直接晒到太阳。

（2）温度应保持在 -18℃ 以下。

（3）食品分小量包装后放入。

6. 微波炉

（1）微波炉使用完毕，应迅速用湿抹布擦拭。

（2）用泡绵洗净器皿及隔架，用软布擦拭表面机体。

（3）不可使用锐利的金属刷刷洗，也不可使用烤箱用的清洁剂，如喷式玻璃清洁剂、化学抹布等擦拭，以避免机体上字体模糊，失去光泽或造成锈蚀。

7. 油炸器具

（1）每日将油汲出，再用中性洗洁剂彻底清洗。

（2）油温温度计使用后，也要用清洁剂洗净，再以柔软干布擦干。

8. 深油炸锅

油锅以长柄刷擦洗，并用水和半杯醋冲净，煮沸 6 分钟，用水冲净并晾干，外部应拭擦或冲净。

9. 烤箱

（1）打开烤箱门，用蘸有洗洁剂的泡绵或抹布去除污渍，用湿抹布擦净，再用干抹布擦干。

（2）洗烤箱内部黏的污垢时，宜用去污粉和钢刷刷除。

（3）用干抹布擦拭烤箱内部 2~3 分钟，应将水分完全去除，避免生锈。

（4）烤箱底部有烤焦的物质时，将烤箱加热再冷却后，可使坚硬流出物被碳酸化，用长柄金属刮刀刮除干净。

（5）烤箱外部使用温的清洁水溶液清洗，再抹净擦干。

10. 瓦斯炉与快速炉

（1）瓦斯炉冷却后，如有重油质，以中性去污剂擦净。

（2）火焰长度参差不齐，可将炉嘴卸下，用铁刷刷除铁锈或用细钉穿通焰孔。

（3）每日应拆卸清洗。生锈部分可用 15% 的硝酸除锈剂，将锈去除后用水洗净。

11. 油烟机

定时找专人清除油烟机管上的油渍，油烟罩应每日清洗。

12. 抹布

（1）用清洁剂洗涤，冲洗干净后晒干，也可使用漂白剂漂白。

（2）调理工具如切片机，煎炒、油炸等烹饪设备及输送带，均应使用不锈钢材料，不可使用竹、木质等易生霉菌的材料。

13. 容器机及器具

容器、器具的洗涤，由于种类与附着的污物不同，方法也不相同，不但洗涤后必须将洗洁剂冲干净，再以热水、蒸汽或是次氯酸钠消毒。若使用次氯酸钠消毒，应以饮用水冲洗并干燥；尤其金属制器皿容易被次氯酸钠腐蚀，若有水分残留易使金属生锈。合成树脂所制成的器具吸水性低，材质较易损伤，受损部分易附着食品残渣，而成为微生物的生长温床，因此在清洗时应特别注意。塑胶制的器具耐热性差，不能用高温来消毒杀菌，因此这类制品以次氯酸盐或其他化学方法消毒即可。

六、餐饮部厨房餐具的洗涤程序

1. 预洗

为达有效的清洗工作，餐具于洗涤前应做预洗工作，清除餐具上的残留菜肴，并将类似餐具集放一处，便于清理。擦拭或用水冲洗除了可去除固状污物外，也可冲去残留的油脂性污物。

2. 清洗

餐具的清洗可分为人工和机器两种，清洗的效果受下列因素影响：

（1）清洗方法及操作是否正确；

（2）洗涤设施与设备；

（3）水量、温度是否适宜；

（4）洗洁剂选用的原料及使用浓度是否适当。

清洗的目的在去除附着于餐具表面的污物，并无杀菌效能。以下介绍人工清洗餐具方法及机器清洗餐具方法。

（1）人工清洗：人工清洗必须备有三槽式洗涤设备，清洗餐具的基本步骤如下：

①预洗。

◎第一槽（清洗槽）：将预经洗过的餐具浸入第一槽里，使用清洁剂以手、毛刷或海绵，将可见的食物颗粒和油渍清除，洗洁液温度必须保持在 43~50℃，这个温度可以促进污物溶解，增加洗净效能。

◎第二槽（冲洗槽）：将第一槽的餐具移入第二槽温水中，将其所附着的洗洁剂冲掉，如能用餐盘篮盛装餐具更理想，在送入第三槽的操作上也较方便。第二槽的水应保持溢流状态,使肥皂水往外流出,以保持清洁。

◎第三槽(消毒槽):将冲洗过的餐具浸入第三槽(热水或化学剂溶液)。

②滴干:消毒过的餐具在放入餐具橱前,应先让其滴干水分或风干,绝不可用布或手巾擦拭。

(2)机器清洗。

①人工部分包括以下几点:

◎刮洗:将餐具上的杂物刮入垃圾桶。

◎预洗:利用不锈钢强力喷射臂强力喷洗餐具。

◎悬置:预洗后的餐具竖放于清洗篮,使餐具等表面不积水。

②机器部分:洗涤、消毒、干燥都是在洗碗机内进行。

由于机器清洗费用高,一般餐厅负担不起,现在市面上推销的机器清洗可用每月付租金或利用银行贷款方式来负担,不必一次付清机器款项,这对餐厅资金运用而言,可说是一大福音。

机器清洗的种类很多,但一般分单槽式和输送带式。

◎单槽式清洗:固定的清洗槽,将装满餐具的清洗篮摆在清洗槽中,利用600℃的温度以1分钟左右的时间清洗完成,适合于小厨房用。

◎输送带式清洗:是将清洗机放在输送带上,输送带自动移到洗碗机清洗,清洗完后再自动移出来,适合于大厨房使用。使用机器清洗应注意的是,遵循正确的操作方法,包括正确的清洁剂分量,才能达到消毒的目的。

机器清洗又可分为高温清洗与较低温清洗。

◎高温清洗:易使厨房温度升高,比较闷,但清洗时间短。

◎低温清洗:因为温度低清洗较不易,所以需添加较多清洁剂。

3. 消毒

餐具清洗后的下一步即是消毒处理,目的是确保餐具卫生。一般的消毒方式可分为物理及化学药剂处理,有效的杀菌法有下列几种:

(1)热水杀菌法:以80℃以上的热水,加热2分钟以上(餐具)。

(2)干热杀菌法:以85℃以上的干热,加热30分钟以上(餐具)。

(3)煮沸杀菌法:以100℃的沸水,煮沸5分钟以上(如毛巾、抹布)或1分钟以上(如餐具)。

(4)蒸气杀菌法:以100℃的蒸汽,加热10分钟以上(如毛巾、抹布等)或2分钟以上(如餐具)。

4. 洗涤餐具注意事项

(1)餐具洗净并经有效消毒,经消毒过后的餐具表面应避免用手触摸,并保存在有防虫鼠设备的餐具橱内。

(2)要准备足够的餐具,龟裂或破损的餐具宜丢弃。使用不良餐具,易给顾客留下不良印象,也不卫生。

(3)刀具上面不可有水渍,刀柄如为中空式,切忌内中集水,叉子齿间不可留有食垢,汤匙也不可有黑色蛋渍或锈痕。

（4）洗净的餐具避免用毛巾擦拭，餐具储放的架橱，应每天刷洗，确保清洁。

（5）生食和熟食的处理，应各用不同的砧板，使用后并应立即清洗，避免杂屑残留，清洗时，用中性洗洁剂刷洗，然后用开水烫过，以达高温杀菌的目的，并保持干燥，以防细菌滋生。

5. 洗洁剂的选择

洗涤必须先认清洗涤物的种类、材质及污物的性质，洗涤能力是指将洗涤物与污物分开的能力，也称为洗净力，因污物种类的不同，其附着力也有异，但洗涤作用力必须大于污物的附着力，才能将洗涤物充分洗净。所以选择正确的洗洁剂，才能增进洗净力。

（1）洗洁剂的选用。各洗洁剂性质不同，所能清洗的污物及洗涤物表面性质也有所不同。了解每种洗洁剂的特性及功能，才能作正确的选择。所以理想的洗洁剂应具备下列特性：

◎湿润性：使污物附着的表面张力降低，以利于水的渗透。

◎乳化性：使油脂乳化。

◎溶解性：对食品尤其是蛋白质具有溶解力。

◎分散性：能使污物均匀分布于清洗液中。

◎脱胶性：使污物不会凝聚。

◎软化性：能使硬水软化。

◎缓冲性：使清洗溶液保持中性。

◎洗涤性：易于漂洗。

◎无刺激性：不会刺激皮肤，安全、无毒，不危害人体。

（2）洗洁剂的分类

一般洗洁剂以 pH 值在 9.3~9.5 之间最好，而依使用时溶液的酸碱度（pH 值），可分为酸性、中性、弱碱、碱性及强碱洗洁剂五类。

◎中性洗洁剂：主要用于毛、发、衣物、食品器具及食品原料的洗涤，或物品受到腐蚀性侵蚀时使用，中性洗洁剂对皮肤的侵蚀及伤害性很小。

◎碱性洗洁剂：包括弱碱、碱性及强碱性洗洁剂，主要以中性洗洁剂不易去除的物质为洗涤对象，如蛋白质、烧焦物、油垢等。这类洗洁剂洗净力强，但具有强烈腐蚀性，对皮肤伤害性大，常作为此类洗洁剂的，有苛性钠（氢氧化钠）、大苏打（碳酸钠）、小苏打（碳酸氢钠）等。

◎酸性洗洁剂：主要是用于器皿、设备表面或锅炉中矿物如钙、镁的沉积物，这类洗洁剂具有氧化分解有机物的能力，包括有机酸与无机酸两种。常用的酸性洗洁剂有硫酸、磷酸、硝酸、草酸、醋酸等，均具有强烈腐蚀性，会伤害皮肤。

（3）洗洁剂使用须知

理想的洗洁剂应兼具上述性质，但没有一种洗洁剂能完全符合，所以在选择或调配洗洁剂时应了解下列事项：

◎各种洗洁剂性质。

◎使用对象，包括污物与洗涤物的性质。

◎清洗方式。

◎管理及使用的难易性。

◎成本。

◎洗净度的要求。

通常角落、缝隙及粗糙表面的清洗效果较不显著,即使大部分污物可以清洗,但从细菌学观点来看,并不能完全清洗干净,若要将细菌数降到适当的程度,除了用水刷洗外,还需要再进行消毒。

七、餐饮部厨房垃圾的处理规范

处理固体废弃物应该分类,首先需在各垃圾桶内衬以垃圾袋,将垃圾分为可燃物(如纸箱、木箱)、不可燃物(如破碎餐具),分别投入各类的垃圾桶,垃圾桶需加盖。空瓶罐可以退瓶或收集出售者,应先冲洗干净,放于密闭储藏室,以免招致苍蝇、蟑螂、老鼠等。至于下脚料的处理原则如下:

(1)下脚料桶应以坚固、可搬动、有加盖的容器为原则,不宜溢出。

(2)下脚料宜每日处理。

(3)下脚料清运处理后,下脚料桶及其周围环境应冲洗清洁。

(4)下脚料保留于养猪户时,可用离心脱水法,将下脚料分离为固态物与液态物,液态物让养猪户运走,固态物则用塑胶袋包裹装好,至垃圾处理站。

残余蔬菜可以使用磨碎机将其磨碎,排入下水道或污水池,而且先要进行油脂截流。

八、餐饮部厨房工作人员的个人卫生规范

1. 个人卫生要求

(1)不要在工作场合用手指头尖搔头、挖鼻孔、挖耳朵、擦拭嘴巴;

(2)饭前、便后、接触脏物后要认真洗手;

(3)接触食品、餐具、器皿之前,以及每次开始工作之前,一定要认真洗手,

(4)工作时不能面对他人、食物、灶台、切配台等咳嗽或打喷嚏;

(5)养成经常洗脸、洗澡的习惯,保证工作人员的身体清洁;

(6)经常理发、洗头、剪指甲;

(7)不要随地吐痰、便溺等;

(8)不要随地乱扔果皮等废弃物。

2. 工作过程中的卫生规范

(1)在拿放干净的餐具、烹饪用具时,不可用手直接与其内缘进行接触;

(2)手持烹饪用具、餐具时,只可接触其柄、底部、边缘,以免污染手部;

(3)用于加工、准备菜品的用具,不可与工作人员身体的任何部位接触;

(4)一般情况下,工作人员的手不宜直接接触菜品等食品,装盘时应使用食夹等工具;

(5)传递菜品时,手指不要直接接触菜品;

(6)餐具、器皿掉落地上后,应先洗涤干净,然后再使用;

（7）熟菜品掉落地上，则应完全丢弃，不可食用；

（8）不可使用破裂的餐具、器皿盛装菜品。

3. 工作场所卫生规范

（1）不得在工作时及工作场所中吸烟、吃零食、饮酒、嚼口香糖等；

（2）除了工作上的需要外，不准闲谈、聊天、嬉笑打闹等；

（3）不准随意在灶台、切配台等菜品加工的设备上坐卧；

（4）品尝菜品时，应用小汤匙取汤在专用的尝味碟中，尝后将余汁倒掉，不准倒回锅中，彻底废弃传统的直接用手勺尝汤的陋习。

九、餐饮部厨房各岗位人员卫生细节规范

1. 配菜人员卫生细节规范

（1）检查食品的质量，对于腐败变质和有毒有害食品不切配；

（2）肉机、切菜机等机械设备用后要将内外部都冲洗干净；

（3）食品原料洗净或上浆后要放入冰箱进行保存；

（4）工具、用具做到刀不锈、砧板不霉，加工台面、抹布干净；

（5）切配水产品的刀、砧板，用碱水洗刷干净再切配其他食品；

（6）冰箱专人管理，定期化霜，经常检查食品质量，半成品与食品原料分开存放；

（7）配菜结束拖扫地面，工具用具清洗净，及时清理垃圾，保持室内清洁卫生。

2. 初加工人员卫生细节规范

（1）清洗加工食品原料时，要先检查原料的质量，对于腐败变质、有毒有害的食品不得使用；

（2）肉类、水产品等易腐食品不能直接放在地上；

（3）荤、素、水产品要分池清洗，水池要有明显标记；

（4）肉类洗净后无血、毛、污；鱼类洗净后无鳞、鳃、内脏；

（5）活禽宰杀放血完全，去净羽毛、内脏、头、爪；

（6）蔬菜按一择、二洗、三切的顺序操作，洗后无泥、沙、杂草；

（7）食品盛器用后清洗干净，荤素食品分开使用，海、水产品专用；

（8）加工结束及时将地面、水池、加工台、工具、容器清扫洗刷干净，及时清除垃圾。

3. 冷菜人员卫生细节规范

（1）洗手消毒后，并更换清洁的工作衣帽、戴上口罩后，才能进入工作场所；

（2）操作熟食前要先打开紫外线灯，进行消毒，30分钟后，再将刀、砧板、称盘等用具进行消毒；

（3）加工熟食、卤菜要先检查食品质量，原料不新鲜不加工；

（4）熟食、卤菜当日食用当日加工，售多少加工多少；

（5）操作过程中，注意刀、砧板、抹布和手的消毒；

（6）冷拼要现配现用，隔餐、隔夜的改刀熟食及冷盘、凉拌菜不能再做冷盘供应；

（7）冷拼菜及卤菜装盘后不可交叉重叠存放；

（8）销售熟食用工具取货,手不能接触票证;

（9）非冷拼间工作人员不准随意出入冷拼间,个人生活用品及杂物不准带入冷拼间;

（10）工作结束后做好工具容器的清洗、消毒及专间的清洁消毒工作。

4. 烹调人员卫生细节规范

（1）检查食品的质量,要做到对于变质的食品不下锅、不蒸煮、不烧烤;

（2）食品充分加热,防止外焦里生;

（3）隔餐隔夜食品、外购食品回锅后供应;

（4）烧菜、烧煮食品勤翻动,勤洗刷炒锅;

（5）烘烤食品受热均匀,蜜糖、麦芽糖使用前经消毒处理;

（6）抹布生熟分开,不用抹布揩碗盘,滴在碗边的汤汁用消毒布揩干净;

（7）工作结束后,调料加盖,工具、用具、灶上灶下、地面清扫洗涮干净;

（8）抽油烟机要定期进行清洗。

5. 管理人员卫生细节规范

（1）负责督促下属工作人员认真执行各项卫生制度;

（2）对厨房、餐厅所使用的各种容器用具的置换与更新,

（3）督导工作人员在食品加工经营过程的各环节中正确处理食品卫生问题;

（4）检查并指导工作人员按食品卫生法的要求做好本职工作;

（5）对食品卫生质量、餐厅服务卫生质量进行技术把关;

（6）对违反操作规程和卫生制度的行为进行制止。

6. 采购人员卫生细节规范

（1）采购食品前应该先与厨房等使用部门进行沟通,确认上述部门的需求量后,再按计划进货,并明确卫生要求;

（2）所采购的食品应符合卫生要求,包装完整、无破损;

（3）采购食品原料时向供货方提出质量要求,并查看食品质量;

（4）认真执行索证制度,并认真进行核对,采购肉类、油类、酒类、饮料、乳制品、豆制品、调味品等要向供货方索取合格证明或检验报告单,

（5）对于那些腐败变质、掺杂掺假、发霉生虫、有毒有害、质量不新鲜的食品以及无产地、无厂名、无生产日期和保质期的或超过保质期的食品,应该拒绝接受。

7. 厨房工作人员的健康检查规范

（1）厨房工作人员上岗前及上岗后要定期进行卫生检查,一般情况下,应该每年到卫生行政部门确定的体检单位进行一次全面的健康检查;

（2）如果在工作人员中检查出患有痢疾、伤寒、病毒性肝炎等消化道疾病、活动性肺结核、化脓性或渗出性皮肤病以及其他有碍食品卫生疾病的,对于患病的工作人员要进行适当的调整;

（3）未取得体检、培训合格证明者不得上岗;

（4）工作人员的体检、培训合格证明应随身携带或由单位统一保管,以备检查。

第四节　餐饮部常用管理表格

一、餐饮部日常经营状况表

数量 类别	人　数				营业收入				
	今　日	去年今日	到本月今日	去年到本月今日	食物	饮料	合计	预算	盈亏
早　餐									
午　餐									
晚　餐									
其　他									
总　计									
意见或建议：									
投　诉：									
表　扬：									
其　他：									
评　估：									
备　注：									

二、餐饮部团队客情登记表

序　号	日　期	团队名称	到店时间	人　数	餐　别	消费金额	付款方式	服务人员	备　注

三、餐饮部值班表

员工名称	职　务	星期一	星期二	星期三	星期四	星期五	星期六	星期日	备　注

四、餐饮部值班记录

日　期				值班人员			
值班时间							
	人　数	食　品	酒　水	香　烟	服务费	总　计	备　注
早　餐							
午　餐							
晚　餐							
总　数							
值班人员							
休息人员							
特别事项							
重要来宾及宴会情况							
签批情况							
备　注							

五、酒吧内部调拨单

编　号	品　种	数　量	规　格	单　价	金　额	调出酒吧	调入酒吧

六、餐饮部营业收入统计表

日　期	项目1	项目2	项目3	项目4	项目5	总　计	备　注
1							
2							
3							
4							
5							

七、会客登记表

序号	房号	来访客人姓名	来访客人证件	事由	到店时间	离开时间	备注

八、食品检验记录

序号	日期	菜品	检验方法	检验结果	处理意见	检验人	复核人	备注

九、食品卫生检验报告

检查情况：

检查人：

经理批阅：

经　理：　　　　日　期：

十、食品质量顾客意见反馈表

日期	餐别	台号	食品名称	顾客意见	服务员	责任厨师	主管意见	备注

十一、食品原料进货申购单

序　号	日　期	品　种	规　格	数　量	申请部门	备　注

十二、厨房领料单

序　号	日　期	原料名称	需用量	单　价	实发量	领料人	备　注

十三、食品原料验收表

日　期	食品名称	数量	食品质量			入库质量			出库质量			不合格食品处理意见	厨师长签名
			优	良	差	优	良	差	优	良	差		

十四、食品原料转账单

日　期	品　名	数量	单价	金额	转出单位	转入单位	领料单号码	备　注

十五、菜单成本控制表

日　期	编　号	菜品名称	原料成本	期望毛利	价　格	实际毛利	备　注

十六、酒吧日消耗单

房　号	日　期	酒　水　名　称				服务员	备　注

十七、市场竞争情况调查表

编　号：　　　　　　　　　　日　期：

序　号	调查对象	菜品种类	菜品质量	服务质量	价格特点	硬件、环境情况	顾客层次特点	经营优势	备　注

十八、订餐登记表

编　号：　　　　　　　　　　日　期：

客人姓名	
用餐地点	
用餐时间	
形　　式	

续表

标　准			
人　数		联系人	
备　注			
经办人		客人签名	

十九、点菜登记表

菜品名称	数　量	金　额
台　号		总计金额	
服务员		时　间	

二十、海鲜登记表

海鲜名称	数　量	金　额
台　号		总计金额	
服务员		时　间	

二十一、酒水登记表

酒水名称	数　量	金　额
台　号		总计金额	
服务员		时　间	

二十二、团队订餐表

日 期：

	团队编号	人 数	餐 别	时 间	地 点	标 准	接待人员
早餐							
	团队编号	人 数	餐 别	时 间	地 点	标 准	接待人员
午餐							
	团队编号	人 数	餐 别	时 间	地 点	标 准	接待人员
晚餐							
备注							

二十三、宴会合同表

日 期：

宴会名称		宴会场所	
宴会形式		宴会时间	
预订日期		电 话	
联系地址			

	项 目	数 量	单 价	金 额	备 注：
1	菜 品				
2	酒 水				
3	香 烟				
4	房 租				

5	餐台布置				注意事项
6	鲜　花				1. 不得自带酒水。
7	仪　式				2. 宴会账单要于宴会结束后一次付
8	乐　队				清。
9	麦克风				3. 另加相应的税费、服务费。
10	订　金				宴会部：
11	预订人数				签证人：
12	其　他				

二十四、宴会接待通知单

主办单位			
举办时间		日　期	
形　式		人　数	
项　目	内　　容		负责部门
备　注			

二十五、宴会顾客档案卡

编　号		日　期	
姓　名		电　话	
地　址		桌数/标准	
单　位		付款形式	
餐　厅		特殊要求	
菜　单：			
顾客意见：			
备　注：			

二十六、顾客情况登记表

序　号	顾客姓名	单　位	地　　　址	电　话	邮　编	备　注

二十七、酒水报损表

酒水编号	酒品名称	部　门	单　价	数　量			
				溢	耗	账面数	实际数
溢耗原因			经理签字		领用人		

二十八、酒品销售日报表

编　　号	酒品名称	数　　量						销售总额		成本总额	
		上月余存	本日领用	总计	本日售出	用量小计	本日余存	单价	总计	单价	总计

鸡尾酒销售情况	鸡尾酒名称	数　量	单　价	总　计	鸡尾酒名称	数　量	单　价	总　计

续表

销售成本	金　额		备　注:	
	百分比		备　注:	
	金　额		备　注:	
	百分比		备　注:	
报表人			部门经理	

二十九、餐饮用品计划表

序　号	日　期	品　名	规　格	数　量	部　门	审核情况	备　注

三十、餐厨用具借用表

名　称	单　位	标　准	数　量	归还日期	短缺或损坏情况	借用部门	备　注

三十一、餐厨用具报损情况记录表

序　号	日　期	品　名	规　格	单　位	数　量	损坏原因	报损人	备　注

三十二、餐厨用具损耗月报表

序　号	品　名	规　格	单　位	数　量	单　价	金　额	备　注

三十三、中式瓷器、银器提货单

日　期	瓷器名称	数　量		银器名称	数　量		备　注
		申请数量	发货数量		申请数量	发货数量	

申请人：　　　　　审批人：　　　　　　　发货人：　　　　　　　收货人：

三十四、西式瓷器、银器提货单

日　期	瓷器名称	数　量		银器名称	数　量		备　注
		申请数量	发货数量		申请数量	发货数量	

申请人：　　　　　审批人：　　　　　　　发货人：　　　　　　　收货人：

三十五、餐饮用品盘点表

序　号	品　名	单　位	单　价	上期结存		本期领用		实地盘点	
				数　量	金　额	数　量	金　额	数　量	金　额

三十六、餐饮用具损耗报告单

序　号	品　名	单　位	单　价	上期结存		本期领用		实地盘点		备　注
				数　量	金　额	数　量	金　额	数　量	金　额	

三十七、菜品管理表

菜　名		装盛器皿		烹制方法		风　味	
原材料	主　料						
	配　料						
	调　料						
	要　求						
制作流程与要求	初步加工						
	切　配						
	打　荷						
	烹　制						
	制作要点						
菜品特征							
备注							

三十八、厨房不合格产品记录表

序　号	日　期	菜　名	厨　师	客人不满的原因	餐　别	厨师长意见	备　注

三十九、厨房退菜登记表

序　号	日　期	受理人	午　餐	晚　餐	退回原因	处理结果	备　注

四十、食品加工表

原料名称	数 量	单 价	原料总值	净 料				成本系数
				名 称	数 量	单 价	总 值	

四十一、厨房卫生检查表

序号	检查内容	检查人	责任人	检查范围	抽查人	处理结果	备 注
1	作业中操作台面是否干净、整洁,原料放置是否有序						
2	凉菜、粥挡及厨房内门窗、墙面是否干净、无油污水渍						
3	作业中的地面是否干净整洁、无垃圾、无杂物						
4	作业中的下脚料是否存放好,废料是否随手放进垃圾桶						
5	作业中墩、刀、抹布是否清洁卫生						
6	菜肴出品是否有专用抹布、筷子						
7	冰箱存放的原料是否合理,生熟是否分开、无腐烂变质						
8	盛装菜肴的盘边是否干净卫生,无水迹,油污,无手印						
9	工作中员工如厕后是否洗手						
10	各种盛放菜肴的器皿是否完好干净、无油渍、无水渍						
11	对菜肴是否认真检查,确保菜肴中无异物、无量缺现象						
12	盘饰用品是否干净卫生,摆放是否合理、有美化效果						

序号	检查内容	检查人	责任人	检查范围	抽查人	处理结果	备 注
13	收台后操作台是否干净整洁、无污迹、无杂物,工具摆放是否有序						
14	每道菜出品后,后厨师傅是否清理灶面卫生						
15	备用餐具是否干净、无污迹、水迹、无杂物						
16	油烟机排风罩、玻璃、冰箱、冰柜是否干净、卫生、无污迹、无油渍						

四十二、厨房领料登记表

序 号	日 期	原料名称	计量单位	需要量	发放量			领料人
					数 量	单 价	金 额	

 酒店餐饮部员工礼仪礼貌服务标准

第一节　餐饮部员工的素质和业务要求

一、酒店餐饮部员工的素质要求

1. 爱岗敬业

酒店餐饮部通常是由采购、厨房、餐厅、宴会厅等几个部分组成的，工种、机构比较复杂，人员较多。因此就要求从事餐饮服务的人员，必须充分认识到餐饮服务工作是酒店正常经营运转不可缺少的一个部分。要热爱自己所从事的专业，并在实践中逐步培养起对专业的浓厚兴趣，这样，才能在本职工作上端正自己的工作态度，潜心钻研礼仪礼貌与服务技巧。

2. 形象良好

酒店餐饮服务人员应该时刻注意自己的形象，注重仪容仪表，这是礼仪礼貌服务的重要内容之一。酒店餐饮服务人员应按规定着装，服装要整齐、清洁，佩戴工牌上岗。

工作人员上岗时一般不允许佩戴手镯、耳环、戒指等饰品，不允许留长指甲和抹指甲油，发型要端庄大方。

3. 服务周到

餐厅工作人员必须不断、灵敏地注意进餐的客人，密切注视所服务的餐桌正在发生的动作、可能发生的情况、用餐的速度、进餐的过程等。这样，当客人需要加酒、撤盘或需要额外的调料时，才能够提前做好准备，及时为客人提供相应的服务，使客人感到舒适，使服务更加秩序井然。

4. 经济头脑

降低酒店成本是每一个酒店员工的共同责任。在餐厅运作中，每天都会有很多东西被作为废品扔掉，这是最大的也是最无法估算的浪费。一个经济头脑的员工是不会故意去损坏、浪费个人的或企业的财产的，许多浪费是在无意识中发生的。作为酒店餐厅的员工，应该注意下列各点，以减少浪费。

（1）储存瓷器和玻璃器皿时要轻拿轻放；

（2）按菜谱标准配料和提供食物；

（3）将未用完的东西送回厨房；

（4）清理餐桌时不要把餐具也混杂在脏物中扔掉，在为客人添加黄油、面包和咖啡之前，需要征询客人的意见；

（5）使用清洁剂要适量。

5. 专业知识

作为一名合格的酒店餐饮部员工,首先应该对主要菜系应该有一个基本的了解,这对于向客人提供尽善尽美的服务,是有很大的帮助的。

一般来说,我国的菜系主要分以下几大类:

(1)鲁菜。也称为山东菜。其特点是选料精细;讲究丰满实惠;烹调方法全面;烹制海鲜有独到之处;善于以葱香调味;精于制汤等。

(2)川菜。主要特点是调味多样;取材广泛;取各方之长,融为己有。

(3)粤菜。擅长煎、炒、炸、烧等,口味清淡,注意色、香、味、形,具有清、鲜、嫩、滑、爽的风格。其特点是取料面广,刀工精细,调料丰富,烹调考究,花色繁多。

(4)苏菜。江苏地方风味菜,浓而不腻,味感清鲜。讲究因材施艺、四季有别。

(5)湘菜。特点是制作精细;用料广泛;讲究原料的入味;重油、辣;擅长熏、蒸、腌、腊、泡等方法。

(6)浙菜。特点是制作精细、富于变化、鲜咸合一、香酥绵糯。

(7)闽菜。福建菜的总称,以福州、厦门、泉州等地的地方菜为主组成的菜系,调味常用红糟,味偏重甜酸。

(8)徽菜。以烹制山珍野味著称,擅长烧、炖、蒸而少爆炒。重油、色和火工。

6. 服务礼节

酒店餐饮部服务人员在为客人提供服务时应做到:

(1)嘴勤:就是要对用餐客人的提问做到有问必答。还要主动向客人介绍和询问有关情况,以便为客人提供更好的服务。同时还应该具备一定的文化素养,并根据当时的具体情况,适时地向客人介绍一些餐饮典故,能够极大地提高酒店的服务水准与客人的满意度。

(2)眼勤:所谓眼勤,就是要眼观六路,耳听八方。要根据宾客的往来、进餐程度、举止行动,准确判断宾客的要求,及时主动提供服务。

(3)腿勤:餐饮服务人员要不断地在自己负责的餐桌周围自然地来回走动,以便及时地为客人提供相应的服务等。

二、酒店餐饮部员工的业务要求

1. 酒店餐饮总监的业务要求

(1)餐饮总监属于酒店的高层管理人员,要求对酒店业务的熟悉程度和管理水平同总经理一样。

(2)熟悉饮食及娱乐部门的详细业务,善于进行工作的规划,善于进行业务推广和市场销售。

(3)饮食和娱乐部门是酒店里面直接对客人进行面对面服务的一个部门,客人流量大,口味和要求复杂,服务持续的时间较长,因此,要认真督导管理人员和员工做好服务工作。

2. 酒店餐饮经理的业务要求

(1)熟悉并掌握中餐或西餐的宴会、酒会以及散餐的服务标准。

(2)熟悉各种宴会、酒会、冷餐会、茶话会、各种会议及展览的设计布置与安排。

(3)熟悉饮食部各餐厅的营业时间及供应的品种。

(4)努力学习业务和专业知识,不断扩大知识面,并提高自己的管理水平。

(5)了解各类客人的不同风俗习惯与口味特点,特别是对于重要客人、熟客的习惯特点,建立档案,以便有针对性地为客人服务。

(6)要熟练掌握一门外语,主要是英语。

3. 酒店行政总厨的业务要求

(1)对本菜系有较高的烹调技术和深入地研究。对其他菜系的烹调、特点等也能熟练掌握。了解和熟悉食品原材料的进价、起货成率、售价等。

(2)懂得酒店的基本情况;酒店饮食与茶楼酒家在饮食要求与管理上的区别;有较强的管理意识与管理水平;有较强的组织能力;善于团结周围人员,能够充分发挥员工的技术专长,调动员工工作的积极性;能够以身作则,深入实际,在员工中具有较高的威信。

(3)能够钻研并创造出新的食品烹制方法,新的食品类型,以满足人们日益提高的口味需要。

(4)熟悉整个厨房系统生产设备的使用与维护方法,熟悉并掌握每个生产部门的组织情况和人员的技术状况。

4. 餐饮部领班的业务要求

(1)能够熟练掌握宴会、酒会、零点散餐的服务规程。

(2)能够协助经理进行举办形式的宴会、酒会、冷餐会、展览会等的设计、布置与安排。

(3)熟悉并掌握本餐厅的菜品、点心的品种与价格;熟悉并掌握各种酒品及饮料的品种、产地、度数、特点和销售价格。

(4)组织能力比较强,能带领部属一起做好接待服务工作,使客人感到满意。

(5)努力学习饮食行业的业务、管理知识、服务知识和外语,不断提高业务水平和工作能力。

5. 餐饮部迎宾员的业务要求

(1)熟悉酒店餐厅的基本情况。

(2)掌握并熟悉所负责的餐厅情况,如台位的情况、装饰的特点、环境状况、食品的供应情况;管理人员及员工的情况等。

(3)具备一定的公关知识。

第二节 餐饮部员工礼仪礼貌服务标准

一、餐饮部员工卫生礼仪标准

1. 个人卫生

(1)酒店餐厅员工每半年应该体检一次,持健康证上岗。

(2)有传染性疾病者不得继续上岗。

(3)员工勤洗澡、勤洗头、勤理发,勤换内衣,身上无异味。

（4）岗位服装整洁干净，发型大方，头发清洁无头屑。

（5）上岗前不饮酒，不吃异味食品。

（6）工作期间不吸烟，不嚼口香糖。

（7）不在服务区域梳理头发、修剪指甲，不面对食品咳嗽或打喷嚏。

（8）女服务员不论留何种发型，下垂的长度不得过肩，不戴戒指、手镯、耳环及不合要求的发夹上岗，不留长指甲和涂指甲油，不得化浓妆，不喷气味过浓的香水。

（9）男服务员不得留长发，不蓄大鬓角。

（10）员工个人卫生做到整洁、端庄。

2. 工作卫生

（1）酒店餐厅服务员要把好饭菜卫生质量关。

（2）每餐工作前洗手消毒。

（3）装盘、取菜、传送食品使用托盘、盖具。

（4）不用手拿取食品。

（5）取冷菜使用冷盘，热菜用热盘。

（6）面包、甜品用托盘、夹子，冰块用冰铲。

（7）保证食品卫生，防止二次污染。

（8）服务过程中禁止挠头，咳嗽、打喷嚏用手捂口。

（9）餐厅内食品展示柜清洁美观，展示的食品新鲜。

二、餐饮部迎宾人员服务礼仪标准

1. 准备阶段

（1）在正式开餐前要整理好个人卫生，洗脸洗手，女迎宾领位员可以化淡妆。

（2）穿着本岗位独特的服装上岗，着装要整洁，仪容仪表端庄、大方，心情愉悦，面带微笑，提前上岗，准备迎接客人。

2. 服务阶段

（1）当客人来到餐厅门口，应该热情地迎接，接挂衣帽要快速准确，问候、迎接语言亲切，态度和蔼。

（2）询问客人的人数，是否有订餐、订位等服务，语言要规范。

（3）迎宾顺序坚持按客人到达先后，同一批客人做到先主宾、后随从人员，先女宾、后男宾，符合礼仪顺序。

（4）客人坐下后，要将餐牌送上并征求客人的点菜意见。客人点菜时，服务人员应站在客人的左侧，与客人保持一定的距离，腰部要稍微向下弯一点，手持点菜簿，认真听取客人选定的菜点名称，并伺机向客人介绍推销菜点。如客人所点的菜已经暂时售完，应立即向客人表示歉意，并婉转地向客人推荐其他类似的菜肴。

（5）当客人点完菜以后，要将记录下的菜品向客人复述核对一遍，如果准确无误，再将菜单一联送到厨房进行备餐，另一联送到收银台。

3. 送别服务

(1)客人用餐结束走到餐厅门口时,服务人员主动问好,并征求客人的意见。

(2)递送衣帽要快速、准确,服务要周到。

(3)礼貌地向客人告别,并欢迎客人再次光临。

三、餐饮部语言服务礼仪标准

1. 餐饮语言服务的要点

(1)简洁明了。要讲得清,听得明,不用听者重复反问。

(2)主动。主动先开口,主动询问客人,寻觅服务对象。客人呼唤时服务人员反问一句"干什么",这也不是正确的服务语言。

(3)敬语。对客人多用尊称,少用贬称,禁用鄙称,多使用敬语,如以"您"相称。

(4)限度。服务语言的内容局限于服务工作范围,不可随意出界。如与客人谈得投机,稍有出界,应及时收回。

(5)愉悦性。用词、造句和说话的语气都要讲究,多用美词雅句,文质彬彬,造成一种高雅的文化气氛,客人进入餐厅受到感染,愉悦心情自然就会产生。加上对客人只称赞不指责,不用否定句、训诫句、命令句,不讲"不"字,服务又热情周到,就可以使客人在精神上、心理上得到满足。

(6)说到做到。服务语言必须讲得出就做得到,不能为了一时讨好客人而随意许诺,开空头支票必将弄巧成拙。

2. 服务语言的禁忌

(1)旁听。这是餐厅服务人员的大忌;客人在交谈中,不旁听、不窥视。不插嘴是服务人员应具备的职业道德,服务人员如与客人有急事相商,也不能贸然打断客人的谈话,最好先采取暂待一旁,以目示意的方法,等客人意识到后,再上前说:"对不起,打扰你们谈话了。"然后再把要说的话说出来。

(2)盯瞅。在接待一些服饰较奇特的客人时,服务人员最忌目盯久视,品头论足,因为这些举动容易使客人产生不快。

(3)窃笑。客人在聚会与谈话中,服务人员除了提供应有的服务外,应注意不随意窃笑、不交头接耳、不品评客人的议论,以免引起不应有的摩擦。

(4)口语化。有些服务员缺乏语言技巧方面的学习和自身素质的培养,在工作中有意无意地伤害了客人或引起某些不愉快的事情发生,如"你要饭吗"这类征询客人点饭菜的语言,使人听起来很不愉快、不舒服。

(5)厌烦。如果个别客人用"喂""哎"等不文明语言招呼服务员,服务员不能因客人不礼貌就对其表现出冷淡或不耐烦,相反,服务人员更应通过动、热情的服务使客人意识到自己的失礼。

3. 常用的服务性敬语

(1)欢迎性敬语

欢迎光临!

欢迎您的光临。

欢迎光临××餐厅,希望您能满意我们的服务。

(2)问候性敬语

您好!

早上好!

午安!

晚上好!

(3)服务用语

欢迎您,请问一共几位?

请里边坐。

请稍等,我马上就来。

请稍等,我马上给您送过去。

我们餐厅的特色是……希望您能喜欢。

(4)祝愿性语言

节日快乐!

生日快乐!

请多保重!

(5)征询意见

我能帮您做什么?

请问,我能帮您做些什么呢?

您还有别的事情吗?

这样不会打扰您吧?

您喜欢……吗?

您需要……吗?

对不起,我没听清您的话,您再说一遍好吗?

请您讲慢点,好吗?

(6)应答、客套

不必客气。

没关系。

愿意为您服务。

这是我应该做的。

请您多多指教。

照顾不周,请多包涵。

我明白了。

好的。

是的。

非常感谢。

谢谢您的好意。

(7)表示歉意的敬语

请原谅。

实在对不起。

打扰您了。

都是我的过错,对不起。

我们立即采取措施,使您满意。

实在对不起,请您再等几分钟。

对不起,让您久等了。

(8)告别语言

谢谢您的光临,请您慢走。

欢迎您再次光临!

多谢惠顾,欢迎再来!

四、餐饮部肢体语言服务礼仪标准

1. 常用手势

(1)前摆式。如果右手拿着东西或扶着门时,要向客人做向右"请"的手势时,可以用前摆式。五指并拢,手掌伸直,由身体一侧由下向上抬起,以肩关,节为轴,手臂稍曲,到腰的高度再由身前右方摆去,摆到距身体15厘米,并不超过躯干的位置时停止。目视客人,面带笑容,也可双手前摆。

(2)横摆式。在表示"请进""请"时常用横摆式。做法:五指并拢,手掌自然伸直,手心向上,肘微弯曲,腕低于肘。开始做手势应从腹部之前抬起,以肘为轴轻缓地向一旁摆出,到腰部并与身体正面成45°时停止。头部和上身微向伸出手的一侧倾斜,另一手下垂或背在背后,目视客人,面带微笑,表现出对客人的尊重、欢迎。

(3)斜摆式。请客人落座时,手势应摆向座位的方向。手要先从身体的一侧抬起,到高于腰部后,再向下摆去,使大小臂成一斜线。

(4)双臂横摆式。当客人较多时,表示"请"可以动作大一些,采用双臂横摆式。两臂从身体两侧向前上方抬起,两肘微曲,向两侧摆出。指向前进方向一侧的臂应抬高一些,伸直一些,另一手稍低一些,曲一些。

(5)直臂式。需要给客人指方向时,采用直臂式,手指并拢,掌伸直,屈肘从身前抬起,向抬到的方向摆去,摆到肩的高度时停止,肘关节基本伸直。注意指引方向,不可用一手指指出,那样显得不礼貌。

2. 手势语

(1)跷大拇指手势。在国内,人们对这一手势赋予积极的意义,通常用它表示高度的赞誉。寓意为"好""第一"等。但是在英国、澳大利亚和新西兰等国家,跷大拇指则是搭车的惯用手势。而在希腊,跷大拇指却是让对方"滚蛋"的意思。服务人员在接待希腊客人时,千万不要用跷大拇指的方式去称赞对方,那样一定会闹出笑话,甚至产生不愉快。

(2)捻指手势。捻指就是用手的拇指与食指弹出"啪啪"的声响。它所表示的意义比较复杂:有时表示高兴;有时表示对所说的话或举动感兴趣或完全赞同;有时则视为某种轻浮的动作,比如对某人或异性"啪啪"地打响指。

(3)"V"形手势。中国人伸出食指和中指表示"二"。在欧美大多数国家表示胜利和成功,但在英国看来,它所表示的意思不是胜利,而是伤风败俗。接待希腊客人同样不能使用这一手势,否则就是对人不恭。因此,接待英国人和希腊人千万不能出现这一手势。

(4)指点手势。在交谈中,伸出食指向对方指指点点是很不礼貌的举动。这个手势表示出对对方的轻蔑与指责。更不可将手举高,用食指指向别人的脸。西方人比东方人要更忌讳别人的这种指点,接待外国客人要特别注意。

(5)挥手。在我国招呼别人过来,是伸出手,掌心向下挥动,但在美国看来,这是唤狗的手势。欧美国家招呼人过来的手势是掌心向上,手指来回勾动,而在亚洲,这却是唤狗的手势。

(6)点头、摇头。点头表示肯定,摇头表示否定,世界多数国家如此,但也有不少例外。意大利那不勒斯人表示否定不是摇头,而是把脑袋向后一仰。要是表示强烈的否定,还用手指敲敲下巴来配合。这一否定动作在希腊、土耳其的部分地区、南斯拉夫、南意大利、西西里岛、马耳他、塞浦路斯和地中海岸国家是很普遍的。

五、酒店零散用餐的服务礼仪标准

1. 早茶服务礼仪

(1)布置餐台

①早茶时的布台与散餐布台要求基本相同。

②客人需要饮料和酒时,要提供相应的杯具并为客人斟好酒水。

(2)准备

①检查餐厅是否按要求摆好台位。

②备好茶叶,茶叶一般五种左右,有红茶、绿茶、半发酵茶与全发酵茶;准备好开水,做好开餐的一切准备工作。

(3)服务准备

①当客人进入餐厅时,服务人员要面带笑容地迎接客人,并致以相应的问候。

②引导客人入座,送上香巾,然后征询客人意见,按其所需提供茶品。

③服务人员要熟悉一般茶叶的品种与特点,并根据客人对茶叶的喜好向其介绍适宜的品种。

④不能直接用手抓茶叶往壶里放,应用茶勺按客人的人数放茶,做到茶量准确。

⑤如果客人要临时增加茶位,应拿茶具在工作台上加茶叶,冲好茶后,为客人斟上第一杯,称为"迎客茶"。

(4)服务阶段

①茶准备好以后,服务人员应向客人介绍当天供应的点心品种,并征询客人的意见和需要,主动协助点心推销人员及时给客人供应点心。

②注意协助点心推销人员照应坐在餐厅角位的客人。

③服务人员要注意做到勤巡视,勤上水,勤斟茶,勤收空点心碟、笼。

④服务人员要做到对客人有求必应,有问必答,态度和蔼,语言亲切,尽量满足客人的要求。

⑤在服务的过程中,如果客人不小心弄脏了台面、衣服,要及时帮助客人进行清洁。

(5)结账

①客人提出要结账时,服务人员应迅速将点心单连同酒水单,交给收款员计算客人的消费金额,及时将账单交给客人,结账要准确、快捷。

②在结账的时候,保证不要出现错单、漏单和走单。客人付款时要向客道谢。

(6)清理

①客人离开座位后,服务人员要表示欢送并迅速收拾餐具,清理好桌面,并换上干净的台布,摆上干净的餐具,准备迎接下一批客人。

②客人离开后,如果紧接着开正餐,则要按散餐的要求布置好台面;若有宴会、酒会或团体餐、茶话会,则按要求布置好台面。

2. 午餐、晚餐的服务礼仪

(1)摆放餐台

①散餐的摆台规格与宴会摆台、布位的要求基本相同,台上不要摆水杯。

②大圆台中间要摆一盆插花,小圆台和方台中间摆一小花瓶,里面插一支鲜花。

③要有用来分菜服务台和小酒车。

(2)餐前检查

①开餐前,服务人员要了解当天、当市供应的品种,备好茶叶、开水、芥辣等。

②检查餐厅的席位布置是否整洁,开餐用具是否齐全,不完善的要尽快调整。

③开餐前四分钟左右,站在厅门旁或自己负责的餐台的适当位置,做好迎接客人的准备工作。在大型宴会厅,服务人员要等距离整齐站立,要像仪仗队那样使客人感到壮观和训练有素。

(3)引导客人入座

①餐厅迎宾人员带领客人进入厅房要礼貌地主动地迎上去,热情地招待客人,拉椅请客人入座。

②如果座位不够,服务员应视具体情况,为客人拼台或加座,安排好客人的座位。

③待客人坐定后,要送上香巾,并斟上客人喜欢的热茶,服务人员应协助迎宾员递菜单给客人。递菜单时先女宾后男宾,无女宾可先递给年纪大的。

(4)点菜

①待客看一遍菜单后即可帮助客人写菜单,写菜单时,要主动介绍本店的菜式特点,并帮客人挑选本酒店的特色菜,特别是大厨当日特别推荐的菜点。

②服务人员点完菜后要向客人复述一遍所点的菜式,以防出现错漏。

③如果客人要自行写菜单,服务人员则要看清菜单,当发现品种相同的菜品时,应有礼貌地征询客人的意见,看是否需要更换菜式。

④服务员在客人将菜品定下以后,要复述一遍,客人表示无异议后,即送交厨房进行准备。

（5）帮客人选酒水

①菜单写好后要征询客人需要哪种类型的饮料和酒水，并主动为客人购买酒水。要根据客人的需要购买不同类型的饮料和酒水，送上相应的杯子，主动为客人斟上。

②罐装饮料在客人旁边开启的时候，不要对着客人，并为客人斟进杯里。未斟完时将罐或酒瓶放在为客人准备的小酒车上。酒车停放在餐台旁边。

（6）上菜

①上菜时，要向客人介绍菜名，烹调方法与风味特点；每上一道菜要在菜单上划掉上菜的菜名。

②所上的菜需搭配佐料的，要先上作料后上菜。上虾、蟹等菜需要提供香巾，客人用手拿带骨的菜吃完后也要递给客人香巾用来擦手。

③上菜后，若客人未点粉、面、饭，并且不饮酒的话，要征询客人需不需要米饭，若需要，按客人需要的数量上饭。

④上汤或羹时要为每个客人均分，上菜时要询问客人需不需要帮忙分菜，不需要时可不帮分；若要分菜，可按宴会分菜形式分菜。

⑤注意客人台上的菜是否齐全，若客人等了很长时间还未上菜，要及时检查是否出现了错单漏单，如发现有错漏，要及时让厨房为客人补烹或先烹制。

⑥客人所点的菜如果已经售完，要及时告知客人并征询是否需要换菜，若客人表示可换新菜，即刻帮客人写好菜单以最快速度让厨房为客人烹制出来。

⑦菜上齐后，要告诉客人菜已上齐，并询问客人是否还需要其他食品。

（7）结账

①客人就餐完毕，服务人员应给客人送上热茶，清点酒水单、点心单连同菜单，准备为客人结账。

②结账时，先核对客人餐台上的菜是否上齐，是否与所点菜式相符，检查无错漏后，即到收款处为客人打印账单。

③将账单夹在收款夹里当着客人面打开账单夹，告知客人所需付的金额。

④接收客人的付款后要当面点清。代客人到收款处交款，返回后，先发给每个客人一条香巾，然后将余额当面点清后连同账单一起交还客人，并礼貌地向客人道谢。

⑤客人离开时，服务人员要提醒客人携带好随身携带的物品，并照看客人离席，最后再次向客人表示多谢，热情送客，并欢迎客人再次光临。

（8）清理

①客人离开后要注意餐台附近有没有客人遗留下的物品，若发现遗留物品，要立即送还客人或交给上级处理。

②迅速收拾好台面的餐具，并清洁台面，整理好餐台。

③按散餐的布台规格摆好餐台，整理好桌椅，准备迎接下一批客人。

第四篇

现代酒店康乐部管理

 酒店康乐部的基本项目设置

第一节　游泳池服务与管理

1. 游泳池的设备

酒店游泳池的设计应该美观大方,面积、空间要宽敞明亮,游泳池内部采光要良好。游泳池底要配设低压防爆照明灯,在游泳池的底部要铺满瓷砖,游泳池的四周要设置防溢排水槽。酒店游泳池一般分为儿童区与深水区,其中儿童区的深度应该不小于0.48米,深水区的水深应该大于1.8米。游泳池应该配备有自动池水消毒循环系统与加热设施。用泳池边应该铺上专用的防水绿色地毯,并在池边设置躺椅、座椅。游泳池要设有专用的出入通道,在入口处放置有浸脚消毒池。

2. 游泳池的配套设施

游泳池应该设置男、女更衣室、淋浴室与卫生间等相应的配套设施。更衣室里面应该配备有更衣柜、衣架、鞋架与凳子,在必要的时候要为更衣柜配上锁。淋浴室之间要设有间隔,配凉、热双温水喷头与浴帘。卫生间要配备隔离式的抽水马桶、挂斗式小便池、盥洗台、镜子以及吹风机等配套设备。

3. 游泳池的卫生标准

游泳池的顶层玻璃与墙面要做到干净、整洁、地面没有积水。休息区域的地面、躺椅、座椅与其他相关用具无尘土、污渍和杂物。游泳池的边角无卫生死角。更衣室、淋浴室及卫生间要干净、明亮,墙面和地面无灰尘蛛网,卫生整洁。地面要干燥,卫生间不能有异味。金属器具要光亮如新,镜面要光洁。更衣柜内无尘土与无关的物品。游泳池的水质要保证清澈透明,不能有毛发与其他污物。游泳池的池水要进行定期消毒、更换。

4. 游泳池的环境标准

游泳池应该给客人一种美观、舒适、典雅的感觉。在酒店游泳池入口处的显要位置要标明营业时间、价格表等标志标牌,设计要美观,并用中英两种文字标明,字迹要清晰。对于室内游泳池,休息区域配套设施的整体布局要协调,空气要清新,保证通风良好,有充足的光线。休息区躺椅、座椅与餐桌的摆放要整齐美观,大型盆栽盆景要美观、干净。

5. 服务人员要求

服务人员要熟知游泳池的工作内容与程序。要有游泳池设施设备维护保养、清洁卫生和水上救护的专业常识。对于不同的客人,能够准确地运用不同的迎接、问候、告别语言。对常客和回头客能准确地记住姓名与他们的称呼。服务态度要主动、热情。

6. 预订服务标准

对于客人的预订,相关服务人员要主动、热情地接待,服务语言要规范。在登记的过

程中,要准确记下客人的姓名、房号、使用时间,并向客人复述清楚,以向客人核实、确认。对于电话预订,电话铃响 3 声内要保证接听,如因工作繁忙,要委婉地请客人稍候。对客人的预订提前做好安排。

7. 服务标准

当客人来到游泳池的时候,要准确记下客人的姓名、房号、到达时间、更衣柜的号码等相关信息。

客人进入游泳池后,服务人员要主动进行引导,并及时为客人提供相关的用品,比如毛巾、更衣柜钥匙等。在客人游泳期间,要照看好客人随身携带的私人物品。在客人休息的时候,要耐心询问客人是否需要一些饮料、小吃等,并做好记录,准时向客人提供。客人离开的时候,要主动进行告别,并欢迎客人再次光临。

8. 安全标准

在酒店的游泳池,应该拒绝喝醉酒的客人入内,如果在服务过程中发现客人中有饮酒过量者,应该婉言谢绝入内。服务人员必须接受一定的安全救生训练,在服务的过程中,要随时注意客人的情况,如果发现异常,要及时采取断然措施。

游泳池边要配备救生圈、足够长度的绳子与长竿救生钩等。对于带有小孩的客人,要提醒他们注意小孩的安全。在服务的过程中,要尽量保证不出现客人财物丢失与溺水等意外情况与事故。

第二节 桑拿房服务与管理

1. 酒店桑拿设备

酒店的桑拿浴室要设立分隔式的独立小浴室。各个室内的内部要选用防热、防水材料进行装修。桑拿室内要配有浴床、专用的水桶、电炉与橄榄枝等,并要设有湿度计、温度计与沙漏计时器。浴室要保证密闭,房门要安全,开启要方便,并设有安全防护。另外还要配备报警装置。

2. 桑拿室环境标准

在桑拿室的入口处应标明营业时间、客人须知、价目表等项目,各种标牌的安装位置要合理,并使用中英文对照,字迹清楚。室内分隔式小桑拿浴室,室温应保持在 30℃ 左右。各室内通风要良好,空气要清新,环境要整洁。

3. 桑拿室卫生标准

桑拿室内的天花、墙面无灰尘、水渍、印痕,无脱皮、掉皮现象。地面要保证干燥,无灰尘、垃圾与卫生死角。所有金器具表面要光洁明亮,镜面无水迹。木板要洁净、光滑,无灰尘、污迹和碳化物。

4. 服务人员要求

服务人员要熟知桑拿室的工作内容、流程与操作方法。对于不同的客人,能够准确使用相应的迎接、问候、告别语言。

5. 接待准备工作

服务人员要提前 15 分钟上班,换好工作服,并整理好服务台卫生专用品。认真检查桑拿浴室的设施、设备是否正常,卫生要整理彻底。要保持各种设备的完好。浴室开放后,应该在10分钟内使室内温度达到80℃。另外,室内与各配套设施要做到整洁、干净、无异味。

6. 服务阶段

客人进入桑拿浴室后,要开启桑拿设备,并调好温度和沙漏计时器。客人享用桑拿浴期间,要做到每10分钟巡视一遍,以随时注意客人的情况,并及时提供客人要求的各种服务。

7. 安全标准

桑拿室应禁止患有心脏病、高血压、脑溢血等病症的客人使用。客人进行桑拿浴期间,若发现就浴客人出现不适或意外情况,要及时采取相应救护措施,以保证客人的安全。

第三节　健身房服务与管理

1. 酒店健身设备

酒店的健身器材应该齐全,健身房内各种健身设备的摆放要整齐,位置要合理,要给客人留下足够的活动空间,一切以方便客人为标准。要保证各种健身器材的良好性能,各有明确的用途。在健身房的四周墙面要挂上大型的立镜,并要配有使用健身器材的详细文字说明和录像带,以方便客人使用。

2. 环境标准

在酒店健身房的入口处的显要位置要标明营业时间、价格表等标志标牌,设计要美观,并用中英两种文字标明,字迹要清晰。

健身房内的光线与照明要充足。并在适当的位置设置一定数量的绿色植物,用来调节室内的空气。整个健身房的环境质量做到美观、大方、舒适,布局合理,空气新鲜。

3. 卫生标准

健身房内的天花、墙面无灰尘、水渍、印痕,无脱皮、掉皮现象。地面要保证干燥,无灰尘、垃圾与卫生死角。所有金器具表面要光洁明亮,镜面无水迹。木板要洁净、光滑、无灰尘、污迹和碳化物。

各种设备均无灰尘、印迹。饮用水透明、洁净,符合国家卫生标准。

4. 服务人员要求

要熟知健身房的工作内容与程序,了解并熟悉各种健身器材的性能、作用与使用方法。能够正确的指导客人使用健身器材。精力充沛,态度热情,服务周到细致。对常客、回头客或健身俱乐部的会员能准确地称呼其姓名。

5. 服务阶段

健身房要设立服务台,配备相应的服务用品。客人在预订健身设备的时候,电话铃响3声之内要接听。要详细记下预订的项目与时间记录。

当客人来到健身房时,要主动热情地迎接、问候并准确登记客人的姓名、房号与到达时间。及时为客人提供相应的用品,比如更衣柜钥匙、毛巾等。在客人使用健身器材的过程中,要做好随时为他们提供相应的服务。对于客人的问题,要给予耐心、细致的解答。对那些不够了解健身器材用法的客人,要给他们详细讲解器材的名称、基本性能、作用与使用方法,并尽量为客人做一些示范性的指导,以帮助客人尽快熟悉健身设备。当客人离开健身房的时候,要及时收回相关用品,向客人告别,并欢迎客人再次光临。

6. 安全标准

酒店的健身房要配备一些常用的急救设备、氧气袋与相关的药品等。当客人出现身体不适的现象时,要及时照顾客人,并采取相应的应急措施。在运动健身的过程中,客人如果出现碰伤等意外性伤害,要及时为客人提供急救药品,在需要的情况下,要及时将客人送往医院进行抢救。

第四节　台球室服务与管理

1. 台球室的设备

酒店台球室的整体设计要美观大方,球桌的摆放要合理。台球室相应的设备与器具,比如球桌、球杆、台球、计分显示器等,要与酒店的等级标准相符合,并尽量符合国际比赛的标准。球桌要坚固平整。室内的光线要充足、柔和。

2. 环境标准

在台球室入口处的显要位置要标明营业时间、价格表等标志标牌,设计要美观,并用中英两种文字标明,字迹要清晰。室内球桌的摆放要整齐,位置要合理。整个球场要做到环境美观、舒适、典雅。

3. 卫生标准

台球室的清洁卫生要随时进行,以保持室内的清洁。球台要平整光滑,保证台面无污迹,做到一尘不染,墙面装饰要整洁美观,无蛛网、灰尘和污迹,没有掉皮、脱皮现象。地面要洁净,无废纸、杂物和卫生死角。所有的用品、用具摆放要整齐、规范。

4. 服务人员要求

熟知台球室的工作内容与操作流程。熟知台球运动的规则与计分方法,要有较高的示范能力,能针对不同的客人,准确地运用相应的迎接、问候、操作和告别语言。对于常客和回头客则要能够称呼其姓名,服务要周到,态度要和蔼。

5. 现场服务

当客人来到台球室后,要引导客人进入球室。并根据客人的人数和球台的使用情况快速、准确地为客人安排球台。并及时为客人提供球杆、台球服务。如果没有空余的球桌,要礼貌地请客人排队等候或先进行其他的活动。

第五节　保龄球馆服务与管理

1. 保龄球馆设备

保龄球馆面积要宽敞,还要有足够大的空间。球馆内的设备入球道、自动回球设施、计分显示器、球路显示器等要符合国际保龄球设备的标准。球道及其四周要配有高档、豪华的木质地板,保龄球馆内部装修要美观、舒适,光线要充足、柔和。根据具体的情况与需要,在球场旁边或附近设一些小型酒吧。要保证球场设备的齐全、完好无损。

2. 环境标准

球场入口处的显要位置要标明营业时间、价格表等标志标牌,设计要美观,并用中英两种文字标明,球场内部的通道、过道、球道、计分显示器与球路显示器等设施的布局要合理,要做到整体上的协调、美观。

3. 服务人员要求

熟知保龄球运动的规则与计分方法。服务人员要具有较高保龄球运动水平与出球的动作规范,能够清楚、准确地向客人讲述保龄球运动的基本知识与技法。要注意球场秩序的维护。在上班的时候应该穿保龄球室工作服上岗,服装要整洁,仪态要端庄。对客人的迎接、问候、告别语言运用要规范。熟知保龄球馆的工作内容、工作流程与操作方法。

4. 球场服务标准

当客人来到保龄球馆外时,及时引导客人进入球场,并根据客人的预订与人数等情况及时为客人做出安排。如果保龄球馆已经没有了空闲的装置,就礼貌地请客人排队等候。

客人在玩球期间,服务人员要不断地巡视场地,以保证操作设备的正常运行,保证自动回球、计分显示器与球路显示器等设备的正常工作,并及时为客人提供各种服务。服务人员的精神状态要良好,并适时恰当地向客人讲解保龄球运动的知识,在讲解的过程中要做到清楚、明确。此外,还要及时纠正违反球场规则、妨碍他人的行为,即使排解客人之间的纠纷。以维护球场的秩序,在服务的过程中,要始终做到耐心、周到。

5. 维修

保龄球馆的维修人员应该穿着相应的岗位制服上岗。随时注意馆内相关机械的运行状况,以保证在营业时间内全部球道都能正常使用。若发生一般性故障,要尽快予以排除。每次营业结束后,都要仔细做好各种机械设备的检查维修工作,以保证客人的随时需要。

6. 卫生标准

在每天营业之前,卫生清洁人员要彻底整理球场及其附属设施、设备与休息区的卫生。球道要保证每周至少清洗两次。球馆内的地面每日都要进行擦尘处理,天花板和墙面要定期检查。在发球区内要保证无灰尘和污渍,休息区不要出现垃圾与杂物。观众区的桌椅摆放要整齐、干净。所有设施、设备、用具均要做到整洁、干净,无灰尘、污渍和印迹。

第六节　美容美发厅服务与管理

1. 美容美发设备

酒店美容理发室要进行合理的设计,在整体布局上要协调。在客人等候休息区,要设置沙发、座椅、电视、书刊杂志等,以供客人放松、阅读。美容美发室内的男、女美容美发室应该分开。理发台前的墙面要配置大型的理发专用镜、升降式座椅,此外还要有干净舒适的洗池,其他各种配套设备的功能要先进。地面要满铺花岗石或水磨石。洗发、剪发、烫发与美容服务要分开进行。

2. 环境标准

美容美发室的门口要设多变霓虹灯装饰,并做到美观、大方。门口的显要位置要标明营业时间、价格表等标牌,设计要美观,并用中英两种文字标明,字迹要清楚,安装位置合理。入口处设置美容美发模特展示,照片要清晰、美观。室内装饰精致,并要有常绿植物和有特色的装饰品,装饰布置要协调、美观。此外,音响设备的摆放位置要得当。

3. 卫生标准

天花板、墙面要干净、整洁,反光效果良好,不要出现蛛网灰尘与污渍。地面要整洁,发屑要随时清理。盥洗台、座椅、沙发、相关器械和工具、用品要保持清洁,无污垢和故障。器械工具与用品要随着客人的变换而随时更换。美容美发店服务人员的围裙、口罩要洁净,无污迹。

4. 服务人员要求

服务人员要熟知美容美发室工作的内容与流程,要具有美容美发方面的相关专业知识,操作技术要熟练。理发员要受过两年左右的专业培训,并要有一年以上的实际操作经验,此外,还要具备较广泛的生活常识,了解国际国内美容美发的最新发展动向。具有创新和追求流行潮流的意识。熟知各种发型、染发以及美容化妆、护肤、养肤的技术。

5. 预订服务

对于客人的预订电话,相关的服务人员要准确记下客人的姓名、房号、服务项目、时间与指定的专业人员,在与客人协商后复述一遍,进行最后的确认。一般应在电话铃响3声内接听。对于客人的预约要提前做好安排。

6. 服务现场

酒店美容美发室要为客人提供尽可能全面的服务。每一项服务都要争取达到客人满意。

当客人来到美容美发室的时候,服务人员要主动迎接并问候客人。在客人入座后,要耐心询问客人需要的服务项目、服务态度要热情礼貌。对于理发、染发、烫发、美容化妆等服务,要根据客人的脸型、审美情趣、爱好与独特的要求提供相应的个性化服务。

在服务的过程中,对于任何一个服务项目,都必须严格按照规定的操作程序进行,精心为客人服务。每进行完一个服务项目,都要主动热情地为客人照镜并征求客人的意见,使服务质量达到最佳的效果,让客人满意。

在服务结束后,要开出相应的账单,账单上的项目要一目了然,让客人一眼就能够看明白。客人付款时,要向客人表示感谢。客人离开时,要主动进行告别,并欢迎客人再次光临。

第七节　按摩室服务与管理

1. 按摩室设备

酒店康乐部的男、女按摩室要分开,室内要配有专用的或与酒店共用的桑拿浴室。

按摩室的相应位置应该设有休息室。休息室内要准备沙发、座椅、电视和报纸杂志等,以供客人阅读、休闲之用。按摩室内要配备质地优良的专用按摩床。床上用品要达到一定的规格与标准。另外,对于客人用的按摩衣、拖鞋与按摩用品要齐全、完好,质量优良,在最大限度地满足客人的需要。

2. 环境标准

按摩室内的用具摆放要整齐,布局要合理。室内要有充足的光线与照明灯具。

在按摩室入口处的显要位置要标明营业时间、价格表等标牌,设计要美观,并用中英两种文字标明,字迹清楚,整洁美观。室内的按摩床位置要固定,摆放要整齐,高低要适中,以便于操作。

按摩室内要保持良好的通风,空气要清新。整个按摩室环境设计意美观、舒适、安静、气氛宜人为准。

3. 卫生质量

按摩室、休息室内的天花板与墙面要整洁美观,无蛛网、灰尘和污渍。室内的地面要光洁,无废纸、杂物。客人用的按摩衣、床单、枕套、拖鞋等要随客人的更新而随时进行更换。时刻保持按摩室内的清洁卫生。

4. 服务人员要求

熟知按摩室内的工作内容与工作流程,按摩人员要具有专业的医疗保健和按摩服务技能,熟悉人体穴位的分布与人体按摩技巧,受过至少两年的专业培训,具有一年以上的相关工作经验。

按摩人员要穿专用的工作服上岗,颜色和标志要醒目。服务要热情、周到、大方、有分寸。对于常客和回头客能够称呼其姓名。服务操作要规范,并能够准确回答客人的有关问题。

5. 预订服务

对于客人的预订,相关服务人员的接待要主动热情。在接待客人的过程中,要耐心向客人详细介绍按摩的种类、特点并向客人推荐合适的按摩项目,并准确记下客人的姓名、房号、电话、按摩项目、使用时间、指定的按摩员等相关信息,记录完毕后再向客人复述一遍,取得最后的确认信息。

6. 服务过程

当客人来到按摩室后,服务人员要主动进行问好,热情、礼貌地进行迎接,并询问客人是否进行了预约。

在开始按摩前,要向客人提供清洁后的专用按摩衣与洁净的拖鞋,并礼貌地请客人更衣。按摩室应该能够提全面的按摩服务项目。在服务开始前,要耐心询问客人需要做的按摩项目与部位。在按摩的过程中,每一个项目都要严格按照相应的操作程序与标准进行操作。

酒店康乐部规范化管理制度与表格

第一节 康乐部各岗位职责与工作规范

一、康乐部经理岗位职责

(1)负责检查本部门人员是否到岗,人员不充足时要做好调配工作,确保营业的正常进行。

(2)安排当天的工作,到本部门听取下属汇报工作。

(3)检查各部门的卫生工作与工程维修情况。

(4)巡视台球室与保龄球室是否能正常营业,协调本部门因就餐问题而出现的换班调岗位工作。

(5)卡拉OK厅开始营业后,检查广告灯箱、背景音乐与相关设施是否已经打开,以确保其正常营业。

(6)酒水吧开始营业后,要及时检查管家部在舞厅吸尘、打蜡等方面工作情况。

(7)检查舞厅工作人员的上岗情况,确定音响设备是否能够正常运作,乐队在排练时,协助乐队的工作,确保演出顺利进行。

(8)听取夜班主管的工作汇报,并做好下一步的工作安排。

(9)营业高峰时,到各部门巡视,拓展业务。

(10)负责对员工进行培训,并对员工的工作进行考评。

二、康乐部副经理岗位职责

(1)执行康乐部经理所安排的各项工作,协助经理督促指导各部门主管认真做好本职工作。

(2)分析客源的动向,积极拓展业务,为康乐部业务拓展提供可行性建议。

(3)督促各主管做好每月的排班工作,以确保营业的正常运行。

(4)视情况协调本部门内部的人员调配等工作。

(5)督导员工做好设备的维修保养工作,尽量减少机械故障的发生,减少损耗,以降低营业成本。

(6)督促各主管做好属下员工的培训工作,以提高服务的质量。

(7)督促指导各主管抓好工作纪律。

(8)处理客人的投诉,要尽量满足客人的要求,但也要维护酒店的正当利益。如遇解决不了的问题,要立即请示部门经理。

(9)督促指导各岗位员工做好卫生清洁工作,为客人提供一个良好的娱乐环境。

(10)注意防火、防盗,确保消除各种安全隐患。

三、健身房主管岗位职责

(1)负责安排健身房内部的日常工作,制定营业方式与排班表,安排领班和员工的工作,制定行之有效的规章制度。

(2)随时了解健身房的营业状况,控制健身房物品与费用的消耗,提出工作的改进意见,以保证完成预定的营业指标。

(3)根据经营情况的需要做好营业工作,以保证有较高的营业额。

(4)检查领班与员工的工作情况,检查规章制度的执行、服务程序与服务规范的贯彻实施、设施设备的运行情况等。

(5)做好健身房员工的培训工作,指导员工了解并掌握酒店与本部门的规章制度,对员工进行服务技能技巧的培训,以提高员工的综合素质和综合能力。

四、健身房服务人员岗位职责

(1)到岗后,首先检查一下仪表仪容。

(2)做好健身房的清洁卫生工作。

(3)做好健身房各类用具用品的准备工作。

(4)做好健身房室内服务工作。

(5)做好代客结账、找零服务。

(6)做好健身房用具用品的维护保养工作。

(7)做好事后清洁、整理工作。

五、桑拿室服务人员岗位职责

(1)负责桑拿室的接待服务工作,包括开单服务、更衣服务、浴室服务与休息室服务等。

(2)负责桑拿营业场所内的卫生清洁工作,包括台面擦拭、地毯清洁、浴巾更换、浴室内座椅消毒、拖鞋消毒等。

(3)具体负责桑拿室各项设备的使用、检查、保养,包括桑拿炉、小木桶、木勺、蒸汽发生器、按摩池水循环过滤系统、淋浴器、更衣柜等。

(4)每天对按摩水质进行取样化验,按摩水质必须符合标准。经常检测桑拿浴室的温度和冷、热按摩池中的水温,发现有不符合标准的情况时应及时采取相应的措施。

(5)每天营业前和本班组下班前都要清点毛巾、浴巾的数量,并做好交接班记录;每班清点冷藏柜内的冷饮数量并做好详细的记录。

（6）认真做好安全工作,对初次光临的客人应根据具体情况介绍桑拿浴的方法以及需要注意的事项,等客人进入桑拿房后,应每隔10分钟从玻璃窗口向内观察一次,看看客人是否适应,对患有心脏病与血压不正常的客人,应劝止其进入桑拿浴房。

（7）发现事故时,要立刻报告上级并采取相应的措施。

（8）客人消费后要及时填写消费单并请客人签字确认。

（9）客人离开时应对他的光临表示感谢并欢迎下次惠顾。

六、桑拿室水吧服务人员岗位职责

（1）水吧服务人员必须坚守工作岗位,不得串岗、脱岗,要熟知水吧的经营状况。

（2）服务员在上班前负责清洁、摆桌椅、准备营业物品的工作。

（3）认真清洗杯碟,注意消毒与节约用水。

（4）水吧的食物要卫生,要符合相关标准。

（5）食物、饮品的数量、价格要与实际相符,其配料与质量也要符合客人的要求。

（6）服务人员之间要互相配合、互相协助,共同把水吧工作做好。

（7）下班时应保存好食品和饮料,以防止变质。

（8）下班前进行营业场所的清洁卫生,清理营业中产生的残余果皮、杂物等垃圾。

七、桑拿室水池服务人员岗位职责

（1）服务人员应主动热情地招呼客人,具备基本的英语对话能力。

（2）服务人员必须坚守工作岗位,耐心、细致地为客人提供舒适的服务,保证客人的安全,勤巡查,发现问题及时向领班报告。

（3）负责检查桑拿室设备的运转情况,上班前做好卫生清洁工作,为正常营业做好准备,发现问题及时向工程部报告维修项目。

（4）熟练掌握清洁桑拿浴室的标准与程序,保持地面、地区、蒸汽房与冲凉房的卫生清洁。

（5）负责客用物品的及时补充,注意洗手间、冲凉房日常用品的使用情况。

（6）负责收好客人使用过的毛巾、浴巾,并把它们统一放置在指定的位置,待洗衣部工作人员来收集并进行洗涤。

（7）提醒客人保管好自己的物品,拾到任何物品,要立即上交。

八、桑拿室按摩人员岗位职责

（1）负责为客人提供按摩服务,并针对客人的个人情况提供有针对性的按摩,以达到为客人解除疲劳、舒筋活血、治疗疾患的目的。

（2）熟练掌握按摩室的工作内容与服务程序,严格按照服务程序提供服务;接受预定时,要准确记下客人的姓名、房间号码、电话号码、按摩项目、消费时间、指定按摩员的姓名等信息,并复述一遍,取得确认。

(3)认真钻研按摩技术,不断提高业务能力与工作水平。

(4)为客人按摩时,严格遵守不得为异性客人提供全身按摩的规定,进客房按摩前要先通知客房领班和楼层服务员,并由楼层服务员引领入房,按摩时不得关锁客房房门。

(5)负责按摩室的清洁卫生工作,地毯要及时吸尘,按摩布和垫头要毛巾一客一换,并及时清洗消毒,按摩的器具每次用完后都必须彻底消毒。

九、桑拿室勤杂人员岗位职责

(1)必须按照规定的时间上下班,保证在营业前把工作区卫生搞得干净、整洁,以崭新的面貌迎接宾客的光临。

(2)营业前做好贵宾房、普通房、休息室、走廊、洗手间等的卫生工作。

(3)整齐排列休息室的茶几和桌椅,换下的用具、食品必须及时更换,以便给客人一个舒适的休息环境。

(4)走廊用过的毛巾应坚持"一用一洗一消毒",及时把干净的毛巾分类整齐叠放在指定的地方。

(5)保持消毒车的卫生,物品要经过严格消毒后方可使用。

(6)坚守岗位,不得擅自离岗,更不得私自串岗,不准打私人电话,违者视情节给予罚款处理。

(7)客人离开后应及时重新摆放好按摩床,把东西收拾整齐,并将房间打扫干净。

十、台球室主管岗位职责

(1)召开班组会,负责检查员工的到岗情况及仪表仪容。

(2)负责检查台球房的清洁卫生工作及用具准备情况。

(3)掌握当日预订情况,向台球房服务员布置当日工作。

(4)检查、监督服务工作质量。

(5)督导服务员做好台球房用具的维护和保养。

(6)总结当日的工作情况,并主动向康乐部领导报告。

(7)关心员工,团结合作,保证客人满意。

十一、台球室服务员岗位职责

(1)到岗后,自查仪表仪容是否标准。

(2)做好台球室的清洁卫生工作。

(3)做好台球室各类用品用具的开室准备工作。

(4)做好室中服务工作。

(5)做好代客结账、找零服务。

（6）做好台球室用品用具的维护保养工作。

（7）做好收拾清洁、整理工作。

（8）团结合作，耐心细致，保证客人满意。

十二、美容美发主管岗位职责

（1）检查员工的仪容仪表、礼节礼貌、工作态度与工作效率，对员工的出勤情况进行考核。

（2）负责美容美发厅的日常管理工作和服务的组织工作，督促、指导员工为客人提供周到的服务。

（3）督查服务人员岗位责任制的落实情况，定期检查美容美发设备和工具的清洗消毒情况，并认真检查员工的个人卫生与环境卫生情况。

（4）每天召开班前会和班后会，并做到班前布置任务、班后总结工作，严格执行交接班制度。

（5）严肃工作纪律，做好对下属员工的考核评估工作，并及时将评估记录向上级主管汇报。

（6）努力钻研技能，督促本组员工不断提高工作能力与技术水平。

十三、美容美发服务人员岗位职责

（1）负责客人的预订登记与接待服务，按照客人的要求提供周到细致的服务。注意各种单据的保存，以备核查。

（2）维护设备的正常运行，如果发现问题，要及时报告。每天按要求准备营业用品，如果有需要补充的用品，应提前报告领班申领。

（3）遵守财务制度，现金收入应及时记账，营业款项应该于当天交到财务部，不许推迟上交。

（4）认真钻研操作技术，不断提高服务水平，积极参加各种培训。

（5）负责美容美发营业场所的清洁卫生工作，做好日常环境卫生与设备清毒工作。

（6）遵守酒店和康乐部的各项规章制度，按照酒店规定严格规范自己的行为。

十四、游艺室主管岗位职责

（1）接受康乐部经理的指导，负责游艺室的管理和业务工作。

（2）负责对本组员工的考勤，安排员工的班次，带领员工做好本活动场所的服务接待工作。

（3）检查各岗位员工的工作情况，及时处理客人投诉。

（4）检查所辖区域内的安全设施，以及各种设施、器具的维护保养工作，将破损或不能使用的器具情况及时向上报告。

(5)检查管辖区域内娱乐场所的卫生情况,场地的环境要清洁,器具的排放要整齐。

(6)负责管辖区域内的娱乐设施、器材用品的领用工作,领用要有登记。

(7)主持召开班前班后会议,写好工作日记和交接班记录。

十五、游艺室服务人员岗位职责

(1)按时上班,准备好各种营业用品,做好各项准备工作。

(2)主动、热情地接待前来游艺室的客人,为客人提供优质的服务。

(3)主动向客人介绍本游艺室的设施情况,并解答客人提出的疑难问题。

(4)随时保持娱乐场所的环境卫生,随时清除垃圾和纸屑。

(5)维护并保养好本部门的设备设施,保证服务质量。

(6)填写工作日记,做好交接班工作。

十六、康乐部门卫岗位职责

(1)负责员工通道的安全保卫工作。

(2)负责公共区域的卫生清洁工作。

(3)负责日常性的一次性用品的装袋工作。

(4)负责对外洗衣的开单、收费工作。

(5)做好部门经理安排的其他任务及安全工作。

第二节　康乐部管理制度

一、康乐部日常管理制度

(1)按时上下班,不迟到、不早退、不旷工,事假、病假要按规定办理请假手续。

(2)按规定穿着工服,佩戴工牌,按规定进行上下班签到或打卡。

(3)领班要参加班前、班后的会议,随时了解员工的工作情况,与各员工配合做好工作。

(4)上班时间不得会见亲友,不准打私人电话,严禁在工作场所内抽烟、喝酒、吃东西、追逐嬉闹以及做其他与工作无关的事情,有事需要离开工作场所时,需要得到上级的同意。

(5)拾到客人遗失的物品,必须及时报告上级处理。

(6)服从上级的工作安排,如发现物品损坏或出现故障要及时进行报修处理。

(7)不准私自带他人进入工作地点,不得私自将酒店的物品带出酒店或赠予他人。

(8)工作用具在使用前后必须清理干净、摆放整齐,工作地点不得摆放与工作无关的物品。工具用完后,必须放回原处。

(9)工作认真、负责,力求做到准确无误地完成工作,如果遇到疑难问题要及时报告上级,请示该如何处理。因责任心不强、不按服务规范操作而造成的人为失误,当事人要受到相应的经济处罚。

(10)按规定进行交接班。如因违反规定造成损失的,当事人要受到经济处罚。

(11)下班前要按消防制度检查好水、电、蒸汽、门窗,看是否已经关好,做好防火、防盗等安全工作。

二、游泳池卫生管理制度

(1)游泳池的环境要美观、舒适、典雅、整洁。

(2)游泳池门口设营业时间、客人须知、价格表等标志牌。

(3)标志牌应设计美观,要有中英文对照,字迹要清楚。

(4)室内游泳池、休息区、配套设施的整体布局要合理协调,空气新鲜,通风良好,光照充足。

(5)保证游泳池室内的标准换气量、自然光率、室内温度、水温和室内相对湿度等。

(6)休息区的躺椅、座椅、餐桌的摆放要整齐,大型盆栽盆景美观干净。

(7)顶层玻璃与墙面要干净、整洁,地面无积水,休息区地面、躺椅、餐桌座椅、用具等无尘土、污迹和废弃物,无卫生死角。

(8)更衣室、淋浴室、卫生间的天花板要光洁明亮,墙面、地面整洁,无灰尘蛛网,地面干燥,卫生间无异味。

(9)所有金属器具要光亮,镜面光洁。

(10)更衣柜内无尘土、垃圾、脏物等。

(11)游泳池的水质清澈透明,无污物、毛发,池水定期消毒,并定期进行更换。

(12)饮用水清洁卫生,符合国家卫生标准。

三、游泳池管理制度

(1)人员管理。游泳池的人员管理要采取专兼职相结合的办法,首先要确定专职人员的工作安排,其次,在安排的专兼职人员中要男女均有,以方便处理偶发性的事故。

(2)时间管理。科学地安排游泳池的开放时间,满足各类人员的游泳需求,避免拥挤。开放时间要相对稳定,由于季节或其他情况需要调整时要事先做好通知。

(3)设备管理。游泳池的设备要随时进行维护保养,保证安全、好用。

(4)服务管理。游泳池的服务管理重点是开放前的准备工作的管理。管理员在游泳池开放前要检查的主要内容有:地面、四壁、池塘是否干净;上下水是否畅通,水温是否适宜等。在达到规定标准后,才能开池接待游泳者。在开池后,服务人员要到池边巡视,解决所出现的问题。

四、健身房服务管理制度

1. 岗前准备工作

（1）上岗前应先做自我检查，以做到仪容仪表端庄、整洁，符合酒店饭店要求；

（2）检查各种健身器械是否完好，锁扣和传动装置是否安全可靠；

（3）精神饱满地做好迎接客人的准备。

2. 迎接客人

（1）面带微笑，主动迎候客人，并请客人在场地使用登记表上签字；

（2）向客人发放钥匙和毛巾，将客人引领到更衣室。

3. 健身服务

（1）客人更衣完毕后，服务人员要主动迎候，征询客人意见，并向客人介绍各种健身项目，主动讲清要领并做示范；

（2）细心观察场内的情况，及时提醒客人应该注意的事项，当客人变更运动姿势或加大运动量时，服务人员应先帮助客人检查锁扣是否已插牢，必要时要为客人换挡；

（3）对不熟悉器械的客人，服务人员要热诚服务、耐心指导，必要时要亲自示范；

（4）如客人需要，在其运动时可播放符合其节奏的音乐，运动间隙时，服务人员要主动递上毛巾，并为其提供饮料服务；

（5）如客人希望做长期、连续的健身运动，服务人员应按照客人的要求为其制定健身计划，并为客人做好每次健身记录；

（6）当客人示意结账时，服务人员要主动上前将账单递送给客人；

（7）如客人要求挂账时，服务人员要请客人出示房卡并与前台收银处联系，待确认后要请客人签字并认真核对客人的笔迹，如未获前台收银处同意或认定笔迹不一致，则请客人以现金结算；

（8）客人离开时服务人员要主动提醒客人不要忘记随身物品，并帮助客人穿戴好衣帽。

4. 送别客人

（1）送客人至门口并礼貌地向客人道别；

（2）及时清扫场地并整理物品；

（3）将客人使用过的毛巾送洗衣房放人消毒箱消毒，更换新毛巾并做好再次迎接客人的准备。

五、健身房卫生清洁管理制度

（1）服务台及接待室：服务台台面要擦拭干净，服务台内的物品要摆放整齐，地面要用拖布擦拭，墙面除尘，沙发、茶几清理、擦拭干净。

（2）更衣室：地毯需用吸尘器吸尘，更衣柜用抹布擦拭，然后喷洒消毒剂，更衣坐凳每天用消毒药液擦拭消毒，拖鞋每天用药液浸泡消毒。

（3）健身室：地毯要用吸尘器吸尘，墙面除尘，器械用抹布擦拭，器械与身体频繁接触的部分(如手柄、卧推台面等),每天要用消毒药液擦拭。

(4)淋浴室:每天冲洗并消毒,将淋浴器的手柄擦拭干净。

(5)卫生间:每天冲洗地面、墙面、坐便器,然后用消毒药液擦拭消毒,镜面、坐便器盖、水箱手柄、洗手池手柄等都要用干抹布擦拭干净。

(6)休息室:地面要吸尘,墙壁除尘,沙发吸尘,电视柜、电视机、茶几要用干抹布擦拭,清洗烟缸,随时清除垃圾桶内的垃圾。

六、台球室服务管理制度

(1)热情、礼貌地向客人打招呼,并询问客人是否有什么要求。

(2)请客人出示会员卡或房间的钥匙。

(3)请客人在登记本上签字。

(4)检查客人的住房登记,看房间号码是否与客人的情况相符。

(5)问清客人是否有预订,向有预订的客人介绍台球室的设施、收费标准以及为客人提供的服务项目。

(6)对于无预订的客人,如果场地已经占满,应该礼貌地告知客人最好要提前预约,以免与其他客人在时间上发生冲突。

(7)如果客人需要陪练人员或教练,则要做出相应安排。

(8)弄清结算的方式,并在台球登记本上记清开始与结束的时间,然后让服务人员带领客人去台球场。

(9)台球场要准备好急救药箱药品,配备氧气袋和急救器材,以便客人不适或发生意外,能够及时采取急救措施。

(10)到结束时服务人员应礼貌地征求客人的意见,问是否需延长使用场地的时间,如客人拒绝,则要最后检查有无遗失物品,客人是否已经将球杆和球归还。

七、美容师服务管理制度

(1)美容师在接到通知后,要做好准备工作,立即对设备和卫生做全面检查。

(2)打开指定房间的紫外线杀菌箱,对美容工具进行消毒;打开电子瓦煲加热棉花;打开蒸汽机和热蜡炉;更换新床单;将美容袍摆在美容椅上。

(3)接待人员和美容师在门口迎接客人,待客人进房后,送上咖啡或茶水,为客人更衣。

(4)美容师在工作中主动介绍护肤程序,注意征求客人意见,尊重客人的感觉。

(5)工作完毕后礼貌送客。

八、美容美发服务管理制度

1. 岗前准备工作

(1)上岗前应先做自我检查,做到仪容仪表端庄整洁,符合酒店饭店要求;

（2）将各种用具准备齐全,保证各种设备完好有效,室内要整洁干净;

（3）精神饱满地做好迎客准备。

2. 迎接客人

（1）面带笑容,主动问候客人;

（2）如客人需要脱衣摘帽,服务人员要主动为客人服务,并将客人的衣帽挂在衣架上。

3. 服务

（1）美容师应先清洗自己的双手,并用酒精棉球消毒;

（2）替客人围好围巾,并准备好各种用具;

（3）开启机器,用喷雾清洁霜清洗客人的脸部;

（4）用大、中、小刷子为客人进行脸部打圈,然后用海绵轻轻擦去;

（5）用大、中、小吸管吸去毛孔中的污垢;

（6）擦上按摩油按摩,之后擦去;

（7）喷上爽肤水,用纱布盖住脸部;

（8）根据客人皮肤的特点涂上相应的面膜,拿棉球盖住客人的眼睛,请客人稍微休息;

（9）约20分钟后,为客人擦去面膜,涂上爽肤水,再用营养霜进行按摩;

（10）用电热棒先热后冷进行皮肤收缩处理;

（11）当客人示意要结账时,服务人员要主动上前将账单递送给客人;

（12）如客人要求挂账,服务人员要请客人出示房卡并与前台收银处联系,待确认后要请客人签字并认真核对客人的笔迹,如未获前台收银处同意或认定笔迹不一致,则请客人用现金结算;

（13）客人离开时要主动提醒客人不要忘记随身物品,并帮助客人穿戴好衣帽。

4. 送别客人

（1）送客人至门口并礼貌地向客人道别;

（2）及时清理场地并整理物品;

（3）将使用过的毛巾送洗衣房放入消毒箱消毒,并更换新毛巾做好再次迎接客人的准备。

九、游艺室服务管理制度

1. 岗前准备工作

（1）上岗前先做自我检查,仪容仪表端庄、整洁,符合要求;

（2）开窗或打开换气扇通风,清洁室内的环境及设备;

（3）检查客人用品,发现破损及时更换;

（4）补齐各类营业用品与服务用品,整理好营业所需的桌椅;

（5）查阅值班日志,了解客人的预订情况和其他需要继续完成的工作;

（6）再检查一次服务工作的准备情况,服务人员要处于规定工作位置,做好迎客准备。

2. 迎接客人

服务人员要面带微笑,主动问候客人,如客人需要脱衣摘帽,服务人员要主动为客人服务,并将其衣帽挂在衣架上。

3. 室内服务

(1)为客人办好相应的手续,并让客人自由选择机位;

(2)根据客人活动单上的服务要求,为客人提供相应的饮品服务;

(3)客人在娱乐时,服务人员应站在指定的位置上,随时听候客人的吩咐,并主动征询客人的意见,及时提供面巾、饮品等服务;

(4)当客人示意结账时,服务人员要主动上前将账单递送给客人;

(5)如果客人要求挂账,服务人员要请客人出示房卡并与前台收银处联系,待确认后请客人签字并认真核对客人笔迹,如未获前台收银处同意或认定笔迹不一致,则请客人以现金结算;

(6)客人离开时要主动提醒客人不要忘记随身物品,并帮助客人穿戴好衣帽。

4. 送别客人

(1)服务人员将客人送至门口,并向客人道别;

(2)迅速清洁桌面,整理好桌椅,并准备迎接下一批客人。

十、游艺室卫生清洁管理制度

(1)室内环境卫生:每天营业前要用拖布擦地面,营业中随时清扫地面。每周进行一次墙面除尘,每月进行一次天花板及其他角落的除尘,每天营业前要将门、窗擦干净。

(2)售币服务台卫生:每天要清理、擦拭服务台面,将服务台抽屉内的物品摆放整齐,将服务台下面清理干净。

(3)游艺机设备卫生:每天将游艺机的外表擦拭干净,框体式游艺机的屏幕要用除静电液进行擦拭,游艺机的手柄应该每天用消毒药液进行擦拭,凳子用抹布擦拭,烟灰缸要冲洗干净。

(4)麻将室的卫生:地面、墙面要进行清扫并吸尘,麻将台面及椅面要吸尘,烟灰缸要冲洗干净,麻将牌要每天擦拭并消毒。自动麻将机除要进行台面吸尘外,还应该对机器内部进行吸尘。

十一、散客结账服务管理制度

1. 检查

(1)看清账单的桌号、人数、单价、会员卡的情况;

(2)查看退酒单、招待单和酒费单是否齐全,是否填妥。

2. 结账

(1)消费结账单、三联单、酒费单、退酒单、招待单、节数单等依顺序订在一起后,再认真核对一次;

(2)为争取结账时效,账单上的三联号单可用铅笔小计;

(3)已结账的账单放于一个固定位置,以免重复计算;

(4)检查消费结账单、客户签账单上是否有经理的签名。

3. 信用卡

(1)签卡前先辨别信用卡的真伪;

(2)熟悉刷卡的动作、程序,以提高工作效率;

(3)客人签名处要确实检查一遍,确保准确无误。

4. 支票

(1)收取支票时应注意:

◎公司的名称、地址、统一编号是否相符;

◎支票的品名、金额是否正确;

◎支票更改处是否有公司的公章、财务章;

◎是否为跨月的支票,其税额是否可扣抵。

(2)开立支票时应注意:

◎是否为二联式或三联式;

◎填写要分个人与公司两种;

◎一律要用大写文字书写金额,更改处必须盖公司公章及财务章。

十二、客人纠纷处理制度

(1)服务人员如果发现客人之间发生纠纷,应立即上报主管,并坚守岗位,维护现场;

(2)主管接到通知后应立即到达现场,视情况果断做出决策,并向大堂副经理、保安部或上级经理报告;

(3)协调解决、控制事态,做好客人的安全与疏导工作;

(4)协助保安员或执法人员,尽快控制局面,维持正常营业。

十三、客人发生意外时的管理制度

1. 安抚并检查客人受伤程度

(1)发现客人受到意外伤害后,主管经理应立即帮助服务人员将受伤客人移至安全位置;

(2)向客人表示歉意,查验客人的伤势,并尽量安抚客人;

(3)如情况紧急,服务人员应利用自己所掌握的急救知识立即对客人进行抢救。

2. 通知医务室和领班,并维护现场秩序

(1)将客人受伤的经过和伤势情况迅速通知医务室和领班;

(2)征询客人的意见或视当时的具体情况,决定是否要将客人送到医院进行治疗;

(3)维护现场的秩序,避免其他无关人员围观;

(4)如果需要将客人送往医院,需通知大堂经理到场,并由大堂经理组织人员护送客人并安排人员留守。

3. 记录事故的经过

将事故发生的经过和处理结果详细记录在值班日志上,以备日后核查。

第三节　康乐部常用管理表格

一、健身房服务质量检查表

检 查 项 目	最高得分	评 定 情 况			
		合 格	个别不足	基本合格	不合格
1. 健身器材与设备	9				
（1）健身器材数量	3				
（2）健身器材配套情况	3				
（3）器材完好率	3				
2. 环境质量	18				
（1）门外环境与标牌	3				
（2）健身器材摆放	3				
（3）光线、照明	3				
（4）温度、湿度	3				
（5）空气新鲜度	3				
（6）室内绿化	3				
3. 卫生标准	18				
（1）天花板与墙面	3				
（2）地面与门窗	4				
（3）健身器材	3				
（4）淋浴间	4				
（5）洗手间	4				
4. 健身服务	20				
（1）迎接问候	3				
（2）服务程序	4				
（3）熟知常客与俱乐部会员	3				
（4）着装、礼貌用语	3				
（5）健身指导与个性服务	4				
（6）服务规范	3				
5. 安全服务	8				
（1）注意安全,意外情况处理及时	4				
（2）无安全责任事故	4				

二、游泳池服务质量检查表

检 查 项 目	最高得分	评 定 情 况			
		合 格	个别不足	基本合格	不合格
1. 游泳池设施	19				
（1）设施的舒适美观程度	3				
（2）顶棚与墙面装修效果	3				
（3）泳池内设备齐全、先进程度	3				
（4）泳区水深	3				
（5）躺椅、餐桌与绿色植物美观舒适程度	3				
（6）设备完好率	4				
2. 配套设施	19				
（1）更衣室及配套设备齐全程度	3				
（2）淋浴室及配套设备齐全完好程度	3				
（3）卫生间及配套设备齐全完好程度	3				
（4）喷淋及浸脚消毒池完好程度	3				
（5）吧台及配套设备齐全完好程度	3				
（6）其他相关设施设备完好率	4				
3. 游泳池环境	16				
（1）门前环境清洁舒适程度	3				
（2）泳池周围环境美观程度	3				
（3）空气流通与采光达标程度	3				
（4）室温、水温达标程度	4				
（5）休息区绿化美化效果	3				
4. 游泳池卫生	37				
（1）墙面与玻璃	3				
（2）地面与池壁	4				
（3）池水清澈透明度	4				
（4）池水氯含量与 PH 值是否达标	3				
（5）池水细菌数量达标情况	3				
（6）更衣室卫生情况	4				

三、台球服务质量检查表

检　查　项　目	最高得分	合　　格	个别不足	基本合格	不合格
1. 设施设备	13				
（1）台球室设计是否合理	3				
（2）器材齐全程度	3				
（3）通风、照明设备齐全完好	3				
（4）设施设备完好率	4				
2. 环境质量	12				
（1）门前环境与标牌设计是否美观	3				
（2）室内布局合理、装修典雅	3				
（3）空调、通风、照明达标	3				
（4）整体环境与效果	3				
3. 卫生标准	15				
（1）墙面、天花板	3				
（2）门窗、地面	3				
（3）球台卫生	3				
（4）服务台卫生	3				
（5）VIP室卫生	3				
4. 服务员基本素养	13				
（1）工作内容与工作程序	4				
（2）服务态度与礼貌语言	3				
（3）着装、仪表	3				
（4）台球运动知识与裁判知识	3				
5. 球场服务	16				
（1）迎接引导与球台安排热情	3				
（2）主动照顾等候客人	3				
（3）站位服务与巡视服务符合规范	4				
（4）陪练服务恰到好处	3				
（5）相关服务主动及时	3				

四、高尔夫球服务质量检查表

检 查 项 目	最高得分	评 定 情 况			
		合 格	个别不足	基本合格	不合格
1. 设施设备	22				
(1)发球区是否符合要求	4				
(2)模拟计算机显示部分是否准确	4				
(3)洞穴的球道是否平整	4				
(4)球杆和球是否符合国际标准	4				
(5)灯光照明是否符合标准	3				
(6)相关配套设施是否齐全	3				
2. 环境质量	18				
(1)球场绿地是否符合标准	6				
(2)模拟高尔夫装修情况	6				
(3)环境噪声控制情况	6				
3. 卫生质量	18				
(1)球场有无废弃物	6				
(2)座椅、茶几的整洁程度	6				
(3)球体、球杆的卫生状况	6				
4. 服务员基本素养	20				
(1)着装、仪表	5				
(2)语言礼貌	5				
(3)是否熟悉工作内容和服务程序	5				
(4)打球技能和裁判水平	5				
5. 服务	22				
(1)迎接是否主动热情	4				
(2)提供服务用品准确、迅速	4				
(3)现场服务是否周到、细致	4				
(4)陪练和示范情况	4				
(5)相关服务快速、及时	3				
(6)及时提示客人,主动预防事故	3				

五、网球服务质量检查表

检　查　项　目	最高 得分	评　定　情　况			
		合　格	个别不足	基本合格	不合格
1. 设施设备	12				
（1）球场是否达到国际标准	3				
（2）灯光照明设备情况	3				
（3）球拍和球的质量情况	3				
（4）配套设施是否齐全	3				
2. 卫生质量	15				
（1）球场清洁卫生情况	3				
（2）看台和休息区清洁卫生情况	3				
（3）更衣室清洁卫生情况	3				
（4）淋浴间和洗手间卫生情况	3				
（5）会客室卫生情况	3				
3. 服务员基本素养	13				
（1）着装、仪表	3				
（2）礼貌语言	3				
（3）工作内容和服务程序的熟悉程度	4				
（4）打球技能和裁判水平	3				
4. 服务	18				
（1）迎接问候	3				
（2）提供相关用品时的规范	3				
（3）服务主动及时	3				
（4）陪练服务技术运用与效果	3				
（5）秩序维护情况	3				
（6）贵宾会客厅的服务情况	3				
5. 安全服务	9				
（1）器材完好情况	3				
（2）意外情况处理情况	3				
（3）主动预防事故，及时提示客人	3				

六、桑拿浴服务质量检查评分表

检 查 项 目	最高得分	评 定 情 况			
		合 格	个别不足	基本合格	不合格
1. 桑拿设备	13				
(1)干式桑拿、湿式桑拿是否齐全	3				
(2)设备的齐全完好情况	3				
(3)冷、热双温水,按摩池齐全	3				
(4)设备完好率是否达标	4				
2. 环境质量	12				
(1)门前环境是否美观	3				
(2)内部布局是否合理	3				
(3)温度、湿度是否符合要求	3				
(4)通风、照明是否达标	3				
3. 接待准备	12				
(1)着装、仪容大方	3				
(2)服务用品准备情况	3				
(3)设备检查与温度调试情况	3				
(4)相关设备预热情况	3				
4. 接待及服务	16				
(1)迎接问候是否主动热情	3				
(2)语言礼貌情况	3				
(3)浴室更衣柜安排准确、及时	3				
(4)用品供应及时	3				
(5)巡视服务主动、及时	4				
5. 卫生标准	11				
(1)天花板、墙面卫生情况	3				
(2)地面、门、窗卫生情况	4				
(3)设备卫生情况	4				
6. 安全服务	10				
(1)安全预防措施落实情况	3				
(2)安全用品配备情况	3				
(3)异常情况及时妥善处理	4				

七、美容美发厅服务质量检查表

检　查　项　目	最高得分	评　定　情　况			
		合　格	个别不足	基本合格	不合格
1. 设备设施	19				
（1）室内设计装修情况	3				
（2）美发椅和美容椅是否齐全、先进	3				
（3）美发和美容器械的先进程度	3				
（4）休息等候处的舒适程度	3				
（5）相关配套设施情况	3				
（6）设备完好率是否达标	4				
2. 卫生质量	12				
（1）天花板、墙面卫生情况	3				
（2）地面、台面、设备表面清洁情况	3				
（3）用具用品是否已消毒	3				
（4）整体卫生情况	3				
3. 服务人员基本素养	14				
（1）工作内容与服务程序的掌握情况	3				
（2）专业知识掌握程度	3				
（3）操作水平与实际经验	4				
（4）规范服务、礼貌待客情况	4				
4. 预约服务	9				
（1）接听记录是否准确、及时	3				
（2）预约安排是否准确、合理	3				
（3）差错率情况	3				
5. 现场服务	19				
（1）迎接服务与引导服务是否及时、热情	3				
（2）照顾客人是否周到	3				
（3）满足客人要求的情况	3				
（4）专业服务操作的规范性	5				
（5）技术发挥情况	5				

八、游艺室服务质量检查表

检 查 项 目	最高得分	评 定 情 况			
		合 格	个别不足	基本合格	不合格
1. 设施设备	16				
(1)游艺设备配置的合理性	3				
(2)游艺设备的新颖性	3				
(3)游艺室装修情况	3				
(4)棋牌用品的齐全程度	3				
(5)设备完好率是否达标	4				
2. 环境质量	12				
(1)门前环境情况	3				
(2)室内环境情况	3				
(3)温度、湿度是否符合标准	3				
(4)整体环境效果	3				
3. 卫生质量	9				
(1)天花板、墙面卫生情况	3				
(2)游艺机台面卫生情况	3				
(3)奖品、服务台整洁程度	3				
4. 服务员基本素养	14				
(1)对游艺室工作内容和服务程序的熟悉	4				
(2)对游艺机使用方法的掌握程度	3				
(3)排除简单故障的能力	3				
(4)服务规范和礼貌用语掌握情况	4				
5. 服务情况	19				
(1)迎送服务的规范性	4				
(2)服务态度亲切和蔼	4				
(3)解答问题耐心、细致	4				
(4)奖品提供是否准确、快捷	3				
(5)排除故障是否主动、迅速	4				

九、康乐部营业情况统计表

日 期	项 目	客人姓名	房 号	房 价	进店时间	离店时间	服务人员	备 注

十、康乐部酒水消耗情况记录表

日　期	项　　目	标　准	存　货	领　用	售　出	盘　存	备　注

十一、客人沐浴项目登记表

日　期	客人姓名	服务项目	数　量	单　价	更衣柜	服务人员	备　注

十二、酒品销售日报表

部　门：　　　　　　　　　　　　　　　　　　　　　　　　　　　　　　　　　月　日

代　号	酒　名	数　量						销售金额		成本金额	
		上日结存	本日领进	合计	本日用品售出消耗	用量小计	本日结存	单价	合计	单价	合计
鸡尾酒售出量											

销售成本	金　额		备　注	
	百分比			
填表人			部门经理	

十三、酒水提取表

部门：   日　期：

编　号	酒水名称	数　量	已发出	成　本		预算卖价	
				每单位金额	总　额	每单位余额	总　额
合　计							

收　货：   发　货：   批　准：   填表人：

十四、KTV 房监督记录表

管理人员进出时间				
姓　名	进房时间	出房时间	签　名	备　注
监督部门人员				

十五、康乐部酒吧饮品总账记录表

月　份：

品种\数量\日期						
1						
2						
3						
4						
5						
总　数						
单　价						
金　额						

十六、康乐部酒水清算表

日 期：

序号\种类										
上 存										
加 入										
消 去										
存 入										

十七、康乐部客账通知表

客户姓名			房 号		
消费项目		收费标准	数 量		金 额
合计金额			服务人员		

十八、康乐部采购验收表

日 期	品 名	订购数量	规格符合		单 位	实收数量	单 价	总 价
			是	否				

是否分批交货 □是 □否	会计 科目		厂商 供应		合 计	
检 查	抽样 %不良	验收结果	检主查管		检查员	
	全数 个不良					
总经理		成本合计		仓 库		采 购
主管	核算	主管	收料	主管		制表

第五篇

现代酒店商场部管理

第15章 酒店商场部管理概论

第一节 酒店商场部概述

一、酒店商场部的主要任务

1. 商品价值的实现

商场部的基本职能是商品的销售,即组织商品从生产领域到消费领域的流通,从而实现商品价值。具体包括产品采购、产品库存管理、产品销售。

2. 满足客人的需求

来酒店消费的客人一般都有购物的需求,通常他们会买一些自己喜欢的传统手工艺品、特色商品作为纪念品或馈赠亲友的礼品,或购买一些生活日用品。酒店商场部不仅满足了客人对特色产品的消费需求,同时,为客人购物提供了便利,省去了住客外出购物的麻烦,节约了时间。

3. 创造利润

商场部通过商品的销售活动,可以开拓酒店经营活动的新领域。事实上,客房住宿、餐饮销售、商品销售同是酒店经营活动的三大经济支柱,有的商场收入甚至能占到酒店收入的20%～50%。因此,商场部给酒店创造的经济效益是不可低估的。

4. 宣传推广作用

商场部销售服务是酒店向客人提供优质、便利服务的一个必不可少的组成部分。商场零售服务可以解决住客的急需日用品和提供所需要的旅游纪念品、旅游商品和商业服务。服务功能的增多,若加上高质量的服务,有助于扩大酒店的影响,提高酒店声誉,这是开拓市场不可忽视的有力的宣传工具。

二、商场部设备管理

1. 商场大小

商场的大小应该与酒店的客房接待能力相适应。与每百间标准客房相对应的商场面积应该不少于100平方米。客人活动面积和商品摆放面积的比例保持在1:1左右。商场的大小与内部面积的分配要合理,能够适应商品销售和客人购物需要。

2. 地面与墙面

商场部的墙面要贴上高级墙纸或喷上高档涂料,耐用、防污、防磨损,不易破旧,色彩、图案要保证美观舒适,容易进行翻新与保洁。在墙上的适当位置应设有壁画,以作为装饰。紧靠墙的商品货架摆放要整齐、美观。地面装修要采用大理石或水磨石,光洁明亮,耐用耐磨。整个墙面和地面的装潢要做到协调,美观、舒适。

3. 门窗

商场应该选用一些由耐磨、抗裂、防震、防擦伤材料制成的门窗,并要经过阻燃处理。门面要光洁、美观,色彩柔和,开启方便,手感轻松,防盗锁的安全系数要特别高。窗户玻璃宽大,自然采光条件良好。有装饰窗帘,遮阳保温。

4. 照明设备

商场部的天花板要选用耐用、防污、吸音性材料,外观上要光洁、明亮、柔和,无裂痕、起皮现象。天花板要配有高档次的吊灯、顶灯,在适当的位置还要安装壁灯、投射灯。灯具造型要美观、大方。

5. 空调与安全设备

商场部的制冷一般采用中央空调或大功能分离式空调,空调的安装位置要合理。商场内部的温度根据需要可以自由调节。暖气设备的安装要隐蔽,暖气罩要美观、舒适,商场室内通风要良好,空气清新。天花有烟雾感应装置与自动喷水灭火系统,在过道或合适位置要有消防装置与灭火器,以备紧急之需。

6. 售货设备

商场部营业厅的货架要齐全,数量要充足,设计美观,坚固耐用,摆放合理。商品陈列要做到整齐、美观。商场收银台的设计美观、位置合理。收款机、信用卡刷卡机与收款设备齐全、完好。商场门口或适当位置要设有橱窗,应该选用耐用、防污性的材料,设计要美观、坚固,安装位置合理。

7. 室内布局

商场部营业厅的室内环境要适宜,整体布局要合理,空间利用要适当,商品的陈列与摆放合理,大方典雅,使客人感到很舒适。

8. 营业厅室内装修

商场营业厅的室内装饰要与商品前厅、货架、橱窗的商品陈列相协调。天花板的装饰简洁明快。灯具要美观舒适。墙面应该庄重大方,色彩要适宜。整个商场营业厅的室内装饰要典雅大方,要与酒店的标准相适应。

第二节　酒店商场部卫生管理与商品种类管理

一、商品部的卫生管理标准

1. 场地卫生

商场卫生每日彻底清扫一次。售货场所客人活动地区设卫生人员,随时流动清扫。地面整洁、光亮,无废纸、杂物、垃圾。边角无卫生死角。天花板、墙面无蛛网灰尘,无掉皮和污渍。玻璃、门窗光洁明亮,无污点、印迹。

2. 设备卫生

商品前厅、货架、橱窗、收款台及其设备每日擦拭,表面光洁明亮,无灰尘和污渍。计量器具每日擦拭,光洁明亮,无污渍,度量准确。

3. 商品卫生

商品前厅、货架、橱窗内各种商品每日除尘。不同性质的商品分区摆放,不同种类的商品分类陈列。商品表面始终保持清洁卫生,无灰尘、积土。商品货价标签面对顾客,字迹清楚,表面清洁无污渍。食品采用防尘措施,包装物采用消毒食品袋。各种商品无过期、变质、变味、互相串味等现象发生。

4. 员工卫生

男售货员不留长发、大鬓角,女售货员化淡妆,不留长指甲,发型美观大方。平时勤洗澡、洗头,身上无异味。上岗前不食异味食品,员工每半年体检一次,持健康证上岗。患有传染性疾病的员工不得上岗服务。

5. 操作卫生

商场服务员上岗前洗手。正式售货前整理好个人卫生和各种台秤、计算器、前厅、包装物卫生。食品前厅、水果前厅服务员售货不用手拿取食品,坚持使用托盘、夹子或售货小铲。服务过程中不挠头、摸脸。咳嗽、打喷嚏用手捂口。包装物坚持采用清洁消毒物品,整个服务过程坚持卫生操作规程,无违章作业现象发生。

二、商品品种管理

1. 商品种类

商场经营旅游纪念品、工艺美术品、文物与复仿制品、服装百货、土特产品、中成药品等。种类不少于五大类。能够适应客人多层次、多方面、多类型的消费需求。

2. 商品花色

商场经营的各类商品花色品种比较齐全。各类商品档次结构比较合理,规格、型号配套,便于客人选择。商品花色品种随客源市场供求关系和季节变化而调整,能够随时满足客人的购物需求。

3. 商品结构

商场经营的各种商品档次结构基本合理。进口商品、国产商品、名优产品、日用百货等各类商品互相搭配。商品档次结构与酒店星级标准和客源档次相适应。

在以中高档为主的基础上,名优产品占商品种类的30%左右,高档商品占25%左右,中档占40%左右,档次较低的占20%。

4. 商品质量

商场经营的各种商品进货渠道正当。商品产地、厂家、商标符合国家规定,清楚明确。各种商品均有出厂检验合格证明。无假冒伪劣商品,无残缺、破损、过期、变质变味的商品在前厅销售。商品价格与商品质量相适应。没有以次充好、以假乱真、欺骗顾客的现象发生。客人对商品质量有信任感、满意感。

第三节　酒店商场部销售服务概述

一、服务准备阶段

1. 班前准备

商场部的售货人员要提前换好工作服,并整理好个人的卫生、仪容仪表,做好交接班的准备工作。

2. 货品准备

在商场正式营业前,要仔细、认真地检查营业厅商品的陈列。将杂乱的商品整理好,并按规定位置摆放整齐,商标的价格标签的张贴位置要合理。对于需要补充的货品,及时请示上级提前开好上货单,品种、数量适当,拆包、分件、挑选、上货的操作程序要规范,要按规定标准摆放在商品前厅或货架上,在这一阶段要做到上货补充准确、及时,手续规范,商品摆放整齐美观,符合规定的标准,商标价签要齐全,面向顾客的视线,商品数量要充足,结构合理。各种商品陈列要以方便客人挑选为前提。

3. 相关设备的准备

在商场正式营业前准备好相关的台秤、量具、包装用品、找零现金等物品与设备。台秤、量具经过检查要确保计量准确,清洁卫生。包装用品的数量要做到与所销售的商品相适应,食品的包装物要符合卫生标准。找零现金要符合酒店财务规范。各种用品的摆放要整齐,取用要方便。

4. 卫生准备

在正式营业前,要清除营业场所内的废纸与杂物,擦拭商品货架,清洁地面、墙面和工作台面的卫生,擦拭商品表面上的灰尘,以做到整个营业场所的清洁卫生、整齐美观、舒适宜人,为顾客提供一个良好的购物环境。

二、商品销售服务阶段

1. 销售人员

销售人员要具有丰富的商品知识,清楚商品用途,着销售人员岗位服装上岗,着装整洁,仪表端庄,态度热情。明确商场各类商品分区设置、经营品种和商品陈列。熟悉销售服务工作内容、工作程序;礼节礼貌、服务语言运用规范、得体;坚持站立服务、微笑服务;与售货人员配合密切;善于引导、疏导客人;使客人感到亲切、舒适。

2. 销售服务

客人来到商场门口,面带微笑,亲切迎接。大方、自然地引导客人进入商场观看选择商品。对于常客、贵宾能称呼姓名,照顾周到。当客人购买商品离开商场时,要主动表示祝贺,告别客人,欢迎再次光临。客人询问有关商品种类、质量、价格、商标等,回答主动、准确,有问必答。

3. 沟通协调

销售人员要时刻注意商场客人购物动态和商品安全,与收银人员和保安人员要配合密切。堆存商品、货架商品紊乱,随时协助整理,发现可疑现象或极个别不法人员进入商场,警惕性要高。遇有特殊情况不法分子作案,通知保安部人员及时、妥善处理。

4. 照顾客人

当一些老弱、儿童或行动不便的客人进商场,照顾主动、热情、细致。客人购买大件商品或较多商品时,要主动帮助、照顾客人。

三、柜台销售服务阶段

1. 销售人员

销售人员要具有较丰富的商品知识,熟悉商场的经营范围、商品结构与花色品种,熟知商品服务工作内容、销售程序和推销方法。了解重要商品或名优产品的生产厂家、商品特点、质量、价格、用途及使用方法等,能够针对客人的不同需求有针对性地进行推销与介绍,扩大商品销售。

2. 接待服务

客人走向商场营业厅,销售人员要面带微笑,主动问好,热情迎接客人,态度要和蔼,语言亲切、规范。销售人员要善于分析客人的心理,并主动向客人介绍商品,回答客人询问耐心、周到。

3. 推介商品

当客人欲购买或挑选、观看某种商品时,销售人员要及时拿取、展示商品,轻拿轻放,动作规范。一边展示,一边向客人介绍商品。展示商品时要做到耐心细致,仔细地介绍商品的性能、特点、价格、品牌与使用方法等,要做到实事求是。客人挑选商品,要做到百拿不厌。客人询问商品,有问必答。

4. 检查商品

对需要检查质量的商品,当场进行检验,试调试用,操作要准确熟练。对需要试用的商品,要针对客人的独特需求,正确选择规格、尺寸和型号。试穿试用场所舒适。要为客人当好参谋,客人满意后再办理相应的出售手续。

5. 成交

在客人购买商品后,要为客人做好包装,收款交货时,要向客人表示感谢与祝贺。客人离开,要主动告别,并欢迎客人再次光临。对没有购买商品的客人,同样要热情礼貌,主动告别,给客人留下一个良好的印象。

6. 退换货

客人购买商品后,如果因规格、型号、质量等原因要求退换商品时,除食品、卫生用品等特殊商品外,只要商品无损坏,就要尽量满足客人的要求,尽快帮助客人进行退货或换货。在客人退换货的过程中,相关的服务人员同样应该做到热情周到,并代表商场客人表示歉意。

酒店商场部规范化管理制度与表格

第一节　酒店商场部各岗位职责与工作规范

一、商场部经理岗位职责

(1)确定商场部的总体经营目标与发展方向,编制年度购销计划,经常组织研究分析销售情况,主动掌握市场行情和客人需求情况,使商品既有特色,又适销对路。

(2)编制预算,加强商品和资金的管理,掌握进货、储藏、销售动态和数量,避免商品积压。

(3)熟悉商品的营销渠道和业务环节,督导商场布局和橱窗布置,使商场环境有艺术性和吸引力,符合酒店格调。

(4)安排车辆,布置采购任务,扩大采购渠道。

(5)严格执行商品供应的各项政策和规定。

(6)收集并掌握顾客对销售工作的意见与要求,发现经营管理中存在的问题,要及时改进。

(7)督促指导下级管理人员的工作,提高商场经营管理水平和服务质量。

(8)负责签订商场部与供货单位的代销合同,加强与供货单位的日常联系,定期拜访主要供货单位。

(9)经常督促检查本部门"四防"(防火、防盗、防霉变、防中毒)工作,协同保安部保证商场及仓库安全。

(10)关心员工的个人思想、生活和业务水平的提高,调动员工积极性,保证编制年度购销计划和各项经济指标的完成。

(11)负责商场部员工培训、考核、检查、评估工作,注意推荐和提拔优秀的员工。

(12)查阅下属的工作日记,并完成上级交办的其他任务。

二、商场部副经理岗位职责

(1)贯彻执行商场部各项经营管理制度,协助经理完成商场部的营业预算工作。

(2)负责检查并落实销售任务,指导督促主管、班组长的工作,确保营业指标的完成。

(3)掌握相关商品的进、销、调、存动态,提出销售商品的意见,与业务员制订好商品的存货计划,做好商品补充工作。

(4)做好商场的经营管理、财产管理。做好柜台的原始凭证、账务管理及盘点工作。

（5）督促指导员工礼貌待客，优质服务，处理好客际关系，解决客人投诉。

（6）协调营业班组、保管员和业务员之间的合作关系。

（7）完成经理临时布置的其他工作。

三、商场部领班岗位职责

（1）检查相关工作人员的仪容仪表，督促柜员搞好卫生、商品陈列、摆设等。

（2）不徇私情，关心员工，对好人好事要及时进行表扬和登记；对违反规章制度的员工及时指正。

（3）严格执行财经制度。商品标价要准确，保证商品不出任何差错。

（4）教育员工要爱护酒店的财产，爱护一切公物。对所有的商品都要保管好，经常进行检查，做好防潮、防火工作。对人为造成的商品、物品、财产损失，应及时追查处理。

（5）严格按排班表监督管理员工的出勤，未经请示经理不准随意调班、调休；上班时，不准擅离工作岗位，做好离岗登记。

（6）做出季度工作总结，找出存在的问题和总结经验教训。

四、商场部售货主管岗位职责

（1）热爱本职工作，自觉遵守商场部的制度与纪律，为员工做出表率，严格执行营业操作规范。

（2）爱护商品与公共财产，做好商品的保管及陈列工作，严格规范领料手续，及时协助员工补充商品，保持橱窗内花色品种齐全，并负责柜台的管理工作。

（3）做好商品销售与售后服务工作，保证商品的明码标价。热情礼貌待客，主动周到服务，为客人购买商品当好参谋。

（4）虚心接受顾客提出的批评与建议，了解顾客情况，处理顾客投诉。

（5）执行财务计划，做好当天的销售记录，并检查票据、货物是否相符。

（6）随时掌握商品进销存情况，对各种畅销或滞销商品要及时汇报，并及时向商场部经理提出处理意见。

（7）要清除准确地进行交接班工作，以做到货款相符，并签名确认。

（8）随时巡查，细致观察，纠正工作中的问题。注意安全防范，下班时切断电源，锁好保险柜和门窗，防止盗窃和火灾发生。

五、商场部采购主管岗位职责

（1）制订严密的采购计划，确保商品按时、按质、按量供应。采购商品以质优价廉为原则，避免购进假冒伪劣商品。

（2）熟知各种商品的供应方式和供货渠道，积极主动、深入细致地进行市场调研，掌握并及时汇报市场行情的第一手资料，向商场部经理提出好建议。

（3）积极主动与供货商搞好关系,扩大货源渠道,组织好货源,满足客人与有关部门的需要。

（4）严格进货验收工作,做到货物与请购相符,发票与货物相符。

（5）熟知商场的商品知识,了解库存和销售的情况,特别是有保质期限的食品,做到心中有数,不致积压浪费。如果有积压食品,主动找门路调拨推销,提高资金的周转率。

六、商场部班组长岗位职责

（1）熟知班组的销售任务,严格贯彻执行各项制度,要求班组成员提高服务质量,确保任务的完成。

（2）组织每日班前会,检查员工仪表仪容,做好班前培训及当日工作安排。

（3）组织班组柜台的上货、对账、点数、销账、结账,做到账物相符、明码标价、有货有价。

（4）检查、督促售货员的工作程序、工作质量,对班组各成员工作进行评估。

（5）搞好商品陈列和卫生工作,保持柜台、货架商品琳琅满目、整洁美观。

（6）做好安全防范工作。

七、商场部会计岗位职责

（1）在商场部经理的领导下,在酒店财务部的指导下,具体负责商场的财务会计工作。

（2）对工作认真负责,大胆进行管理,以身作则,不谋私利,遵纪守法。

（3）严格按照酒店的财务管理制度与核算程序,认真制作并填写账卡表格,对本商场的财会业务要及时、正确地进行处理,手续齐全。

（4）编制商场的年度、季、月份的会计报表,执行商场财物的各种有关规定。

（5）负责商场的资金管理,随时准确掌握各种资金的使用情况。

（6）对有关的明细账目进行核对,要做到账货、账物相符,出现不符要及时汇报商场部经理,并追查原因。

（7）部组核算做到日清月结,月末盘存。每月底要编制总账科目金额表。

（8）负责商场部各种款项的收缴工作,对商场部各种应缴的款项要及时、准确地上缴,要做到准确计算。

（9）负责对商场部各项经济指标的完成情况进行考核,并要将有关资料报送财务部,并认真做好销售日报表和每天的统计日报表,力争准确无误。

（10）随时到柜台了解商品的销售情况,分析商品的销路、出货的情况,随时将有关情况提供给主管参考,月末时要做好统计月报表。

（11）每年、季、月末,要对各个柜台的会计凭证与资料、货价进行准确的核查,并经常对柜台商品标签集中管理,年终办完结算后,应将全年的会计资料收集齐全,分类排列,整理归档,以便查阅。

(12)严格遵守酒店的各项规章制度,按时上下班,上班时间不做与本工作无关的事情。

(13)努力学习业务知识,提高业务水平,搞好会计工作。

八、商场部出纳员岗位职责

(1)热爱本职工作,严格遵守酒店的财务与现金管理制度,忠于职守,坚持原则,不谋私利,维护好酒店的财产安全。

(2)在商场主管的领导下,具体负责营业款项所规定的货币进行管理。

(3)严格遵守现金管理制度与相关的使用规定,库存现金要按规定的限额执行。不得挪用库存现金,不得以白单抵库,要严格执行相关的外汇管理制度,不得私自套换外币,也不得违章代办兑换手续。

(4)要根据已办理完毕的收款凭证逐笔按顺序登记现金记账,并做到日清日结,账款要相符。每天要根据账簿的发生额和余额,编制"现金收付日报表"送交商场经理。

(5)负责收取商场各营业部门的营业款,并负责及时送到银行。

(6)努力学习相关的专业知识,熟知商业会计的基本原理,熟悉现金和银行管理制度,提高自己的工作水平。

(7)严格遵守酒店的各项规章制度,上班时不擅离工作岗位,不做与工作无关的事。

九、商场部财务主管岗位职责

(1)严格贯彻执行酒店的财务制度与财务纪律,建立健全商场的资金动用、成本核算、费用开支和财产管理等方面的规章制度。

(2)参与商场部的日常经营管理活动,科学分析商场的经营状况,随时向经理提供财会信息、财务指导和改善商场经营管理的建议。

(3)制订各项财务计划,严格监督、控制商场的财务状况,以确保资金使用的合理性。

(4)领导下属员工做好会计核算工作,考核本部的工作情况,监督各种报表的制作,并在每月的上旬向经理送交"盘点表""代销商品结算单"等各种财务报表,并对商品的销售情况做出说明,要求定期写出财务分析报告。

(5)做好各项财务资料和核算报表等档案的管理工作。

十、商场部业务主管岗位职责

(1)协助经理对本部门进行有效的管理,做好经理的参谋和助手。

(2)明确并理解商场的基本经营目标与任务,以便更好地引导下属员工将个人目标与商场目标、个人努力与商场发展方向协调一致。

(3)建立必备的商品目录,保证商品仓库有货,柜台有货,柜台、货架商品陈列丰富、美观、品种多样。

(4)认真执行相关的供应政策、物价政策,时时考虑消费者的利益,努力做好售后服务工作。

(5)随时分析了解市场动态、行情变化,对市场的预测要力求准确,积极组织进货和推销,不断扩大经营品种,防止积压或脱销,满足客人的需求。

(6)负责商场部的商品定价,要严格按照上级物价部门的定价方法,不得违反上级规定的加价幅度和浮动范围。

(7)随时与财务部保持联系,分析资金的使用情况,定期与财务部共同分析经营成果,对销售、库存中存在的问题拿出处理意见,报经理审批。

(8)严格遵守酒店的各种管理制度,对销售过程中的售货与收款工作一定要按规定办理,随时参与对柜台仓库的检查、商品保管和质量检查,防止商品失窃、变坏,发现商品不安全、霉烂、变质情况,要及时向仓库主管反馈有关情况并提出解决问题的建议。

(9)随时了解员工个人的思想动态、个人发展与工作态度及表现,并协助商场部经理做好员工的思想教育工作,最大限度地调动员工的积极性,值班时要经常巡查柜台纪律、作风与商品的销售情况,如发现问题应及时处理。

(10)关心员工,严于律己,做员工的表率,对好人好事要随时进行表扬并登记,对拾金不昧、助人为乐的思想作风应给予表扬和奖励。

(11)处理好顾客的投诉,维护宾馆酒店声誉。每月底做好下月工作计划交部门经理。

十一、商场部柜台主管岗位职责

(1)检查下属员工执行酒店和本部各项规章制度的情况,严格管理,抓好优质服务。

(2)检查各班组的交接班记录,核实柜台账目、结账数据,保证结账与实际销售相符、账物相符。

(3)督促指导下属各班组了解各自工作的要求和内容,检查柜台上货情况,确保各货柜商品充足,物价明确、清楚,商品陈列美观。

(4)协调好柜台与库房之间的关系。检查设备设施的保养情况,保证售货柜台的完好、安全。

(5)对员工工作中出现的问题要及时进行纠正,随时解决售货中及售货后客人提出的各种问题。

(6)完成经理交办的其他任务。

十二、商场部文员岗位职责

(1)制定商场部的综合性业务报告、总结、计划、决议等公文和有关函件。

(2)根据商场的工作特点与要求,按文件的不同价值与数量,对各种材料进行分类、加工、保管并存档。

(3)随时与商场各部保持联系,做好联络工作,及时沟通信息。

(4)协助经理做好日常性的接待、来信来访等有关事宜,督促商场各部门贯彻执行经理的决定。

(5)完成经理交办的其他日常业务及行政事务工作。

十三、商场部仓库主管岗位职责

(1)在商场部经理的领导下,随时掌握各种商品的进、销、调、存等环节,并将商品分类堆放,对所保管商品及设备应负全部责任。

(2)对商品的库存与需求做到心中有数,经常检查所保管的商品和物资,对滞存时间较长的商品,要及时与采购部联系,以防滞销。

(3)严格商品的验收制度,进货发票要复对实物登记入账,防止伪劣商品入库;严格管理发货制度,并督促仓库管理员做好进货、领货及库存记录。

(4)与仓库管理员一起对库存商品进行周期性的盘点,并把盘点后的情况报财务部。

(5)随时巡查仓库,检查设备的运转情况,及时维护、修补,防止偷盗、潮湿、火灾、虫害事件发生。

十四、商场部收银员岗位职责

(1)根据需要填写并编制各种相关报表。

(2)迅速办理商品的交款工作,保证现金收付的准确无误。

(3)交接班时按程序办理现金交接手续。

(4)晚班收银人员同当值主管一起将现金锁入保险柜。

十五、商场部驾驶员岗位职责

(1)服从商场部采购主管的用车派遣,认真完成上级交给的正常用车任务。

(2)做好车辆的维护、保养工作,使车辆时刻保持一种良好的状况,做到出车时车身无污秽,行车时安全无事故。

(3)自觉遵守交通法规,文明行车,礼貌待人,谦虚谨慎,服从管理。

(4)注意学习相关的法规与业务知识,不断提高自己的业务水平,完成领导交办的其他任务。

第二节　酒店商场部管理制度

一、商场部服务制度

(1)按时上岗,遵守纪律。在柜台进行站立服务,着装整洁,姿势端正,精神饱满,做到"四不":不闲聊嬉闹、不吃零食、不看书报、不打私人电话。

(2)文明服务,礼貌用语。微笑迎客,热情介绍,有问必答,做到"三声、三不":即顾客来时有招呼声、顾客挑选商品时有介绍声、顾客离开时有道别声；不要有脾气、不说脏话、不骂人。

(3)按照规定的程序,认真进行操作。严格按照规定的流程工作,开好售货发票后,代顾客到账台付款,根据客人需要为客人包装好商品。

二、商场内部财务交接制度

(1)商场部需要的发票由专人负责到财务部领取,随后分到各柜组时由各主管签收。

(2)商场部财会人员要做财务二级账,柜组营业人员要做商品数量账。

(3)部门财务会计在每天要上午根据收到的发票做隔日销售日报表与进销存日报表,并准时交往财务部。销售日报表一联交部门经理。

(4)商场记账员与各柜组主管每天都要做前一天的销账工作,将售出商品从账上消除,如有问题及时核对。

(5)每月月底对所有商品进行盘点。盘点结束,根据实物做盘点表并交财务部。

(6)商场所有商品的供货商与进价均属商业秘密,除商场部经理、商场部副经理、财务人员以外,其他人未经商场部经理同意一律不准查阅账册。

三、商场交接班制度

(1)每班员工上下班均需在"交接班日志"上做交接记录。

(2)交接班记录包括如下内容:

◎当班营业情况记录。

◎本柜组所用的发票联号。

◎当班工作上发生的其他问题及需要交代的工作。

(3)早班上班开启所有柜台与背柜上的锁,中班下班关好所有柜台并上锁。如遇紧急销售,则开具第二天发票,收讫现金待第二天早班收银员上岗后做第二天销售解款。

(4)早班营业人员负责商场的清洁卫生工作。中班营业人员负责商场晚间的安全与应急措施。

四、商场部营业人员服务管理制度

(1)主动热情,耐心周到,接待客人时要面带微笑。

(2)环视柜台橱窗,注视每位客人的动向和视线,端正姿势等待前来选购商品。

(3)当客人购物时,要使用礼貌用语。

(4)耐心向客人介绍商品的特点、性能、用途、产地、价格等情况,了解客人的需要。

(5)对顾客提出的各种问题要详细地进行解答,并提示商品,注意了解客人的需要,摸清宾客的消费心理,以利于商品的销售。

(6)树立"宾客至上、服务第一"的思想,主动积极介绍推荐商品,注重迎合客人的需要和爱好。

（7）把客人要买的东西拿出三五件，让宾客充分地挑选。

（8）将客人购买的商品放入印有酒店名称的塑料袋中，以便于客人提携及扩大酒店知名度。

（9）付款时，款项要准确无误；收款时，要将客人所购商品和价格重复一遍，唱收唱付，一次购买商品较多时，要分类清点核对，以免发生差错，货款交付无误后，将所捆扎的商品交给顾客，向客人道别，使其满意离去。

（10）售出商品后，应立即将销售的商品名称、金额按要求分类登记在"销售日报表"上，以便查核。

五、商品进货管理制度

（1）所有商品必须先入仓库，然后办理验收、作价等手续，再通知柜台领取。

（2）柜台应积极出货，并办理相应的出仓领货手续。领货时如发现商品有质量问题，柜台必须提出意见，或者拒收。但在正常情况下柜台无权拒收商品，柜台应做到仓有柜有。

（3）商场部各柜台每月初要将下月的销售计划报采购部，采购部做出进货计划报经理审批，再由采购部执行。

（4）试销产品在进货前要与商场部经理沟通，说明商品的特征。业务人员必须准备有商品介绍资料，如没有资料，业务员可做笔记，随同货品出仓做好销售服务。

（5）到货时间必须符合合同条款，如不能按期到货，应该由采购部在业务分析会上说明原因与补救办法。

（6）定时将"库存盘点表"分别送到商场部、采购部、财务部和总经理室，以便掌握存货情况，做好进、销工作。

（7）部门经理要定时组织商场部、采购部、仓库主管召开相关的业务分析会，商议解决并协调销售、库存、进货过程中存在的问题。

（8）对于柜台滞销和有瑕疵的代销商品要定期退还仓库。有瑕疵的商品由柜台填写残损表，滞销商品填退货单，经业务经理批准后退回仓库。

（9）采购部要及时与出货单位联系并办理相应的退货手续。半年内销售不出的小商品和一年内销不出的大商品都属于滞销商品，特种商品的售期不限。

（10）自营的瑕疵商品一律报物价员，由物价员会同财务和经理及时做出削价处理，残次食品在两天内及百货工艺品在一定期间内要做出削价决定。

六、商场卫生管理制度

（1）商场部所有员工都必须保持好个人的清洁卫生，勤修头发、胡须、指甲，保持衣着干净整洁。

（2）每天上班营业前要做好营业场所的清洁卫生，早班营业人员必须在上班营业前到达柜台,立即开始按分工做清洁卫生。

（3）对于相关的卫生设备,比如水桶、抹布、鸡毛扫、吸尘器等用品和工具以及装垃圾的纸袋,必须要备齐。如果这些用品用完,应及时向商场办公室申报领用。各种用品均应节约使用。工具要认真负责保管和爱护,人为损坏按规定处理。工具用完之后应冲洗干净放好。

（4）卫生清洁的范围包括地毯、柜台、门窗、玻璃、橱窗、镜、货架、商品、仓库、商品外陈列物等。

（5）随时处理垃圾,地毯要用吸尘机吸尘。根据商品的品种、性质要分别用湿布、鸡毛扫抹净商品上的灰尘。每周都要用玻璃水擦玻璃和镜面,以保持铜条和玻璃的光亮。仓库每星期整理、清扫一次,保持仓库清洁、有条理。

（6）做完卫生工作后,必须把商品迅速整理,摆设、陈列好。售完的商品应及时出货补充,保持店内货架上、柜台的商品琳琅满目,摆设美观大方,陈列新颖,别具一格。

（7）搞商品卫生时,要注意轻拿轻放,小心谨慎,防止损坏。

七、商品保管管理制度

（1）根据不同的商品与库房的条件,要将商品进行分类保管:
◎根据不同商品所需的养护条件合理安排适当的储存场所,食品应存放在独立间内;
◎入、出库频繁或笨重的商品应存放在进出库方便之处;
◎贵重商品要单独存入专柜上锁保管;
◎消费上有连带性的商品尽量放在一起储存,但互相有影响的商品要分开;
◎消防灭火施救方法不同的商品分区分类存放。

（2）对各种货物进行统一编码,标明商品存放的精确位置,并以明显的字迹将编码标明于货位、货架上;同时绘制库房商品储存位置平面图,以便全面反映库存情况。

（3）注意保持库房的清洁卫生,消除导致商品霉烂、变质及虫蛀、鼠咬等隐患。

（4）控制库房的温湿度,在库房内设置温湿度计,利用密封、吸潮、通气等方法加以调节,以适应保管商品的需要。

（5）经常检查库存中的商品,及时发现商品在保养过程中数量与质量的变化情况,并采取相应的措施加以预防和解决。库存商品发现变质、破损、超过保管期时,或出现滞存情况,仓管员要及时上报主管,并提出处理意见。

八、商品售后服务管理制度

（1）商品售出后,要向客人提供各项必要的售后服务,以提高服务质量,保持销售服务的水平。

（2）对客人负责,商场根据客人需要加强售后服务工作:
◎发行产品质量跟踪卡。商场对于某些中高档商品,要与厂家联系好,由商场与厂家共同负责售出产品的质量。客户在使用一段时间后,将产品质量跟踪卡填写清楚寄回商场,再由商场反馈回厂家,厂家通过综合分析产品的质量可以查出其产品的问题,以便通过进一步改进产品,更好地适应市场的需要。

◎保退保换。商品在售出后,如果发现规格、型号不对、不适合或有其他问题,甚至在使用一段时期后发现由于产品本身的设计、制造等自身的原因所产生的质量问题,只要商品经核对确为该商场所出售的,则商场应该给予退换。商场对于食品、药品、调味品及各种营养滋补品经售出后,概不退换,但应向客人解释清楚,免得引起误解。

◎代办邮寄托运。客人购买商品,特别是一些中高档商品,由于距离较远,旅途携带不便,以及时间安排、商品的规格等情况影响,商场可以为客人代办托运或者邮寄。在实施过程中,务必请客人填写清楚地址、邮编、姓名、身份证号码等,并根据商品性质,请客人选择寄运方式,合理包装捆扎,以便商品在途中安全完好,满足客人需要。

◎预购服务。客人购买商品,若商场出现该商品的断档或缺货时,某些商品经联系可以在近期到货,则可以请客人进行登记预约。在登记时可请客人将欲购商品的型号、品名、规格、尺寸、生产厂家、价格等详细资料填写清楚。营业员应准确记下客人的地址及电话号码,以便于商品到货后及时通知客人,使其如愿买到想要购买的商品。

◎登门检修。对于某些中高档产品,如电视、空调、冰箱等,由商场和厂家订好合同,定期由厂家主动为客户对产品进行检修、调试,以保证客户对产品的正常使用。

九、商品入库储存管理制度

(1)商品入库前要仔细检查质量,检查品名、种类表、净含量、出厂日期、保质期及批号,发现发霉、混浊、有异物者不得入库。

(2)商品存放应隔墙离地,并注意通风与保持干燥,仓库要保持一定的温度,食品库一般要保持在18℃左右。

(3)库存商品按大类小类分别上架堆放,并要做到先进先出,易坏先出。

(4)仓库保管员要定期对库房进行卫生大扫除,做到货架无积灰、地面无垃圾、物品堆放整齐。

(5)按照商品性能上的要求,遮光、冷藏均要采取相应的措施。

(6)商品到货后,要由采购员验收,填写验收通知单,并当面将商品清点给仓库负责人,由仓库负责人在验收通知单上签字后入库。

(7)所有清点到柜台的商品一律由柜台组签收后进行保存,原则是每日一小盘,每月一大盘。如盘点发现差错要及时查明原因,超过规定差错率的差错额,一般由该柜组人员负责进行赔偿。

十、商品销售管理制度

(1)营业人员签到上岗。
(2)整理柜台,搞好卫生,补充货源。
(3)优质服务,积极推销。

（4）售出商品开单，到收银台付款。

（5）收银人员盖现金收讫章后一联留存，一联交营业员。

（6）营业人员将盖有现金收讫章的发票同货物交顾客，另一联交商场财务。

（7）商场财务要将每日的营业发票汇总做"销售日报表"，一式两份，一份交财务部，一份交商场部。

（8）财务部要将收到的发票进行汇总审核。

十一、文明售货管理制度

（1）售货人员要讲究语言艺术，要注意服务用语的准确、清楚、简明扼要，不出差错。

（2）说话要礼貌周到、热情得体，要区别对象，注意顾客的风俗习惯，对客人的疑问要有问必答。

（3）谈话要谦恭亲切、声调要柔和、态度要真诚，既要口语化，又要形象化，使客人听了舒服，感到亲切，增加消费欲望。

（4）对客人提出的批评与建议要虚心接受，不与顾客顶撞及争吵，以免引起误会，进而造成不良的影响。

（5）商场售货人员上岗前要注意检查个人的仪表仪容，服务证章齐全，行为举止文雅，同时要学习柜台、外事纪律：

◎不准擅离职守；

◎不准在柜台内外成群聊天，嬉笑打闹；

◎不准在柜台内吃东西或吸烟；

◎不准在柜台看书、报；

◎不准坐着接待客人；

◎不准与顾客顶嘴吵架；

◎不准以次充好、短斤缺两、欺骗顾客；

◎不准因上货、记账、送款等影响接待顾客；

◎不准讽刺、挖苦、刁难顾客；

◎不准私留私分紧俏商品，严格遵守外事服务纪律；

◎不得向客人套取外汇；

◎不许私自在柜台内换取外汇；

◎不准因内部或个人原因而影响接待顾客。

（6）贵宾接待：

◎贵宾前来购物，应当使用英语或其本国语言进行相应的接待；

◎在接待过程中要注意向客人推销商场的特色产品，并注意向客人介绍商品的产地、历史和性能等。

十二、商场换货管理制度

(1)顾客要求换货时,售货人员必须进行仔细检查,当所退商品具备以下条件,才可以进行更换:

◎商品尚未使用过;

◎售出商品完好无损或质量上有问题,且原因不是由顾客的使用不当所引起,而是生产厂家的质量问题;

◎顾客持有本商场的售货单据;

◎购买商品在合理的期间内。

(2)检查后,符合退货条件的商品,营业人员可报领班,经领班核准后予以换货。

(3)无论能否退换,营业人员都必须礼貌对待顾客,并耐心讲清原因。

十三、商场安全管理制度

(1)营业人员要做到为每个柜台都上锁后才打开;

(2)每个晚班都必须有1~2位主管当班,督促指导营业人员做好安全工作;

(3)下班前由各部领班检查柜台的安全,清除所有垃圾桶,并做好防火工作;

(4)上班时现金柜应该由主管和营业人员当面点清并签名后才放入保险柜,第二天由主管和营业员按单点清后才上柜;

(5)下班后由当值主管负责检查门窗,熄灯锁门;

(6)下班后由当值主管与出纳员一起下班,保证办公室的安全;

(7)商场值班室每晚保证2~3人值班,要求做好值班记录,如发现意外情况要立即报告领导或通知保安部。

第三节　酒店商场部常用管理表格

一、商场部会议管理表格

会议名称　　会议项目	
会议次数	
会议日期	
会议时间	
会议目的	
参加人员	
会议司仪	

续表

会议项目 \ 会议名称		
会议主持		
参加单位		
会议记录		
记录人员		
总务情况		
参会人员需准备的材料		
会场指示资料		
其 他		

二、商场日常经营报表

填表部门：　　　　　　　　　　　　　　　　　　　　　　　　日　期：

项　目	本月营收		本月账单		收入账目分析		备　注
	总计金额	其　中	起止号码	页　数	项　目	金　额	
					人民币		
					美　元		
					银行支票		
					转外客账		
					转酒店列支		
总计金额(大写)			张		￥		

三、商场采购表

	商品号码	商品名称	商品规格	单 位	数 量	估算单位	需用日期	备 注
采购项目								

续表

	厂 商	厂 牌	单价	总价	采 购 建 议	决 定	预计交货期
价格比较							

采购员		申请方	
采购部		库 房	
主 管		用货单位	
经 理		主 管	
		经 理	

四、商场收货情况登记表

供应商：　　　　　　　　　　　　　　　　　　　　日　期：

统一编号	规格及品名	单位	数量	进货单价	进货金额								售货单价	售货金额								
					十万	千	百	十	元	角	分		十万	千	百	十	元	角	分		
增值税																					
合　计			进价合计									售价合计									
备　注											进销差价总额										
复　核：								采购负责人：													

一 物资负责人记账留存

五、内部商品调拨表

调出部门：

调入部门：　　　　　　　　　　　　　　　　　　　日　期：

品　名	单 位	库存量	调拨价		零售价		进销差价	备 注
			单 价	金 额	单 价	金 额		

发　货　　　　　　复　核　　　　　　实　物　　　　　　制　单

单位盖单　　　　　　　　　　　　　　　　　　　　经办人

一 拨出单位留存

六、商品出库表

收货部门：　　　　　　　　　　　　　　　　　　　　　　日　期：

编　号	规格及品名	单位	数量	进货单价	进货金额								售货单价	售货金额							
					十	万	千	百	十	元	角	分		十	万	千	百	十	元	角	分
增值税																					
合　计 人民币(大写)				进价合计									售价合计								
备　注													进销差价总额								
复　核：													责任人：								

一物资负责人记账

七、商场部财产损益表

部　门：　　　　　　　　　　　　日　期：　　　　　　　　　　　编　号：

商品编号	名　称	单　位	数　量	成　本		售　价		原　因
				单　价	金　额	单　价	金　额	
总　计				填报人				
上级审批意见		财务意见		部门经理审批意见		部门处理意见		

八、商场部经营报表

部　门：　　　　　　　　　　　　　　　　　　　　　　　　　日　期：

项　目	本月收入	开出账单		收入款项分析		备　注
	合计金额	起止号码	张　数	项　目	金　额	
					美　元	
					人民币	
					银行支票	
					转内客账	
					转外客账	

续表

部门：　　　　　　　　　　　　　　　　　　　　　　　　　　　日　期：

项　目	本月收入	开出账单		收入款项分析		备　注
	合计金额	起止号码	张　数	项　目	金　额	
				转酒店列支		
				其　他		
总计(大写)	万　千　百　十　元　角　分		张	￥		

主　管　　　　　　　　　　　　　　　复　核

九、商场部员工基本情况登记表

序　号	姓　名	年　龄	学　历	职　务	服务年限	薪资、津贴额	服务晋级	备　注

十、商场部员工变更登记表

日　期	员工编号	员工姓名	变更事由	资料变更	备　注

十一、商场部员工处罚情况登记表

姓　名				部　门		
处罚级别	记大过	记　过	记小过	严重警告	警　告	通报批评
处罚原因						
人力资源部门意见						

续表

主管 部门 意见	
备注	

十二、商场部员工出勤情况日报表

月　日

	现　场　人　员								办　公　室　人　员							
部　门	编制 人数	本日 实到	迟到 人数	病 假	事 假	公 假	旷 职	原因 不明	部　门	编制 人数	本日 实到	迟到 人数	病 假	事 假	公 假	旷 职	原因 不明
总　计									总　计								
本日到 离职 人　数	报到人数： 离职人数： 停薪留职：								报到人数： 离职人数： 停薪留职：								

部门经理：　　　　　　　　　审　核：

十三、月度商品销售情况对比表

			去年同月		1月计划		2月计划	
			销售比重(%)	销售金额	销售比重(%)	销售金额	销售比重(%)	销售金额
月销售总额	1.销售情况好的商品	小　计						
		(1)						
		(2)						
		(3)						
		(4)						
		(5)						
		(6)						

			去年同月		1月计划		2月计划	
			销售比重(%)	销售金额	销售比重(%)	销售金额	销售比重(%)	销售金额
月销售总额	2.利率高的商品	小　计						
		(1)						
		(2)						
		(3)						
		(4)						
		(5)						
		(6)						
	3.其他商品	小　计						
		(1)						
		(2)						
		(3)						
		(4)						
		(5)						
		(6)						
合　计								

十四、商品销售计划表

编　号	产品名称	部　门	内　销			外　销			合作销售			合　计		
			数量	单价	金额	数量	单价	金额	数量	单价	金额	数量	单价	金额
总　计														

审　核：　　　　　　　　　　　部门经理：

酒店商场部员工礼仪礼貌服务标准

第一节　酒店商场部员工的素质要求

1. 良好的职业素养

商场部员工必须具有良好的职业素养,以微笑服务作为自己的职业习惯。

(1)礼貌周到地为客人服务,对到商场购物的客人,必须一视同仁,热情欢迎,以礼相待。

(2)克服以貌取人的不良习惯,坚持"客人至上,质量第一"的服务宗旨,使客人在情感上真正感受到"购物是享受,享受在本酒店商场部"的浓浓亲情氛围。

2. 良好的个人形象

商场部员工的形象如何,将直接影响到客人的购物心理。因此,员工应注意自己的仪容和仪表。

(1)服装要整洁,仪容端庄大方,举止规范、自然。

(2)始终坚持微笑服务,服务周到、热情。

3. 良好的语言表达能力

商场部服务人员是直接面向客人,为客人服务的。服务人员的语言如何将直接影响客人的购物心理。

(1)必须具有较强的语言表达能力,学会运用生动的语言艺术介绍商品、推销商品。

(2)商场部服务人员还要具有较高的外语水平,这也是商场部服务人员的基本功之一。

4. 专业知识

到酒店商场部购物的客人,一般来说都有一定的素养,而商场部出售的商品,相对来说档次也比较高,为了做好商场服务,商场部服务人员要做到:

(1)必须懂得正确分析客人的购物心理,做好商品推荐工作。

(2)熟知所售商品的基本常识,如花色品种、产地、特色、民俗、典故等,才能按照预定的要求和标准做好服务工作。

5. 岗位技能

由于酒店商场部的客流量很不均衡,日常销售有明显的高峰期和低谷期,繁忙和清闲的对比非常大。因此,服务人员要做到:

(1)在清闲时不应无所事事,以闲聊打发时间,应不断熟悉记住商品的名称、价格等,努力提高业务水平。

(2)忙时应镇定自若,熟练操作,应付自如,有条不紊地服务。

6. 勤劳苦干精神

和一般商场相比,酒店商场部的营业时间比较长,为了适应酒店客人早出晚归的生活规律,酒店商场要利用早市和晚市的黄金时间,因此需要早晚不间断地营业,要求商场部服务人员做到:

(1)必须站立服务,定岗定位,严格按照服务规范操作。

(2)必须精神饱满,热情周到地招呼客人。

因此,商场部员工应具有吃苦耐劳、任劳任怨的精神,在长时间的工作情况下,始终保持良好的精神风貌和平和的心境,为客人提供优质的服务。

第二节 酒店商场部员工的业务要求

一、商场部经理的业务要求

(1)熟悉相关业务,掌握商业工作的特点与规律,自觉、积极、主动地做好商品部及商品的销售工作。

(2)商品部销售的商品应以酒店客人为对象,应该以旅游纪念品为主,种类要全,高、中、低档都有,对它们的名称、品牌、型号、产地、进价、售价、行情和销量等要有充分的了解和掌握。

(3)要随时了解市场信息,熟知市场行情,组织适销对路的商品。根据客人的特点和要求,努力开拓新的货源渠道和市场,以增加酒店的营业收入。

(4)维护好客户关系,做好财务管理,对工作善于策划和决策,抓住时机做好商品营销工作,扩大营业收入。

二、商场营业部经理的业务要求

(1)了解并掌握商品的名称、型号、特点、产地、进价、售价、行情、销售等情况。

(2)在商品的营销活动中,根据客人的情况进行营销分析,掌握商品销售的特点和规律,及时与业务部进行业务沟通,采购适销对路的商品,不断扩大营业额。

(3)了解并掌握市场信息和商业行情,了解同行业的情况,在商品营销活动中积极主动地进行业务推广和商品销售工作。

三、商场业务部经理的业务要求

(1)了解并掌握本部销售的商品的名称、型号、特点、产地、进价、行情、销量等有关情况。

(2)了解并掌握市场信息及本酒店客人的特点和爱好,本酒店商品销售的特点和规律,合理进行采购和进货,做到不积压、不脱销、供销对路。

(3)在商场部的业务往来中,凡需订购大宗商品,必须邀请商场部经理、业务员等一同进行业务洽谈,签订协议,有计划地进货。

(4)与供货商保持良好的关系,在平等互利的原则下进行业务往来。若签有供、销协议的,应严格按协议执行。

(5)在商业活动中要讲究商业道德,不以次充好,不要随意乱提价压价,不索贿受贿,遵纪守法,讲究信誉。

四、商场采购人员的业务要求

(1)了解并掌握新采购的商品的名称、型号、特点、品牌、产地、进价、售价、行情和销售等情况。

(2)了解并掌握市场信息、商业行情及同行的营销情报,掌握本酒店的客人情况,按商品销售的特点和规律性进行采购和进货。

五、商场营业人员的业务要求

(1)熟悉并掌握本人辖区内商品的种类、品名、产地、性能、特点、用途、进价和售价等情况。

(2)掌握本人辖区内商品的进销存情况,对各种商品的畅销和滞销情况要及时向部门经理或有关人员进行汇报,以使经理进行业务决策和沟通。

第三节 酒店商场部员工的礼仪礼貌服务标准

一、商场营业人员服务礼仪标准

(1)主动热情,耐心周到,接待客人时要面带微笑。

(2)随时注视每位客人的动向和视线,端正姿势等待前来客人选购商品。

(3)当客人购物时,要使用礼貌用语。

(4)耐心向客人介绍商品的特点、性能、用途、品牌、产地、价格等情况,了解客人的需要。

(5)对客人提出的各种问题要进行详细的解答,并出示商品,了解客人的需要与消费心理,以利于商品的销售。

(6)积极向客人介绍商品,注重迎合客人的需要和爱好。

(7)把客人要买的东西拿出三五件,让客人自由挑选。

(8)将客人购买的商品放入专用的有酒店标志的包装袋中,以便于客人提携及扩大酒店知名度。

(9)收款时,要将客人所购商品与价格重复一遍,向客人确认,一次购买商品较多时,要分类清点核对,以免发生差错,货款交付无误后,将所捆扎的商品交给客人,向客人道别,使其满意离去。

(10)售出商品后,应立即将销售的商品名称、金额按要求进行分类登记在"销售日报表"上,以便查核。

二、商场营业人员仪表礼仪标准

1. 着装标准

(1)着装应整洁、大方,颜色力求稳重,不得有破洞或补丁。纽扣要扣好,不应有掉扣,不能挽起衣袖(施工、维修、搬运时可除外)。

(2)商场员工上班必须穿工装。除工装外不得穿其他服装,工装内的衣服下摆不得露出,非因工作需要,不得在商场、办公室以外穿工装。

(3)男员工上班时间应穿衬衣、西裤,系领带。女员工应穿有袖衬衫、西裤、西装裙或有袖套裙。

(4)上班时间不宜穿短裤、短裙(膝上10厘米以上)及无袖、露背、露胸装。

(5)总部职能部部门员工在节假日前最后一个工作日或出差当天可穿与工作场合相适应的轻便服装。

(6)员工上班时间必须佩戴工牌,工牌应端正佩戴在左胸适当位置,非因工作需要不能在商场、办公场所以外佩戴工牌。

(7)商场部男员工上班时间应穿深色皮鞋,女员工应穿丝袜、皮鞋,丝袜不能有脱线,上端不要露出裙摆。鞋应该保持干净。不能穿拖鞋、雨鞋或不着袜子上班。海鲜档员工、雨天场外值勤防损人员等特殊岗位人员因工作需要可以穿雨鞋。

(8)快餐厅、面包房及生鲜熟食区员工在上班时间必须戴帽,并将头发束入帽内。其他人员非因工作需要,上班时间禁止戴帽。

2. 仪容标准

(1)注意个人卫生。

(2)头发应经常修剪、梳理整齐,保持干净,禁止梳奇异发型。男员工不能留长发(以发脚不盖过耳背及衣领为度),禁止剃光头、留胡须。女员工留长发应以发带或发卡夹住。

(3)女员工提倡上班化淡妆,不能浓妆艳抹。男员工不应化妆。

(4)指甲要修剪整齐,保持清洁,不得留长指甲,不准涂指甲油(化妆柜员工因工作需要可除外)。食品柜、生鲜熟食区、快餐厅员工不能涂指甲油,上班时间不能喷香水、戴首饰。

(5)上班前不要吃葱、蒜等异味食物,不喝含酒精的饮料,保证口腔的清洁。

(6)进入工作岗位之前应注意检查并及时整理个人的仪表。

3. 表情、言谈标准

(1)应注意随时保持微笑。

(2)接待客人及来访人员应主动打招呼,做到友好、真诚,给其留下良好的第一印象。

(3)与客人、同事交谈时应全神贯注、用心倾听。

(4)提倡文明用语,"请"字、"谢"字不离口,不讲"服务禁语"。

（5）通常情况下员工之间应讲普通话。接待客人时应使用相互都懂的语言。

4. 举止标准

（1）商场部工作人员应保持良好的仪态与精神面貌。

（2）坐姿要端正，不得跷二郎腿，不得坐在工作台上，不得将腿搭在工作台、座椅扶手上，不得盘腿。

（3）站立时要做到：收腹、挺胸、两眼平视前方，双手自然下垂或放在背后。身体不能东倒西歪，不得驼背、耸肩、插兜等，双手不得叉腰、交叉胸前。

（4）不能搭肩、挽手、挽腰而行，与顾客相遇应靠边行走，不能从两人中间穿行。请人让路要讲"对不起"。非工作需要不能在工作场所奔跑。

（5）不要随地吐痰、乱丢杂物，不得当众挖耳、抠鼻、修剪指甲，不要敲打柜台、货架、商品，不得跺脚、脱鞋、伸懒腰。

（6）不要用手指、头部或物品指顾客或为他人指示方向。需要用手指示方向时，要求手臂伸直，四指并拢，大拇指自然弯曲，掌心自然内侧向上。

（7）上班时间不得说笑、闲聊、打闹，不得大声说话、喊叫，不得哼歌曲、吹口哨。

（8）接待客人或在公众场合咳嗽、打喷嚏时应转向无人处，并在转回身时说"对不起"；打哈欠时应用手遮住嘴巴。

（9）注意自我控制，在任何情况下不得与客人、客户或同事发生争吵。

（10）各级管理人员不宜在客人或客户面前斥责员工。

（11）上班时间不要吃食物，不能看与工作无关的书报杂志。

三、商场服务人员站立礼仪标准

1. 场合

（1）为人服务时的站姿，称为"接待员的站姿"。

（2）在自己的工作岗位上接待服务对象时，营业人员可以采用站姿。

2. 注意事项

（1）头部视情况可以微微侧向自己的服务对象，但一定要保持面部的微笑。

（2）手臂可以持物，也可以自然地下放。

（3）在手臂垂放时，从肩部至中指应当呈现出一条自然的垂线。

（4）小腹不宜凸出，臀部应当紧缩。

（5）双膝在靠拢的同时，两腿的膝部前后略为重叠。

3. 站姿的特点

（1）头正、肩平、身直。

（2）从侧面看去，其主要轮廓线为含颌、挺胸、收腹、直腿。

（3）此种站姿可以帮助呼吸，改善血液循环，在一定程度上减缓身体的疲劳。

四、商场收银员服务礼仪标准

1. 收银人员应该知道的一般服务用语

(1)暂时离开收银台时,应说:"请您稍等一下。"

(2)重新回到收银台时,应说:"真对不起,让您久等了。"

(3)自己疏忽或没有解决办法时,应说:"真抱歉"或"对不起。"

(4)提供意见让顾客决定时,应说:"若是您喜欢的话,请您……"

(5)希望顾客接纳自己的意见时,应说:"实在是很抱歉,请问您……"

(6)当提出几种意见请问顾客时,应说:"您的意思怎么样呢?"

(7)遇到顾客抱怨时,应仔细聆听顾客的意见并进行记录,如果问题严重,不要立即下结论,而应请主管出面向顾客解释,其用语为:"是的,我明白您的意思,我会将您的建议汇报经理并尽快改善。"

(8)当顾客买不到商品时,应向顾客致歉,并给予建议,其用语为:"对不起,现在刚好缺货,让您白跑一趟,您要不要先买别的牌子试一试?"或"您要不要留下您的电话和姓名,等新货到时立刻通知您?"

(9)不知如何回答顾客询问时,不能说"不知道",应回答"对不起,请您等一下,我请主管来为您解答。"

(10)顾客询问商品是否新鲜时,应以肯定、确认的态度告诉顾客:"一定新鲜,如果买回去不满意,欢迎您拿来退钱或换货。"

(11)顾客要求包装礼品时,应告诉顾客:"请您先在收银台结账,然后您到前面的服务台,会有专人为您包装的。"

(12)当顾客询问特价商品时,应先口述数种特价品,同时拿宣传单给顾客,并告诉顾客:"这里有详细的内容,请您慢慢参考选购。"

(13)在店门口遇到购买了本店商品的顾客时,应说:"谢谢您,欢迎再次光临。"

2. 收银员不要出现以下表现

(1)收银员在为顾客做结账服务时,从头至尾不说一句话,只是闷着头打收银机,脸上也没有任何表情。

(2)找钱给顾客时,未将零钱以双手交给对方点数,而是将发票及零钱放在收银台上,即进行装袋工作,或进行下一笔结账作业。

(3)为顾客做装袋服务时,不考虑商品的性质,全部放入同一购物袋内,或者将商品丢入袋中。

(4)顾客询问是否还有特价品时,收银员以不耐烦的口气用一句话来打发顾客。例如:"不知道""你去问别人""卖光了""没有了""货架上看不到就没有""你自己再去找找"等。

(5)收银员彼此互相聊天、谈笑,当有客人走来时,往往不加理会或自顾自地做事。等到顾客开口询问时,便以敷衍的态度回答,然后继续聊天或做自己的事。

(6)当顾客询问时,只是让对方等一下,即离开不知去向。由于没有告诉对方离去的理由,使顾客不知所措,到底要不要等或等多久。

(7)在顾客面前,和同事议论或取笑其他的顾客。

(8)当顾客在收银台等候结账时,负责该柜台的收银员突然告之顾客:"这台机不结账了,请到别的收银机去,"立即关机离开。让排队的顾客浪费了许多等候的时间又必须重新排队。

五、商场人员微笑服务礼仪标准

1. 真心的微笑

微笑是心情愉快的反映,也是一种礼貌和涵养的表现。

2. 轻松

一位优秀的营业人员脸上总是带着真诚的微笑,营业人员必须学会分解和淡化烦恼与不快,时刻保持一种轻松的情绪,把欢乐传递给顾客。

3. 胸怀宽广

营业人员要想保持愉快的情绪,心胸宽阔至关重要。接待过程中,难免会遇到出言不逊、胡搅蛮缠的顾客,因此,营业人员一定要保持一种良好的心态与宽阔的胸怀。

4. 感情沟通

微笑服务,并不仅仅是一种表情的表示,更重要的是与顾客感情上的沟通。

六、商场营业人员饰物佩戴礼仪标准

1. 戒指

戒指,又称指环。它实际上是一种戴在手指上的环状饰品。除个别特殊的部门,如医疗、餐饮、食品销售等部门外,一般服务部门里的从业人员皆可佩戴戒指。对男性营业人员来讲,戒指是在其工作岗位上唯一被允许佩戴的饰品。

2. 项链

项链,有时又叫颈链,它是一种戴于脖颈之上的链状饰品。在其下端,往往还带有某种形状的挂件。在工作之中,一般允许女性营业人员佩戴项链,而且不管是将其戴于衣内,还是戴在衣外,男性营业人员通常在其工作岗位之上不宜佩戴项链,即便佩戴的话,也只能将其戴在衣内,而不宜令其显露在外。

3. 耳环

耳环,一般是指戴在耳垂之上的环状饰品。有时,它又名耳坠。通常,耳环被视为最能显示女性魅力的饰品,正因为如此,它只为女性专用。但是,女性营业人员在自己的工作岗位上,是不宜佩戴耳环的。

4. 耳钉

耳钉,指的多戴在耳垂上的钉状饰品,与耳环相比,耳钉小巧而含蓄。所以,在一般情况下,允许女性营业人员佩戴耳钉。

5. 手链

手链一般是指戴在手腕上的链状饰品。由于营业人员在工作岗位上动手的机会较多,在手上佩戴手链,既可能使其受损,又可能妨碍自己的工作,因此,营业人员在上班时间不宜佩戴手链。

6. 发饰

发饰多指女性在头发上所采用的兼具束发、别发功能的各种饰品,常见的有头花、发带、发箍、发卡等。女性营业人员在工作之时,选择发饰宜强调其实用性,而不宜偏重其装饰性。通常,头花以及色彩鲜艳、图案花哨的发带、发箍、发卡,都不宜在上班时间选用。

七、商场营业人员服务用语使用标准

1. 常用服务用语

(1)迎客时说"欢迎""欢迎您的光临""您好"等。

(2)对他人表示感谢时说"谢谢""谢谢您""谢谢您的帮助"等。

(3)接受顾客的吩咐时说"听明白了""清楚了,请您放心"等。

(4)不能立即接待顾客时说"请您稍候""麻烦您等一下""我马上就来"等。

(5)对在等候的顾客说"让您久等了""对不起,让你们等候多时了"等。

(6)打扰或给顾客带来麻烦时说"对不起""实在对不起""打扰您了""给您添麻烦了"等。

(7)由于失误表示歉意时说"很抱歉""实在很抱歉"等。

(8)当顾客向你致谢时说"请别客气""不用客气""很高兴为您服务""这是我应该做的"等。

(9)当顾客向你致歉时说"没有什么""没关系""算不了什么"等。

(10)当你听不清楚顾客问话时说"很对不起,我没听清,请重复一遍好吗"等。

(11)送客时说"再见,一路平安""再见,欢迎您下次再来"等。

(12)当你要打断顾客的谈话时说"对不起,我可以占用一下您的时间吗""对不起,耽搁您的时间了"等。

2. 礼貌服务用语使用的正确方法

(1)注意说话时的仪态

与顾客对话时,首先要面带微笑倾听客人的讲话,并通过关注的目光进行感情的交流,或通过点头和简短的提问、插话表示你对顾客谈话的注意和兴趣。为了表示对顾客的尊重,一般应该站立说话。

(2)词语的选择

在表达同一种意思时,由于选择词语的不同往往会有几种说法,营业人员由于选择词语不同,往往会给顾客以不同的感受,产生不同的效果。

(3)话语简练

在营业过程中,与顾客谈话的时间不宜太长,在交谈中,营业人员如果能简要地重复重要的内容,不仅表示了对话题的专注,也使对话的重要部分得到强调,使意思更明白,并能减少误会,这种做法更好。

(4)注意谈话的语调和语速

说话不仅是在交流信息,同时也是在交流感情。许多复杂的情感往往能够通过不同的语调和语速表现出来。

第六篇

现代酒店洗涤部管理

第18章 酒店洗涤部管理概论

第一节 酒店洗涤部管理基础

一、洗涤部的职能与人员要求

1. 洗衣房的职能

(1)对布草(棉织品)的洗涤、风干和压烫折叠。

(2)对客衣的收发、洗涤、熨烫整形和缝补。

(3)对酒店制服的洗涤和熨烫整形。

(4)窗帘、床罩等的大清洗工作。

2. 布草房的职能

(1)酒店客房、餐饮部布草的收发、分类。

(2)对楼层、餐厅布草的定期盘点。

(3)全店员工制服的储存、修补和交换。

(4)定期配备、更新布草和制服,保证制服与布草的及时供应。

(5)与洗衣房协调,搞好制服和布草的送洗、清点和验收工作。

3. 洗涤部员工的素质要求

(1)各班组员工要熟悉本酒店的规章制度和员工守则。

(2)责任心强,反应敏捷,爱岗敬业。

(3)熟练掌握设备性能、操作方法、工作流程以及干洗、湿洗熨烫、折叠等专业知识。

(4)熟悉干洗机的工作原理和使用技术、干洗溶剂与各种去污剂的性能。

(5)掌握纺织物的性能和鉴别技术。

(6)熟悉各种洗涤剂的性能、用途、使用方法,并能识别各种洗涤标志和英文洗涤说明。

(7)具有一定实践经验,遵守操作程序和技术规程。

二、洗涤部基础设施

1. 洗衣房大小

洗衣房的大小应该根据酒店客房、餐厅接待能力大小确定,设在酒店的内部。内部建有收发室、布草间、洗衣车间、熨烫车间。建筑结构合理,装修良好。洗衣间、熨烫间高大宽敞,通道畅通无阻,能够适应酒店洗涤业务需要。

2. 业务范围

洗涤部能够提供干洗、湿洗、熨烫服务及棉织品洗涤和工作服的洗涤业务。各车间生产能力同洗涤业务量大小相适应。

3. 相关设备

干洗机、湿洗机、手洗机及其配套锅炉、管道等设施设备配备齐全,大、中、小型号和规格搭配合理。采用进口或国产先进设备,功能齐全,性能良好,安装位置适当。设备维修由专人负责,各种设备始终处于完好状态,完好率不低于98%。设备发生故障,及时进行维修。

具备布烫机、裤头机、夹衣机、压干机、风干机及其配套设备。

收发室磅秤、推车,布草房衣物储存框架、打号机、打捆机,缝纫组裁剪柜台、缝纫机等各种设备齐全,安装位置合理,使用方便,能够满足洗衣房收发、打捆、储存、过秤、传单、挂账等各部门、各岗位工作需要。

4. 配套用品

洗衣粉、洗涤剂、漂白剂、去污药水等配套用品要齐全。记账簿、洗衣单、各种报表、请修单等各种办公用品的设计合理,数量充足,并按规定位置摆放整齐,保管取用制度健全,适应各部门、各岗位业务需要。不会因洗涤用品和办公用品不齐全、规格型号不对路或供应不够及时影响洗衣房业务需要。

第二节　洗涤部服务人员的基本任务

(1)楼层服务人员收到送洗衣物时,要请客人填写姓名、房号、送洗日期及送洗衣物的名称、件数和单位等基本信息。

(2)当面清点衣物件数,然后检查口袋里是否有钱物,发现钱物要交还给客人;检查衣物有无破损或油垢,如果有,应向客人说明,并在洗衣单上注明破损的程度及位置,还要将待洗衣物的颜色特点标注在洗衣单上,避免弄混。

(3)当客人的衣服洗好以后,服务人员应该拿着洗衣登记表到布草房领取,或由布草房送到楼层,要对照登记单,防止领错,然后再分送到每个客人的房间,并向客人收取合理的洗衣费。

酒店洗涤部规范化管理制度与表格

第一节　酒店洗涤部各岗位职责与工作规范

一、洗涤部经理岗位职责

（1）制定部门的各种规章制度、各项工作程序与标准。

（2）制定、修订本部门的消防与安全生产措施，确保员工人身及酒店公共财产的安全。

（3）督促、检查并考核下属员工的工作质量和表现，决定员工的奖惩。

（4）组织并落实员工的培训计划，处理好客人的投诉。

（5）选购洗衣原料，保证仓库有合理的储备量，并控制洗涤成本及其他开支，做到增收节支。

（6）定期与各业务部门进行沟通，听取意见，及时调整工作安排，以满足各部门的要求；与工程部协作搞好设备的维修保养工作。

（7）定期召开员工大会，做好员工的沟通工作和思想教育工作。

（8）不断学习，及时掌握并了解国际上洗衣的先进技术，使洗涤部的工作跟上时代的步伐。

（9）根据酒店的经营指标制订年度经营计划和营业计划，为酒店多创效益。

二、洗涤部主管岗位职责

（1）抓好洗涤部的经营管理工作，拟订洗衣厂预算方案，确定洗涤质量标准、工作量、收费标准、成本费用与利润等经营指标，组织本部门员工为客人及酒店员工提供干、湿洗服务。

（2）编制洗衣厂的工作规范与程序，通过监督工作过程和质量检查，为客人提供高效率的干、湿洗服务；合理安排人力、物力，降低成本、减少费用。

（3）编制洗涤部用品、用料的使用和购置计划，监督用品、用料盘点，控制每月的消耗量。

（4）编制并贯彻执行员工工作表，分配、评估下级工作，选用新员工，负责员工的技术培训和考核工作，制订培训计划并组织实施，以提高员工的服务技能和个人素质。

（5）负责酒店客房床上用品、窗帘等物品的洗涤工作。

（6）经常检查各种相关设备，确保其正确使用，密切与工程部联系，保证机械设备正常运转和洗涤工具的完好。

（7）负责洗衣厂及其附属设施的安全、消防与卫生工作，并建立洗衣厂的档案系统，及时将各类资料入档。

三、洗涤部文员岗位职责

1. 职责

负责接听客人的电话，回答并解释有关洗衣方面的问题，统计洗衣单据及每月洗衣部的工作情况。

2. 要求

（1）对待工作要做扫责任心强、细心、认真；

（2）掌握一定的计算、统计知识；

（3）能用英语就有关洗衣问题与客人进行沟通。

3. 工作流程

（1）接听客人的电话，应注意相应的礼貌与语言技巧，并对客人提出的问题做记录，对于投诉应及时向上级汇报，对于客人提出有关的服务要求，应马上转达给上级主管；

（2）做好每天客衣营业统计报告，并计算洗衣单账目；

（3）汇总各生产组别每天的生产记录，月末做统计，并做好各类分析表；

（4）填写好的当天未完成客衣记录，应于下班前送交客房部；

（5）下班前，把当天未能送回客房的客人衣物送至客房部；每天早上上班时，到客房部领回前一天未能送回的客人衣物；

（6）整理好洗衣部人员的个人记录表格档案及各种生产记录汇总的档案；

（7）搞好办公室的清洁卫生；

（8）完成经理临时交代的其他工作。

四、干洗工岗位职责

1. 责任

负责洗涤需要干洗的衣物及布草。

2. 要求

（1）责任心强，反应灵活，爱岗敬业；

（2）能识别各种洗涤标志和英文洗涤说明；

（3）熟悉干洗机的工作原理与操作方法，知道干洗剂与各种去污剂的性能；

（4）掌握纺织物的性能与鉴别技术。

3. 工作流程

（1）每天上班时，按干洗机的操作程序开启机器并进行检查，下班时，也按操作规程正确将设备关闭；

（2）认真检查衣物，看是否能干洗，是否有破损、褪色、染色、特殊饰物、特殊污渍及遗留物品等，若有，应该先取得客人同意后再进行干洗；

（3）对于有污渍的衣物，应先做预去污处理；

（4）衣物应按质地、颜色、厚薄和耐洗牢度进行干洗；

（5）取下衣物上不宜干洗、易脱落的纽扣、饰物、塑料或金属扣环等；

（6）有橡胶、仿革、氯纶等的衣物，不宜干洗；

（7）对于一些不常见的面料，应取其边角料，用干洗溶剂进行试验处理；对于易串毛的织物、纤细的衣物等，不宜与其他衣物同批处理；

（8）干洗的顺序是浅色、中色、深色，应分别进行；

（9）干洗后的衣物应检查洗涤效果是否良好，对于去污未净的应再做处理；

（10）衣物洗好后，用衣架悬挂待烫；

（11）易串毛织物洗后，应清理纤毛过滤网；

（12）衣物干洗后，应做好工作记录；

（13）对于不合质量标准的衣物，应向主管汇报并分析原因，采取适当措施再做处理；

（14）干洗白色织物应使用蒸馏处理后的干洗溶剂；

（15）衣物放进干洗机前应称取重量，不能超负荷洗涤；

（16）蒸馏缸内残污厚度目测超过 1 厘米，应做清理；当干洗溶剂低于 50% 透明度时应做蒸馏处理；

（17）干洗机工作期间，应密切注意各部件的工作情况；

（18）经常擦拭、保养干洗机，并保持环境卫生。

五、毛巾折叠工岗位职责

1. 责任

负责完成折叠工作。

2. 要求

（1）工作认真，仔细耐心；

（2）掌握各类毛巾的折叠方法。

3. 工作流程

（1）毛巾要分类折叠，摆放整齐，浴巾、地巾以 10 条为一包装，手巾以 20 条为一包装，面巾以 50 条为一包装，以白色尼龙绳捆扎；

（2）不符合质量标准的毛巾要挑出，登记数量，送回水洗组处理；

（3）记录折叠包装好的毛巾数量，送往布草房；

（4）保持工作场所的环境卫生；

（5）及时完成主管、经理安排的其他任务。

六、洗涤部收发工岗位职责

1. 责任

及时收取和送回客人衣物。

2. 要求

（1）责任心强，反应敏捷，精明能干；

（2）相貌端庄，举止得体，仪表大方，有一定的语言技巧及较好的人际沟通能力；

（3）熟悉酒店的情况，熟悉客人衣物的洗涤流程和织物性能；

（4）能讲与洗衣工作有关的英语。

3. 工作流程

（1）收衣

①上班时按早班文员的电话记录，迅速到客房收集客人要洗的衣物；

②到客人房间收集衣物，首先应核对记录的房号，然后礼貌地敲门或轻按门铃，并用中英语报"洗衣服务"；

③收衣时，客人应礼貌地问候客人，检查洗衣袋内是否有洗衣单；洗衣单该填的项目，如姓名、房号、衣物件数等是否已填齐全，若无应清客人补填；

④若有"快衣、熨烫衣物或贵宾衣物"，应及时送交客人衣物检查员处；

⑤收完衣物后，应详细填写收衣工作记录，完成后交文员；

⑥在离开楼层时，应打电话给洗衣部文员，询问是否还有要收的客人衣物；

⑦负责把"致客通知书"和有问题的衣物送至客房。

（2）送衣

①送洗衣账单至前台收款处；

②将客人衣物按各楼层顺序进行整理，并把有关数量登记清楚；

③到达楼层后，应看清楚房号，礼貌地敲门或轻按门铃，并用中英语报"洗衣服务"；

④将吊挂的衣物放进衣橱里，折叠包装的衣物放在床上；

⑤客人在房间的由客人签收；客人不在房间的，由该楼层服务员签名证实；

⑥若客人在房内，送完衣物离开时，应礼貌地与客人道别并轻关房门；

⑦送衣时，若遇客人房门挂有"请勿打扰"牌的，可把洗衣服务卡从门底缝塞入房内，并在送衣订录上注明，把衣物带回交给文员，等客人电话通知后再送；

⑧贵宾衣物及快洗衣物，按规定时间完成后立即送回；

⑨完成工作后，把送衣记录交给文员；

⑩执行主管、经理的其他工作指示。

七、洗涤工岗位职责

（1）安全、正确地操作机器，按规定的工作程序与标准进行洗涤工作。

（2）正确投放洗涤原料。

（3）如实填写工作记录。

（4）工作结束后擦拭机器，做好设备的维护保养，随时打扫卫生，保持工作区域干净整洁。

八、烫平工岗位职责

（1）严格按照工作程序与标准，烫平洗涤干净的床单、台布及饭店使用的各种纺织品布巾。

（2）在烫平过程中要对布草进行选拣，发现不合格的要及时拣出。

（3）正确操作烫平机，确保人身和设备安全。

（4）工作结束后擦拭机器，做好设备的维护保养，随时打扫卫生，保持工作区域干净整洁。

九、熨衣工岗位职责

（1）按工作程序与标准做好机器设备使用前的准备工作，检查安全隐患。

（2）正确操作机器，按规定的程序和标准熨烫各种衣物。

（3）熨烫衣物时，如发现破损、未洗净、纽扣及饰物不全等现象时，需立即报告主管或领班。

（4）熨烫好的衣物按标准做好包装。

（5）保持工作区域干净整洁。

（6）工作结束按要求关闭电源、蒸汽法门等，擦拭机器，维护保养机器设备。

十、布草房主管岗位职责

（1）编制下属上班轮值表，安排布草房员工班次及休假，做好员工请假的记录。

（2）制定制服、棉织品的运行方案，督促制服与棉织品的收发、分类和储存的正常运行。

（3）计划并组织部门员工的业务培训。

（4）与洗衣房密切合作，保证制服与布草的供应。

（5）验收新制服和新棉织品，检查制服与棉织品的收发、分类和储存质量，定期盘点棉织品。

（6）参加部门例会，召集本管区会议，做好与员工之间的沟通和员工的安全生产教育工作。

（7）提出废旧棉织品及制服的处理方案。

十一、布草房收发员岗位职责

（1）负责收取、发放布草，填写有关表格。

（2）发现破损、污染的布草按有关规定处理。

（3）发现布草收发过程中数量不对的情况立即向主管报告。

(4)保持布草房的卫生,整齐码放布草。

(5)做好布草的保管和库房的安全保障工作。

(6)协助客房库管员对布草进行盘点。

十二、制服收发员岗位职责

(1)按工作程序和标准准确快捷地完成制服收、检、核、发及保管工作。

(2)正确填写有关表格和卡片,做好统计工作。

(3)认真验收发洗完的制服,保证从工服房发出的干净制服尤破损、掉扣等现象。

(4)保持工作区域干净整洁,所有的衣物一律上架分类挂(摆)放,严禁随地堆放。

(5)协助主管和部门库管员对工服的盘点工作,对3个月没人领用的制服应清查原因,及时处理。

十三、缝纫工岗位职责

(1)完成修补、改制客衣的工作,保证客人满意。

(2)完成客房和餐饮布草大改小、破改小的工作,修破利废,节约成本。

(3)妥善保管好材料及辅料,做到心中有数,发现问题及时报告。

(4)正确使用和定期保养机器设备,熟悉设备性能,按规程操作,不断提高操作水平。

(5)自觉清理和维护工作场所的清洁。

(6)对员工制服应急性的修补要热情,及时协助解决,切实做好服务。

第二节　酒店洗涤部管理制度

一、酒店洗衣房管理制度

1. 员工纪律

(1)不准在工作场所内吸烟。

(2)不准将私人衣物带入洗衣房洗熨。

(3)不准在洗衣房内追逐、打闹、大声喧哗。

(4)不准将洗衣房用品带出酒店。

(5)洗衣房内不准挂放私人物件。

(6)机位前后不得存放与洗熨无关的杂物。

(7)布草车使用前后务必清除杂物。

(8)洗衣房内用具必须时时保持整齐统一。

(9)损坏公物者按酒店有关规定赔偿。

(10)严格遵守工服收发管理规定,并做好详细记录。

2. 服务质量管理制度

(1)建立个人自检,领班、主管全面检查,经理抽查的管理控制制度。

(2)不定期组织洗烫、客衣、工服等不同工种人员参加的质量研讨会。

(3)造成事故的当事人,应写出事故经过存入部门管理档案,部门将酌情给予处理。

3. 洗烫质量管理标准

(1)无异味,无脱色、串色现象。

(2)无变形、缩水、脱线、缺扣现象。

(3)无熨烫的双重折痕和不平整现象。

(4)无杂物灰尘污染。

(5)无湿润感觉和不规则的熨烫。

4. 安全与防火

(1)注意防火,消除事故隐患,这是每个员工的责任和义务。

(2)各班组领班和洗衣房主管均是防火责任人。

(3)对与工作无关的外来人员进入工作地段要过问。

(4)洗涤工在机器运转、高速脱水时严禁离岗。

(5)熨衣工使用的电熨斗、蒸汽熨斗用毕之后,即刻关闭电源开关。

(6)消防栓前严禁放置布草车和杂物,任何人不得乱动消防器材。

(7)中班领班下班前必须巡查各工作间开关关闭情况,检查所有门是否上锁,并将有关钥匙交至房务中心。

(8)员工应及时向部门主管汇报安全隐患。

(9)遇突发事件时,应保持镇静,听从酒店及部门领导的指挥。

5. 卫生管理制度

(1)自觉打扫和维护工作场所的卫生是每个员工应尽的义务。

(2)严禁在洗衣房内抽烟,不准随地吐痰,乱丢杂物。

(3)患有传染病的人员一律不准上岗。

(4)要保持个人卫生清洁,工服经常更换。

(5)工作前后要清理劳动工具与相关用品。

(6)干净的与未洗的衣服及布草不得混放,未洗的布草要放在指定的地方,洗涤好的布草要防止污染。

(7)对未洗的衣服和布草带来的杂物,一定要及时清理,不能随意将杂物扔在地上。

(8)如发现有苍蝇、蟑螂之类的害虫,要及时进行处理,所有衣服和布草都要经过消毒方可发出。

(9)饭前饭后,工作前后要洗手,勤剪指甲。

(10)干净的衣服和布草如不慎掉在地上,一律重洗。

(11)每周用消毒水对布草车进行消毒洗刷,并做好消毒记录。

(12)勤洗头、勤洗澡,防止散发出体味。

(13)各班组工作完毕后,要搞好地段卫生,领班为各班组卫生负责人。

(14)每周五上午对洗衣房做彻底的清洁。

二、酒店洗衣服务管理制度

(1)楼层服务人员收到送洗衣物时,请客人填写姓名、房号、送洗日期及送洗衣物的名称、件数和单位。

(2)清点衣物件数,然后检查口袋里有无钱物,发现钱物要交还给客人;检查有无破损或油垢,如果有,应向客人说明,并在洗衣单上注明破损程度及位置,还要将待洗衣物的颜色或特点标注在洗衣单上,避免弄混。

(3)当客人的衣服洗好后,服务员应拿着洗衣登记单到布草房领取,或由布草员送到楼层,要对照登记单,防止领错,然后分送到每个客人的房间,向客人收取洗衣费,如属于记账客人,则将洗衣费用账单通知前台收银处,待客人离店时一起结算。

三、酒店洗涤部工场管理制度

(1)不准在工场范围内吸烟、喝酒;

(2)不准在工场内追逐、打闹、嬉戏、大声喧哗;

(3)不准将工场用品(具)带出酒店外;

(4)不准在工场内打扑克、下象棋等娱乐活动;

(5)不准私自带人至工场参观;

(6)不准将私人衣物带入工场洗烫;

(7)工场内不得挂放私人物件;

(8)机位前后不得存放与洗烫无关的杂物;

(9)布草车使用前后务必清理杂物;

(10)工场内用具必须时刻保持整齐干净;

(11)损坏公物者按酒店有关规定赔偿。

四、洗涤部水洗操作制度

1. 准备

(1)打开各机位电闸,检查各开关、按钮的灵敏度,检查温度、蒸汽、气压等是否正常;

(2)将不同质地、不同颜色、洗涤时不同温度要求的衣物分别堆放;

(3)检查衣物有无破损、褪色等现象;

(4)将不同洗涤要求的衣物分别放入机内;

(5)关机门前再检查一次,是否有不同质地、颜色的衣物混入其中;

(6)关机门时要小心,切勿使机门夹住衣物。

2. 注意事项

(1)洗衣原料在进足水位后再投入机内,不得与干衣物同时投入;

(2)衣物需要漂白处理时,按该产品使用要求操作;

（3）排水时注意有无小件物品随水一起排出；

（4）发现衣物缠绕或被机门夹住时，应立即停机处理；

（5）洗涤过程中员工不得离开岗位；

（6）准备底部干净、四周光滑的装衣车，用来装洗净的衣物。

五、干洗操作管理制度

（1）机器检查

检查油量是否足够，油循环系统是否正常，蒸汽、温度、气压是否正常，各按钮、开关灵敏度是否正常等。

（2）检查后，将衣物分类投入干洗机清洗。

（3）注意事项：

◎检查衣物有破损、无褪色、特殊污渍、染色、遗留物品；

◎按深浅颜色、耐洗程度进行分类；

◎对有明显污渍（泥、饭、墨）的衣物，应先去渍后洗涤；

◎取下不宜干洗、易脱落的纽扣、塑料环扣；

◎衣服衬里极脏的应先喷少量蒸汽或干洗碱油；

◎易串毛的织物不能与其他衣物同缸洗涤；

◎白色衣服用干洗油洗涤。

六、熨烫操作管理制度

1. 机烫操作

（1）烫前观察，按客人要求认真熨烫衣服；

（2）合理摆位，提高工作质量；

（3）烫衣物时把关，注意衣物用料、质地；

（4）烫后检查，保证质量，做好标志。

2. 机烫操作方法

（1）吹：用熨烫机向衣物喷射蒸汽使织物纤维受热伸展后，用冷风袋向衣物吹风撑平使其定形；

（2）压：用带温的夹机或熨斗的压力，消除纤维起皱的特性；

（3）抹：用手抹平的方法，对不能压烫的衣物，将衣服平放在夹机垫面上，打蒸汽抽湿，双手轻轻将衣服定形、抹平；

（4）磨：用特制的布枕托着衣物的某一局部，在带温的夹机或熨斗下将皱磨平；

（5）执：用熨斗修补在绒夹面上无法烫的部位，使之辅助成形。

3. 机烫操作技巧

（1）轻压长抽：为减少绒毛倒伏后产生极光，打蒸汽抹平衣服后，用夹机轻轻拍压随即升起，用较长时间抽湿，靠吸力将衣服抽平在夹机垫面上；

（2）上气底抽：轻薄衣料不宜上下用气，只需放小量上气压烫便可抽湿定形；

（3）虚压烫：不需明显折痕的衣服，可将机夹控制离衣服一定的距离内打气撑平，抽湿定形；

（4）反面吹烫：在吹烫较厚或衬里是人造毛衣服时，可将衣服正面反过来吹烫一次；

（5）底气升烫：不能机压的衣物（毛衣、绒帽等），可放在绒机夹面上，用底气升烫一段时间后抽湿定形。

七、酒店布草房管理制度

1. 员工制服管理制度

（1）制服的定做、配置、更新和补充由人事部负责，工服房负责制服的验收、日常发放、保管、缝补和盘点。

（2）制服的发放必须在收发窗口进行。

（3）制服收发员必须站立服务，"请"字当头，"谢"不离口。

（4）严禁将私人衣物混入制服内洗涤。

（5）因洗涤原因造成编号颜色脱落的制服应及时处理。

（6）制服收发员不得以任何理由扣发他人衣物或在收发衣物时做私人交易，因特殊情况不能为员工换制服时，应向员工做好解释，并及时通知对方换制服时间。

（7）严格按照《工服收发程序》发放制服，凡接受换衣时一律以脏制服换干净制服，不得乱借制服。

（8）因破损而无法继续穿用的制服，应及时报告主管填写更换单报人事部。

（9）所有制服须编有号码，制服上的号码应与《工服卡》《工服收发登记本》上的号码一致。

（10）干净的制服应根据部门和换洗频率挂在制服架上，与脏制服分开存放，并分部门按照号码顺序依次排列，厨师、工程技术人员的制服放在就近拿取的地方，离职员工制服单独存放。

（11）如实填写《工服卡》《工服收发登记本》和《工作交接记录》，并按部门依次排列。

（12）保持工服房衣物摆放整齐，卫生状况良好。

（13）因制服收发员个人原因造成制服丢失、损坏的，由责任人承担全部损失。

（14）洗衣房主管、领班每大检查工服房的卫生、工作记录、制服保管情况，发现问题及时处理、整改。

2. 布草管理制度标准

（1）布草的收发制度标准

①定点发放。布草的各使用单位都必须从布草房领取相应的布草，布草房是干净布草的归集地点。

②坚持以脏换净制度。布草房根据各使用单位送来的脏布草，发放相应的干净布草。同样，布草房根据总的脏布草向洗衣房换取相应的干净布草。

③坚持当面清点、检查布草。布草房收布草时，必须与各使用单位当面清点，如实填

写《布草换洗单》,发现有污染、破损的要做好记录,并请对方签字认可;发布草时不得凭印象发放,必须对单发放,且发完后需收问单据;对其他部门污染、破损无法洗净或修补的,不得另发干净布草,必须在接到对方经过财务部批准报损的单据后方可发放。

④布草收发员每天填写《洗衣房布草日汇总表》,一联留底,另三联分别交主管、经理、财务部。

⑤坚持超额领用申请制度。不管是个人或其他部门,要借用布草或超额领用,应填写《借物申请表》,并经客房部经理批准,使用完毕后立即归还布草房;同样,布草房发放的布草有短缺,也应开出欠单作为凭据。

⑥破损或污迹的处理。布草房应将有破损或污迹的布草分拣出来单独摆放以便处理,但无论破损或污迹布草有多少,布草总数应保持一致。

(2)布草存放制度标准

①布草库严禁无关人员进入,做到随出随锁门。

②布草码放整齐,干净和需洗的布草应严格分开存放。

③布草库内应保持清洁,不得存放化学物品、食品和个人物品。

④有关工作单据和交接记录应注意保存,需作废时必须经洗衣房主管签字认可。

⑤拉送布草进出洗衣房原则上由布草员负责,需别人帮助时,可向主管提出申请。

⑥遵守其他洗衣房管理制度。

⑦如因工作失误遗失或损坏布草,按照饭店有关规定进行处理。

(3)布草的报废与再利用制度标准

①布草如有破损、有无法清除的污迹或规定使用期限已到,或统一调整新规格导致原有布草不适用的原因方可申请报废。

②无论哪一种情况的报废,都应核对并填写《布草报废单》,由部门经理或有关部门审批。

③报废的布草应至少保存一个月,需再利用时要填写《布草再利用申请单》,并由部门经理签字。

④布草再利用可以改制成枕套,或改制成婴儿床单,或改制成工作抹布,或做清洁工作,或作为工程维修的铺垫,也可将浴巾改制成毛巾。

(4)布草的盘点制度标准

①布草房员工在休假前后必须与交接人员盘点交接,且需双方签名。

②布草员在每日清点布草过程中发现有多出或缺少现象时,应立即报告洗衣房主管,以便立即查找责任人,否则,由布草员承担有关责任。

③每周五上午协同洗衣房主管、客房部库管员对布草库全面盘点。

④每月固定日期协同洗衣房主管、客房部库管员对布草库全面盘点。

⑤盘点布草时,应停止布草在使用单位的周转,进行分门别类的盘点,了解准确数字,在存、在洗、在用以及报废的布草总数应与账面总数相等,否则应立即查找原因。

八、洗涤部布草平烫操作管理制度

1. 各类布草的平烫程序

（1）床单：在进口处，两端操作员两手轻轻将床单的一端拉平，互相配合，将床单放到输送带上，发现有破或污渍的床单应及时通知收方将其拣出。收方以每十张为单位进行包装，整齐地放入布草车内。

（2）餐巾：在进口处，操作人员两手将四边拉平，均匀地将餐巾放到输送带上。如发现破损或明显污渍的餐巾应及时拣出；收方应将翻洗、报损的餐巾按规定放置，四边不齐、不平整的重洗处理。

（3）台布：进口处两边的操作人员协调地将台布一端拉起，对准中线，将台布送入机内，如发现有明显污渍、破损时，能拣出的及时拣出，不能拣出的应通知收方。收方操作人员以十张为一包装单位进行包装装车，分类摆放整齐。

（4）机袋：两手轻轻将枕袋拉开，均匀地放到输送带上，发现不合格的应及时拣出翻洗；收方以每五十个为一包装进行包装，整齐地放入布草车内，不合格的放回重洗处，报损的放指定位置，并进行处理。

2. 各类布草的折叠包装标准

（1）台布：四折，每十张为一包装单位；

（2）脸巾：四角对称，每四十条为一包装单位；

（3）方巾：不折四角整齐地重叠，每五十条为一包装单位；

（4）浴巾、脚巾：四角对称重叠中间打折，每十条为一包装单位；

（5）枕袋：两折，五十个为一包装单位。

3. 各类布草的报损标准

（1）四边角位破烂不能继续使用的；

（2）污渍重洗处理后仍不能去除的；

（3）变色、陈旧、褪色、染色无法去除的；

（4）有明显的抽线、抽毛，有损质量标准的。

4. 布草运送

（1）所送布草均需做好签收手续；

（2）布草运送员负责对部门每月原材料的运输；

（3）客房按开房率及楼层需要数运送；

（4）餐厅布草按送洗数于次日全部送回。

第三节　酒店洗涤部工作流程与标准

一、酒店洗涤部收发工作流程与标准

1. 收取流程

(1) 客房布草收取

①布草收发员、早班洗涤工与楼层服务员清点通过布草滑道滑至洗衣房的脏布草，将污损布草单独放置，并在《楼层棉织品口交接表》上记录。

②布草员将所点数目记录在《楼层棉织品日交接表》上，并与楼层服务员核对，双方签名认可。将《楼层棉织品日交接表》的凭证一联给送布草人员。

(2) 非客房布草收取

①布草收发员与洗涤工共同清点布草所在部门送至洗衣房的布草类型及数量，将污损布草单独放置，并在《布草收发记录表》上记录。

②布草收发员将所点数目记录在《布草收发记录表》，并与送布草的人员核对，双方签名确认。将《布草收发记录表》的凭证一联给送布草人员。

2. 发放流程

(1) 客房布草发放

①布草收发员将洁净布草准备好放至布草推车内。

②带好《楼层棉织品日交接表》及记录笔。

③乘员工电梯送布草至所在楼层，双方共同点数签收，并将《楼层棉织品日交接表》的凭证一联收回。

(2) 非客房布草发放

①布草员依据核对的布草类型及数目，将洁净布草直接交由布草收取人员。

②双方共同清点签收，布草员将《布草收发记录表》的凭证一联收回。

二、酒店洗涤部的工作流程与标准

1. 开机

(1) 按安全操作规程接通电源。

(2) 接通冷、热水管，蒸汽管。

(3) 用测电笔检查电器部位是否漏电。

(4) 试机，确认机器可以正常运转。

2. 装车

(1) 将检查后需洗涤的布草称重，置入机舱内，在《洗涤生产量及洗涤用料日报表》上记录洗涤量。

(2) 关门时不能将布草掩住。

3. 洗涤布草

(1)选择洗涤程序:床单和枕套、毛巾类布草,以及台布和口布类布草应选择不同程序进行洗涤。

(2)布草洗涤步骤:预洗(台布和口布在预洗浸泡时要加入少量洗涤剂,以减少主洗的难度)→主洗(加入主洗剂,台布和口布还要加入去油剂)→漂洗(加入漂白剂)→两次过水→中和(加入酸粉,台布和门布还要加入上浆粉)→第三次过水(毛巾类布草要加入柔顺剂)→脱水。

4. 卸车

(1)从机器内取出布草,放入干净布巾上。

(2)毛巾类布草送烘干机处烘干,床单、枕套、台布和口布送烫平组。

(3)在《洗涤生产量及洗涤用料日报表》上记录洗涤用料量。

三、酒店洗涤部员工制服收发工作流程与标准

1. 收取流程

(1)打开厂衣房收发窗门,准备好笔及《工服收发登记本》。

(2)员工将脏工服退还时,收发员要求其在《工服收发登记本》上写明所换工服类型、件数、日期及员工本人签名。

(3)检查所有填写项目是否正确。

(4)将脏工服检查一遍,有员工遗留物品交还本人,然后将工服放至相应的筐内。

2. 发放流程

(1)根据员工所在部门选择部门工服所在处。

(2)根据员工工服编号找出工服。

(3)双手将工服递给员工。

3. 与洗衣房交接

(1)通知洗涤工到上服房收取脏工服,双方清点无误后在《工服送洗交接单》上签名认可。

(2)洗涤工将洗好的工服送回上服房,工服收发员检查、清点工服有无破损、掉扣、未洗净等现象,如有,要进行修复或要求重洗。

(3)按编号挂到相应位置。

4. 新员工入职工服发放

(1)收到新员工的《工服发放通知单》,按其工作岗位查找相应的两套工服。

(2)根据员工身材选择合适号码的衣服,请员工试穿,如合适,按其岗位编号,写在衣服适当位置,将其中一套衣服发给员工,另外一套备用。

(3)发给员工工鞋。

(4)填写《工服发放卡》,请员工签名。

(5)收发员在《工服发放通知单》上签字,并注明工服缺少或其他特殊情况。

(6)将《工服发放通知甲》双手递给员工。

5. 收回员工辞职退还工衣和工鞋

(1)员工凭《辞职结算单》退还工服和工鞋。

(2)根据上服上的编号查找相应的《工服卡》,对照是否全部归还。

(3)如全部衣物无误,收发员在《辞职结算单》上签字。如有衣物未还或有损坏,应在《辞职结算单》上注明,同时注明其工鞋的回收时间。

(4)将退回的衣物挂到备用衣物存放处,将其《工服卡》拿出单独存放。

四、酒店洗衣房烘干、折叠毛巾类布草工作流程与标准

1. 烘干

(1)按安全操作规程接通烘干机电源和蒸汽管道,检查电器部位是否有漏电及其他不安全因素,试机以确认烘干机可正常工作。

(2)将需烘干的布草点数称重后,置入机舱内,选择合适烘干程序。

(3)启动机器运行,洗涤工随时观察运行情况。

(4)烘干完毕,待机器完全停转后打开舱门,将布草从机器内取出,放入干净的布巾车内,同时检查洗涤质量。

(5)将洗好的布草送至叠毛巾处。

2. 折叠

(1)将工作区域打扫干净并准备好打捆绳、剪刀、《工作交接本》。

(2)毛巾、浴巾、地巾、方巾、坐澡巾、浴袍分类折叠,折叠时店徽向外,同类毛巾放为一叠。

(3)将有污迹、破损的布草挑出,用剪刀将布草线头剪掉。

(4)将叠好的布草打捆,浴巾10条一捆,毛巾20条一捆,地巾15条一捆,方巾50条一捆。

(5)将打好捆的布草点数后记录在《工作交接本》上。

五、酒店洗衣房客人衣物收发工作流程与标准

1. 收取程序

(1)客人衣物收发员接到客房中心文员(或客房楼层服务员)通知后,随身携带记录笔及《客房中心收发客人衣物登记表》,到客房中心或楼层收取客人衣物。

(2)与客房中心文员或楼层服务员核对客人衣物数量和特殊要求等,检查与洗衣单填写是否相符,在《客房中心收发客人衣物登记表》上记录所收客人衣物的房号、件数、种类、颜色及收取时间、所需服务类型。双方在《客房中心收发客人衣物登记表》上签字。

(3)检查客衣有无问题,口袋内有无客人物品,客衣洗衣单填写是否齐全。

(4)检查客人填写的洗衣方式是否正确,如果客人将水洗衣物填为干洗,或将干洗衣物填为水洗,应通过客房中心与客人取得联系,请客人更改;如果客人不在房间,应将衣物暂时放在客房中心,待客人回来修改洗衣单后,再收取洗衣,超过12:00也不收取客人加急费用。

（5）根据洗衣单所标价进行划价。

（6）将客衣和三联洗衣单按房间分别放于洗衣袋内，带回洗衣房。

（7）将洗衣单的两联送至前厅收银处。

2. 发放程序

（1）收发员对照《客房中心收发客人衣物登记表》核对客衣数量、房号无误后，随身携带记录笔及《客房中心收发客人衣物登记表》，将整理好的客人衣物送至客房中心或楼层。

（2）与客房中心文员仔细核对客人衣物的房号、件数、种类等。检查无误后，双方在《客房中心收发客人衣物登记表》上签字。

六、酒店洗衣房去污工作流程与标准

1. 去污准备

（1）清洗去污台。

（2）准备去污剂及去污工具。

2. 判断污渍种类

通过观察颜色、闻气味、触摸等方式判断污渍属哪一种类型。

3. 依据污迹的种类选择合适的去污方式

（1）可被干洗药水溶解的可干洗衣物，直接干洗。

（2）可被水溶解的可水洗衣物，直接水洗。

（3）不可溶解的用毛刷刷洗。

（4）可被特殊药水溶解的使用合适的去污剂（如酸性、氧化剂等）。

4. 去除污渍

（1）去污前仔细鉴别织物特别是深颜色衣服的染色度、纤维成分，防止掉色，可用毛巾浸药液在衣物内侧边角做擦拭试验。

（2）对时间长的污迹采用每次少用去污剂，但反复使用的原则。

（3）水洗使用两种去污剂时，先将第一种冲洗净后，再使用第二种，去污后要及时将去污剂洗净，防止咬色或伤害织物。

（4）不熟悉的面料或不曾接触过的污迹，先在衬里、边角做试验。

（5）由污迹的四周向中心擦拭，防止污迹扩散。

（6）去污时，污迹面向下，并放置在毛巾或吸水纸上，在织物反面施加去污剂，尽量少用强力擦搓。

七、酒店洗衣房衣物干洗工作流程与标准

1. 开机

（1）打开总电源及蒸汽阀，冷凝水阀。

（2）确认药水存储箱内有足够的药水（不可低于最低液位），干洗机才可以工作。

（3）打开机内电源开关，开启舱门。

2. 检查衣服

（1）衣兜内是否有未掏净的钱物。

（2）衣服是否有破损、褪色、缺扣、饰物不全等情况。

（3）确认衣服可以干洗。

（4）不能干洗的衣扣、饰物要拆下。

（5）色彩鲜艳的衣物先试验其是否掉色，若掉色较严重，则应与客人联系，经客人同意后再洗。

3. 分类

（1）按颜色分成深、浅两类。

（2）按面料分为普通衣料（一般化纤织物）、毛料类、丝绸类。

（3）按纺织方式分为易损衣服（真丝、绸、软毛类衣服）、非易损衣服（一般化纤及硬毛料衣服）。

4. 装车

（1）将需洗涤的布草点数称重后，置入机舱内，关闭舱门。

（2）在《洗涤生产量及洗涤用料日报表》记录洗衣数量。

5. 洗涤

（1）不同类别的衣服要分别洗涤。有重污的衣服先行去污，易损衣服要装入网袋内洗。

（2）不同类别的衣服选择不同的洗衣时间：

①非易损衣服 10 分钟左右。

②易损衣服 3~5 分钟。

（3）不同类别的衣服选择不同液位：

①易损衣服用高液位。

②非易损衣服用低液位。

③特殊易损或饰物较多的衣服用手工处理。

（4）机器运行时要随时观察机器运行情况，有异常情况立即停机。

6. 甩干时间的确定

根据面料选用不同的时间标准。

7. 烘干温度的选择

烘干时温度不要太高，一般在 50℃ 左右。

8. 取出衣服时的注意事项

（1）待机器完全停转后方可开门取衣。

（2）有污迹未除掉的应局部单独处理或再行清洗。

（3）需要向熨烫组交待的事宜，要当面与熨烫工交代清楚。

八、酒店洗衣房衣物烘干工作流程与标准

（1）接通烘干机电源及蒸汽管道开关；用测电笔检查电器部位是否漏电；试机，确认机器可以正常工作。

（2）把要烘干的衣服按一般深色纯棉、牛仔服、外衣分为一类，化纤衬衫分为一类，T恤衫、背心分为一类，分别烘干；含水率低的与含水率高的衣服分别烘干；小件衣物（如袜子、内裤等）要放在网袋内烘干；自然晾干不能烘干的衣服（丝麻等）需自然晾干。

（3）将衣服装进烘干机，选择适宜的烘干温度和烘干时间。

（4）启动烘干机运行。

①随时观察烘干机运行情况，如有异常立即停机。

②烘干后打冷风。

（5）烘干完毕，待机器完全停转后方可打开门，将衣物取出装入专用干净布巾车，送至熨烫间。

九、酒店洗衣房水洗衣物工作流程与标准

1. 开机准备

（1）按安全操作规程接通电源、冷水管、蒸汽管。

（2）用测电笔检查电器部位是否漏电。

（3）试机，确认水洗机可正常工作。

2. 检查衣服

（1）衣兜内是否有客人未掏净的钱物。

（2）衣服是否破损、褪色、缺扣、饰物不全等。

（3）确认衣服可以水洗。

（4）不易机洗的挑出手工洗涤。

3. 分类

（1）按颜色分成深浅两类分别洗涤。

（2）有重污的衣服和衬衫的衣领、袖口处在洗涤前专门刷洗去污。

（3）小件（袜子、内裤等）装入网袋内洗涤。

（4）需上浆的衣服单洗。

4. 装车

（1）将需洗涤的衣物点数称重后，置入机舱内，在《洗涤生产量及洗涤用料日报表》上记录洗衣量。

（2）关门时不要将衣服掩住。

5. 洗涤

（1）预洗用一般高水位、冷水洗3分钟，观察是否有掉色的衣服。

（2）主洗用低水位，水温30~40℃，加入适量的洗涤剂；洗涤工随时观察洗衣情况，防止意外情况发生；时间控制在10分钟左右。

（3）过水用高水位，至少三遍以上。

（4）中和加入适量的酸剂，棉织品内衣加入适量柔顺剂。

（5）脱水根据不同衣服的不同含水率控制不同的脱水时间。

6. 卸车

(1)取出衣物装入干净的专用布巾车,待烘干。

(2)检查衣服是否洗净,如未洗净需复洗。

(3)检查是否有衣服搭色,如有立即采取补救措施。

(4)在《洗涤生产量及洗涤用料日报表》上记录洗衣用料量。

十、酒店洗衣房熨烫衬衫工作流程与标准

1. 熨烫

(1)按安全操作规程接通熨斗及烫台电源、蒸汽管道。

(2)将衬衫平铺在烫台上准备熨烫(纯棉、麻料衬衫熨前先要均匀喷水润潮)。

(3)贴边:从反面将前身两条贴边(尺寸应相等)、兜衬烫平、拉直。

(4)托肩:将衣领竖起,双手拿住袖根部放平熨平(商标也要熨平)。

(5)袖口:左手拉住一边,用熨斗先从右向左熨,再反向把另一边熨平(纯棉面料的要喷浆,其他上轻浆)。

(6)袖腕:熨斗从袖反面的中央,由下向上来回转动,熨后的襟边应无扣印、干平、无皱纹,袖的褶纹为自然褶。

(7)双袖:以袖底拼缝为基础,将袖铺平后烫平,不能出现双袖线。

(8)衣领:先熨领背面,喷浆趁潮湿时拉直,再熨领正面,喷水趁潮湿时拉直(熨斗应多次走动并用力,以增加光泽度及硬度)。

(9)后身:从正面将后身熨平,如有皱褶,先拉直伸平,待上下宽窄一样时熨平。

(10)前身:从正面熨,两片应对称。

2. 熨后衬衫标准

(1)衣领呈圆形且挺立,领尖光洁无各种印痕,小领直立呈三角形。

(2)肩部齐整。

(3)衣兜平无皱,有兜盖的兜盖要平,兜盖扣要扣上。

(4)前身子整无扣印、无亮光。

(5)后身平整无亮光。

(6)衣服底摆齐整。

(7)无双袖线,袖口无褶,袖扣要扣上。

3. 折叠

(1)加领条、扣领扣、中扣、底扣。

(2)翻转、后身向上放纸板。

(3)以纸板为边折叠。

(4)围上腰条。

(5)放上领花。

(6)罩上衬衫包装袋,封袋。

十一、酒店洗衣房熨烫西裤的工作流程与标准

1. 熨烫裤腰

(1)将西裤平铺在光线充足的烫台上,打开抽湿开关,用蒸汽熨斗熨烫裤腰。

(2)熨完的裤腰应无皱、自然弯曲,侧裤兜口拉直不露面,后裤兜盖平整无扣印,腰褶(小裤线)长度齐于兜口,里裆推平呈圆形,前门平直。

2. 熨裤腿

(1)使用熨斗熨烫裤腿。

(2)熨完的裤身应与大裤线接得自然吻合,无双裤线;两边接缝能对正,内接缝劈开压死,两腿裤中线能对齐吻合。

(3)使用熨斗接裤线及修理未熨好的部位。

3. 自查质量

(1)用衣架将裤子挂起(挂件要放在侧裤兜的底边处)。

(2)依据标准自查质量。

(3)将符合质量标准的熨好的西裤挂在成衣架上。

十二、酒店洗衣房熨烫西装上衣的工作流程与标准

1. 将西装套在熨烫机上:用袖弓将两袖撑开,用压板压紧前身,后身若开衩,用夹子夹紧,然后将衣兜盖翻出。

2. 打开蒸汽开关,冲入蒸汽,同时两手将衣服下拉。

3. 关闭蒸汽开关,改打开冷气开关冲入冷气定型。

4. 熨烫

(1)将西服平铺在光线充足的烫台上,打开抽湿开关,使用蒸汽熨斗依次熨烫左前襟、左下摆、右前襟、右下摆、后身、衣领各部位。

(2)熨烫好的衣服应符合下列标准。

①衣领:外表布料平且无皱,无光亮,领边圆平,里领不外露。

②肩:垫肩保持原样,无亮光,无压印,左右翻度应一致,翻领位于第一纽扣处,呈自然流线型。

③前身:无褶、无亮光、无压印、挺括,下摆平整。

④衣兜:兜口内外呈"一"字形,不露内衬;兜盖方正,无压印、无褶。

⑤后身:外表平、挺、无皱、无亮光、无衣缝压印,衬里不外露。

⑥开衩:无夹板压印。

⑦衣袖:外表平、挺、无皱;袖线直,无双袖线,无亮光;袖边及袖扣处要熨平,无袖口压印,整个袖子呈流线型。

⑧衣缝:所有衣缝衬里要劈开熨平,外衣如果有衣缝压印也要去除。

⑨衬里:所有衬里应无死褶,褶里过长的要用熨斗熨齐。

5. 将熨好的衣服整齐地挂在成衣架上。检查是否符合标准,若有不符合之处重新熨烫。

6. 装入相应的西装包装袋。

第四节　酒店洗涤部常用管理表格

一、洗衣房日常登记表

日　期	单据号	房　号	客人姓名	洗衣人员	服务费用	总　计	备　注

二、洗涤部日报表

时　间：　　　　　　　　　　　　　　　　　　　　　　　　　　　　金　额：

序号	桌　布		方　巾		口　布		圆　台		西　服		工作服		桌　裙		帽　子		围　裙	
	数量	金额	数量	金额	数量	金额	数量	金额	数量	金额	数量	金额	数量	金额	数量	金额	数量	金额
合计																		

三、内部洗衣月度统计表

日　期 项　目									
总　计									

四、内部制服洗涤情况统计表

部 门	西装	衬衣	外衣	背心	工衣	旗袍	长裙	燕尾服	领巾	肚兜	大衣	风衣	短裤	转裙	高帽	礼帽	手套	领带	运动服	花边	警绳	披肩	毛衣	腰带	T恤	短裙	百褶裙	其他

五、顾客衣物收洗登记表

序 号	日 期	楼 层	顾客送洗衣物名称	收洗人	签 收	洗衣人员	备 注

六、顾客衣物水洗、干洗、熨衣服务表

序 号	日 期	水 洗		干 洗		熨 衣		备 注
		普 通	快 洗	普 通	快 洗	普 通	快 洗	

七、洗衣交收登记表

序 号	房 号	种 类	件 数	送洗时间	送还时间	备 注

八、顾客湿洗衣物项目日常登记表

房号	编号	顾客姓名	布外套	西裤	牛仔裤	衬衣	休闲裤	内裤	袜子	手帕	睡衣	毛衣	羽绒服	长裙	西裙	百褶裙	毛衣	件数	账单号	备注
服务人员				领班					主管											
制表人				检验人					批示											

九、顾客烫熨衣物项目日常报告表

房号	编号	顾客姓名	布外套	西裤	牛仔裤	衬衣	休闲裤	内裤	袜子	手帕	睡衣	毛衣	羽绒服	长裙	西裙	百褶裙	毛衣	件数	账单号	备注
服务人员				领班					主管											
制表人				检验人					批示											

十、洗涤部总收入表

日期	湿洗			干洗			熨烫			总收入	备注
	房号	数量	收入	房号	数量	收入	房号	数量	收入		

十一、洗涤部备品洗涤、物品制作费用明细表

日　　期	部　　门	工作服洗涤费	备品洗涤费	服装制作费	总　　计	负责人	备　注

十二、酒店洗涤部物品盘点月报表

编号	名　称	规　格	月周转量	盘　点	欠缺或损耗量	原　因	申领数量	财务部意见

十三、制服登记表

编号	姓名	职务	制装标准	鞋号	衬衣号	品名	单位	数量	价格	发放时间	签名	部门	备注

十四、制服更换申请表

日　期	编　号	姓　名	品　名	规　格	原　因	数　量	主管意见	备　注

十五、员工制服领取登记表

制服类别	编 号	员工姓名	部 门	数 量	领取人	领取时间	经办人	备 注

十六、楼层布草收发登记表

种类＼楼层							经办人	日期	备注

十七、餐厅布草收发登记表

序 号	日 期	小台布	大台布	特大台布	抹 布	毛餐巾	布餐巾	经办人	备 注

十八、特殊布草收发登记表

序 号	日 期	部门	毛毯	毛毡	床罩	窗纱	窗帘	浴帘	毛巾被	经办人	备 注

十九、洗涤部布草交收单

序　号	日　期	布草类别	楼层收集数量	洗衣房返还数量	经办人	备　注

二十、各部门每月清洗布草统计表

种类＼部门	床罩	枕套	浴巾	浴袍	中巾	面巾	足巾	布草袋	毛毡	台布	席巾	小床套	大床套	窗帘	窗纱	尘拖	杂巾	床垫	灯罩	台裙	按摩服	按摩椅套	枕巾	被套

二十一、客人衣物登记表

日　期	房　号	数　量	核　对	收取时间	收衣人	送回时间	送衣人	备　注

第七篇

现代酒店保安部管理

 第20章 酒店保安部规范化管理制度与表格

第一节　酒店保安部各岗位职责与工作规范

一、酒店保安部经理岗位职责

(1)具有高度的责任心与事业心,有强烈的竞争意识,有现代酒店安全管理的经验。随时贯彻并执行总经理的指示,做总经理保安工作上的参谋和助手,对酒店的安全负有督导的各项责任。

(2)坚持原则、不徇私情、秉公执法,要有吃苦耐劳、敢于献身的精神。带领并督导下属做好安全保卫工作,确保酒店人、财、物的绝对安全。

(3)坚持安全管理的规范化、程序化、标准化、制度化,以身作则,最大限度地调动部门员工的工作积极性,并领导下属员工积极开展QC(全面质量管理)活动。

(4)负责制定酒店的安全保卫规章制度,部署保安部的工作计划安排并检查计划的执行情况,审定各部拟定的岗位安全制度、规定,报请总经理批准后实施。

(5)协助培训中心、组织对员工进行"防火、防盗、防破坏、防自然灾害"为中心的四防安全教育和法制教育。

(6)负责组织调查酒店内外发生的重大案件、事故,并向总经理提出处理方案。

(7)负责本部门员工的工作安排,带领本部门员工尽职尽责,做好安全保卫工作,保障员工和客人的生命安全,加强对酒店经济部位和要害部位的安全管理。

(8)受理酒店关于部门的客人投诉,并负责及时进行处理。

(9)与当地执法部门、司法部门及其他保安部门保持紧密的合作关系,协助执法部门侦破违法犯罪案件和处理火灾。

(10)维护酒店内部的治安秩序,经常巡视酒店各重要"四防"器材设备,以确保保安人员和设备处于良好状态。

(11)重视内勤工作,组织好内部的保安工作,并做好相关档案材料的积累和科学管理工作。

(12)督促指导并协助总经理组建酒店安全委员会、消防委员会、交通安全委员会等组织,担任或选派各委员会副主任并主持日常工作。

(13)完成酒店领导及上级业务部门交办的各项临时性保安工作。

二、酒店保安部副经理岗位职责

(1)保安部经理不在时,临时代行经理的职权。

（2）能够独立处理各种突发的治安问题。

（3）负责调动各部保安力量处理应急安全事务。

（4）督促指导酒店各部门落实**安全管理**岗位职责，分析存在的问题，及时提出改进意见，促使各部门加强安全管理，确保酒店及**客人的人身与财产安全**。

（5）根据下属人员的工作表现情况，**建议上级进行奖励或直接进行处罚**。

（6）分管当值保安工作和员工培训的**副经理的职责**：

◎监督各班运作，包括人员、岗位、记录等情况；

◎如发生事故，处理好后应填**事件处理报告**；

◎每周上呈一份保安运作报告给保安部经理；

◎与培训部配合，使每一个保安员达到酒店的规定标准；

◎每三个月对员工进行一次纪律、**礼貌、英语水平评估**，以表格的形式呈报保安部经理。

（7）分管消防、停车场、监控室、**待命室的副经理的职责**：

◎完善消防责任制；

◎督促各部门、各租户完善消防设施及消防组织；

◎定期组织人员检查酒店各部位的**消防设施**：

◎组织酒店员工的消防演习；

◎指导停车场、监控室、待命室的**各项工作**。

三、酒店保安部主管岗位职责

（1）协助部门经理做好日常工作，**做好部门经理的助手**，努力完成经理布置的各项工作任务，直接向部门经理负责。

（2）努力提高酒店的竞争意识，**提高业务管理水平**，办事积极、认真负责、讲求效率，树立全心全意为客人服务、**确保宾客安全的思想**，作风正派，不谋私利，有勇于献身的精神。

（3）督促指导各级领班及保安员**履行其职责**，具体检查各项保安措施的落实，指导开展群众性安全防范工作。

（4）具体处理值班期间发生的**顾客或雇员违法乱纪问题**，并负责分管本部员工的培训和考核。

（5）针对下属员工的思想状况和**出勤情况编制培训计划**，辅导新招进的见习保安员，经常对下属员工进行职业道德、**竞争意识方面的教育**，以提高保安部的整体素质。

（6）负责本部人员的考勤、考核工作，**并负责消防防范布置及检查工作**。

四、酒店大门保安员岗位职责

（1）维护大门口的交通秩序，引导车辆的行驶与行人的过往，保障车辆和行人的安全，使门前畅通无阻。

（2）着装要整齐,精神要饱满,仪态要大方,热情、礼貌、周到地回答客人的询问,使客人称心满意,严禁用粗言恶语对待客人。

（3）对来店的客人要彬彬有礼,无论是步行还是乘车来的客人都要表示欢迎,对乘车来的客人要协助迎宾员照料客人下车,若客人要求将车停放在停车场时要引到适当的位置停车,若没有停车位要向客人或司机解释清楚,并介绍客人将车停在附近的公共停车场。

（4）若有旅游团入店时,需疏通车道或安排欢迎队伍,并要在客人抵达酒店前疏通好车道和停车位置,做好迎接旅游团的安全准备工作。

（5）对带有危险品、易燃品、易爆品进入酒店的客人,要劝其交保安部代为保管。

（6）对离店的客人要欢迎他们再次光临,对带大件物品离店的客人要有礼貌地进行查询,对实属客人的行李要迅速放行,并帮助行李员将行李搬上车。

（7）保安员要不断学习,钻研业务,善于根据酒店的特点进行判断,以便提高工作质量。

（8）严格把好第一关,高度警戒,发现精神病患者和衣冠不整者以及形迹可疑者,坚决拦阻其入内。

（9）时刻有高度的注意力,切实做好门前的警戒,特别是夜间警戒,注意车辆和行人的安全,人多时要注意防止失窃,防止在大门口周围闹事、斗殴,保证门前的安全,对深夜以后开出的车辆要严格验证,做到"三对照":对照驾驶证、行车证和身份证,发现手续不齐和可疑情况要及时记录和报告。

五、酒店大堂保安员岗位职责

（1）随时注意大堂出入客人的动向,细心观察,保证酒店和客人的生命财产安全。

（2）认真履行自己的岗位职责,保持高度的警惕,协助总服务台办理入住或离店手续,防止客人的行李丢失。

（3）维护大堂的秩序,对在大堂发生争吵、大声呼叫、到处乱串的客人要立即上前婉言劝说和制止,使大堂保持高雅宁静。

（4）注意保护大堂的公共设施,劝阻客人随意敲击和损坏或躺在大堂宾客休息沙发上,以保持大堂文明的环境。

（5）要防止客人在大堂乱丢、乱吐、乱蹲、乱坐,发现此情况应立即委婉劝阻。

（6）有小孩在大堂追逐打闹、玩耍,或衣冠不整的客人进入大堂时,要及时劝阻。

（7）夜深时要加倍警惕,注意警戒,对 24:00 以后进入大堂的客人要认真观察,发现可疑人员应立即上前询问。

（8）不得在大堂和其他人闲聊。

（9）不得擅离职守,要热情礼貌、周到地回答客人的询问。

六、酒店娱乐场所保安员岗位职责

（1）维护好场地秩序,在人多的情况下、节假日或旅游旺季,组织客人有秩序地排队,防止拥挤。

（2）对娱乐场所要严格按规定进行安全管理,维护好娱乐场所的治安秩序,防止场内出现起哄、斗殴、捣乱和无理取闹等现象,若发生上述事件,要将肇事者带到场外或保安部妥善处理,避免造成坏的影响和妨碍其他客人进行正常娱乐活动。

（3）密切注意场内动向,防止客人的财物被偷和遭受损害,若发现可疑的人要严加监视,发现违法犯罪分子要及时擒拿,并保护好客人的生命财产安全。

（4）娱乐场所若发生事故,如火警、爆炸等,要及时抢救,并组织客人有秩序地疏散,防止事态扩大,并立即报告当班领导。

（5）娱乐活动结束,让客人有秩序地离开场所后,要协同服务人员清理好场地,检查有无客人遗留物品、危险品、火种,并关好音响、灯光。

七、酒店停车场保安员岗位职责

（1）认真学习法律知识,认真学习酒店的各项规章制度和部门规定,增强法制观念,遵纪守法,廉洁奉公。

（2）维护好车场交通治安秩序,做好防火、防盗、防偷、防破坏等工作,严格把好安全关。

（3）对进入车场的车辆要指明停放的位置,并验明车况是否完好,做好详细记录,填好表格,然后告知车主让其当场验证,同意属实签名后方可接收。

（4）做好对进入车场停放车辆的收费工作,车走收费并注销,不得损公肥私、利用自己工作方便谋取私利,一经查获将按情处罚。

（5）对开出车场的车辆要仔细、认真地做好验证工作,在情况确实时才可放行,如验证发现手续不齐和可疑情况,要立即进行查询、拦阻,并及时报告。

（6）不得在车场学开汽车、骑单车、骑摩托车,不得让闲杂人员在车场停留。

（7）夜班值勤时要加强警戒,特别是23:00以后开出的车辆,认真把好验证关,做到"三对照":对照驾驶证、行车证和身份证,发现异常情况,应及时进行阻拦并报告。

八、酒店巡逻保安员岗位职责

（1）认真履行自己的职责,发现事故苗头时要及时排除,确保安全。

（2）加强对重要区域的巡逻,发现可疑情况,应视情处理或及时向上级报告。

（3）在楼层巡逻时要检查客房安全管理情况,是否有不安全因素,楼层通道、电插座、墙护板等是否安全。

（4）对违反酒店规定,在楼层或客房闹事、斗殴、损坏客房设施者,要对其进行劝阻或将其带到保安部酌情处理。

（5）楼层若发生事故，如火警、盗警、凶杀、爆炸等，要迅速组织客人疏散并保护好现场，防止事态扩大。

（6）保安员不得借工作之便使用客房设施，如到客房睡觉、看电视、听音乐和打私人电话等。

（7）保护酒店花圃里的花草树木、园林建筑完好，对践踏草坪、采花折树者要立即劝阻，并妥善处理。

九、酒店值班保安主管岗位职责

（1）检查保安员履行岗位职责情况。
（2）检查酒店大门前及大堂安全情况。
（3）检查酒店公共场所、娱乐场所的安全情况。
（4）检查酒店环境、客房楼层的安全情况。
（5）检查要害、危险部位的安全情况，尤其要注意零点以后酒店的安全检查。
（6）配合大堂副经理处理各类安全方面的事件。
（7）每班做好记录，将事件处理报告上呈副经理。
（8）经理、副经理不在时，指挥处理突发事件。

十、酒店保安员岗位职责

（1）酒店保安员应该具有强烈的责任心，工作认真负责，秉公办事，大胆工作，不徇私情，保持高度的警觉性，敢于挺身而出制止犯罪活动及违法乱纪行为。

（2）具有为酒店全心全意服务的意识，仪表端庄，干净整洁，礼貌待人，努力奉行"宾客至上、服务第一"的服务宗旨，在保安服务中真正体现"敬客、敏捷、周到"的酒店服务风格。

（3）努力钻研保安服务知识，掌握酒店保安的服务技巧，当值时要保持旺盛的精力。

（4）服从上司的指令和工作安排，熟悉本部岗位的任务与要求，认真贯彻执行安全岗位职责，做好本职工作，确保酒店安全。

（5）处理在酒店内发生的非常事故并协助酒店各部处理客人或雇员的安全问题，要熟悉岗位的分布，爱护通信器材和岗位上的各种设施。

（6）在酒店范围内外巡查，果断处理突发事件，发现可疑的人和事要礼貌地进行盘查监控。

（7）协助有关部门保护重要客人进出酒店的安全，做好大型会议的安全工作，巡视酒店的员工聚集地点，制止赌博、打斗及偷窃客人财物等情况的发生。

（8）对重要部位和储存大量钱物的场所要经常进行安全检查，发现问题及时进行处理，护卫财务部收银员将现金存入或提出。

（9）定期检查报警系统、安全及消防系统，严密控制建筑物周围的门户、服务区、工程交货区。

(10)严格遵守酒店各项规章制度,特别是安全保卫制度,严格执行交接班制度,上岗时不得擅离工作岗位,不准处理私事,确保安全。

十一、酒店监控中心保安岗位职责

(1)严守岗位,认真监控,及时报警,保证酒店、客人和员工的安全。

(2)熟练安全监控、消防报警等设备的技术性能及操作方法,熟悉各部门消防设备的分布情况,了解当天客人的住宿情况。

(3)认真观察监视部位,当在监控屏上发现可疑情况和受监控对象时,应及时进行切换录像跟踪并通报各有关岗位采取必要措施。当消防系统报警或接到报警电话,应立即用对讲机通知就近的保安人员赶赴现场予以处理,同时做好详细记录。

(4)监控室内不准吸烟、闲聊,上岗后和离岗前应进行整理打扫,以保持室内外的清洁卫生。

(5)做好监控、报警仪器的清洁保养工作,当监控报警仪器发生故障时,应立即通知和协助工程部门尽快排除故障,并做好详细记录。

(6)要热情礼貌地应答各方面的电话,当接到客人打错或误打报警电话后要查明原因、耐心解释。

(7)无关人员进入监控中心,应立即劝其离开,并记录工号;酒店领导进入,应在值勤簿上做好记录。

(8)对讲机、手电筒要及时充电,废电池应及时更换,并做记录。

(9)负责保管好本岗位所使用的各种设备和设施,交接班时应对设备和物品的种类、数量、完好程度进行登记。

(10)认真做好监控值班记录,交接班时要说清情况和动态,对未处理完的工作应向下一班做好书面和口头移交。接班人员未到岗,本班值勤人员不得擅自离岗。

第二节 酒店保安部管理制度

一、酒店保安部日常管理制度

(1)保安部要依据酒店的规定对保安员进行管理,并根据"严格培训,严格管理"的要求,在实施具体管理时强调保安工作的安全要求。

(2)保安员应该严于律己,如保安员违反酒店纪律,一律从严处理。

(3)对保安员的日常管理、培训工作应该由保安部副经理负责,各班组主管具体指导,每月由部门经理或主管主持召开一次保安员大会,每周一次由主管主持召开班务会,小结前段时间工作并进行思想品德和业务知识培训。

(4)保安部例会每周一次,传达上级指示,总结上阶段工作,布置下阶段任务。

二、酒店保安部安全防范管理制度

(1)电视监控中心应对楼层实行昼夜24小时值班服务,加强楼层客房的安全防范。

(2)住店客人凭总台住宿通知单住宿,没有住宿通知单,任何人都不得擅自留宿外人。

(3)值班人员应熟悉客人的姓名、性别、年龄和国籍等基本情况,掌握客人的动态,并保障其安全。

(4)清洁服务员进入客房工作时不得关闭房门。

(5)值班服务员应严守岗位,不得擅自离岗,任何员工如非工作需要,未经同意不得在楼面无故逗留,并不得在楼层客房会客。

(6)服务人员未经客人允许,不得翻动和开启客人的任何行李、物品。

三、保安部财物保管管理制度

(1)对于客人的贵重物品,酒店应有专人负责保管,保险柜(箱)必须坚固,每个客人的物品均应单独存放,并与客人当面封存,凭证取寄存物。

(2)散客在办理住宿登记时,应动员客人将贵重行李物品存放行李房。

(3)团体客人的行李接送要严格按照交接手续办理,坚持做到"四清"原则(团名清、件数清、破损数清及敞口数清)。

(4)客人行李不允许在客房过道存放。如需临时集中堆放,必须要有网罩、绳索等防护措施,并有专人负责看管。

(5)非本店住客不得寄存行李物品。

(6)客人遗留的物品,应由酒店安保部门代为保管,并设法归还失主。如失主是境外人员,应将其遗留的物品交其驻当地使(领)馆或有关单位,如失主未能查明,应张贴招领告示,对经招领3个月后无人认领的现金、金银饰品和其他贵重物品要登记,送当地公安机关按拾遗物品进行处理。

四、酒店危险品管理制度

(1)严格执行门卫制度,严防不法分子将易燃易爆、剧毒和放射性的危险物品带入酒店。

(2)如有油漆、汽油、柴油、氧气、乙炔气、石蜡、酒精等危险品,应设专用仓库储存并由专人管理。

(3)易燃、易爆物品要分类、分项存放,物品安放间的通道应当有安全距离,不得超量储存。

(4)遇火、遇潮容易燃烧、爆炸的物品,不得放置在露天或潮湿、漏雨等容易积水的地点。

（5）受阳光照射容易燃烧、爆炸的物品,应当放置在阴凉通风地点并保持适当的室内温度。

（6）易燃、易爆物品入库前,必须进行检查登记,入库后要定期检查。

（7）仓库内不得吸烟和使用明火,严禁火种入库。

（8）对反动宣传品、封建迷信、黄色淫秽物品应统一收缴,由保安部上交公安部门处理,严禁私自传阅、复制、藏匿和携带出店。

五、重大事件报告制度

（1）服务人员要提高警惕,一发现可疑情况,及时报告保卫部门处置。

（2）酒店发生偷盗、凶杀、抢劫等案件后,应及时报告保安部门和公安机关,服务人员应保护好现场,除紧急抢险外,无关人员不得进入现场。

（3）发生火灾后,服务人员应及时扑救,并立即报告消防部门,灭火后,应保护好现场,待查明原因后,才能处理现场。

（4）公安人员来酒店检查或查处各类案件时,服务人员应如实反映情况,积极配合。

六、通缉、协查核对制度

（1）对公安机关下发的通缉、协查单,保安部门要有专人负责,分别登记在索引簿上,各部门要密切配合,提供线索,协助核查。

（2）通缉、协查的控制和查缉工作期限为一年。

（3）通缉、协查单不得散失或张贴在墙上,严防泄密和遗失。

七、酒店消防管理制度

（1）总台报警显示箱放置在总台,由总台值班服务人员 24 小时值班,如听到铃响报警,应立即通知保卫部、工程部值班员,迅速到报警楼层检查。

（2）如发生火灾,值班员应立即先将楼层总电门关闭,切断电源,防止爆燃。情况严重紧急,应边灭火、边报办公室和打消防火警电话。报警时要准确清楚地说明酒店地点、报警人姓名及联系电话,待消防队把情况听清楚后才可放下电话筒,同时,报警人要到路口、通道接应消防车赴现场救火。

（3）各部门员工在酒店失火后,除在重要岗位留人值班,其他人员应及时赶到失火现场参加扑救。有领导在场由领导指挥,如领导不在时,则由在场员工商量决定,做出果断的措施,立即进行灭火和营救工作。

（4）如发生着火、大火,知情不报或不坚守岗位,离开现场,临阵脱逃者,按其情况严重程度给予行政处分,并追究其责任。

（5）全体员工应学习消防知识,会用灭火器具和设备。消防设备、地下消防栓和消防水泵每月应检查一次,保证设备完整、灵活、好用。

八、酒店防火管理制度

(1)酒店内部不准存有易燃易爆、**有毒和腐蚀性物品**,禁止在大楼内及房间阳台燃放烟花爆竹等。

(2)客房内不准使用明火、电炉、煤气炉、柴油炉以及大功率的电器设备。确实因工作需要应经过消防中心同意后方可使用,**并做好登记**。不准将衣物放在台灯架罩上烘干,不准在房间内生火烧东西。

(3)配电房内不准堆放物品。不准在布草间、楼层小仓库内吸烟,消防分机旁边不准摆放任何杂物。严禁将杂物堆放在通道口周围。

(4)装有复印机、电传机、印刷机的部位应该禁止吸烟和使用明火。用酒精清洗机器部件时,要保持室内的通风,大量机器需要用酒精进行清洗时,应到室外通风的地方进行。如无法移动机器,则必须打开所有的门窗,保持室内空气流通。沾有油墨和易燃物品的纸张、油布要装在有盖的铁桶里并及时清理。

(5)各通道楼梯出口等部位要经常保持畅通,疏散标志和安全指示灯要保证完好。

九、酒店保安部领班工作制度

(1)上班时间例行巡查各工作岗位值班情况,并登记在册以备核查,凡在工作中出勤不出力、敷衍了事的保安员,一经发现**立即从严处理**。

(2)上班时间不准迟到、早退,**严禁无故旷工、请人代班**,有特殊情况需提的向经理请假并征得同意,否则按有关条例加倍处罚。

(3)工作当中应以身作则,不要卖弄特权、刁难客人、做不利于宾馆酒店的事等,一经发现将严惩。

(4)严禁利用工作之便去营业场所闲聊、**下棋或做其他与工作无关的事**,一经发现从严论处,如造成不良影响可予以开除。

(5)不准在保安部办公室聊天、打与工作无关的电话和做与工作无关的事,发现第一次予以警告,第二次写书面检讨,第三次扣除当月全部奖金。

十、酒店保安部基本管理制度

1. 仪容仪表

(1)保安、消防人员上岗前不得饮酒,**上岗时要求穿制服、佩戴内部治安工作证、武装带、佩戴警号等**,直至下班为止。

(2)保安、消防人员上岗后要注意力集中,**保持举止端庄**,迎宾有礼,处理问题时要妥善分析情节的轻重、果断公平。

(3)保安、消防人员不准留长头发、**胡子、长指甲**,违者警告,并限期改正。

2. 执勤

(1)遇到报警时应沉着、冷静、准确地向有关部门或值班领导报告,消防值班人员不准离开控制室,如擅自离岗者,按失职论处。

(2)不准在消防中心打与业务无关的电话,非保安人员不得进入,任何人不准在消防中心会客。

(3)值班人员必须经常打扫卫生,保持值班室干净、整齐,各类控制台无灰尘。

3. 大堂值班

(1)大堂值班员必须按指定地点坚守岗位,不得闲谈,不准到总台闲坐,妨碍他人工作;对于来宾有不文明礼貌的行为应及时纠正;如因离岗造成公司财产损失而又未将肇事者抓到,视情节轻重给予扣除当月奖金或做相应处罚。

(2)值班人员用餐时必须互相轮换,不得空岗用餐;一旦发现异常情况,应迅速赶赴现场,同时应向值班领导汇报;遇到异常情况不妥善处理又不及时汇报者,视其情节轻重和影响大小给予必要的处分。

(3)工作时间严禁会客、做私事、吃东西、饮酒、抽烟、看报纸小说、写信、聊天、睡觉,发现一次酌情扣发奖金,因工作失误造成不良后果,应根据情节轻重给予处罚。

4. 外勤值班

(1)保障消防通道畅通和停车场秩序的良好,自行车摆放整齐,如因乱停乱放而造成塞车,追究当班人的责任。

(2)经常巡逻检查,经常巡视重点位置,如发现可疑的人要查问清楚,防止意外事故发生。

5. 迟到,早退,病、事假,旷工的处理方法

(1)迟到、早退在 10 分钟内给予警告,超过 30 分钟以上算旷工半天,旷工一天扣当月奖金的 50%。

(2)病假必须有指定医院的医生证明病因、轻重,方可病休。

(3)请事假一天必须由领班批准,请假一天以上由部门领导批准,请假必须由本人以书面形式进行,不准让别人代请或打电话请假。

(4)未提前请假不上班者,按旷工处理,旷工 2 天以上者,呈报总经理室给予行政处分。

6. 交接班要按时,交接要详细填写值班笔记,领班每天必须仔细检查记录情况,发现问题及时汇报。

7. 严格遵守保密制度,不泄露保安部内部的各种资料。

十一、酒店安全工作总结制度

(1)保安部工作总结直接报部门经理。

(2)工作总结中应包括酒店安全概述、消防安全情况、本月案件统计、内务管理自述 4 个方面。

(3)宾馆酒店安全概述应将酒店内各种场所所发生的事件及处理决定加以详细说明。

(4)消防安全情况主要述说本月的消防检查是否发现隐患及是否发生火情、火灾、事故。

(5)本月案件统计,从每月保安值班记录中统计。

(6)内部管理自述,反映一个月内的人事变动、员工培训及员工重大违纪事件。

十二、酒店违法案件处理制度

(1)各部门员工发现有违法可疑之人都应立即报告保安部。

(2)保安部接到报告后要立刻赶赴现场,抓获正在进行违法行为的人员。

(3)经保安部调查后确有违法行为者视情况轻重移送执法机关处理。

(4)将事件的经过、结果等记录下来并存档。

十三、客人违法处理制度

(1)保安部指派专人现场查看,确属违法行为要及时制止,同时请示保安部经理。

(2)保安员做好调查工作后,确定是否构成违法行为:

◎向服务员了解,并做好记录。

◎询问客人时要与服务部门经理及服务主管联系,相互配合,以恰当的口气询问,避免发生误会。

◎证据不足要继续调查了解。

(3)属轻微违法事件,可先由服务人员出面进行劝阻和制止,劝阻无效后保安部指派专人在服务人员的配合下进行劝阻和制止,经多次劝阻无效后,应该由值班经理及保安经理提交有关治安管理部门处理。服务人员和保安部要采用适当的方式,尽量避免在酒店内发生较大的冲突。

(4)严重违法事件,要严密控制、监视来去人员,经请示批准后立即报警,并配合警方工作。

(5)保安部人员协助调查各种违法事件并提供所掌握的资料。

(6)在没有确凿证据的情况下,不得闯入及搜查客人房间。

十四、酒店客人意外受伤、病危、死亡处理制度

(1)接到通知后保安部派人到现场处理且应有值班主管在场。

(2)值班主管处理此类事件必须有医务人员、营业服务部门人员在场,以相互配合。

(3)初步诊断受伤及病危人员的现状不严重时,由医务人员就地治疗,病状严重需送医院的,采取急救措施后及时送往医院。

(4)保安部主管应该:

◎记录有关情况。

◎送客人去医院,并备齐客人的有关资料。

◎办理住院手续,并在客人单位人员及亲属未至之前,派医务人员看护。

◎危险期内的病人,保安部主管应在场,以防病情恶化。

◎请示值班经理,决定需不需要通知客人所在单位及亲属。

(5)如有死亡客人时,应确认死者身份,医务人员、服务部门主管、保安部主管共同到现场确定死亡时间,保护现场,并立即与有关治安管理部门联系,配合执法人员做好处理工作。按客人登记及其他线索与客人所在单位及亲属联系,协助做好善后工作。

(6)保安部按有关程序进行调查,并负责写出调查报告,负责向有关治安管理部门、客人所在单位及亲属提供有关情况,最后负责将调查处理结果呈报总经理。

十五、酒店财产失窃处理制度

(1)迅速到达现场,查看该房间是否有明显损坏或是被硬物撬开等迹象。

(2)开门进入房间后,检查房内物品及行李或提箱、橱柜是否被撬开,商品柜台玻璃、挡板等有无明显被撬移的痕迹。

(3)经检查后证实为盗窃的,保安主管应立即做以下处理:

◎封锁现场不准任何人进入。

◎向保安部经理报告,增加保安人员。

◎观察了解有无形迹可疑人员出入,记录失物价值,判断盗窃时间等。

◎不可移动现场摆设和触摸任何物件,应用影像机拍摄现场。

◎执法人员到现场后协助其工作,为执法人员提供资料影印副本,以进行内部调查。

(4)对所涉及的各部门人员进行调查并记录,并对重点部位及个人进行调查。

十六、发生火灾时的应急处理制度

1. 报警通报

发现火灾时,首先要把火灾的信息传给消防控制中心、宾馆酒店值班的负责人、公安消防队和需要疏散的旅客;其次召集计划中的各部员工到着火楼层扑救。

(1)一旦着火,火灾信息要在第一时间传到本层服务员和消防控制中心。

(2)本层服务员和消防中心值班员应立即到现场确认是否成灾。

(3)确认起火便通知单位值班负责人、公安消防队,召集各部员工到场。

(4)单位值班负责人到场后,决定是否需要疏散,并组织到场员工进行灭火救人工作。

(5)根据单位值班负责人的命令,向需要疏散的旅客发出通报。

2. 疏散抢救

火灾发生后,必须考虑的首要问题是组织指挥疏散与抢救着火层以上的人员。

(1)明确分工。把责任落实到楼层服务员,负责引导客人向安全区疏散,护送行动不便的旅客撤离险境,检查是否有人留在火层内需要抢救出来,接待安置好从着火层疏散下来的客人,并稳定客人情绪。

（2）疏散次序。先从着火房间及着火层以上各层开始疏散，再疏散着火层以下各层。疏散时青壮年通过安全楼梯疏散，行动不便的人员则护送他们从消防电梯疏散；并对火层以下的客人做好安抚工作，并劝其不要随处乱跑。

（3）指导自救。指导自救分别由服务员指导或通过楼内通信设备指导等方式进行。组织服务员鼓励或带领旅客沿着消防楼梯冲过烟雾下楼；对不能从预定的消防楼梯疏散时，由服务员带领旅客登上天台上风口处等待营救，并组织水枪喷射掩护；对于被困在着火层的人员，应通过广播器、室内电话等通话工具，鼓励被困人员增强自救信心，引导启发他们就地取材，选择如下自救方法：使用床单、窗帘、台布等连接起来作救生绳，把一头固紧，沿布绳降落到下一层；封闭门窗，堵住孔洞防止烟雾窜入房间，用水泼在门窗上降温，留在房间等待营救。

（4）注意安全。在疏散路线上设立哨岗向疏散人员指明方向，防止疏散人员误入走道，并劝导疏散人员有秩序地疏散，及时清除路障，保持道路畅通无阻。使用消防电梯疏散人员时要有专人操作，约定好联络信号，以便电梯出故障时采取营救措施。组织灭火时要观察客房火势发展蔓延过程，一般情况下是先从下向上，遇阻向水平发展，再从门窗、天井、孔洞等开口部位向上下左右蔓延，因此首先要堵住火势向外蔓延，最好把火势控制在着火房间内予以扑灭。

①启动消防水泵，满足着火层以上各层消防用水量，铺设水带做好灭火准备；

②关闭防火分区的防火大门；

③派出人员携带灭火工具到着火房间的相邻房间和上下层的房间，查明是否有火势蔓延的可能，并及时扑灭蔓延过来的火焰；

④使用水流灭火时，要正确操纵水枪射水，一般应先窗后内，先上后下，从窗户的房顶部的字形摆动喷射，向后移动到角落处，把房顶和开口部位的火势扑灭后，再射向起火部位。

3. 防烟排烟

在扑救高层建筑初期火灾时，为了降低烟气毒性，防止烟气扩散，采取防烟、排烟措施是保证人员安全、加快灭火进程的必要措施，具体措施有：

（1）启动送风排烟设备，对疏散楼梯间、前室保持正压送风排烟。

（2）开启疏散楼梯的自然通风窗。

（3）把客用电梯全部降至首层锁好，并禁止使用。

（4）使用湿毛巾捂住口鼻并匍匐于地面的防烟方法。

4. 注意防爆

一是防止易燃物体受热而产生的爆炸，二是防止产生轰燃。因此在扑火时，要注意做到：

（1）把处于或可能受火势威胁的易燃易爆物品，迅速清理出楼外。

（2）对受火势威胁的石油产品储罐用水喷洒，使之冷却。

（3）扑救客房火灾时要坚持正确射流的方法，防止轰燃的发生。

5. 现场救护

扑救高层建筑火灾，应组织单位医务人员及时对伤员进行护理，然后送医院救治。

6. 安全警戒

为保证扑救、疏散与抢救人员的工作有秩序地进行,必须对大楼内外采取安全警卫措施。安全警戒部位,包括在大楼外围、大楼首层出入口、着火层等分别设置警戒区和警卫人员,其任务是:

(1)大楼外围:清除路障,指导一切无关车辆离开现场,劝导过路行人撤离现场,维持好大楼外围的秩序,迎接消防队,为消防队迅速到达火场灭火创造有利条件。

(2)大楼首层出入口:不准无关人员进入大楼,指导疏散人员离开大楼,看管好从着火楼层疏散下来的物件,保证消防电梯为消防人员专用,指导消防队进入着火层。

(3)着火层下一层:不准客人进入或再登上着火楼层,防止坏人趁火打劫、浑水摸鱼或趁机制造混乱。保护好消防装备器材,指导疏散人流向下层有秩序地撤离。

7. 通信联络

保持大楼内着火层与消防控制中心、前后方的通信联络,使预定的灭火疏散应急方案顺利实施。

(1)楼内的电话、楼层服务台的电话要设专人值班及时对话。

(2)值班经理与消防中心、着火层以上各层、供水供电部门保持联系,有条件时最好设置无线电通信网。

(3)设立通信人员,负责口语通信联络,担任此项工作的人员必须熟悉各部位位置和各部的负责人。

8. 后勤保障

(1)保证灭火器材。

(2)保证水电供应不间断。

(3)积极协助救援单位,提供支援项目,保障器材供应。

以上事项必须在着火后5~7分钟内完成。

十七、酒店突发事件处理制度

(1)遇有突发事故发生,所有员工必须服从总经理或有关领导的指挥调遣。

(2)酒店员工一旦发现可疑情况或各类违法犯罪分子及活动,应立即报告保安部。

(3)发生偷窃、抢劫、凶杀或其他突发性事件,应立即报告保安部和值班主管,同时保护好现场,除紧急抢救外,无关人员不得进入现场。

(4)当治安管理部门、保安人员进行安全检查和处理案件时,有关员工应积极配合,正确提供线索。

(5)发生火灾时,工作人员除应立即报告消防中心外,应马上采取有效措施先行扑救,扑救完毕保护好现场,待有关部门检查完毕后方可整理事发现场。

第三节 酒店保安部工作标准与流程

一、酒店保安部工作标准

1. 保安监控中心工作标准

(1)监控中心的工作目标是24小时持续不断地做好安全监视工作,要做到及时发现异常情况并及时处置。

(2)密切注视电视摄像情况及楼层防火自动报警器,发现情况应首先报告当班主管。

(3)每隔一小时与内保楼层、大堂安全保卫员对调巡逻。

(4)接到客人的报警电话,应该先稳定住客人的情绪,并将详细的情况记录下来,再迅速将上述情况通报值班经理、保安部经理、工程部及大堂值班。

(5)如机器发生故障,应立即报告当班主管,由其通知工程部维修。

2. 保安巡逻工作标准

(1)进行楼层和重点区域的巡逻,保护楼层和重点区域的安全。

(2)巡逻时如遇有客房门半开或未关,应按铃,并站在门外向客人表明身份,待与客人见面后,要委婉地提醒客人注意安全。

(3)遇到上述情况如房内无人回答,应通知安全保卫值班室,同时应留在原处,等服务人员或安全保卫主管到来后,一起进入房间,巡视后关上房门,通知大堂值班经理。

(4)发现客房门上留有钥匙,处理程序同上。如没有人,取下钥匙应交大堂副经理并签字。

(5)如果遇见客人在公共场所发生争执,应表明身份,劝开双方。如事态扩大,应呼叫主管或当值保卫主管前来协助处理。

3. 酒店大堂外部安全工作标准

(1)工作目标是24小时持续不断地做好大堂外的安全保卫工作,发现问题,及时处理。

(2)外围巡逻注意酒店的灯饰、绿化、外墙设施有无被损坏,发现损坏的要立即报告安全保卫办公室。

(3)如在巡逻中发现有人破坏酒店设施,巡逻员要立即上前予以制止。后果严重的送其到安全保卫值班室。

(4)如遇衣冠不整者,应拒绝其进入酒店。

(5)检查酒店的各种边门、出入口,严禁酒店员工从非员工出入口出入酒店。如发现,要记录其工号、姓名,送有关部门进行处理。

(6)劝阻出租汽车司机在大堂门口候客,不允许在酒店大堂门口停放车辆。

(7)劝阻行为不文明者不要在大堂门等候、滞留,应说:"先生(小姐),这里是交通要道,为了你的安全,请不要在此处停留。"

(8)注意停放车辆区域的警戒,以防车辆被窃。

4. 酒店门卫安全工作标准

(1)工作目标是24小时持续不断地监视进出酒店各通道门口的人员,发现形迹可疑人员要注意盘查清楚,方可放行。

(2)见外来客人进出大门时,应双目正视,并欢迎客人的光临。

(3)如客人表示是来联系工作或投宿、就餐、娱乐的,应热情介绍进出路线并指明方向。

(4)如客人表示是来访的员工亲友,先婉转地拒绝会客。如其确有急事,可请其先稍候,即用电话通知有关的部门经理,征得同意后,按《员工手册》规定,安排会见。

5. 酒店内部治安管理中的安全标准

(1)人员管理:不准在院内马路上打球和进行娱乐活动,不准小孩进入大堂或在马路上玩耍,禁踏草坪,发现类似情况应立即制止,防止意外事故的发生。

(2)车辆管理:车辆进入酒店限速5公里/小时,大卡车、货车不准进入酒店,自行车、摩托车一律放在指定的地点。

(3)物资流动管理:有人搬走设备时要立即上前问清情况,然后按规定处理。

(4)乱丢乱吐管理:禁止在酒店内乱放易燃、剧毒等危险物品,严禁在大院内乱丢纸屑、果皮、杂物、烟蒂,特别是在大堂、楼层、公共场所乱丢乱吐,发现此情况应立即制止,净化酒店环境。

二、酒店安全保卫工作流程

1. 对爆炸事故的处置程序

(1)保卫人员或酒店其他员工都要注意观察爆炸现场可疑的人和事。

(2)疏导酒店客人迅速离开危险区域,到指定地点集中。

(3)必须有人等候在现场较为安全的地段、部位,直到酒店有关领导或安全保卫干部来到,以向其汇报发现事故的具体经过和可疑情况。

(4)通过电话总机或对讲机或手机通知以下人员:

①通知酒店总经理、保安部经理、工程部经理赶赴现场。

②由酒店领导和保安部、工程部负责人立即组成临时指挥小组,迅速就抢险、救灾、灭火和疏导中外客人、救护受伤、受害者等事宜做出决断。

③通知前厅部或客房部负责人按指挥部的指令,向客人通报简要情况,消除恐慌情绪,并具体负责引导、疏散客人到指定安全地域;

④通知车队负责人准备好大小机动车辆随时待命,听候总指挥调遣,以便抢运财物、护送伤员。

(5)保安部必须抓紧做好以下工作:

①通知消防部门派出专门技术人员到现场调查处理爆炸事故。

②通知当地治安部门派员前来参与指导调查事故性质、原因和维护治安秩序。

③通知门卫严格掌握进出酒店的人员、车辆情况,堵截可疑人员或犯罪嫌疑分子。

④积极会同消防、治安人员调查事故。

⑤布置保安力量在酒店内注意搜寻可疑的人和事。

（6）指挥与处理。

①总指挥必须指派得力人员与有关的医院联系，商量治疗伤员事宜。

②因发生爆炸而造成火灾，酒店总经理或副总经理、保安部经理或防火委员会其他副经理，应视情况决定一种灭火预案，迅速组织实施。

③酒店对发生的爆炸事故，在妥善处理后，应就事故经过原因、责任向上级有关部门写出书面报告。

2. 犯罪行为的处置程序

（1）发现有犯罪行为或是犯罪案件中的受害者，必须立即向总机或者向离现场最近的酒店安全保卫人员或职工求救，并守候在现场会同有关领导或安全保卫人员前来共同处理。

（2）总机接到报警后的处理方法：

①必须先向报警者了解清楚发生犯罪的现场、地点及犯罪的类型、罪犯特征及逃跑方向。

②立即通知保安部、值班经理、医务室，准备截获罪犯、救治伤员。

（3）保安部负责向公安部门报警，并报告有关主管部门或领导。

3. 水、电、气故障的应急处置程序

（1）保安部接到事故通报后，应迅速组织力量，根据事故发生地点、涉及范围，派出巡逻岗和固定岗，阻止无关人员进入事故现场，视情况做好安全保卫工作，维持现场秩序。

（2）协助工程部门排除故障，配合事发部门做好客人人身和财产的安全保护工作。

（3）在接到酒店经理疏散指令后，协助疏导。

（4）事故排除后，查清事故发生原因，协助有关部门恢复正常秩序。

（5）保安部经理应及时向总经理室汇报事发经过、原因和处理经过等。

第四节　酒店保安部常用管理表格

一、酒店安全管理计划表

项　目 日　期						

二、安全检查表

检查项目	待改善事项			说明	复核	备注
1. 消防	□无法使用	□道路阻塞				
2. 灭火器	□失效	□走道阻塞	□缺少			
3. 走道	□阻塞	□脏乱				
4. 门	□阻塞	□损坏				
5. 窗	□损坏	□不清洁				
6. 地板	□不洁	□损坏				
7. 店房	□破损	□漏水				
8. 楼梯	□损坏	□阻塞	□脏乱			
9. 厕所	□脏臭	□漏水	□损坏			
10. 办公桌椅	□损坏					
11. 餐厅	□损坏	□污损				
12. 工作桌椅	□损坏					
13. 店房四周	□脏乱					
14. 一般机器	□保养不良	□基础松动				
15. 高压线	□基础不稳	□保养不良				
16. 插座、开关	□损坏	□不安全				
17. 电线	□损坏					
18. 给水	□漏水	□排水不良				
19. 仓库	□零乱	□防火防盗不良				
20. 废料	□未处理	□放置零乱				
其他						
检验人员				检验时间		
部门主管				总　经　理		

三、工作安全检查表

序　号	检查日期	检查地点	检查人	检查结果	建议事项

四、危险工作安全同意书

执行人		工作承办部门		填表人	
施工时间					
施工地点					
工作内容					

先做好以下安全准备事项与工作：

□应封闭管路　　　　　□防护面具
□开关已下锁　　　　　□防护衣
□已排除气(液)体　　　□安全帽
□通风　　　　　　　　□安全眼镜、面罩
□安全带　　　　　　　□应置警告牌
□胶鞋　　　　　　　　□检修前准备工作已妥善

可爆气体测定结果_____　　有毒气体测定结果_____
灭火器材数量_____　　　　已派看守人员_____

执行部门：
执行人_____　　　　　保安部主管_____

特别注意事项：
安全管理部门：

说明	1. 施工人员需随时携带本同意书，以便查核。
	2. 本同意书核定的施工时间不得超过24小时。
	3. 若24小时内不能完工，应按日重新申请。
	4. 施工人员若发现情况有变化，应立即通知安全卫生管理人员复查。
备注	

五、酒店保安部值班表

时间			班次		
值班人数		应到		实到	
备注					
员工姓名	工作内容				

344

六、保安部巡逻到岗登记表

日　期	白班值班时间						夜班值班时间					
	值班人员签到						值班人员签到					
	时间	签字	时间	签字	时间	签字	时间	签字	时间	签字	时间	签字

七、酒店治安隐患检查登记表

受检查区域			
检查人员		日　期	
		时　间	
经检查,上述部位存在下列问题			
领导批示			
处理结果			
备　注			

八、酒店客人来访登记表

序　号	日　期	来访时间	来访事由	被访人	被访人所在部门	来访人签字	备　注

九、保安部夜间安全检查登记表

检查人：   日　期：

项　目 ＼ 时　间					

十、酒店车辆停放登记表

序　号	日　期	车牌号	停放时间	离开时间	费用情况	值班人员	备　注

十一、客人财务遗失登记表

序　号	客人姓名	房　号	物品名称	遗失详情	报失时间	受理人	备　注

十二、酒店危险物品收缴情况登记表

序　号	日　期	上缴物品	数　量	上缴人签字	处理结果	备　注

十三、酒店重点防火区域安全检查表

检查区域	检查时间	检查情况	检查人	备　注
锅炉房				
配电房				
变压器房				
柴油机房				
电话机房				
广播机房				
空调机房				
油　库				
气　库				
计算机库				
危险物品仓库				
中厨房				
西厨房				
点心厨房				
消防中心				
地下层仓库				
其　他				

十四、酒店保安部员工资料登记表

序　号	姓　名	性　别	年　龄	学　历	职　位	工作时间	备　注

十五、保安部值班日报表

时　间			班　次			
值班人数		应　到			实　到	
备　注						
员工姓名			工　作　内　容			

十六、保安部员工绩效考核表

月份＼编号姓名								
上半年	1月							
	2月							
	3月							
	4月							
	5月							
	6月							
	小计							
下半年	7月							
	8月							
	9月							
	10月							
	11月							
	12月							
	小计							
年度考绩								

十七、保安部员工培训计划表

序号	培训种类		培训名称													备注
	姓名	工作类别	1	2	3	4	5	6	7	8	9	10	11	12	13	

 酒店保安部员工礼仪礼貌服务标准

第一节　酒店保安部员工的素质要求

1. 业务水平

酒店保安部人员在平时应注重学习,要具有较强的政策观念和水平,在处理问题时,既要讲原则,也要懂得随机应变,要有一定的灵活性。安全保卫工作是一项很严肃的工作,保安部人员除了要具有法律知识外,还要具有一些相关的专业知识。要知道以事实为基础、以材料为依据、以法律为准绳的一些具体办案的知识,要掌握一些消防工作的基本常识。

2. 文明素养

酒店安全保安人员是酒店外在形象的直接表现,因此,保安人员在工作中一定要保持服装整洁、神情庄重、态度和蔼,既要按原则办事,又不能讲粗俗的话语,注意文明礼貌,做到文明值勤。

第二节　酒店保安部员工的业务要求

一、酒店保安部经理的业务要求

(1)熟知酒店内部的治安情况,了解并掌握社会治安的大环境及其对酒店的影响,对安全工作要有敏感性,积极主动地做好安全保卫工作,防患于未然。

(2)策划并制订酒店的安全保卫计划。在危急情况下能够做到沉着冷静,有较强的指挥能力,以使危急事件能够迅速得到妥善的处理。

二、酒店警卫班班长的业务要求

(1)随时掌握酒店内部的治安情况,了解并掌握酒店保卫工作的特点,熟悉自己警卫范围内的情况,妥善安排本辖区内的治安保卫工作。

(2)要有一定的法律知识和法制观念,熟悉治安保卫工作的内容与工作流程,掌握酒店治安保卫工作的规律。

(3)工作上一定要服从上级的指挥、忠于职守,积极协助上级处理各种违法乱纪情况。

三、酒店保安员的业务要求

（1）仪表要求：上班着装要整齐，仪容端正，精神饱满，坚持文明礼貌执勤，严禁打人骂人。

（2）配件要求：佩戴腰带、肩章、对讲机等。佩戴要整齐，执勤时要精神抖擞，使客人感到既庄重又温暖。

（3）礼仪要求：对客人要有礼貌，语言要亲切。无论是干预或劝解，态度都要和蔼，决不能用粗鲁的方式对待客人。

（4）责任要求：保安工作要有高度的事业心与责任感。对安全保卫工作要有足够的敏感性，积极主动维护酒店内部的治安交通秩序，做好防盗、防火、防抢、防破坏、防灾害、防事故等安全性工作。

（5）法律纪律要求：保安人员要认真学习有关法规与纪律，要增强法制观念和纪律观念，自觉地遵纪守法和执法。敢于与一切不良的行为做斗争，发现违法犯罪分子，要敢于与之做斗争，将犯罪分子绳之以法。

第三节　酒店保安部员工的礼仪礼貌服务标准

一、酒店大门外保安人员的服务礼仪标准

（1）对光临酒店的客人要有礼貌，无论是步行还是乘车来的客人都要表示欢迎。对于乘车来的客人，要协助迎送员照顾客人下车，若客人要求将车停在酒店停车场时，要引领车辆到适当的位置停放。若没有车位要委婉地向客人解释清楚，并介绍客人将车停到附近的公共停车场进行看管。

（2）客人入店时，如果有欢迎的队伍而需要疏通车道，则保安人员要在客人抵达酒店前十分钟疏通好车道，并做好欢迎队伍的秩序维持工作，劝走无关的围观人群。在客人离开时也要做同样的工作，并提前调度好车辆到门前准备迎客。

（3）保安人员要对离开的客人要进行欢送，并欢迎他们下次再次光临。对于携带大件或较多行李的离店客人，要有礼貌地进行查询，证实行李确实属于客人的，要迅速予以放行并帮行李员将行李搬上车。在离店客人较多而车辆不足的情况下，保安人员要与车务部配合尽快疏散客人。

二、酒店保安部基本服务礼仪

1. 仪表

（1）保安、消防人员在上岗前不能饮酒，上岗时要求穿酒店的制服、佩戴内部治安工作证、武装带、佩戴警号等，直至下班为止。

（2）保安、消防人员上岗后要集中精力，保持举止端庄，礼貌地迎接客人，处理问题时

要妥善分析情节的轻重,果断公平。

（3）保安、消防人员不能留长头发、胡子、长指甲,违者给予警告,并限期进行改正。

2. 执勤礼仪

（1）遇到报警时要保持沉着、冷静,并及时准确地向有关部门或值班领导报告,消防值班人员不准擅自离开控制室,如私自离岗者,按失职论处。

（2）消防中心不准打与业务无关的电话,非保安人员不得进入,任何人员不准在消防中心会客。

（3）值班人员必须经常打扫卫生,保持值班室内的干净、整齐,各类控制台无灰尘。

3. 大堂礼仪

（1）大堂值班人员必须随时坚守岗位,不得与人进行闲谈,不准到总台闲坐,妨碍他人工作;如因个人离岗而造成公司财产损失,又未将肇事者找到的,要视情节轻重给予扣除当月奖金或做相应处罚。

（2）值班人员应该轮流进行用餐,以保证岗位上任何时间都有人负责值班;一旦发现紧急情况,要迅速赶往现场,同时应尽快向值班领导汇报;遇到反常情况不进行处理又不及时汇报者,要视其情节的轻重和影响的大小给予必要的处分。

（3）工作时间严禁会客、做私事、吃东西、饮酒、抽烟、看报、聊天、睡觉等一些与工作无关的私事,如果发现要酌情扣发当月的奖金,因此造成工作失误的,要根据情节轻重给予处罚。

4. 外勤礼仪

（1）保障消防通道的畅通与停车场的良好秩序,自行车摆放要整齐,如因乱停放而造成塞车,要追究当班人的责任。

（2）经常进行巡逻检查,经常巡视重点区域,发现有形迹可疑的人要盘查清楚,以防止意外事故的发生。

第八篇

现代酒店后勤保障管理

第22章 酒店工程部管理

第一节 酒店工程部管理概论

一、酒店工程部的任务概述

1. 负责酒店所有设备的配置

酒店设备包括全部在用的和暂时闲置的各种设备。要进行合理的设备管理,就要求工程部要对酒店设备的配置做出初步决策,提出恰当的配置方案,并具体负责设备的选择、购买、运输、安装、使用、维护与更新。

2. 保障酒店设备的正常运行

酒店的相关设备必须随时处于运行状态。工程部要负责保证设备的正常运行,在设备使用前和使用时要详细了解设备的功能、使用与维护方法等,指导使用者或操作者进行正确的操作,随时做好设备设施的维护、保养、维修工作,提高设备的使用率,延长设备的使用寿命。

3. 全面负责酒店的系统设施

酒店系统设施是指一些具有相同功效与性能的设备,用一定的管线连接成为一个系统。酒店的系统设施主要包括上下水道系统、空调系统、供电系统、电话系统、闭路电视系统、信息管理系统、消防系统、排污系统、电梯系统等,这些系统的设计安装,一般应该在酒店建设的前期进行。在酒店的日常运营中,工程部主要负责增加新系统与维护改造旧系统的工作。

4. 保障酒店水、电、暖的正常供应

酒店是为客人提供的服务会涉及各个方面。酒店必须保证动力用电、生活用电、用水、用气的供应。根据季节气温的不同,还要适时供应暖气与冷气,所有这些工作都要由工程部负责完成。

5. 负责酒店的土建与设备的保养工作

在酒店日常运营中,一般小规模的土建工作都是由工程部负责进行设计、施工。在条件具备的情况下,酒店的一些装修工程也可由工程部来完成。在酒店进行内部改造或设备改造时,都要由工程部负责进行。

此外,就建工程部还负责一些建筑设施的日常维修工程、一般客房家具的维修翻新工作。

二、设置酒店工程部的意义

1. 工程部是酒店运营的基本保证

设备设施、服务水平、实物产品与安全是酒店服务质量的基本组成部分。这几个方面的工作都离不开工程部。设备设施能适应市场的需要,能满足客人的要求,一方面要由工程部负责选择、采购、安装;另一方面还需要工程部的维修保养。服务水平要达到标准,也离不开工程部提供的电、水、冷暖气等条件。实物产品的生产需要工程部提供设备与能源。酒店安全的保障,也离不开工程部提供安全控制系统、报警系统、消防系统。

工程部虽不直接面对面地为客人提供服务,但其提供的设备、水电、系统设施都是直接为客人服务的,因为工程部工作质量的好坏将直接影响到客人的酒店居住生活,也会直接影响到服务质量。

2. 动力设备的高低是酒店等级水平的重要标准

我国目前酒店的等级水平主要由酒店的星级标准进行界定。国家在酒店星级标准中对酒店设备设施、后台供应、维修保养设备都做了明确详细的规定。酒店为了达到星级标准,就必须按规定对酒店的设备设施进行设置和日常管理。设备设施的设置和日常管理都要由工程部来参与决策。

第二节　酒店工程部各岗位职责与工作规范

一、酒店工程部经理岗位职责

(1)接受总经理的领导,负责管理工程部下属的所有员工。

(2)确定工程部的组织机构和管理运行模式,以使操作快捷合理,并能有效地保障酒店设备、设施安全经济地运行和建筑、装潢的完好。

(3)总结并归纳工程部运行与维修的实践、制定和审定设备、设施及建筑装潢的预防性维修计划、更新改造计划目督促执行,保证酒店设施的不断完善,始终处于正常、完好状态。

(4)制订并审定员工培训计划,定期对员工进行业务技能、服务意识、基本素质的培训。

(5)全面负责工程部的节支运行、跟踪、控制所有水、电、煤等的消耗并严格控制维修费用,保证酒店在最大限度上进行节能、节支。

(6)根据营业情况、气候及市场能源价格情况,提出节能运行的计划和运行维修费用预算。

(7)负责协调和酒店相关的市政工程等业务部门的关系,以获得一个良好的外部环境。

(8)主持部门的工作例会,协调班组工作。

(9)分析工程项目报价单,对重大项目,应组织人员进行讨论并现场检查施工质量与进度,对完工的项目组织人员进行评估和验收。

(10)配合安全部门搞好消防、安全工作。

(11)考核运行经理及维修经理的工作,并对其工作做出指导和评估。

(12)建立完整的设备设施技术档案和维修档案。

(13)随时接受并组织完成上级交办的其他工作事项。

二、酒店工程部副经理岗位职责

(1)工程部经理不在时,临时代理部门经理的一切职责,当好部门经理的助手。

(2)安排下属各岗位主管、领班的工作班次表,制订工作计划及工作进程表。

(3)负责制定每天工作分配及任务下达项目单,督促下属员工完成当日的各项工作。

(4)每天巡视、检查下属人员完成工作的情况,包括规定的工作量及工作定额的情况。

(5)确保所有设施设备能够正常发挥其作用,维修后使设备达到规定的标准。

(6)协助督导外聘人员的工程进度及应该达到的工作质量标准。

(7)按时更换酒店饭店工程管道的各种滤网。

(8)检查、建议有关工程部或客房设备的维修及更换。

(9)审批、检查各部件所需原材料的标准规格,保证各项工程的及时完成。

(10)按时完成总工程师和工程部经理交办的其他临时性工作。

三、酒店工程执行经理岗位职责

(1)协助工程部经理管理工程部的所有员工。

(2)协助工程部经理制订本部门的月度、年度维修保养计划,有效保障酒店设备、设施的正常、安全运转。

(3)协助培训部门制订员工的培训计划,对员工进行业务技能及基本素质的培训。

(4)掌握当班能源消耗及维修费用,确保酒店最大限度地节能、节支。

(5)推行节能运行计划的实施和运行维修费用预算的控制。

(6)协助工程部经理做好外部关系的协调,以获得良好的外部环境。

(7)协助主持部门工作例会,协调班组工作。

(8)协助分析工程项目报价单,亲临现场检查施工与工程进度。

(9)协助工程部经理做好消防、安全工作。

(10)考核下级的工作,并对其工作做出指导和评论。

(11)协助建立完整的设备技术档案和维修档案。

(12)执行工程部经理下达的其他工作指令。

四、酒店维修经理岗位职责

(1)负责制订公共区域、客房与餐厅的装饰、装潢,厨房、PA等设备的维修保养计划,并保证这些计划的实施。

(2)随时掌握酒店设备的正常运行和日常维修,接受并组织实施工程部经理主管的运行调度令和日常维修工作令,检查维修质量,保证满足对客服务要求。

(3)根据工程部经理的要求,监督相关合作单位承担大修、技术改造和工程项目,并组织人员密切配合,保证工程符合规定的要求。

(4)协助工程部经理制订设备维修、技术改造和设备更新的计划,在执行中如发生问题,及时向工程部经理汇报。

(5)搞好班组管理,采取相应的措施,提高工作效率,控制维修成本。

(6)制订本班组的备品、备件计划,并上报部门经理。

(7)按照预防性维修保养计划对各大机房、公共区域、餐厅、客房机电设备进行巡查,对查出的问题要及时发出维修通知,以保证这些区域的设备设施处于完好的状况。

(8)负责制订和实施下属员工的培训计划,着重加强服务意识、技术水平、一专多能等方面的培训。

(9)对各维修工的工作进行统计,编报每天的工作日报表。

(10)完成上级交办的其他工作事项。

五、酒店工程部维修领班岗位职责

(1)负责客房、餐厅、娱乐场所及公共区域的机修及厨房、洗衣房、PA等设备设施的维修保养工作。

(2)全面掌控本小组的各项工作,检查、督促、协调组内人员的工作,在工作时间内必须不间断地对组内人员进行巡查、督导。

(3)制定厨房设备、洗衣房设备、清扫设备的操作规程与日常保养制度,负责对使用人员的培训。

(4)随时检查班组人员巡查制度的落实与预防性维修计划的执行情况。

(5)认真做好本班组人员的考核工作,如技术考核、出勤考核、执行《员工手册》的考核,并提出奖罚建议。

(6)协助其他班组做好工作。

(7)成上级交办的其他工作事项。

六、工程部维修工岗位职责

(1)负责酒店的水、电、汽、电梯、空调、装饰装潢、厨房、PA等机电设备的日常维修保养与计划性维修保养工作。

（2）服从领班的领导,服从调度,对故障设备要及时进行维修,以保证酒店所有机电设备的完好与正常运行。

（3）保证客房和厨房、公共区域、水、电、空调的正常供应。

（4）保证厨房设备的正常运行,发现故障及时维修。

（5）客房卫生洁具及设备需要维修时,应及时进行维修。

（6）负责酒店所有门锁、窗锁、抽屉锁的更换修理(在装饰工派齐之前)。

（7）负责酒店所有装饰、装潢的维修工作(在装饰工派齐之前)。

（8）对设备进行技术改造,使之符合酒店要求,并进行小型零件的加工。

（9）根据设备的使用情况,协助领班制定出相应的年度、月度维护保养计划,并严格实施。

（10）定期巡检消防设备,协助安消部进行消防检查,消防试验,在发生火灾时给消防人员提供帮助。

七、工程部空调工岗位职责

（1）负责保证水暖空调的正常运转。

（2）严格按照工作程序,保证维修单上所指定的工作及时、准确地完成。

（3）负责酒店的水暖空调系统、给排水系统管道、阀门及其辅件的维修保养。

（4）保管好工程部机房的钥匙,使用钥匙时要做好登记。

（5）定期检查楼宇自控系统的运行情况,并按要求及时调整灯光的开关时间。

（6）中控室晚班值班人员要负责对紧急维修进行处理,当个人无法排除故障时,要根据情况及时通知部门主管,以便做出相应的处理。

（7）每日要对酒店的水、电、煤气等能耗情况做好统计,并在第二天 8:00 以前将报表交工程办公室。

（8）负责酒店水箱及辅件等的维修保养。

（9）按维修保养计划对空调系统、生活热水系统、楼宇自动控制系统进行维护、保养。

（10）完成上级交办的其他工作。

八、工程部土木装修工岗位职责

（1）负责酒店所有土木装修类设施设备的维护、保养。

（2）负责处理各种故障投诉工作。

（3）确保维修、制作工作的内在质量与外观形象。

（4）负责土建类的修补、制作及部分安装性的工作。

（5）维修完毕后及时清理现场。

九、工程部管道工岗位职责

(1)服从领导的安排,认真执行领导交办的任务。
(2)定期检查管道是否畅通,发现不良现象应及时维修。
(3)具备职业道德,工作认真踏实。
(4)完成执行主管分配的其他临时任务。

十、工程部电工岗位职责

(1)负责酒店内所有用电设备、设施、灯具的维护、维修与保养工作。
(2)负责小型改造工程的定期安装、改装。
(3)负责节日庆典活动中室内外彩灯的安装、维护和检修。
(4)配合机电组完成大型会议、演出等活动的舞台照明及灯光的布置工作。
(5)负责各部门及客人使用的小型电器的维修。
(6)配合其他班组对有关电器设备实施计划的保养和维修。
(7)完成上级交办的其他工作。

十一、工程部司炉工岗位职责

(1)熟练掌握锅炉、供热设备、水处理设备的性能与操作规范。
(2)根据锅炉的热负荷情况及时做出燃烧风量、给煤量、锅炉压力、水位的调整,确保所供蒸汽压力满足各单位的要求,保证室内采暖温度不低于16℃。
(3)做好当班运行设备的日常运行保养工作,确保使用设备运转正常,杜绝跑冒滴漏现象。
(4)努力学习业务知识,不断提高操作水平,做好节煤、节水、节电工作。
(5)严格执行酒店、供热站的各项规章制度。
(6)保持所负责区域的清洁卫生,搞好文明生产。

十二、工程部文员岗位职责

(1)负责工程部的日常内务工作,接受工程部经理的直接领导,努力完成部门经理交办的各项事务。对酒店内部的通知、文件要做到及时上传下达,并做好归档管理工作。
(2)参加部门工作会议,并做好会议记录,整理工作。负责起草部门工作报告、总结等文件。
(3)协助部门经理处理日常工作及接待工作,谈话要和气、热情、礼貌。
(4)负责有关技术资料、文件的收发和分类归档工作,准确无误地填制各种报表。
(5)负责本部门的设备档案管理,包括有关设备故障、维修项目、更换零部件或设备更新等资料报表的整理,并将其放入设备档案中妥善保管。

(6)做好每日施工单的登记工作,准确配发各班组施工单,并将做完的施工单记录、存档。

(7)负责汇总每日各班组的千作日报表,填写系统设备运行、维修情况日报表,送部门经理审阅。

(8)负责本部门员工每月出勤的核查,负责每月发放本部人员的工资及各项福利、奖罚事项。

十三、技术组岗位职责

(1)负责应急电机组弱电控制部分的资料整理与维护保养工作,并对相关的设备进行定期的校验与检修。

(2)完善动力监测系统、资料整理及维护保养,定期进行校验和故障检修。

(3)负责各动力系统有关弱电控制部分的维护保养,定期进行校验和故障维修。

(4)负责各动力系统自控、监测装置的改造情况。

(5)负责电工和热工仪表的定期校验和故障维修。

(6)负责水池水位自动控制系统的维护保养,并定期进行校验和故障检修。

十四、闭路电视服务员岗位职责

(1)负责管辖范围内的酒店音频、视频设备的正常运行和保养。

(2)严格遵守酒店的各项规章制度,按照员工手册上的规定规范自己的行为,上班时间不脱岗、不串岗,不做与工作无关的私事。

(3)认真钻研业务,不断提高业务与技术水平,适应不断发展的服务需要。

(4)参与制作本酒店闭路电视节目与背景音乐节目,并按计划进行播放。

(5)负责保管好各种设备、仪器、元件和工具。

(6)认真执行交接班制度,并做好交接班记录。

第三节 酒店工程部管理制度

一、工程部工具管理制度

1. 工具管理制度

工程部购进的电工仪表、电动工具按产品说明进行检验后要登记入账,工程部对工具实行二级管理。

(1)对于价格较贵且容易损坏的工具,应由专人保管。

(2)经常使用的工具和维修人员必备的工具要记入班组工具账,建卡并由个人负责保管,组内公用工具由组长负责保管。

2. 工具赔偿管理制度

工具丢失或因违反操作规程而损坏的,要追究当事人的责任,根据工具的新旧程度或损害程度酌情进行赔偿。

二、酒店设备档案管理制度

（1）设备技术档案应该由工程部的专人负责,酒店所有设备均要建立技术档案,依据设备种类,按时间顺序存放。

（2）设备图表。设备图表由工程部统一管理,包括设备安装工程施工图、动力设备与管道配管竣工图、给排水系统分布图、供电线路图、自动消防报警系统分布图、设备零件组装与特殊加工图等。这些图表均分类编号,归档管理,供设备维修管理人员查阅。

（3）设备建档。酒店所有设备均应进行分类,分部门建立设备档案,内容包括设备名称、出厂合格证、检验单、安装质量检验单、试用记录、维修保养记录、改进安装记录、运行日志等。每种设备的各种档案内容分别按记录种类和时间归档编号,以便查找。

（4）设备运行日志。包括配电室运行日志、锅炉运行日志、空调制热或制冷运行日志、空调区域温度/湿度巡检记录。这些报表日志使用记录完毕后,统一交工程部存档管理。

（5）技术档案借阅。工程部各种技术档案建立后,借阅时需办理借阅手续,经档案主管人员同意后方可借阅。

三、酒店安全运营管理制度

（1）根据劳动部门的相关规定,组织对电工等特殊工种人员进行相关的技术培训及考核,逐步做到持证上岗。

（2）按照劳动安全规程,制定各种维修操作规程和安全检查制度。

（3）加强安全教育,在进行有危险的作业时,值班负责人应亲自到现场进行指挥。

（4）对变配电、燃油炉、空调机组、电梯必须进行年度定期检查。

（5）对中央空调、配电柜、燃油炉的压力表、保险阀等必须定期报送相关单位进行检验。

（6）重要机房如配电房、空调机房、电梯机房应设警戒牌,严禁非工作人员入内。

（7）水箱、机房、配电柜均应上锁,钥匙由专人保管。

（8）木工作业场地禁止吸烟,并要做到随时清除木屑。

（9）应对员工进行急救和消防知识的教育和考核。

（10）制定并建立事故处理制度。

（11）对外部施工人员进行安全教育,并签订相关的安全协议书。应在施工中进行检查监督,避免事故发生。

（12）在雨季前必须对避雷装置进行测试检查,以保证装置的安全有效。

四、工程部设备维修制度

（1）酒店各部门的设备如果发生故障，需填写"维修通知单"经部门主管签字后交工程部。

（2）工程部主管或当班人员在接到维修通知，应在"日常维修工作记录表"上登记接单时间，根据故障的轻重缓急及时安排有关人员处理，并在记录本中登记派工维修的时间。

（3）维修工作完毕后，维修人员应在"维修通知单"上填写相关内容，经使用部门主管人员验收签字后，将"维修通知单"交回工程部。

（4）工程部应在记录本中详细登记维修完工时间，并及时将维修内容记录在维修卡片上，审核维修中记载的用料数量，计算出用料金额，填入"维修通知单"内。

（5）将记录好的"维修通知单"按顺序贴在记录本的扉页上。

（6）较为紧急的设备维修，一般要由使用部门的主管用电话通知工程部，由当班人员先派人员维修，同时让使用部门补交"维修通知单"，当班人员也应补填各项记录，其他程序均同。

（7）工程部在接到维修通知后两日内不能修复的，由当班主管负责在记录本上说明原因，若影响正常营业，应采取特别措施尽快进行修理。

五、工程部材料管理制度

（1）酒店工程部所有材料均应分门别类的进行登记造册，并建立有关账卡，由仓库管理员统一保管。

（2）日常维修所用的低值易耗材料，应该由领用人填写领料单、当班工程师批准签名后登记发放。

（3）新安装的配件统一由部门经理批示，在填写领料单后方可发放。

（4）特殊情况下可凭借条领取，但需尽快补办有关手续。

（5）各种门锁需经部门经理批准后方可发放。

（6）对弄虚作假、私自拿用材料者，一经查实即给予严厉的处罚。

（7）表扬和奖励节约材料者，批评和惩罚浪费材料者。

六、工程部设备安全检查制度

（1）配合楼层人员对客房电器设备进行全面检查，检查项目包括床头箱及接线盒、门铃、灯具、衣柜灯及其开关、房间插座、插头等。

（2）对于客房内的吊花灯、组合花灯及其他灯具和水晶玻璃物品等，都要进行定期的检查，看是否牢固可靠。

（3）对于餐厅厨房和职工厨房的电器设备，除分工包干责任制中规定由责任人每月进行维护保养的设备外,其余设备每年都应该由维修班进行至少两次的安全检查,检查项目包括开关、插座、设备的接线是否坚固,接零保护线是否可靠,线路是否完整。

七、工程部设备事故处理制度

(1)酒店设备一旦发生事故,将会直接影响到客人的正常生活和活动,因此,在这种情况下,必须马上启用备用应急设备,采取应急措施挽回损失和影响,并保护现场,及时上报。

(2)有关领导及人员要立即赴现场检查、分析、记录,及时做出处理。

(3)事故发生后,相关人员要将"设备事故报告单"送交有关领导批示后,由工程部和有关部门领导解决。

(4)对于事故的责任人,酒店要查明原因,根据规定,视情节轻重给予必要的经济处罚和行政处分;如果已触犯法律,则按国家法律程序处理。

(5)事故的事后处理要做到"四不"放过:

◎事故原因不查清的不放过。

◎缺乏切实有效的防范措施的不放过。

◎缺乏常备不懈的应急弥补措施的不放过。

◎事故责任人和员工未受到教育的不放过。

八、工程部新置设备管理制度

(1)酒店各部门需增置的设备经批准购买后,报工程部设备管理部门备案。

(2)经工程部进行可行性方面的技术咨询后,才可确定装修项目或增置电器及机械设备。

(3)各部门应设一名兼职设备管理员,协助工程部人员对设备进行管理,指导本部门设备使用者正确操作。

(4)在设备项目确定或设备购进后,工程部负责组织施工安装,并负责施工安装的质量。

(5)施工安装由工程部及使用部门负责人验收合格后,填写"设备验收登记单"方可使用。

九、工程部电气机械设备管理制度

(1)在电气机械设备使用前,设备管理人员要与酒店人事部做好配合,以组织使用人员接受操作培训,工程部负责安排技术人员传授相关的专业知识。

(2)使用人员要学会详细的操作流程,掌握日常保养知识和安全操作知识,熟悉设备的性能后,经工程部签发设备操作证才可以上岗操作。

(3)使用人员要严格按操作规程开展工作,认真遵守交接班制度,准确填写规定的各项运行记录。

(4)工程部要指派人员与相关的负责人,经常检查设备情况,并列入员工工作考核内容。

(5)使用各种电气机械设备一定要注意安全。

十、工程部改装、移装设备操作制度

(1)设备的跨部门移装、改装前要报工程部审批。

(2)工程部进行技术可行性研究后,派员改装、移装。

(3)将设备改装、移装的情况记入档案。

(4)在未经工程部经理、主管审批同意的情况下,任何人不得私自修改、移装设备。

十一、转让和报废设备的管理制度

(1)当设备年久失修不适应工作需要或没有继续使用的价值时,使用部门在申请报损、报废之前,工程部要进行相应的技术鉴定和评估。

(2)工程部应该指派专人对设备的损坏情况、影响工作情况、使用年限、残值情况、更换新设备的价值及货源情况等进行综合性的鉴定与评估,并要填写意见书交使用部门。

(3)使用部门将"报废、报损申请单"附工程部意见书一并上报,按程序进行审批。

(4)申请批准后,交付采购部办理,新设备到位后,旧设备方可转让或报废。

(5)报废、报损旧设备由工程部负责按规定处理。

十二、工程部设备日常巡检制度

(1)当班人员与各系统技术人员要根据系统的运转情况制定巡检的内容、要求及巡检的路线,并落实到具体的人员。

(2)巡检人员要严格按巡检时间与巡检内容进行巡检,发现问题要及时解决并上报处理。

(3)保证各系统的正常运行与重点设备的正常运转。

(4)月末填写的巡检记录表整理汇集后要上报工程部经理,记录表应该由档案管理人员进行保管,以备查证。

十三、电梯维修制度

(1)责任制:为了更有效地对酒店的电梯进行日常的维护保养,可以实行电梯的维护保养责任制,即将人员分成几个小组,每组负责几部电梯的日常维护保养,内容包括该电梯所属设施,如整流器、控制屏、主机、轿厢及轿厢顶、导轨、厅门及门轨、井道及井道设施、井底等。

(2)巡检制:工作人员在接班后要按照规定时间和路线对电梯进行一次检查,检查的内容包括机房、各梯内选、外呼、楼层指示灯、电梯乘搭舒适感、厅门、轿厢门、轿厢照明、轿厢装修、风扇以及巡视记录表中的所有项目。

(3)季度和年度安全检查制:除了对电梯进行日常性的巡检与实行责任制以外,还应该按季度和年度对电梯进行安全检查,按升降机试验记录逐项进行检查和试验,并做好试验的详细记录。

十四、酒店锅炉操作管理制度

(1)司炉人员必须持证上岗,并严格执行操作规程及有关规定。

(2)按规定做好锅炉的日常运行工作,定期检查。

(3)及时处理锅炉室发生的一切事故,重大事故应保护现场,及时汇报。

(4)锅炉运行期间非工作人员不得进入锅炉房内,如有需要,必须登记。

(5)值班人员应对锅炉安全附件和辅助设备进行定期的维修保养。

(6)做好检修记录,把每一次检修情况记录下来,存入档案。

十五、酒店空调操作管理制度

(1)上岗期间,全体空调工都要听从班组长的调度和工作指令,在上级的指导下,按时完成任务。

(2)随时了解设备的运行情况,并根据外界天气变化及时对设备进行调节,确保系统的正常运行,并做好运行记录。

(3)坚持并执行巡检制度,每班都要定时对外界及各空调区域的温度、相对湿度进行监测。

(4)巡查中若发现异常现象及设备故障要及时进行排除,如一时处理不了,要在做好补救措施的同时上报主管。

(5)每班都要随时监视水温、水压、气压以及有无溢漏情况,如遇下雨或消防排水,要时刻注意排水系统,以免水浸设备。

(6)按中央空调及其设备的运行周期,定期做好大修、中修或小修计划;每年中央空调的使用期过后,要定期进行必要的检修;接到报修任务后,要立即赴现场进行处理,必要时要连夜进行抢修。

(7)值班人员必须掌握设备的相关技术状况,发现问题要妥善处理,做好中央空调系统和通风系统设备的日常保养和检修工作,并做好工作日志。

(8)中央空调运行人员要勤巡查、勤调节,保持中央空调温度的稳定,并注意做好节能工作。

十六、酒店配电室操作管理制度

(1)值班电工要树立高度的工作责任心,熟练掌握酒店的供电方式、状态、线路走向以及所管辖设备的原理、技术性能与详细的操作规程,并不断提高业务与技术水平。

(2)严格保持各开关的状态和模拟盘相一致;未经领导批准,值班人员不得随意更改设备和线路的运行方式。

（3）密切监视设备的运行情况，定时巡检电器设备，并准确抄录各类数据，填好各类报表，确保电力系统正常运行。

（4）值班人员对来人来电报修，要及时进行登记并立即赶赴现场修理，在维修工作结束后，要做好工时和材料的统计工作，并要求使用方签字。

（5）在气候突然出现变化的环境下，要加强对设备的特别巡逻，发生事故时，要保持头脑冷静，按照操作规程及时排除故障，并做好相应的记录。

（6）值班人员违反工作规则或因失职影响而营业或损坏设备的，要追究当事人的责任，并酌情进行索赔。

（7）任何闲杂人员等不得进入酒店配电室，更不得在配电室逗留；对于那些参观配电室或在配电室执行检修安装工作的人员，需得到工程部负责人的批准，并要进行登记。

十七、工程部计量器具的使用与维护制度

（1）计量器具的使用人员，必须熟悉计量器具的性能与操作要求，并按操作规程或说明书中的有关规定正确使用。

（2）使用部门要根据情况，对计量器具分别进行集中管理或分类管理，日常的卫生清扫及擦拭均由使用部门负责。

（3）使用中的计量器具需有合格标记，发现遗失需及时标贴，以便操作人员掌握器具的有效使用日期。对超期或明显不合格的计量器具，使用人员需拒绝使用。

（4）对非安装式计量器具，在移动使用的过程中要轻拿轻放，严禁摔、碰、砸，使用中不准搬动，用后需恢复到正常状态。

十八、酒店工程部值班制度

（1）值班人员必须坚守工作岗位，不得擅自离岗，按规定需定时巡视设备运行情况，如离开值班室去巡查和抄表，必须报告。

（2）仔细观察设备的运行情况，注意及时发现并处理隐患。

（3）值班人员接到维修报告后，及时通知有关人员前往维修。

（4）发现设备故障，而当班人员无法处理时，报告上级人员组织处理。

（5）用餐时间是值班的薄弱环节，值班人员硬换在规定的时间内就餐。所有运行值班机房需实行轮流就餐，保证值班。

（6）值班人员需做好值班记录和交接班记录。

十九、酒店工程部交接班制度

（1）交接班前接班人员需做的工作：
◎接班人员提前 10 分钟到达工作岗位，做好接班的准备工作。

◎查看交接班记录,听取上班的运行介绍。

◎检查仪表、工具,并在交接班记录本上签名。

◎检查设备运行情况。

(2)下列情况不准交班:

◎上班情况未交代清楚。

◎当班负责人未到或未经管理员同意指定合适的负责人时。

◎交接班人数未达到需要人数的最低限度时。

◎设备故障影响运行或影响营业时。

◎交接班人员有醉酒现象或神志不清而未找到替班人时。

(3)出现不能交接情况时的处理办法:

遇到不能交班的情况,要逐级上报,寻求解决办法。管理人员应在职权范围内给予指示,帮助解决问题。

二十、酒店工程部物料、备件管理制度

(1)直接拨给班组的材料,班组应该建立相应的材料明细表。

(2)备件须严格执行验货制度,对材料订购单和发票的名称、规格、数量、单价要进行严格的核定,对材料需要开包检验质量时,若不符合要求,则当日向供应部门提出,严禁入库。

(3)存库材料需按规定存放。

二十一、酒店高空作业安全操作与管理制度

(1)凡在基准面 2 米以上、有可能坠落的高处进行作业的,均视为高空作业。

(2)高空作业人员必须要经过专业性体检,在合格后才可以进行高空作业,凡患有心脏病、严重近视、高血压等不适合高空作业的病症人员,严禁登高作业。

(3)高空作业人员要使用合格的脚手架、支架、跳板、安全带等进行工作。

(4)高空作业如果缺乏安全可靠的设施,需使用安全带,严禁使用绳子代替安全带。

(5)不准使用拖拉绳和缆风绳以及其他斜绳攀登高空,而应该站在梯子和其他安全牢固的攀登物上进行登高作业,严禁使用吊装升降机载人。

(6)严禁坐在栏杆上、墙头上或踏在未安装牢固跳板的设备、管道及物件上作业。

(7)高空作业地点如有冰块、霜雪的,要彻底打扫干净,并采取相应的防滑措施,遇有六级以上大风,以及暴雨、雷电、大雾等天气,必须停止露天高空处作业。

(8)高空作业所用的工具,要放在专用的工具袋内;暂时不用的工具要放置稳妥,工具材料严禁进行上下扔掷,而应该用绳索吊运或其他安全方式运送。

(9)楼板上的孔、洞需设坚固的覆盖板与围栏,夜间登高作业需保证有足够的光线与照明。

(10)要避免上下双层垂直作业,必要时,上下层的中间要设置隔离设施,下面工作人

员戴安全帽,无隔离设施的,严禁人员在下方操作与逗留。

(11)在进行高处焊接、气割作业时,要事先清理掉火星飞溅范围内的易燃、易爆物品。

(12)在酒店楼房顶上或在高大的塔器上等施工时,要有专人监护,并采取安全可靠的防护措施。

第四节　酒店工程部常用管理表格

一、酒店工程部维修通知单

申请人		申请部门经理	
申请部门		验收人及日期	
班组负责人		维修人	
原　因:			
维修内容		使用材料	
工程部经理		费　用	

二、工程部设备采购登记表

工程编号		部　门		预订费用		要求到货日期	
使用部门		制造厂		设备总费用			
设备名称		型号规格		数　量		备　注	

三、工程维修反馈表

序　号	日　期	报修项目	报修时间	受理人	检修原因	反馈内容	备　注

四、工程部维修作业登记表

序　号	日　期	员工姓名	维修项目	维修地点	使用材料	维修结果	备　注

五、高空作业审批表

作　业　人		作业班组	
作业时间		作业地点	
作业主管		监 护 人	
作业人身体状况		作业方式	
申请时间		填 表 人	
作业内容			
安全措施			
审批意见			
备　注			

六、工程部明火作业申请表

申 请 人		申请时间	
作业班组		现场主管	
作业时间		作业地点	
作 业 人		监 护 人	
作业内容			
安全措施			
工程部审批意见			
保安部审批意见			
备　注			

七、工程部设备故障报告表

设备名称		设备编号		事故主要责任人	姓　名	技术等级
故障类别		故障性质				
故障损失		修理费用				
发生时间	年　月　日		修复时间	年　月　日		
事故经过和原因及设备损坏程度						
修理内容						
防范措施						
处理结果	事故部门：					
	工程部：					

注：(1)内容填写不下时,可另附纸。

　　(2)本单位留存一份,存入设备档案。

八、设备封存表

设备名称		设备编号		设备型号	
资产编号		生产厂商		生产日期	
设备原值		已用年度		封存时间	
封存地点					
封存原因					
封存前技术状况					
使用部门意见					
工程部意见					
备　　注					

九、酒店设备启封表

设备名称		设备编号		设备型号	
资产编号		生产厂商		生产日期	
设备原值		已用年度		封存时间	
封存编号		已封时间		启封时间	

封存地点	
启封原因	
封存前技术状况	
使用部门意见	
工程部意见	
备　　注	

十、工程部工作目标计划表

姓　名		工作岗位	
考核期	_____年_____月~_____年_____月		
工作概要			
工作目标计划			
序　号	工作计划内容	工作目标	备　注
1			
2			
3			
4			
5			
被考核者签名		部门负责人签名	

十一、工程部设备投资计划表

序号	设备名称	能量计划和说明	第一期			第二期			第三期			备注
			说明	金额	每月折旧	说明	金额	每月折旧	说明	金额	每月折旧	

十二、工程部存料登记表

材料名称		用　途		
材料编号		供应商		
估计年用量		计货期		经济订量
安全存量		代替品		
月　份	实际用量	需　求　计　划		平均单价
一　月				
二　月				
三　月				
四　月				
五　月				
六　月				
七　月				
八　月				
九　月				
十　月				
十一月				
十二月				
总　计				

收　发　记　录							
日　期	单据号码	发料量	存　量	收料量	退　回	订货记录	备　注

十三、设备维修统计表

序　号	日　期	保修单编号	维修项目	使用材料	费用	工　种	维修人员	备　注

十四、设备报废单

设备名称		设备编号		设备型号	
资产编号		生产厂商		生产日期	
设备原值		折旧年限		已用年限	
累计折旧		预计残值		报 损 值	
报废原因					
报废日期					
各级意见	设备部门总监		酒店财务总监		酒店工程总监/经理
	总经理		管理公司		董事会
备 注					

十五、酒店设备大修审批表

设备名称		设备编号		设备型号	
设备原值		设备等级		已用年限	
预计费用		资金来源		预计维修周期	
目前设备状况					
大修方案概况					
预计大修后设备状况					
设计单位			施工单位		
各级审批意见	酒店工程总监/经理		总 经 理		管理公司
备 注					

十六、设备大修验收表

设备名称		设备编号		型号规格	
生产厂商		资产编号		管理类别	
设备原值		折旧年度		已用年限	
原计折旧		预计费用		实际费用	
审批单号		审批日期		施工单位	
开工日期		竣工日期		验收日期	
大修改造方案详情					
大修主要内容		关键部件更换情况	部　位　部件名称　数　量		
改造后设备性能					
主要遗留					
问　　题					
验收各方意见	设计单位		施工单位		酒店工程部
备　　注					

十七、设备大修情况统计报表

序号	设备名称	设备编号	管理类别	改造	大修	规格型号	出厂日期	已用年度	设备原值	申请批号	内部施工	外聘施工	动工日期	竣工日期	验收日期	竣工报告单号	实际费用

十八、工程部设备安装竣工报告表

设备名称		设备型号		生产厂家	
生产日期		验收日期		竣工日期	
设备技术资料					
空载运转情况					
满负载运转情况					
外观附件与安全装置					
验收结论					
验 收 结 果					
使用部门意见					
工程部意见					
酒店意见					
备 注					

十九、设备台账表

序 号					
使用部门					
管理类别					
设备名称					
设备编号					
相关设备编号					
固定资产编号					
规格型号					
总功率					
生产厂商					
出厂编号					

出厂日期											
启用日期											
安装地点											
设备原值											
计提折旧											
预计残值											
使用年限											
设备现状											
备 注											

第23章　酒店采购部管理

第一节　酒店采购部管理概论

一、酒店采购管理的主要内容

（1）认真分析酒店所有业务活动所需要的物资，根据市场近况，科学合理地确定采购物资的种类与数量。

（2）根据酒店各业务部门对物资的质量与价格需求，选择最恰当的供货商，并及时进行订货或直接采购。

（3）控制采购活动的全过程，防止每个环节中可能存在的管理漏洞，使物资采购按质、按价、按时进行。

（4）制定采购各种物资的严密程序、手续和制度，使控制工作卓有成效。同时，建立科学的采购体系，并制定相应的表格单据，为每一环节的工作流程留下可供查询的原始凭证，并以制度保证所有原始凭证能够得到妥善的收集、整理和保存，以便为酒店结付货款及物资管理的其他环节提供可靠的依据。

（5）制作并妥善保存与供货商之间的交易合同，在保证酒店利益的基础上，保证采购合同的合法有效。

（6）协助财务等相关部门做好酒店对供货商的货款清算工作。

二、酒店采购计划的制订

1. 部门计划上报

最了解某类具体物资需用量的是基层使用部门，采购计划首先应由最基层的使用部门组织研究，提出计划期内对物资的需求种类以及需求数量。部门对班组意见进行审核、归类和统计，提出本部门计划期内对各类物资的需求，再上报酒店的采购部门。

2. 采购部集中处理

每个部门编制的物资采购计划应由采购部进行集中处理，由采购部逐项检查各种物资的库存量和实际需要采购的数量，并及时补充采购计划中不完善的地方，特别是对于那些采购原则、采购渠道、供货商的选择等采购计划中应有的但部门无法编写的内容，从而编制出更完整的采购计划。

3. 财务部门审批

酒店各业务部门对物资的需求以及采购部门最终的物资采购行为，都要受到酒店资金状况的制约。所以,在采购部编制采购计划之后,紧接着就要将采购计划交由酒店的财务管理部门进行审批,审核的主要内容是将采购计划与酒店的整体预算相比较,修整其中不符合整体预算的部分,从而使采购计划更为合理,更具可行性。

4. 酒店总经理审批

采购部编制的采购计划在通过了酒店财务部的审批后,还要由酒店总经理或分管副总经理对经财务部门修改后的采购计划进行审核,在必要的时候还要召集部门经理会议,以综合平衡整个采购计划,并根据计划期内酒店的新目标及新的经营策略对采购计划进行修改采购。在必要的情况下,甚至要按规定的程序修改酒店的预算。经过总经理层审批的采购计划才是最终将要付诸执行的采购计划。

三、酒店采购部人员的素质要求

(1)采购人员必须要有吃苦耐劳的精神。因为大型酒店的物品采购范围非常广,酒店客房使用的设备、用具及消耗用品,从大到小,几乎每一项物资都要经过采购人员才能买到,况且采购市场的行情往往又千变万化,难以预测,所以采购人员必须要有敬业精神,才能很好地完成采购工作。

(2)采购人员是酒店成本控制的把关者,直接关系到酒店的经济利益,所以采购人员的品行一定要端正,并且职业操守要廉洁,绝不做有损酒店利益的事情。虽然采购人员经常会与供货商的老板或员工因业务关系而成为好朋友,但是遇到酒店要采购某种商品时,也绝不能徇私,否则将会打乱酒店正常的采购作业程序,同时还会影响酒店的采购效率。

(3)采购人员在为酒店采购物资时,必须要与各部门进行沟通或协调,尽量满足各部门的需求。同时还要以诚待人,才能完成酒店所交代的工作。

(4)采购人员要有灵敏的思想,周全的考虑,快速的反应,才能在当今商情迅速变化的市场采购到价廉物美的物资。

采购人员在从事采购工作的过程中,绝不能利用手中的职权,损公肥私,在具体操作过程中还必须遵循以下几个方面的要求:

(1)采购人员应具备专业的采购技能,详细地了解各项货品的规格、情况及市场情报与信息,确实掌握市场的价格与货品的来源,只有这样才能胜任其工作。

(2)采购人员在进行物资采购时,一定要了解并严守有关法律法规与酒店的相关规章制度,对于外界的不当行为所施加的一切压力,企图以不正常的程序达到交易的行为,应全力排除并加以抵制。

(3)采购人员在选择供货商和进行交易时,一定要公事公办,一切以酒店的利益为前提,坚持原则,以尽忠职守的心态执行采购任务。

(4)采购人员在进行物资采购时,应该有开阔的胸襟与接受他人建议的胸怀,绝不能因个人的好恶影响到酒店的利益。

(5)采购人员对于来访的供货商方面的业务代表,要以非常礼貌的态度进行接见,彼此之间在洽谈时一定要做到互相尊重,同时要造成有利的商业气氛,完成采购工作。

（6）采购人员要经常注意同业的动向，并加强同行之间的联系与合作，尤其是与同一个地方的供货商、社团及个人，这样才能提高酒店的采购地位而有利业务的进展。

四、酒店采购中的价格管理

1. 价格比较的原则
（1）相对最低原则。
（2）质量最好原则。
（3）供货商信誉原则。
2. 价格比较的程序
酒店在进行价格比较时，一般分以下 3 个步骤进行：
（1）设立最高限价。
（2）估计供方的最低限价。
有些物资的报价会受国家政策或法律的限制，如一些专项控制物资的价格，就不能随意提高报价。
（3）在供货商最低限价和酒店最高承受能力的区间，结合质量等因素，充分发挥个人的谈判能力，以确定一个酒店愿意支付的最高价格。
3. 理想价格的获取手段和途径
在保证质量的前提下，要想获取理想的采购价格，还要注意以下要点：
（1）充分利用酒店的形象资本。
（2）集中批量订货。
（3）注意信息的采集与分析，选择恰当的采购时机。
（4）建立长期的购销合同。
（5）减少中间商，直接进货。
（6）选择适当的支付方式。
（7）与供货商进行谈判，通过富有技巧的讨价还价来压低供货商的报价。
（8）寻找合适的替代品。
获取理想价格的手段和途径是非常多的，酒店应该选择组建一支精干的采购人员队伍，灵活采用各种手段和途径，获取理想的采购价格。

五、酒店采购中的支付方式管理

选择合理的支付方式，其中的关键点是要尽可能长地将资金留在自己手中，不要过早地支付货款。但这样做也会带来以下问题：第一，拖延付账可能损坏酒店的信誉；第二，拖账会丧失价格上的一些优惠。因此，采购人员应善于比较不同支付方式所能带给酒店的利弊，并一次来选择合理的支付方式。

六、酒店采购中的供货商选择与管理

1. 供货商选择的原则

（1）公开性原则

在保证不泄露酒店商业机密的前提下，采购部门在选择供货商时，应按照公开的原则进行筛选，以加强选择工作的透明度。采购部门可以向外界公开发布求购信息。

（2）平等性原则

所有供货商在地位上都是平等的，在经过慎重选择之前，任何一个供货商都不存在与酒店关系的亲疏远近问题。

（3）广泛性原则

供货商的选择不应局限在几个厂商之间，而应该尽力拓展供货商的数量，尽量扩大可供选择的领域。这将为酒店获得最优供货商提供帮助；供货商在巨大的竞争压力面前，往往也会主动降低自己的报价或提供特殊的售后服务。

2. 供货商选择的途径

选择供货商关的键环节在于了解有关供货商的各种信息。这些信息包括：

（1）距离供货商的远近。

在酒店采购中，一般要优先考虑那些与酒店距离较近的供货商。这样就可以减少一定的运输费用，又可以缩短物资在运输途中的时间，从而保证采购物资的新鲜度，同时还可以降低运输途中一些不可控因素所导致的中断或延缓送货的风险。同时，由于距离较近，酒店可以分批多次采购物资，以减少流动资金的占用，降低物资的储存成本。

（2）供货商的信誉。

主要考虑供货商的信誉度如何。在商品交易中，信誉是一个非常关键的因素。采购方要选择那些信誉记录良好、守信用的供货商，否则会给采购工作带来一定的风险。

（3）供货商的供货能力。

采购方要充分了解供货商的供货能力，包括供货商接受的订单量、存货数量、物资质量、基本加工程序，尽量选择供货能力强的供货商作为合作伙伴。

（4）供货商的信誉合作精神。

（5）供货商的员工队伍。

供货商的供货业务最终要靠其员工具体落实，因此，供货商拥有一支品德优秀、素质较高的员工队伍是其可信度的重要保障。

（6）供货商的卫生状况。

供货商的卫生状况的信息可以通过现场考察供货商供货基地的干净程度、供货商运输工具的清洁水平等方面获知。同时也可以从卫生管理部门的检查记录中获得。

3. 保持良好的合作关系

建立并保持良好的供求关系要靠供求双方的共同努力。从作为采购方的酒店的角度出发，建立和保持与供货商的良好关系可以采用以下几种方法：

（1）认真履行合同条款，尤其要按时向供货商支付购货款。这是酒店守信誉的最基本要求,也是建立与供货商之间良好合作关系的最有效的方法。

(2)互换信息。酒店应主动向供货商介绍物资的使用现状以及物资在不同时期的不同需求,从而为供货商的供货准备提供充足的时间和尽可能多的方便。

(3)保证交易手续的清楚,不留纠纷隐患,这是双方长期愉快合作的重要保证。

(4)相互理解。在与供货商长期合作的过程中,会有许多意外的事情发生,酒店在确保自身经济利益及经营活动不受损失的前提下,应尽量替供货商着想,理解并体谅他们的难处。

(5)对信誉好、供物质量好的供货商要采取适当的扶持政策。如在供货商供货能力的承受范围之内,增加物资的订货量或订货品种,给他们更多的机会或为他们的新商品提供推销机会,从而加强原有的合作关系。

建立长期而稳定的良好供求关系并不意味着酒店从此不再另外选择供货商。酒店应该通过市场调查,了解最新的物资供求行情,时刻注意比较不同的供货商,并将比较结果反馈给供货商,以使其做出相应的行动。如果供货商未能对酒店的反馈信息做出相应的行动,或当出现更理想的供货商时,酒店完全有必要重新选择更理想的供货商。

七、酒店科学化采购管理

1. 采购程序

酒店物资采购程序大致包括以下几个环节:

(1)各物资使用部门或仓库管理人员根据经营需要填写相应的请购单;

(2)仓库定期核算各类物资的库存量,若库存量已经达到了规定的订货量,仓库要向采购部送请购单,申请订购;

(3)由采购经理进行综合考虑后,再对采购申请给予批准或部分批准;

(4)采购部应该根据已审核的采购申请向供货商订货,并给验收部、财务部各送一份订货单,以便收货和付款;

(5)供货商向酒店仓库发送所需物资,并附上物资发货单;

(6)仓库人员经检验,将合格的物资送到仓库,并将相关的票单(检收单、发货单)转到采购部;

(7)采购部将原始票据送到财务部,由财务部向供货商付款。

2. 采购方法

酒店物资采购的方法主要有如下4种:

(1)直接采购

直接采购是指酒店的采购人员根据上级批准的采购计划或请购单的具体采购要求,直接与供货商接洽,采购所需物资。

(2)预订采购

即酒店的采购部根据采购计划及请购单上的采购要求,选定供货商,并与之签订订货合同,使供货商在规定的时间内将所规定品种、规格和数量的物资送到酒店的指定地点。

（3）一次性采购法

这种采购法就是酒店选择一家实力雄厚、供应物资品种比较齐全的物资供应公司，以批发价向它订购酒店业务所需的大部物资，一次订货，分期到货，以降低采购的成本与费用。

（4）集中采购

集中采购是酒店采购中常用的一种采购方法，它是指由两家以上的酒店联合成立物资采购中心，统一为各个酒店采购经营中所需的各种物资。它的基本做法是：各酒店将需要采购的物资集中报送到联合采购中心，采购中心再将每个酒店的同类需求物资的数量汇总集中向供货商订货，采购的物资在经过统一验收后再分送到各个酒店。

3. 采购中需要注意的事项

（1）防止供货商买空卖空。

当酒店急需某种物资，特别是比较贵重的物资时，有些商家尽管手中并无这种物资，甚至完全没有供应这种物资的能力，但却仍然与酒店签订相关的供货合同，随后再转而将合同卖给真正有能力供应这种物资的商家，以此来获取收益，或者从市场上东拼西凑酒店所需要的物资，勉强进行供应。如果不慎遇到这样的供货商，酒店会受到许多损失。

（2）防止出现重复付款或超额付款。

酒店在向供货商支付采购物资的货款时，一般都会要求供货商提供发票，同时还必须提供经酒店验收人员确认的交货通知单。这些交货通知单对供、购双方来说都非常重要。可以这样说，供货商手中只要掌握有采购方签字认可的交货通知单，就有权利向采购方收取货款。因此，酒店方面在向供货商支付货款的同时，必须收回这些交货通知单的原件，以避免对方有意无意地重复索要货款。此外还有一些情况会造成己方重复支付货款，比如在验收多种、大量的货物时，需同时签署几份交货通知单，这样就有可能会重复签收同一批货物。而另有一些供货商还会因各种原因请验收员事后补签交货通知单，而单据中的数量却大于实际收获数量，还有些供货商在酒店验收人员签署的交货通知单上篡改酒店的实际收货数量或货物价格，以此来多向酒店收取货款。对于这些现象，酒店的采购乃至相关的管理部门必须要保持高度的警惕重视，在要求己方验收人员逐项核对货与单的同时，还要当场签署交货通知单。

（3）防止供货商在交货时以次充好。

（4）加强采购凭证的管理。

对采购凭证要进行妥善保管，要求做到既能保证采购凭证的安全和完整，又能便于事后的查验。因此，采购部门要注意购物凭证的归档和保管。

第二节　酒店采购中的物资验收管理

一、验收人员与场所的选择与管理

1. 采购验收人员

物资验收必须由专人负责，并经过专门训练。验收人员必须具备以下基本条件：

（1）为人诚实，办事公正，坚持原则，秉公验收，不谋私利。

（2）工作认真，办事细心，工作踏实。

（3）掌握各种相关采购验收的专业知识，熟悉酒店的各项规章制度，具有较强的协调能力。

为了保证验收工作的正常进行，并达到验收工作的预期目的，酒店采购部门必须要赋予验收人员相应的权力。比如验收人员应该有权拒收质量低劣不符合规格的货品，有权抵制任何未经批准的物品采购计划等。

2. 验收场所

理想的验收场所应包括验收办公室、检验测试装置与临时性储存场地的专门验收场所。若无专门的验收场所，那么酒店就应该事先指定一个验收区域，并规定验收的时间，还要在事先准备好磅秤、直尺等计量工具和其他一些必要的工具，如推车及盛装用的器皿等。指定的验收区域应临近酒店的储藏室或仓库，并且要保证充足的光线与照明条件。

二、物资验收的基本内容

1. 检验

（1）单据核查

验收人员要检验订货单上所列物资的种类、数量与批准的请购单上的品种、数量是否相符，而后再将单据上的内容与实物进行核对。采购的物资一般都附有交货通知单，验收人员要认真检验交货通知单上的内容是否与收到的实际物资情况相符，是否和订货单上的内容相一致。

单据核查的工作重点是仔细核查物资的品种、规格、数量、等级与价格。

（2）时间核查

对交货时间进行核查，主要是检查实际的交货期是否和订货单上的日期一致，如果供货商提前进行供货，就会导致酒店库存的上升，新增的物资就会占用货位，从而增加仓储的费用。供货商进行提前供货，有时是为了降低自己的仓储费用，有时也可能是因为保质期问题（尤其是一些鲜货）。对于这种情况，验收人员有权进行拒收。如果供货商逾期供货，则要向供货商索取必要的索赔。

（3）数量检查

数量检查在单据核查与时间核查之后进行，检查的具体内容包括：交货数量是否和订货单相一致；交货数量是否和送货通知单相一致。即验收人员要仔细对订货单数量、送货通知单数量与实际到货量进行综合性的交叉检查，确认三者是否一致。

（4）质量检查

质量检查是酒店物资验收的核心内容。酒店物资的质量检验，具有一定的专业性与难度，由于酒店需要的物资种类多，质量要求也各不相同，因此，衡量质量高低的标准也就不同，而且需要验收人员具备各种专业知识。

在进行质量检查时，首先要看物资的包装是否完整，有时仅凭包装就可以准确判断该物资的质量如何,如各类罐装食品。

为提高质量检验的效果,酒店还要根据采购规格书,采用观察法、化学检验法、尝试法、试验法等方法综合进行验收,以此来有效检验各种物资的质量状况。

(5)核查价格

为监控酒店采购人员的采购工作,特别是为了加强对采购人员所购物资的价格进行核查,很多酒店都采取二次跟踪采购。即由酒店的采购经理定期或不定期地对有疑问的物资采购单通过现场或电话询价进行再次模拟采购。如果两者的价格相差过大,则要仔细查明原因,找出责任人。二次跟踪采购的基本特点是只同供货商谈价钱却不付款成交。

2. 收货阶段

对于验收合格的物资,验收人员要作详细地记录,并填写相应的验收清单与进货日报表,在将这些物资分类后,要及时入库或发放给相关使用部门。

三、物资验收的基本原则

1. 求实的原则

对受验物资要严格按验收要求进行验收,并如实反映验收结果。

2. 快速的原则

由于大多数物资都必须在特定的环境中存放才能保证质量,因此就要求验收时间要尽可能短。在物资验收工作中,要讲究效率,要尽快让合格物资入库或发放到使用部门,同时要及时提出验收报告交给有关人员,提高物资管理和财务管理的效率。

3. 仔细认真的原则

验收人员不怕烦琐,要按照酒店规定的验收程序收标准对每批原料都要进行仔细的检验,并善于从细微之处发现物资存在的问题,以避免酒店遭受损失。

4. 公正无私的原则

验收人员在发现问题后必须进行果断的处理。无论问题是由于酒店内部的同事,还是在于关系良好的供货商、送货人,都应该做到不徇私情,按相关规定办事。

5. 不留隐患的原则

验收人员必须要以预防出纠纷为基本前提,在交接的每一个环节都要保证交割得清楚,不留任何隐患,在整个验收过程中,双方人员都要保证始终在现场,单据填写清楚、正确,签章齐全。

四、物资验收的基本流程

1. 验收部门的业务工作

验收工作的性质决定了绝大部分酒店的验收人员是白班工作。因此,在时间的安排上,验收人员的班次要同供货商的交货时间相一致。所以,验收人员、采购人员和供货商要提前商定一个几方都能够接受的交货时间。此外,在确定采购的间隔时间时,还要尽量把不同供货商的交货日期分散开,以使每天到的物资量大致相同,验收工作量的分布要均匀,防止出现大批量的物资集中于同一天或同一时段进行交货的情况。

对于验收人员正常上班时间以外的交货,则应改视为紧急交货进行处理。如果某一段时间内的紧急交货比较频繁,验收人员就要及时将相关情况报告反馈给有关管理人员。

2. 验收流程

(1)依据订货单检验进货

验收人员要核实已到货的种类、数量是否与订货单相符。对于那些未办理订货手续的物资不予受理。这样可避免不需要的物资进入仓库。

(2)依据发货单检验进货

如果发货单与实际收到的物资名称、规格、数量、质量不相符,则不予验收。如果发货单与实际收到的物资数量不符,但名称、型号、规格、质量相符,则可以按实际数量进行验收。但如果实际收到的物资数量超出订货数量较多时,对于超出的部分要做退货处理。

(3)验收、接受物资

①数量检验。验收人员要检查实际收到的物资与订货单和发货票上的数量是否一致。在清点数量时要注意以下几点:

◎有包装的要先将包装拆掉,再称重量以核实物资的净重。

◎带包装及商标的物资,在包装上已注明重量的,要仔细进行核实,必要时要进行抽样称重,对用箱包装的物资要进行开箱抽查,并查看箱子是否装满。

◎无包装的物资要视单位价值的高低用不同精度的称重工具称量。

◎对单件物资有重量、大小要求的,除称总重量外,还要检查单件物资是否符合验收标准。

②质量检验。质量验收往往是最关键也最可能引起争议的一项工作。因此,验收人员要不断丰富自己的物资知识和验收专业技能,在验收时,应综合考虑各方的意见。如果验收人员对物资的质量有怀疑,就应请有关人员帮助进行检验,以免发生差错。

③价格检验。要认真检查账单上的价格与订货单上的是否相符。有些供货商会在订购时答应了较低的价格,但在开发票时又在暗中进行提价。验收人员若不仔细检查,往往会被蒙骗,对这种情况,验收人员必须加以小心,以防止酒店的利益受到损害。

(4)在发货单上签名或盖章,接受送达的物资

经过验收后,在无误的送货发票上盖上验收章,并填写上有关的项目。对无发票的物资,应填写无购货发票收货单。

(5)在物资包装上注明物资信息

在包装上标明收货日期,有助于判断存货流转的方法是否有效;标明单价、重量等,在存货计价时就不必再查验收时的报表或发货票。

在验收时,验收人员还需对冷冻原料加系存货标签。使用存货标签有以下优点:

①要填写标签,验收人员就必须对物资的重量进行称量。

②发料时,可将标签上的数额直接填到领料单上,便于计算成本。

③对标签编号,有助于了解储存情况,防止偷盗。

④便于存货流通工作,简化存货控制程序。

（6）尽快将已到货入库存储

通常应该将鲜活物资让各厨房营业点直接领走，所以这类原料也被称为直拨原料，送到各类仓库的原料则称为入库原料。验收人员应在发货单上注明各种原料物资属于哪一类，以便填写验收日报表。

（7）填写相关报表

填好验收日报表，以作为进货的重要凭证。有的酒店还要求验收人员填写验收记录单、验收单、货方通知单、无购货发票收货单等。

第三节　酒店采购中的物资存储与发放管理

一、酒店物资存储管理

1. 物资存储管理应注意的细节

（1）安排储存场所时要遵循物资就近选择仓库的原则。酒店的物资种类多种多样，不同的仓库也有不同的储存要求。因此，在选择物资存放的仓库时，应当遵循物资就近选库的原则。此外，还要根据物资的仓储特点来确定仓库。通常情况下，同类物资要进行集中存储。同时，要充分考虑相关使用部门在领取物资上的方便，也就是就近原则。

（2）入库存放要遵循经济、技术合理与方便盘点的原则。经济合理原则是要求物资入库存放时要注意节省储藏的成本；技术合理原则是要求存放物资时必须根据物资的具体性质、形状、包装、轻重等因素进行堆放。方便盘点的原则是要求物资应该按类进行存放，堆码要整齐。

（3）在物资保管过程中，既要保证存储物资的数量，又要保证质量。在储存过程中不仅要保证物资在数量上完整无缺、品种不出现混淆，而且要保证物资的质量。保证物资的质量要运用科学的物资储存方法，如可以对物资采取先进先出法、保持良好的储存环境、加强物资的养护管理并做好物资的检查等工作。

2. 酒店物资存储中的财务管理

（1）储存中的账务管理

物资储存的账务管理工作主要是针对所有物资，相应的建立卡、账，设立账务系统，随时记录物资的出入库情况及在库情况。

（2）盘点库存

盘点是储存管理人员对库存的物资进行仔细的点数清查，将实际的库存数量与物资保管的账目进行核对，以保证库存物资不发生数量上的缺损。通过盘点，能及时发现库存物资数量上的溢余、短缺及规格互串等各种问题，以便及时采取相应的措施，尽量挽回或减少损失。盘点既包括数量盘点，也包括考察物资有无质量上的变化。具体的盘点方法有：

①日常性盘点

每日对当天有进出的货架层进行及时的盘点，将实际物资数量与账目结存数量进行对照。

②定期性盘点

定期性盘点又称实地盘点，一般每个月对物资的库存量进行一次盘点。

③临时性盘点

临时盘点是指在遇到特殊情况时所进行的临时、突击性盘点。比如在保管人员调动前进行工作交接时或管理人员对库存状况产生疑问时，都可能会进行临时盘点。

二、酒店采购后的物资发放管理

1. 物资发放的要求

（1）正确

酒店物资管理人员在向各个部门发放物资时必须做到单货一致，即发放凭证上应明确标明物资的名称、编号、规格、等级、数量等情况，并在交接物资时通过各种特定的程序保证所发物资的各个方面都与凭单上的内容相符合，单据和实物都不能出现差错。

（2）迅速

为了保证酒店各项经营活动的顺利进行，物资发放工作人员必须要提高效率，在接到领料单据以后，以最快的速度组织发货，保证各个部门的业务活动所需的物资全部及时到位。

（3）保证安全

物资发放人员在发放物资时不仅要认真核对物资的数量，还必须严格检查物品的质量，以保证出库物资的质量完全符合使用的要求与标准，不过期、不失效、无残损、无变质现象，并注意物品清点过程中的安全操作，防止物品震坏、摔伤、破损，并在必要时改换物品包装以避免搬运过程中的损坏。

2. 物资的发放流程

酒店在发放各种物资时，应遵循以下基本程序：

（1）交付物资

部门在领取物资时必须详细填写请领单。酒店仓库在接到请领单后要认真检查单上所列的物品名称、规格、等级是否与库存物品相符合，并要注意查看凭证上的字迹是否清楚，有无涂改现象，印章是否齐全，领料日期是否准确。在审查无误后，才可将待发物资发放给请领部门，同时根据实际发出的物资类别、规格、数量等填制必要的物资发放单据。

（2）仓库清理

物资交付工作结束之后，仓储人员需对仓库进行内部清理。

①清理账单，即相关的文字记录与数据统计，以便为永续性盘存提供相应的信息，同时有助于时刻掌握库存中的物资情况。

②地面清理，即进行清洁、整理工作，保证库内的环境卫生。

③物资管理，对于一些已经开箱或开包的物资，做好保洁、保质工作，谨防由此而引起物资的消耗。

（3）复查

为防止物资在发放过程中出现差错，仓库发货人员必须要对物资发放作业过程中的每一个环节进行仔细地复查,层层审核。在物品配齐准备发放时,按照复查的要求,一方面要复核发货单与实发物资是否相符,另一方面要以复核物资结存量来验证出库物资的种类、数量是否正确。发货人员自己检查后,还应该由专职或兼职的复核员在搬运的过程中再次进行复核。凡未经过复核、单货不符或手续不齐全的物资都不能允许出库,这也是物资发放管理中需要注意的重要内容,具有非常重要的意义。一般来说,物资复核的内容主要有:品种、规格、数量。

(4)物资计价

物资计价是酒店日常成本核算的重要环节。仓库在发放各种物资时,应在物资请领单上填写各类物资的购入单价,并计算出所领物资的总价,以便成本核算。

3. 物资发放的管理关键

(1)审批人员

审批人员是酒店物资发放的把关人。审批人员从根源上控制了物资发放的量。审批人员是从需求量的客观性出发进行物资审批工作的。酒店必须以制度的形式来确定物资分配的各级审批人员。审批人员平时应注意与酒店各个部门保持密切的联系,随时掌握物资使用情况的动态信息,以动态的眼光把握好物资的分配。

(2)执行人员

物资发放过程中的执行人员包括仓储管理人员、核算人员和部门领料人员。发料人负责实物的分发工作,核算人员负责记账工作并据此对成本进行控制。在物资发放的过程中,核算人员要逐一核算已发物资的价值。特别要注意的是,实物发货人员与发货记账人应分岗设置。执行人员素质的高低直接关系到发放工作质量的好坏。因此,应加强对这些人员的日常管理。

(3)发货区域问题

仓库是酒店物资储存的场所,每一种物资对储存环境和条件都有明确而严格的要求,而大量人员频繁进出仓库会极大地影响仓库的储藏环境,同时也不利于仓储物资的数量安全。因此,有条件的酒店应在仓储空间之外到仓库大门之间设置专门的发货区域,发货人员将需要发放的物资搬运到发货区域,领货人在此区域点数交接,而不能直接进入仓库领料,这是防止物资发放出现差错的一种手段。

(4)发货时间

发货时间可根据物资的具体用途,采取定时和不定时相结合的办法。

(5)物资交接

发货工作人员与部门领货人员之间的物资交接,是物资发放管理中的最后一个环节。如果这一环节中出现差错,将会给仓库账目及部门的成本核算等管理环节制造混乱,而且事后及时发现这种差错,也往往会因为物资已投入使用而很难查清问题的致因及责任人所在,会使管理工作非常被动。因此,在进行物资交接时,发放与接受的双方都必须按照发货单和领料单复核检查,当面清点所发物资的品种、规格和数量,在确保没有差错的情况下才准予出库,领取货物。

(6)物资数量不足问题

物资在发放过程中很容易出现数量的不足,其直接的原因可能是物资在入库时一般都是批量进货,因此一些以重量为计量单位的物资在入库时都是大秤进,而在发放过程中由于执行限量分配的制度,每次发放量相对于进货量来说都是非常小的,即小秤出,这样就会出现一个重量流失的问题。因此,在发放时很可能会有数量上的出入。

为解决上述问题,可以采取以下办法:

①为每一种物资的存储制定合理的损耗率。如整进整出物资的收发差错率应该是零,特别是贵重物资,不允许有任何的损耗率;而整进零出的物资则应允许收发量之间存有一定的差额,允许拆零时发生一定限度的损耗。这些指标要作为发货工作人员的业绩指标与个人业绩挂钩。

②对整进零出的物资在进货之后首先要进行分散包装,按照一般的单位需用量将大包装物资变为小包装物资。这样操作之后,就可以预先核对整零重量,从而避免发货时现称重量,而在忙乱中出差错。

4. 物资发放的基本原则与要点

(1)先进先出

这个原则就是要求物资发放人员在发货时应该仔细验查进货账目与货架标签,先发早入仓库的物资,目的是为了防止物资久置而导致的老化,从而影响物资原料。

(2)保证经营

酒店仓库中储存的物资种类繁多,能满足不同部门、不同岗位的需求。因此,物资发放工作人员在每日规定的发料时间内往往会非常繁忙,也会面临多个部门同时领料的情况,在这种情况下,应按照急用、急需的物资先备料、先分配的原则进行处理,以保证生产经营的正常进行。

(3)补料审批

酒店前台接待部门常常会因为经营业务的变化而临时出现某类物资的紧急需求,在这种情况下,由于形势紧迫,往往不能按照常规程序来填制正规的领料单据,并逐项办理领料的审批手续。这时就需要特事特办,以保障前台业务的顺利进行。但是即便是紧急领料也必须有交接双方的签字和在场的部门管理人员批准的领料单据,并且规定好补办手续的时限。

(4)物资退回

有时,由于计划的变更或其他原因,物资使用部门会出现物资剩余,这时,应将这些剩余的物资退回仓库,并办理退回登记手续。

(5)以旧换新

为了防止物资在使用过程中尚未用完就急于领新物资的浪费行为,在物资发放管理中应对一些用量较大或价值较高的多次消耗性物资采用以旧换新的领用制度。

第四节　酒店采购成本控制

一、酒店食品采购控制

酒店食品原料采购是一项比较复杂的业务活动。采购的目的是以合理的价格、合理的时间,从安全可靠的供货渠道,按规定的标准和预定的数量来采购酒店经营所需要的各种食品原料,以保证酒店餐饮经营的顺利进行。为完成采购任务,酒店应该制定完整的采购方针、制度和流程,同时应选派具有相关专业知识的人执行具体的采购任务。

采购人员必须了解酒店餐饮服务各个方面的独特需求。首先要了解菜单的情况,这不仅因为菜单决定了酒店的采购对象,即决定了要采购哪些食品原料,而且还决定了要采购什么等级与什么质量的原材料。高质量的食品原料采购并不是要采购质量最好的食品原料,而是按照酒店餐厅的需要采购最合适的各种原料。事实上,酒店也并非所有的菜肴都需要最高档次的原料。因此,为了实现酒店的经营与利润目标,必须从食品原料采购阶段开始就进行严格的成本控制。有效的食品采购工作能够降低酒店的经营成本,从而能够达到增加利润的目的。因此,有的酒店并不把采购部门看成后勤部门,而把它视做对酒店赢利有直接影响的一个部门。

酒店应该对所需的各种原料的采购规格制定相关的标准,采购人员在采购的过程中,必须严格掌握这些标准并遵照执行,要尽量避免盲目采购。采购人员还必须及时掌握酒店当前的营业量预报与各种原料的库存情况,因为营业量将直接决定采购的数量。此外,采购人员还应该随时掌握市场信息,了解供应情况,懂得各种食品原料的季节性特点,要随时注意气候、运输等情况的变化对食物原料的供应所产生的影响。

酒店要保证餐饮产品的质量始终如一,就必须使用质量标准相同的食品原料。制定食品原料采购的规格标准,是保证餐饮产品质量的一个有效措施。对所要采购的各种原料做出详细具体的规定,比如原料的产地、级别、性能、大小、数量、色泽、包装要求、切割情况、冷冻状态等。没有必要对所有原料都制定相应的采购标准,只需对占食品成本将近一半的肉类、禽类、水产类原料以及某些重要的蔬菜、水果、乳品类原料制定相应的采购标准即可。这样做的原因在于,一方面是由于上述原料的质量对餐饮成品的质量有直接的决定作用;另一方面是因为这些原料的成本在总成本中所占的比重比较大,因此必须对采购进行严格控制。制定采购标准时应该谨慎小心,要仔细分析酒店餐厅的菜单、菜谱,要根据各种菜式制作的实际需要,同时也要考虑市场实际供应情况,对于采购一般还要求厨师长和采购部人员共同进行研究决定,尽量制定切实可行的标准。食品原料采购规格标准的文字表达要科学、简练、准确,避免使用模棱两可的词语,以免引起误解。

制定采购的标准是酒店食品原料采购工作中一个非常关键的环节,它有助于确保酒店所采购的原料在整体上符合质量要求,并能够适合各种菜式制作的特殊需要。制定好采购的规格标准以后,应该准备多份,除分送给供应单位使其按照酒店所要求的规格标准供应原料外,在酒店内部一般还应分送给餐饮部经理室、采购部办公室以及食品原料验收人员,以作为验收原料时的对照凭证。当然,酒店食品原料的采购标准也不是一成不变的,根据经营及市场情况的变化,可以在酒店经营的任何一个阶段按内部的实际需要对采购标准进行必要的调整与更新,随时检查和修订采购规格标准。总之,酒店制定食品原料的采购规格标准能够给酒店的经营带来很多好处:

(1)使管理人员通过仔细的思考和研究,预先确定酒店所需的各种食品原料的具体质量要求,从而避免不恰当或盲目的购买。

（2）把采购规格标准分发给相关的货源单位，能使供货单位详细掌握酒店的质量要求，从而避免可能产生的误解或不必要的损失。

（3）使用采购规格标准，就不必在每次订货时向供货商重复解释原料的质量要求，从而可以提高工作效率，减少工作量。

（4）将某一种原料的规格标准分发给不同的供货商，可以引起供货商之间的竞争，使酒店有机会选择最优惠的价格。

（5）食品原料采购的规格标准是原料验收的重要依据之一，它在控制原料质量方面起着重大的作用。

二、酒店食品原料的验收控制

虽然制定完整的采购规程需要花时间和精力，尽管采购人员有足够的专业知识并且严格地遵照各项规程按质按量并以合理的价格订购了原料物品，但如果缺少相应的进货验收控制，那么先前所做的种种努力便会前功尽弃。供货单位的实际送货数量可能有意或者无意地超过购买量或短斤缺两，酒店要求的原料质量也可能达不到，会超过或低于采购规格标准，而原料的价格也可能与原先的报价大有出入。毕竟，酒店按质按量并以合理价格订购并不能保证供货单位也按质按量并以合理价格为酒店提供原料物品。因此，验收控制的主要目的是检查进货的数量是否符合订购的数量，原料质量的规格标准是否符合订购要求，价格是否符合原先的报价。

酒店每日所进的食品原料及物品必须登记在进货口报表上，但其目的却并不在于罗列各发货的所有原料物品名称、数量和价格，因为这些内容在日后都可以从发货单上得到。使用进货日报表的目的在于区分当日进货中哪些是直接进货，哪些是仓库进货，哪些是杂项进货。

直接进货指当日进货不经过仓库储存，到达厨房当天就消耗掉，其成本记入当天食品原料的成本；仓库进货指当日进货送至仓库、冷库储藏以备后用，其成本记入原料储备价值，待日后该原料从仓库发出消耗时方记入该天食品原料的成本；杂项进货指酒店餐厅、厨房用的其他物品，如消毒品、清洁剂等，杂项进货栏可用于填写酒店其他部门（如酒吧等）所需的食品原料，以作区分。如果有的原料，其中一部分需立即交送厨房加工，另一部分得入库储存，分配要按实际比较，将其成本分成两部分，分别填入直接进货和仓库进货栏下。

由此可见，进货日报表的主要目的是成本控制，是为了财务部门计算酒店当天的食品成本。一些酒店没有完整的成本控制系统，因而某些步骤被忽略。如验收员不填写进货日报表，也不分直接进货、仓库进货和杂项进货，只将一天内收到的所有货单、凭据交给会计入账，那么当天的食品成本将无法正确统计。

三、酒店物资发放中的成本控制

原料发放控制是日常食品成本管理中的一个重要环节。由于发料数量直接影响每天的食品成本额,酒店必须建立合理的原料领发制度,既要满足厨房用料需要,又要有效地控制发料数量。从成本管理的角度出发,发料控制的基本原则是只准领用食品加工烹制所需实际数量的原料,而未经批准,则不得领用。发料控制要抓好以下几个方面:

1. 使用领料单

任何食品原料的发放,必须以已经审批的原料领用单为凭据,以保证正确计算各领料部门的食品成本。同时,酒店应有提前交送领料单的规定,使仓库保管员有充分时间正确无误地准备各种原料。

2. 规定领料次数和时间

仓库全天开放,任何时间都可以领料的做法并不科学,因为这样会助长厨房用料无计划的不良作风。所以,酒店应根据具体情况,规定仓库每天发料的次数和时间,以促使厨房制订出周密的用料计划,避免随便领料,减少浪费。

3. 正确计算成本

领用原料的成本是酒店每天食品成本的组成部分,因此,仓库管理员需每天及时、正确地计算领料单上各种原料的成本以及全天的领料成本总额。

四、酒店食品加工中的成本控制

食品原料的粗加工、切配以及烹调、装盘过程对酒店食品成本的高低也有很大影响,这些环节如不加控制,往往会造成原料浪费,致使成本增加。因而,在食品原料的加工烹调阶段,酒店必须注意以下几个方面:

1. 切割烹烧测试

对于肉类、禽类、水产类及其他主要原料,酒店应经常进行切割和烹烧测试,掌握各类原料的出料率,制定各类原料的切割、烹烧损耗许可范围,以检查加工、切配工作的效绩,防止和减少粗加工和切配过程中造成原料浪费。

2. 制订厨房生产计划

厨师长应根据业务量预测,制订每一天各餐的菜肴生产计划,确定各种菜肴的生产数量和供应份数,并据此决定需要领用的原料数量。生产计划应提前数天制订,并根据情况变化进行调整,以求准确。

3. 坚持标准投料量

坚持标准投料量是控制食品成本的关键之一。在菜肴原料切配过程中,必须使用秤具、量具,按照有关标准菜谱中规定的投料量进行切配。酒店对各类菜肴的主料、配料投料量规定应制表张贴,以便员工遵照执行,特别是在相同菜肴采用不同投料量的情况下,更应如此,以免差错。

4. 控制菜肴份额

宾馆酒店中有不少食品菜肴是成批烹制生产的,因而在成品装盘时必须按照规定的份额,即应按照标准菜谱所规定的烹制份数进行装盘,份数不足会增加每份菜肴的成本,影响毛利。

第五节 酒店采购部各岗位职责与工作规范

一、酒店采购部经理岗位职责

(1)负责酒店采购部的全面工作,提出酒店物资采购计划,报总经理批准后组织实施,并确保各项采购任务的完成。

(2)对酒店各部门的物资需求及消耗情况进行调查研究,熟悉各种物资的供应渠道和市场变化情况。

(3)指导并监督下属员工开展业务,不断提高业务技能,确保酒店物资的正常采购量。

(4)完成酒店各种物资的采购任务,并在预算内尽量减少开支。

(5)对酒店的物资采购负重要责任,熟练掌握酒店所需各类物资的名称、规格、型号、单价、用途与产地,并检查购进物资是否符合酒店的质量要求。

(6)检查合同的执行与落实情况,参与大批量商品订货的业务洽谈。

(7)负责审核年度各部门所呈报的采购计划,统筹策划和确定采购内容,减少不必要的开支,以较少的资金保证最大的物资供应。

(8)认真监督检查下属采购员的采购进程及价格控制。

(9)在部门经理例会上,定期汇报采购落实情况。

(10)每月初将上月的采购任务、工作完成及未完成情况逐项列出报表,呈酒店总经理及财务部经理,以便于上级领导掌握全酒店的采购情况。

(11)负责督导采购人员在进行采购业务的活动中,讲信誉,不索贿、受贿,并与供货单位建立良好的关系,在平等互利的原则下进行合作。

(12)负责部属人员的思想教育与业务培训工作,开展职业道德、外事纪律、法制观念的教育,使所属员工提高工作水平和思想水平。

二、酒店采购部副经理岗位职责

(1)协助采购部经理办理好酒店的采购事宜,保证酒店物品的正常供应。

(2)与供货商建立良好的合作关系,确保以最合理价格购到符合标准的物品。

(3)有效地控制并监督物品的出入库手续和数量,及时解决有关的技术问题,缩减费用的开支。

(4)协助采购部经理检查月末的盘点工作。

(5)按时完成上级指派的其他工作。

三、酒店采购部主管岗位职责

(1)合理安排下属员工工作的班次,全面安排采购计划,保证采购工作的顺利进行。

(2)与供货商建立良好的合作关系,完成酒店采购任务。

(3)随时了解市场信息,比值论价,以降低费用开支。

(4)检查并监督进口商品的报关工作,以做到手续齐全,资料齐备。

四、酒店采购部文员岗位职责

(1)负责收发各种文件、信件,每日上午、下午要到总经理室领取公文、请购单、采购单,及时交给经理审阅批示,做到不积压、不拖延各类文件。

(2)熟悉并了解本部门各个环节的工作情况。

(3)催办执行上级的指示,并将领导的政策和经营方针及时传达本部员工,做到上传下达,使本部门工作能顺利进行。

(4)协助经理搞好调查研究,及时向经理提供一些建设性的意见。

(5)做好各类文件的登记与存档工作,做好往来业务单据的登记,协助领导检查采购过程。

(6)接听电话并认真做好记录,接待来访客人,文明待客,并做好会议记录及存档。

(7)协调内部员工之间的关系,做好部门考勤与工资发放等工作。

五、酒店采购员岗位职责(一)

(1)随时掌握酒店各部门物资需求及各种物资的市场供应情况,随时掌握财务部及采购部对各种物资采购成本及采购资金的控制情况,熟悉各种物资的采购计划。

(2)严格审核合同的条款,订购业务必须上报经理或主管,研究后方可实施。

(3)随时到柜台和仓库了解商品销售情况,以销定购;积极组织适销对路的货源,防止盲目进货;尽量避免积压商品,提高资金周转率;随时与仓库保持联系,了解库存情况,全面掌握库存商品的情况,有计划、有步骤地安排好各项事务。

(4)严把质量关,对不符合质量标准的物品要坚决拒收;要根据销售动向和市场信息,积极争取定购货源,按"畅销多进、滞销不进"的原则,保证充足货源。

(5)采购物品应该做到择优选进、物美价廉;对时鲜、季节性物资,如部门尚未提出申购计划,应及时提供样板、信息,供经营部门参考。

(6)对于各部门急需的物品要优先采购,并做到按计划采购;认真核实各部门的申购计划,并根据酒店仓库的存货情况,制订采购计划;对常用物资按库存规定及时办理,与仓管员经常沟通,防止物资积压,做好物资使用的周期性计划工作。

(7)严格遵守酒店的财务制度,遵纪守法,不索贿、受贿,在平等互利的前提下与合作伙伴开展业务活动;购进物资要尽量做到单据(发票)随货同行交仓管员验收,报账要及时,不得随意拖账挂账。

(8)努力学习业务知识,不断提高业务水平,接待来访业务要热情有礼,外出采购时要注意维护酒店的礼仪、利益和声誉,不谋私利。

(9)严格遵守酒店的各项规章制度,服从上级领导的临时工作安排。

六、酒店采购员岗位职责（二）

（1）了解并掌握新采购的商品的名称、规格、型号、特点、产地、进价、售价、销售和行情等情况。

（2）了解并掌握商业行情、市场信息及营销情况，掌握本酒店的客情状况，按商品销售的特点和规律进行采购。

（3）对于那些需要采购的高档、名牌商品要按计划进货，做到既不积压，又不脱销，供销对路。

（4）根据酒店各个部门的需要情况有计划地进行采购和进货，保证供销。

（5）要与供货商保持良好的合作关系，在进行业务往来的过程中，要讲究职业道德，遵纪守法，不索贿受贿，不以次充好。

（6）采购的形式一般有两种：一是购销，二是代销，在采购业务活动中，能够代销的就尽量不要购销。

（7）采购的付款方式一般也有两种：一是人民币付款，二是外汇付款，在采购业务活动中能用人民币付款的最好不要用外汇付款。

（8）客户要求对畅销的商品以购销的形式，或用外汇付款，要按照相关的购销协议办理有关手续。

（9）在进行大宗商品的订购时，必须要有经理和财会人员一起参加洽谈、签订协议，并严格按协议执行，讲究信誉。

七、酒店仓库收货员岗位职责

（1）根据酒店的规定和要求，认真检验到货物品是否符合酒店要求的质量标准。

（2）办理验收手续时应按照采购单的内容和数量进行。

（3）验货时如发现质量不符合要求、数量差错，应拒绝收货并及时报告主管。

（4）在办理验收手续后应及时通知有关部门取货。

（5）填制每日收货汇总表。

（6）协助采购部经理，跟踪和催收应到而未到的物品。

（7）有条理地做好采购单的存档工作。

（8）积极提出改进工作的设想方案，协助领导做好本部门的工作。

（9）服从分配，按时完成领导交办的任务。

八、酒店仓库保管员岗位职责

（1）全面负责酒店的物资与商品的入库验收工作。入库时，要严格按照相关的单据与质量标准对进仓物品进行验收，并根据发票名称、型号、规格、单位、数量、价格等填写验收单或收据，要严格把好质量关，不符合标准的货物应退回，发现问题要及时进行上报处理。

（2）有效地管理库房，具体负责酒店各项物资的保管与供应工作。

（3）严格验收进仓物资，如发现不符合要求的，需填写验收报告呈物资主管审批，交采购部经理提出处理意见。

（4）验收后的物资，要按类别，并根据物品的数量、性质固定位置堆放，做到整齐美观，并注意留有通道，以便于收发、检验、盘点、清查。此外，还要填写货物卡，把货物卡挂放在明显之处。

（5）在物资和商品进出仓库时，要做到先进先出、后进后出，防止商品变质、霉坏，尽量减少损耗。

（6）要保持仓库的通风干燥，并根据仓库的环境、气温变化、通风条件，调节湿度和温度。要勤检查、勤晾晒，防止虫蛀鼠咬、霉烂变质。

（7）每日汇总各种票据，严格执行并检查出入库手续，按期登记明细账，定期盘点，按时填写报表，做到账物相符、账表清楚。

（8）熟悉各类物资的特点，明确负责保管货物的范围。

（9）严格执行仓库的安全规章制度。仓库内严禁吸烟，上下班前后，对仓库的门窗、电源、消防器材、货垛等进行安全检查，发现隐患及时处理，保证物资和库房的安全。

（10）严格执行酒店的各项规章制度与工作纪律，按时上下班，工作时不得擅离职守，并做好仓库的清洁卫生工作。

（11）认真完成领导交办的其他工作。

九、酒店仓库提运员岗位职责

（1）不迟到，不早退，上班打卡后，到经理室签到。上岗后要认真清点提货单据，并接受当天的具体工作任务。根据任务性质，整理单据、货款，如属国际托运，出发时一定提醒、督促托运组备齐一切手续。

（2）提货时，提运员要根据提货单的品名、型号、规格、数量进行验收，如发现不符合要求的，可拒绝提货。

（3）在车站、码头提托运回来的物品时，如果出现破损、货差等问题，必须做好现场记录，提回来后再详细报告主管或经理，并及时做好货物差错、破损的索赔工作。提运员还要督促并要求搬运工人对物资要轻拿轻放，防止物品出现破损，保证物资堆放整齐，保证物资不在运输途中丢失。认真填写物资交接单，做好交接工作。

（4）及时领取提货通知单。在外工作时要严格遵守纪律，杜绝有损酒店声誉与形象的言行。

十、酒店仓库搬运工人岗位职责

（1）上下班准时，不迟到、不早退。服从提运员、保管员的安排与指挥。装卸货物要轻拿轻放，按指定位置把货物堆放整齐，要左右成行，一切物品禁止倒放。

（2）送货到现场，必须按出货要求办理好相关的手续，现场点清物资的品名、数量。

搬运途中要小心,防止损坏物品,防止碰坏墙或玻璃。爱护提运工具及车辆,如不按操作要求而损坏酒店财产的,要追究当事人的责任。

(3)提货时要配合提运员准确清点物资的数量、规格。如货品满载,搬运人员必须坐在车尾位置,保障货品不在运输途中丢失。

(4)工作时间,要严格遵守酒店的各项规章制度,在外单位提货时,要杜绝有损酒店声誉与形象的言行。

(5)搬运工人要吃苦耐劳,努力把本职工作做好。

第六节　酒店采购部管理制度

一、酒店采购管理制度

1. 采购计划的制订

(1)由酒店各部门根据各部门当年物资的消耗率、损耗率和对第二年的预测,在每年年底编制采购计划和预算报财务部审核;

(2)对于计划外采购或临时增加的项目,要制订计划或报告财务部审核;

(3)采购计划要准备四份,自存一份,其他三份交财务部。

2. 采购计划的审批

(1)财务部将各部门上报的采购计划和报告汇总,并进行审核;

(2)财务部根据酒店本年度的营业实绩、物资的消耗和损耗率、第二年的营业指标及营业预测做采购物资的预算;

(3)将汇总的采购计划和预算报总经理审批;

(4)经总经理批准后的采购计划交财务总监监督实施,对计划外未经批准的采购要求,财务部有权拒绝付款。

3. 采购过程

(1)采购员应该根据已批准的采购计划,按照物品的名称、规格、型号、数量、单位及时进行采购,以保证物资的供应;

(2)对于大宗用品或长期需用的物资,根据核准计划可向有关的供货商、公司、商店签订长期的供货协议,以保证物品的质量、数量、规格、品种和供货要求;

(3)餐饮部用的食品、餐料、油味料、酒、饮品等,由行政总厨、大厨或宴会部下单采购部,采购人员要按计划或下单进行采购,以保证供应;

(4)计划外和临时少量急需品,经总经理或总经理授权有关部门经理批准后可进行采购,以保证需用。

4. 物资验收

(1)无论是直拨还是入库的采购物资都必须经过仓管员的验收;

(2)仓管员验收是根据订货的样板,按质按量对采购的物资及发票进行验收。验收完后要在发票上签名或发给验收单,然后需直拨的按手续直拨,需入库的按规定入库。

5. 付款与报销

（1）付款

①采购员采购的大宗物资的付款要经过财务总监的审核,经确认批准后方可付款;

②支票结账一般由出纳员根据采购员提供的准确数字或单据填制支票,若由采购员领空白支票与对方进行结账,金额必须限制在一定的范围内;

③按酒店的财务制度规定,付款30元以上者要使用支票或委托银行进行付款结算,30元以下者可以支付现金;

④超过30元以上而要求付现金者,必须经财务部经理或财务总监审查批准后方可付款,但现金必须控制在一定范围内。

（2）报销

①采购员报销必须凭验收员签字后的发票或连同验收单,经出纳审核是否经批准或在计划预算内,核准后方可给予报销;

②采购员若向个体商户购买商品,则可通过税务部门开票,对于急需而卖方又无发票的情况,应由卖方写出售货证明并签名盖章,并需要有2名以上采购员的证明,及验收员的验收证明,经部门经理或财务总监批准后方可给予报销。

二、酒店采购业务管理制度

（1）按使用部门的具体要求和采购申请表,进行多方询价、选择,填写价格、质量及供方的调查表。

（2）向主管呈报相关的调查表,并汇报询价情况,经审核后确定最佳采购方案。

（3）在部门主管的安排下,按采购部主任确定的采购方案着手采购。

（4）按酒店及本部门制定的工作程序,完成现货的采购与期货的采购。

（5）对于货物验收时出现的各种问题,应即时查清原因,并向主管汇报。

（6）货物验收后,要将货物送仓库验收、入库,办理相关的入库手续。

（7）将已经到货的品种、数量和付款情况报告给有关部门,同时附上采购申请单或经销合同。

（8）将货物采购申请单、发票、入库单或采购合同一并交财务部进行校对审核,并办理相应的报销或结算手续。

三、酒店原料、物资采购管理制度

（1）物品库存量应根据酒店货源渠道的特点,一般应该以酒店一个季度的消耗量为基准作为库存的底线。材料存量应以两个月使用量为限,物料及备用品库存量不得超过三个月的用量。

（2）坚持"凡国内能解决的不在国外进口,凡本地区能解决的不到外地采购"的原则进行采购。

（3）各项物品、商品、原材料的采购,必须遵守市场管理及外贸管理的规定。

（4）对于计划外采购或特殊、急用物品的采购,各部门告知财务部并报总经理审批同意后,才能进行采购。

(5)凡购进物资,尤其是定制品,采购部门应坚持先取样品,征得使用部门同意后,方进行定制或采购。

(6)对于高额进货和长期订货,均应通过签订合同的办法进行。

(7)从国外购进原材料、物品、商品等,凡需用外汇的,不论金额大小,一律必须取得总经理的批准,才能进行采购,否则财务部拒绝付款。

(8)对于不按上述规定采购者,财务部及业务部门的财会人员,应一律拒绝支付,并上报给总经理处理。

四、酒店原料、物资审查管理制度

物品、原材料、物料在盘点中发生的溢损,应对自然溢损和人为溢损要分别做出不同的处理。

(1)自然溢损

◎物品、原材料、物料采购进仓后,在盘点中出现的干耗或吸潮升溢,如食品中的米面及其制品、干杂货等,在升损率合理的范围内,可填写相应的升损报告,经主管审查后,视"营业外收入"或"管理费"科目处理;

◎超出合理升损率的损耗或溢余,应先填写相应的升损报告书,查明原因,说明情况,报部门经理审查,按规定在"营业外收入"或"管理费"科目处理。

(2)人为溢损

人为溢损要查明原因,根据单据报部门经理审查,按有关规定在"待处理收入"或"待处理费用"科目处理。

五、酒店仓库管理制度

1. 仓库的种类

酒店的仓库一般有以下几类:餐饮部的鲜货仓、干货仓、蔬菜仓、肉食仓、冰果仓、烟酒仓、饮品仓,商场部的百货仓、工艺品仓、烟酒仓、食品仓、山货仓,动力部的油库、石油气库,建筑、装修材料仓,管家部的清洁剂、液、粉、洁具仓,绿化部的花盆、花泥、种子、肥料、杀虫药剂仓,机械、汽车零配仓,陶瓷小货仓,家具设备仓等。

2. 物资验收

(1)仓管员对采购员购回的物品都要进行验收,并要做到以下几点:

◎发票与实物的名称、规格、型号、数量等不相符时不进行验收;

◎发票上的数量与实物数量不相符,但名称、规格、型号相符可按实际验收;

◎对购进的食品原材料、油味料,不鲜不收,味道不正不收;

◎对购进的物品已损坏的不验收。

(2)验收后,要根据发票上列明的物品名称、型号、规格、单价、单位、数量和金额填写验收单,一式四份,其中一份自存,一份留仓库记账,一份交采购员报销,一份交材料会计。

3. 入库保存

（1）验收后的物资,除直拨的外,一律要进仓保管;

（2）进仓的物品一律按固定的位置堆放;

（3）堆放要有条理、注意整齐美观,不能挤压的物品要平放在层架上;

（4）凡库存物品,要逐项建立登记卡片,物品进仓时在卡片上按数加上,发出时按数减出,结出余数;卡片固定在物品正前方。

4. 保管、抽查

（1）对库存物品要经常进行检查,防虫蛀、鼠咬,防霉烂变质,将物资的损耗率降到最低限度。

（2）抽查

◎仓管员要经常对所管物资进行抽查,检查实物与卡片或记账上的项目是否相符,若不相符要及时核对;

◎材料会计或有关管理人员也要经常对仓库物资进行抽查,要查看账卡是否相符、账物是否相符、账账是否相符。

5. 物资发放

（1）领用物品计划或报告:

◎凡领用物品,根据规定需提前做计划,报库存部门准备;

◎仓管员将报来的计划按每天发货的顺序编排好,做好目录,准备好物品,以便取货人领取。

（2）发货与领货

◎各部门各单位的领货一般要求专人负责;

◎领料员要填好领料单(含日期、名称、规格、型号、数量、单价、用途等)并签名,仓管员凭单发货;

◎领料单一式三份,领料单位自留一份,单位负责人凭单验收;仓管员一份,凭单入账;材料会计一份,凭单记明细账;

◎发货时仓管员要注意物品先进的先发、后进的后发。

（3）货物计价

◎货物一般按进价发出,若同一种商品有不同的进价,一般按平均价发出;

◎需调出酒店以外的单位的物资,一般按原进价或平均价加手续费和管理费调出。

6. 物资盘点

（1）仓库物资要求每月月中小盘点,月底大盘点,半年和年终彻底盘点;

（2）将盘点结果列明细表报财务部审核;

（3）盘点期间停止发货。

7. 记账

（1）设立账簿和登记账,账簿要整齐、全面、一目了然;

（2）账簿要分类设置,物资要分品种、型号、规格等设立账户;

（3）记账时要先审核发票和验收单,无误后再入账,发现有差错时及时解决,在未弄清和更正前不得入账;

(4)审核验收单、领料单要手续完善后才能入账,否则要退回仓管员补齐手续后才能入账;

(5)发出的物资用加权平均法计价,月终出现的发货计价差额分品种列表一式三份,记账员、部门、财务部各一份;

(6)直拨物资的收发,同其他入库物资一样入账;

(7)调出本酒店物资所用的管理费、手续费,不得用来冲减材料成本,应由财务部冲减费用;

(8)进口物资要按发票的数量、金额、税金、检疫费等如实折为单价人民币入账,发出时按加权平均法计价;

(9)对于发票、税单、检疫费等尚未到的进口物资,于月底估价发放,待发票、税单、检疫费等收到、冲减估价后,再按实入账,并调整暂估价,报财务部材料会计调整三级账;

(10)月底按时将材料会计报表连同验收单、领料单等报送财务部材料会计;

(11)与仓管员校对实物账,每月与财务部材料会计对账,保证账物相符、账账相符。

8. 档案制度

(1)仓库档案应有验收单、领料单和实物账簿;

(2)材料会计的档案有验收单、领料单、材料明细账和材料会计报表。

六、酒店原料、物资损耗处理制度

(1)物资及原材料、物料发生变质、霉坏,失去使用(食用)价值,需要做报损、报废处理。

(2)保管人员填报"物资、原材料变质霉坏报损、报废报告表",据实说明坏、废原因,并经业务部门审查提出处理意见,报部门经理或财务部审批。

(3)对核实并获准报损、报废的物资、原材料的残骸,由报废部门送交废旧物品仓库处理。

(4)报损、报废由有关部门会同财务部审查,提出意见,并呈报总经理审批。

(5)在"营业外支出"科目处理报损、报废的损失金额。

七、酒店食品采购管理制度

(1)由仓管部根据餐饮部门的实际需要,定出各类正常库存货物的月使用量,制订月度采购计划(一式四份),交总经理审批,然后交采购部采购。

(2)当采购部接到总经理审批同意的采购计划后,仓管部、食品采购组、采购部经理、总经理室需要各留一份备查,由仓管部根据食品部门的需求情况,定出各类物资的最低库存量和最高库存量。

(3)为提高工作效率,加强采购工作的计划性,各类货物应该采取定期补给的办法。

八、酒店能源采购管理制度

（1）酒店工程部油库应该根据各类能源的使用情况，编制各类能源的使用量，制订出相应的季度使用计划和年度使用计划。

（2）制订实际采购使用量的季度计划和年度计划（一式四份）交总经理审批，总经理同意后交采购部按计划采购。

（3）按照酒店设备和车辆的油、气消耗情况以及酒店的营业状况，定出油库、气库在不同季节的最低、最高库存量，并填写请购单，交采购部经理呈报总经理审批同意后，交能源采购组办理。

（4）当采购部接到工程部油库的请购单后，应立即进行报价处理，将请购单送总经理审批同意后，将请购单其中一联送回工程部油库以备验收之用，一联交能源采购组。

（5）超出季度和年度使用计划而需要增加的能源请购，必须另外填写请购单，且要提前一个月办理。

九、酒店仓库物资管理制度

（1）酒店仓库的仓管人员应严查进仓物料的规格、质量和数量，若发现与发票数量不符，以及质量、规格不符合使用部门要求的情况时，应拒绝进仓，并立即向采购部递交物品验收质量报告。

（2）经办理验收手续进仓的物料，必须填制"商品、物料进仓验收单"，以作为仓库记账的凭证，并送采购部一份用以办理付款手续。物料经验收合格、办理进仓手续后，所发生的一切短缺、变质、霉烂、变形等问题，均由仓库负责处理。

（3）为提高各部领料工作的计划性、加强仓库物资的管理，应该采用隔天发料的办法来办理领料的有关手续。

（4）各部门领用物资时，必须填写相应的"仓库领料单"或"内部调拨凭单"，经使用部门经理签名，再交仓库主管批准方可领料。

（5）各部门的预计物资使用计划应在月底报送仓管部，临时补给物资必须提前三天报送仓管部。

（6）物料出仓必须严格办理出仓手续，填制相应的"仓库领料单"或"内部调拨单"，并验明物料的规格、数量，经仓库主管签署，审批后发货。仓库应及时记账并送财务部一份。

（7）仓管人员必须严格按先办出仓手续后发货的程序发货。严禁白条发货，严禁先出货后补手续。

（8）仓库应对各项物资设立"物料购、领、存货卡"，凡购入、领用物资，应立即做相应的记载，以及时反映物资的增减变化情况，做到账、物、卡三相符。

（9）仓库人员要定期对库存物资进行盘点，发现升溢或损缺，应办理物资盘盈、盘亏报告手续，填制"商品物料盘盈盘亏报告表"，经领导批准，据以列账，并报财务部一份。

（10）为配合供应部门编好采购计划，及时反映库存物资数额，并节约使用资金，仓管人员应每月编制"库存物资余额表"，送交采购部、财务部各一份。

（11）各项材料、物资均应制订最低储备量和最高储备量的定额，由仓管部根据库存情况及时向采购部提出请购计划，采购部根据请购数量进行订货，以控制库存数量。

（12）对于仓管部因未能及时提出请购而造成的供应短缺，责任由仓管部承担。如仓库按最低存量提出请购，而采购部不能按时到货，责任则由采购部承担。

十、酒店仓库安全管理制度

（1）酒店仓库除仓管人员和因业务、工作需要的有关人员外，其他任何人未经批准都不得进入仓库。

（2）因工作需要需进入仓库的人员，在进入仓库时，必须先办理相应的入仓登记手续，并要有仓库人员陪同，严禁独自进仓。进仓人员工作完毕后，出仓时应主动请仓管人员检查。

（3）仓库内不准会客，不准带人到仓库范围内参观。

（4）仓库不准代私人保管物品，也不得擅自将未经领导同意的其他单位或部门的物品存入仓库。

（5）任何人员，除验收时所需外，不准试用试看仓库商品物资。

（6）仓库范围内不准生火，也不准堆放易燃易爆物品。

（7）一切进仓人员不得携带火种进仓。

（8）仓库应定期检查防火设施的使用实效，并做好防火工作。

十一、酒店仓库防火管理制度

（1）仓库内的物品要分类储放，库内要保证主通道与库存物资有一定的距离。货物与墙、灯、房顶之间保持安全距离。

（2）仓库内的照明要采用60W以下的白炽灯，不得用可燃物做灯罩，不准用碘钨灯、电熨斗、电炉、交流电收音机、电视机等电器设备，化工仓库的照明灯具设防爆装置，仓库内保持通风。各类物品要标明性能名称。

（3）仓库的总电源开关要设在门口外面，要有防雨、防潮保护措施，每年要对电线进行一次全面的检查，如果发现可能引起打火、短路、发热和绝缘不良等情况，必须及时进行维修。

（4）物资入库时要防止挟带火种，潮湿的物品不准入库。物资在入库半小时后，值班人员要检查一次安全情况，发现问题要及时报告。物品堆积时间较长时要翻堆清仓，防止物品积热产生自燃。

第七节　酒店采购部常用管理表格

一、采购表

	序　号	品名	规格说明	数量	单位	估计单位	需用日期	备　注
采购项目								

	供货商	厂牌	单价	总价	采　购　意　见	裁　决	预订交货期
询价记录							

总经理		采购部		部门经理		使用单位		仓　库		申请人	

二、采购登记表

产品名称		规格说明		生产数量					
序　号	物品名称	物品编号	标准用量	本批用量	供货商	单　价	订货日期	交货记录

三、供货商商品明细表

编　号	品　名	规　格	进　价	单　位	最小订货量	备　注

四、供货商进货数量统计表

项目供货商	1 月	2 月	3 月	4 月	5 月	6 月	7 月	8 月	9 月	10 月	11 月	12 月	年平均

五、供货商变动表

月　份	上月供货商数	本月新增供货商数	本月终止供货商数	本月供货商数	备　注
1					
2					
3					
4					
5					
小　计					

酒店车务部管理

第一节　酒店车务部各岗位职责与工作规范

一、酒店车务部经理岗位职责

(1)负责车务部日常工作的管理,协调各职能班组的工作,搞好安全行车及优质服务管理。

(2)贯彻执行上级决议和政府交通管理部门的相关指示精神,经常对司机进行遵纪守法方面的教育,使司机树立安全行车的好思想、好作风。

(3)负责制定并改进各项安全行车措施,开展各种类型安全行车竞赛活动。

(4)负责驾驶员的安全行车知识学习,及时地做好安全教育和安全监督工作。

(5)负责组织安排车辆及驾驶员的相关检审工作,按时向相关部门缴纳养路费、保险费及其他有关费用。

(6)积极组织并参加本部门的工作会议,对有关问题予以解决。

(7)了解职工思想及家庭情况,做好职工及病员的探访工作。

(8)做好年度工作计划,处理日常客人的投诉。

二、酒店车队队长岗位职责

(1)主持车队的行政工作与日常工作,并对有关费用的报销进行审批,再报财务部。

(2)负责行车的安全工作,督促指导司机保养好车辆,并妥善保管随车证件、附件等一切保障工作,每月检查车辆配备的工具,并实行登记和使用者签字制度,如有丢失,按价赔偿。

(3)负责车队人员的考勤工作,按制和管理车辆维修费用,负责车辆检验定保、年审及车辆调度工作。

(4)随时掌握驾驶员的思想动态和工作表现,做好技术考评工作,负责和保障车队安全工作。

(5)根据驾驶员的表现,向经理、人事部建议给予奖励或辞退不称职人员。

(6)每月评选出部门最佳员工,给予适当的表扬与物质奖励,并上报部门经理。

三、酒店车务部司机岗位职责

（1）出车前应做好车辆的清洁卫生工作，车外要擦洗干净，打蜡擦亮，车内也要勤打扫，以保持车内的整洁美观。

（2）仔细检查燃料、滑润油料、冷却液、制动器和离合器总泵油等是否足够；检查轮胎气压及轮胎紧固情况；检查喇叭、灯光是否良好，路单、票证是否齐全；检查随车工具是否齐备。

（3）按照车辆的技术要求启动引擎，听声音是否正常，并查看引擎连动装置的紧固情况，查看有无漏油、漏水、漏气。如有故障应及时予以排除并报车管部门或人员。

（4）出车前司机严禁喝酒，行驶中注意力要高度集中，严禁抽烟、谈笑及做其他与驾驶无关的动作。

（5）客人上车时要立在车门前为客人拉车门请客人上车，并提醒客人小心碰头。若客人带有行李，应主动帮助客人将行李搬上车。

（6）随时密切注意道路上车、马、行人的动态，与前车保持一定的安全距离。通过十字路口、复杂地段、转弯拐角要严格执行有关规定。遇到对方车辆违章行驶，应主动避让，避免发生事故。

（7）接送客人到终点后，应礼貌地请客人先下车，并要照料客人下车，提醒客人带齐随身行李物品，对客人的光顾表示感谢。

（8）收车后要将车身、车轮挡板、车底等进行全面的冲洗，并抹干车身上的水渍；清洁车厢内壁、沙发、脚垫，清倒烟灰缸，使车厢内整洁、美观、舒适。

（9）定期对车面进行打蜡处理，其周期一般为1～2周，以保持车容的光亮美观。

四、酒店车务部仓库管理员岗位职责

（1）物资验收时单据要齐全，记录完整，物单相符，物品不破损才准入库。

（2）物资发放时手续要完善，印章齐全，有消耗定额的要坚持按定额标准交旧领新，要保质保量，当面点清，发料要准确、快捷。

（3）对物资的保管要认真负责，做到勤检查、勤清理、勤保养、勤核对。物资进仓上架要按汽车各大系统的分类进行整齐的摆放。要及时记好账，做到账、卡、物相符。

（4）无关人员不准随意进入酒店仓库。注意防火、防爆、防盗、防潮，杜绝事故，保证仓库安全。

（5）注意库内及环境的整洁卫生。

五、酒店车务部油料员岗位职责

（1）严格遵守油库的相关安全管理规定，执行油料管理制度，对于油车停放点和油库不准闲人进入，并设置严禁烟火标志，不得在此堆放杂物、会见亲友、接待客人。

（2）严守油料的发放制度,负责油料管理工作,爱护酒店财产,保持加油泵与加油容器干净,注意场地的清洁卫生。

（3）严格控制领发油料的手续,坚持先开单后发油,做到油料账与库存相符。

（4）工作要认真负责,不串岗,不徇私情,不弄虚作假,月终统计每台车耗油数量,报财务部门核实公布。

（5）提高警惕,消除隐患,对加油点的防火器材要经常检查。

第二节　酒店车务部管理制度

一、酒店车务部车辆管理制度

（1）经常对车辆进行清洁,保持车内外的干净整洁。

（2）随时检查车辆的油耗情况,及时为车辆加油。

（3）车辆平时要停放在车库,未经允许或非工作需要不得调用车辆。

（4）对于需要修理的车辆,需要经过部门领导的审查确认,修理人员才可进行修理工作。

（5）修理完毕,应做好相应的登记工作,在确认无误后进行上报处理。

（6）日常调用车辆必须进行登记。

二、酒店公务用车管理制度

（1）严格控制各部门的车辆使用,对于卡车,必须要注意节约使用,尽量保证满载运行,不迂回路线。非业务上特殊需要或急需使用的,不准使用小车、旅行车(面包车)、大客车等。

（2）如果需要使用客用车,使用部门或个人必须填写相应的车辆申请单,经部门经理审查并报总经理批准后,车务部才予以派车。因急需先使用车辆,事后也必须取得总经理批条,否则车费由当事人负责。

（3）分配各部门使用的汽车,除指定专项用途者外,不得用于酒店业务以外的用途。到郊区或其他远地方办理事务,必须使用车辆的,需要经过部门经理的同意后才能使用。

（4）车务部对各部门或个人的因公用车,必须凭总经理的批条派车,每月对批条进行汇总,并要向财务部报账。

（5）财务部对车务部上报的公务用车费用,必须严格审查用车的原因与领导的批条,对不符合酒店规定的用车,应坚决拒绝进行报销,并退回车务部向当事人员追收车费。

三、酒店车务部司机管理制度(一)

（1）认真学习酒店的规章制度与安全条例,实行签到制度,并将学习总结报总经理办公室。

（2）司机必须参加车队的安全行车学习，因特殊原因不能参加的，需请示车队队长同意。

（3）司机在行车中出现交通事故并负有一定责任的，必须在车队安全会议上汇报事故经过并写出书面检讨。

（4）节假日司机必须服从车队长统一安排，开领导专车的司机跟领导一起值班。

（5）每月定期检查车辆，研究分析车辆安全状况并制定措施。

（6）每日检查车况，保证车辆能正常营运。

四、酒店车务部司机管理制度（二）

（1）司机上班时间不出车时，必须在司机室等候工作，临时有事需要外出，必须向车队长请假，在经过批准后才能外出。

（2）司机请事假，必须经过车队长批准，领导专车司机需经领导同意后方可请假。

（3）严格执行考勤制度，对于无故缺勤者一律按旷工处理，对于司机不听从安排、耽误公事等情况，严重者给予开除处理。

（4）司机必须注意保密工作，不得传播乘车者讲话的内容，违者给予批评教育，严重者要进行严肃处理。

（5）开领导专车的司机，领导因公事外出或去外地学习、开会期间，司机工作由车队长安排。

（6）单位和个人用车，由车队长统一安排，如无车队长或酒店领导派车，司机可拒绝出车。

（7）司机下班后，车辆不准在外面过夜（不配司机的领导除外），违者第一次批评教育并罚款；第二次起要加倍进行处罚；车辆附件一切误失均由司机负责，如车辆失窃，司机应负一定赔偿责任。

（8）司机私人用车需经酒店领导或主管领导的批准，不按规定制度办理者，要按情节轻重每次罚款不等，未经批准用车办私事，如发生交通事故及损坏车辆者，由司机负责维修费，赔偿有关事故的全部经济损失。

（9）严禁在办公场所或集体宿舍赌博、播放黄色录像带和走私，凡在办公室、宿舍提供赌博或观看黄色录像带，一经发现，第一次给予警告，第二次报治安管理部门依法查处。

（10）不准借车给别人驾驶或学车，违者要进行罚款。

（11）酒店车队车辆司机需要调整，经酒店领导同意后由车队长统一安排。

（12）严禁酒后开车，酒后开车损坏车辆者，由司机负责支付维修费；如发生交通事故除负责维修费外，还应承担相应的刑事责任。

（13）司机利用酒店车辆私自外出搭客营运者，一经交通运输局查获，一律除名。

五、酒店车务部安全激励制度

（1）持有酒店驾驶证的酒店专业司机，当月安全行驶，无事故发生，可享受当月安全奖。

(2)享受安全奖的司机必须每天如实填写安全公里数,按照有关规定填写月度报表,并于当月月终前报调度主管审核签名,由安全室造表汇总,财务室统一发放。

(3)短途机动车司机,当月工作20天以上,安全无事故发生的,也可享受当月安全奖。

(4)当月发生交通事故,司机负次要责任以上过失的,无论造成多少经济损失,取消当月安全奖。

(5)对于全年都能够安全行车、优质服务而又无投诉的司机,可享受年终安全奖。

六、VIP车队接团服务管理制度

(1)接受任务后,制定相应的工作方案,每一个参加接待服务的工作人员需了解客人(或团体)的基本情况。

(2)落实司机的名单,编排好礼宾车队的行车序号。

(3)介绍宾客活动日程时间表。

(4)检查司机仪容仪表。

(5)检查车容车况,对参加接待车辆逐一检查,以确保安全。

(6)传达车队接待方案、外事纪律及现场服务要求细节。

(7)接待任务完成后,要对接待工作及时进行总结,对好人好事要进行表扬,并将资料存入管理档案。

七、酒店车务部司机服务管理制度

(1)对客人要面带笑容,注意使用敬言,做到"请"字当头,始终坚持"客人至上,服务第一"的服务原则。

(2)"微笑"服务,给客人以亲切、愉快和轻松的感觉。

(3)树立良好的职业道德,不拣客、不拒载、不多收车费,空车行驶时,要做到招手即停,开门载客(交通条件不允许除外)。

(4)对所有客人,都要以礼相待,热情服务,绝不能厚此薄彼。

(5)急客人之所急,热情为客人排忧解难,给客人提供良好的服务。

(6)树立良好的驾驶作风,不争先、不抢道、不开斗气车,坚持文明行车。

(7)如遇客人有意刁难,尽量保持忍让克制的态度,决不允许和客人发生争吵,更不准打架斗殴。

八、酒店车务部司机日常工作制度

(1)上班时先到调度台报到,随后认真检查车容、仪容符合标准,启动车辆,检查车况,确认一切都达到标准后即可在待命室内候派。

(2)司机必须无条件服从上级的调派命令,由调度台根据排班次序轮流派车,如有意见,应执行任务后向上级反映意见。

(3)接受调派的司机,应向调度台问清楚用车单位、用车时间、上落客点、行车路线、付款方式等。开车前及完成接待任务后,均要用无线电话向调度台进行报告。

(4)执行任务时,凡需以记账或签单输入房费者,司机应在客人离车前请客人签单进行确认。对于电话预约订车的,必须准时到达用车地点,及时与租车单位负责人联系,并把车辆和车牌号、停车地点告诉客人。

(5)与客人见面时,要面带笑容向客人问候,随后打开车门,用手挡住车门框上沿请客人上车,热情搀扶老幼客人,客人坐稳后,应递上冷(热)毛巾,主动帮助客人提拿行李物品,关好车门。行车中如遇复杂路面,应提醒客人坐好。

(6)客人需要司机等候时,要耐心等待,不准有任何烦躁情绪,并选择地形将车停好等候客人。候客时不准远离车辆,不准在车上睡觉,不准翻看客人放在车上的物品,不准用喇叭催促客人。

(7)载客到达目的地时,要主动把车开到适当的地点,以方便客人下车,并用敬语请客人签单,提醒客人带齐行李物品。

(8)客人下车后,要主动检查车内有无遗留物品。每次客人下车后,司机均应清洁烟灰缸,抹净车厢内脚印。客人遗留在车上的物品,司机要交给调度台处理。

(9)回酒店后,要主动做好行车记录,并对车辆进行清洁,停好车辆,向调度台交车钥匙,向财务收银处交车费及路单。

(10)在接送客人时,中途不得无故更换驾驶人员。

九、酒店车务部车辆卫生管理制度

(1)车辆必须保持外观整洁、无痕迹。

(2)检查车内是否干净,车内椅垫是否有污迹、尘土。

(3)保证各种设备完好无缺。

(4)每日使用车辆之前要检查车辆的仪表指示是否正常,检查机械是否能够正常运转,以保证车辆达到安全、舒适的标准。

十、酒店车务部车辆维护保养管理制度

(1)司机应加强对车辆的保养工作,爱护车辆、勤检查、勤打扫,出前、收车后要进行检查,如有异常,应及时向车队长报告,保证车辆的正常行驶。

(2)车辆需要维修时,先由司机填写维修项目单,在经车队长审查后制订修理计划后,车辆方可进厂修理。

(3)修理工必须详细填写修理机件的清单及修理费价目表,车辆修好后,由司机和安全员、车队长共同鉴定方可出厂。

(4)修理费发票必须由司机、车队长签字进行证明,酒店总经理审批后方可报销。

十一、酒店车务部调度管理制度

(1) 仔细做好司机的出勤记录、长途外出记录、领取钥匙记录。

(2) 根据酒店的客源情况合理安排车辆。要在满足住店客人用车的情况下,才准许将剩余的营运力提供给流动的散客服务。

(3) 及时填写每日的营运报表,负责审核和签署驾驶员的行车路单。

(4) 监督驾驶员认真执行相关的标准与制度,完成领导交办的临时任务。

(5) 调度部门在接待外事任务需致电召车时,要注意用语的规范,注意不要透漏用车人员的姓名、活动时间、地点及车型、数量。

(6) 交接班时要互相沟通,认真做好交接手续。

(7) 无关人员不得进入调度室内。调度员在工作时不得从事与工作无关的活动。

(8) 调度员要坚守岗位,不准睡觉或抽烟。

(9) 驾驶员必须准时到调度台签到,服从命令,听从指挥,提前等候在车门旁迎接客人。

十二、酒店车务部交通事故处理制度

(1) 对于出现交通肇事情况的司机,除本人需如实向副经理报告外,还需要立刻交一定金额到部门财务室作为保证金。

(2) 事故处理的一切费用,除保险公司索赔部分外,其余全部由肇事司机承担。

(3) 单位对肇事司机罚款如下:

◎负全部责任的司机罚款 10%;

◎负主要责任的司机罚款 9%;

◎负同等责任的司机罚款 7%;

◎负次要责任的司机罚款 5%。

(4) 出现重大交通事故,负主要责任以上的司机除执行上述规定外,另做如下处分:

◎属承包车的司机,终止合同,押金充公;

◎属车务部司机,由车务部出示事故报告交人事部处理。

十三、车务部机场、车站接送客人制度

(1) 做好出车前的"三查"工作,即检查车辆技术状况、车容卫生、仪容仪表,参照 VIP 车容卫生标准、司机仪容标准执行,并把车辆停靠在指定地点,拉紧手刹。

(2) 与前厅接待处紧密配合,根据前台部确定的时间准时开车,司机不得以任何借口提前或推迟出车,不得驾车外出办私事,每个接送程序均要用车上的无线电对讲机向总台报告。

(3) 到达机场和车站后,不得离开车辆,客人上车坐稳后,司机应迅速送上冷、热毛巾服务,并配合酒店代表将客人的行李放置好。

(4)司机要严格遵守交通规则和操作规程,保证把客人安全接回酒店。

(5)车辆到达酒店前,司机需提前与调度台取得联系,以使客人在到达酒店后即可受到热情接待。客人下车后,司机要检查车上有无留下客人物品,然后填写好程序路单,准备下个程序的迎客。

(6)行车中不得随意变更行驶路线或中途上下客人,不得随意乘搭酒店员工和亲友,本店员工因公需要搭顺路车时,要经总经理或大堂副经理批准。

(7)下班后必须搞好车辆的卫生,泊好车,到调度台签退并交回路单、钥匙。坚持每周更换椅套,搞车容卫生,由班长、主管督导检查,确认合格后方可下班。

(8)不得迟到、早退、旷工,请假和年休必须提前办好相关的手续。

(9)坚持按照工作程序进行办事,做好出车前、行驶中、到达目的地的检查工作,发现故障立即报告总台进行处理。

十四、酒店车务部免费车辆服务管理制度

(1)司机应根据排班表提前到达工作岗位,并做好出车前的准备工作,如搞好卫生、车况检查等。

(2)上岗前必须按照 VIP 车队车容、车况标准和司机仪容、仪表标准进行自检,确认合格后才允许上岗服务。

(3)无论有无客人搭乘当班的专线车辆,司机均要提前把车开到酒店指定泊位停放,站立车门旁,并微笑候客上车。

(4)客人上车时,司机要面带微笑,有礼貌地用敬语向客人问候,主动帮客人提拿行李物品,对老、幼客人要主动搀扶上车。

(5)客人坐稳后,司机关好车门,巡视行李物品放置是否稳当,准时把车开出。

(6)每趟车开出前,要用无线电对讲机向总台报告。

(7)在接送客人时不准随意改变行车路线,中途不准乘搭无关人员。

(8)到达目的地时,应主动把车开到就近的地点,车停稳后,提醒客人带齐行李物品下车,并礼貌地向客人道别。

(9)客人离车后,即刻用无线电对讲机与总台取得联系,并听从总台的指挥,便于调度确认该车是否需要到机场、车站迎客。

(10)车回酒店后,要用无线电向总台报告,等候下一趟出车任务。

(11)下班时应要做好出车记录,搞好车辆的卫生,在指定地点停好车,接好手刹,装上安全防盗锁。

(12)把车匙交回总台,按规定向财务收款员交路单后方可下班。

十五、酒店车务部对讲机使用制度

(1)使用对讲机时要严肃认真,通话要简明扼要,并注意用语的礼仪礼貌,不讲与业务工作无关的事,不可在对讲机里聊天。

（2）司机上班时要打开对讲机上的电源开关，随时准备接收总调度室呼叫，下班时要立即关机。

（3）对总调度室的呼叫，要立即回话，服从调度，不得故意不回答，违者要给予适当处罚。

（4）在营运过程中，如发生意外，要即刻向总调度台报告，请示处理的办法。

（5）如有特殊营运任务，如到郊外、长时间、远距离运送客人，需得到总调台的同意。

（6）司机离开车位，无论干什么事情都要向总调度台进行报告，取得同意方可关机，并要锁好车门，回来时应立即开机，并向总调度报告。

（7）司机要爱护对讲机，不得将对讲机互换或借给别人使用，不用时要进行妥善保管，损坏或丢失要追查原因，如因失职损坏或丢失对讲机，要按价赔偿。

十六、酒店车务部计程收费表使用制度

（1）严禁私自启封与拆装计程收费表，如发现铅封与原装不符时，要追查司机的责任。

（2）客人上车时启动计程收费表，到达目的地时应立即关掉。

（3）营业时司机如发现计程收费表跳数不准，应立即报总调度及时加以修理，在恢复正常前，不可再进行勉强使用。

（4）车队每年应对计程收费表统一进行一次调校，以维护乘客利益及酒店声誉。

十七、酒店车务部过失管理制度

（1）凡犯有下列过失之一者，按情节的轻重给予适当的行政处分或罚款处理：
◎坐客不落表，下客不起表继续接客；
◎乱收车费；
◎双程填单程，利用积累剩余公里数接客，收费不交公；
◎推公里、推时间；
◎不填好路单就开车，收电台费不填单，收约车费不如实填单，收留车外宿费不如实填单；收深夜服务费不如实填单；
◎违反政府法令，利用汽车夹带物品参与走私；
◎盗窃物品，如轮胎、汽油、工具及酒店财物等；
◎打架闹事，不遵纪守法。
（2）凡犯下列过失之一者，要给予警告或罚款处理：
◎上下班前不搞好车内外卫生；
◎上班时开车探亲访友、会客、办私事；
◎车辆排队候客时擅离车位，三五成群聊天影响工作；
◎不服从调度，上班不按规定时间出车营运；
◎擅离工作岗位；

◎开长途车不报总调度台,上班不开对讲机,对总调度呼叫不回答;

◎填路单不认真,弄虚作假,涂改、撕毁路单;

◎无故拖延不交当日车费;

◎遗失或损坏路单,或将车票送给亲友;

◎下班不签退,不交车匙;

◎下班后不锁车门,不关对讲机,乱停乱放影响交通或阻碍他人停车;

◎事前不办理请假手续,缺勤影响工作,补休、调休、轮休未经领导批准;

◎服务态度不好,影响酒店声誉;

◎遗失车上的设备、证件等。

十八、酒店车务部物品管理制度

(1)设置专职的保管员,保管车务部物品、记录物品明细账、验收进仓物品和出仓物品的发货。

(2)仓内物品要贯彻执行"先进先出,定期进行检查"的规定。

(3)要节约使用仓库,合理使用仓库,不得混乱堆放重载物品与轻抛物品。

(4)仓管员对所保管物品和物资应经常进行检查,对滞存时间较长的物品,要及时通知相关部门做出相应的处理。当库存物品发现霉变、破损或超过保管期时,应及时提出处理意见,并列"物品残损处理报告书"送采购部处理。

第三节　酒店车务部常用管理表格

一、车辆登记表

车辆牌号		驾驶员姓名	
使 用 人		车　　名	
车身号码		车　　型	
购车日期		初检日期	
复检日期			
保险记录	保险号码	保险公司	保险期限	保险内容

续表

购置价格			经销商	
附属品				
驾驶员资料	住 址		电 话	
	住 址		电 话	
	住 址		电 话	

二、派车表

使用部门		随行人数	
起止时间			
事 由			
车 号		行车里程	行车时数
使用部门		管理部门	
备 注			

三、借车审批表

序号	借用人	事 由	借用时间	预计行程	实际行程	驾驶员	车 型	车牌号	备 注

四、车辆维修保养登记表

序 号	日 期	项 目	养护前路码表数	金 额	经办人	主管签字	备 注

五、车辆请修表

车 号		里程数		责任人	
维修项目					
预计金额					
修 理 厂					
实际金额					
损坏原因					
审核意见					
备 注					

六、领油表

序 号	日 期	车牌号	领油人	油 品 类 别				发放人	备 注
				高级汽油	普通汽油	柴 油	机 油		

七、油料库存月报表

项 目	种 类								
	高级汽油		普通汽油		柴 油		机 油		
	公 升	金 额	公 升	金 额	公 升	金 额	公 升	金 额	
上月剩余									
本月购油									
本月发油									

续表

项　目	种　　类							
	高级汽油		普通汽油		柴　油		机　油	
	公升	金　额	公升	金　额	公升	金　额	公升	金　额
本月结存								
备　注：								
填写人				主　管				

八、出车登记表

序　号	日　期	出车时间	返回时间	行车里程	驾驶员	调度员	备　注

九、车辆费用报销单

申请人		部　门		车　号	
报支期间				车　型	
项目	张　数	金　额	（单据粘贴处）		
主管签字			领款人		

十、车辆费用报销情况登记表

序　号	日　期	申请人	部　门	车　号	用　途	费　用	备　注

十一、各部门用车统计表

序　号	日　期	使用部门	行车里程	费　用	审　核	备　注

十二、月度各车用油登记表

月　份：　　　　　　　　　　　　　　　　　　　　　　　　　　　　单位：公升

序　号	车　号	汽　油	柴　油	机　油	备　注
合　计					

十三、车辆例行检查登记表

日　期：　　　　　　　　　　　　　　　　　　　　　　　　　　　检查人：

车　号：	司机姓名：

例行检查项目：

1. 发动机

2. 底盘

3. 电路

4. 冷气

5. 换机油、油滤、油路

6. 其他

检查结果

主管意见

备　注

十四、交通事故违规报告表

序 号	日 期	车 号	司 机	地 点	详 情	原 因	处理结果	备 注

十五、车辆事故报告表

日 期： 　　　　　　　　　　　　　　　　　　填写人：

发生时间		事故地点	
事故类型	1. 人车相撞（轻伤　住院　重伤　病危　死亡） 2. 车辆本身（颠覆　冲撞　冲出路外　零件损坏　其他） 3. 车辆相撞（擦撞　追撞　冲撞　其他）		
事故详情			
事故原因			
司 机		同行人	

酒店方		对 方	
姓　名		姓　名	
部　门		公司名	
本人地址		本人地址	
联络处		公司地址	
车　型		车　型	
车牌号码		车牌号码	
驾照号码		驾照号码	
保险公司		保险公司	
保险单号码		保险单号码	
损失额明细		损失额明细	
损失部分		损失部分	
处理结果			
备　注			

十六、酒店司机考核情况登记表

序　号	日　期	姓　名	职　别	部　门	考　核　成　绩	备　注

十七、车务部员工过失情况登记表

姓　名		编　号		部　门		职　务	
过失性质		违纪过失□				责任过失□	
过失时间地点							
过失描述							
处理意见		经济:罚款　　元; 扣工资　　元; 扣奖金　　元					
		行政:警告□　记过□　记大过□　辞退□　开除□					
处理补充							
本过失单已送达受处分人							
批　　准							
本部门负责人							
上级部门负责人							
人力资源部经理							
总经理							
处分执行情况							
备　注